Teacher Education Series

京师教师教育论丛　第四辑

丛书主编　朱旭东

小学教师专业发展
中国案例研究

周　钧　等著

Elementary School Teachers'
Professional Development in
China

北京师范大学出版集团
BEIJING NORMAL UNIVERSITY PUBLISHING GROUP
北京师范大学出版社

丛书编委会

序
FOREWORD

做小学教师，做小学教师研究者，
是大事业，有大快乐

　　我的同事周钧教授拿来厚厚的一部书稿《小学
教师专业发展中国案例研究》，委托我写一个序。我
知道周钧教授最近几年在研究小学教师，虽然我对
小学教师这个群体没有做过系统研究，但想到自己
可以有幸作为第一个读者先学习为快，就欣然答应
了。在我细细阅读这部书稿的过程中，陶行知先生
的一句话经常出现在我的脑海中，他说："一定要看
教育是大事业，有大快乐，那无论做小学教员，做
中学教员，或做大学教员，都是一样的。"① 对于小
学教师，陶行知先生更有精要的论述："小学校里学
生小，房子小，薪水少，功课多，辛苦得很，哪有
快乐？其实看小学生天天生长大来，从没有知识，
变为有知识，如同一颗种子的由萌芽而生枝叶，而
看他开花，看他成熟，这里有极大的快乐。"② 周钧
教授在书稿中展现了今日小学教师之工作与生活画
面。虽然当今教师所处的时代发生了变化，但是小
学教师之于学生发展的重要价值，小学教师的专业

① 陶行知，在浙江第一师范学校毕业生讲习会上的讲演，1919 年 7 月 22 日。
② 陶行知，在浙江第一师范学校毕业生讲习会上的讲演，1919 年 7 月 22 日。

工作特征与发展规律较以前依然是相通的、一致的。同时，看周钧教授以及她带领的团队对小学教师进行持续而系统的研究，我同样感受到做小学教师研究者，是大事业，有大快乐。

本书有三个鲜明的特点：

一是系统、全面地展现了小学教师专业工作的特殊性。本书的十个章节分别从小学教师工作的核心特征、信念、专业认同、复原力以及影响教师专业发展的学校和政策环境几个视角，为读者展现了小学教师专业工作的特殊性与内在发展规律。例如，小学生身心发展的特点，特别是低年级小学生身心发展的特点，决定了小学教师"集中了太大的责任"，如确保安全、育人与教书，造成了小学教师角色的"多面性"。教师不仅是教师，也是调解员，还是"保姆""清洁员""保育员"，对小学生产生着巨大影响，也使自身体验着做教师的乐趣，如毕业生的感言"这句话给了我极大的信心，改变了我的人生"。概括说就是，小学教师"累并快乐着"。可以说，这是一本鲜见的系统研究小学教师群体的著作。

二是采用案例研究法，通俗易懂，又不失学术性。本书各章涉及的研究，采用具体、真实的案例，深入浅出，让人读起来感觉是在跟教师聊天，避免了学术著作以生硬、说教的理论阐述为主，也不在于验证先验的理论，而是选取典型案例，将贴近教师专业生活的实际场景作为研究本身，使无论是小学教师、小学教育研究者还是作为未来教师的师范生，都有亲临中国本土研究情境的"接地气"感觉。每一章还有对国际前沿知识的关照与总结提炼，彰显了作者立足中国本土案例，同时兼具国际视野的学术性。

三是提供了研究者如何躬行深入田野进行研究的典型案例，突破了仅仅在高校"象牙塔"中进行的文献研究。周钧教授近些年来，带领她的研究团队，扎根于中小学教育实践一线，与中小学教师结成研究与实践的伙伴。特别是她在做该项研究期间，每周都到某小学进行实地观察一天，持续数月，与老师们在同一间办公室工作，跟老师们"混"在一起，取得了老师们的信任，亲身体验了一名小学教师的工作状态，获取了最真实的第一手资料。这种深入田野进行实证研究的学术态度，本身就可以作为如何进行田野研究的方法论。

希望本书能够让小学教师及立志成为小学教师的实践者看到自己工作的特殊性与价值，希望本书能够为国际小学教师研究提供中国案例，亦希望本书能够为教育研究者与青年学生提供研究方法的指导。做小学教师，做小学教师研究者，的确是大事业，有大快乐！

以此为序。

李　琼
教育部普通高校人文社会科学重点研究基地
北京师范大学教师教育研究中心教授
2018 年 9 月于北京师范大学英东教育楼

目 录
CONTENTS

第一章 小学教师工作特征研究

一、引言

中小学教师工作的重要性早已被公众所认同。然而对教师工作的特点，人们只有一些片段性认识，这些认识更多来自人们作为家长的经验和媒体的宣传。尤其是当媒体多次曝光极少数教师的不道德行为时，公众往往产生并放大对教师的负面印象。

例如，有研究抽取了2010年1月1日至2010年12月1日三大网络媒体在这近一年时间内关于教师的新闻报道，以及2010年5月至12月和2011年1月至5月三大都市报在这两个时间段中对教师的新闻报道，对其中关于教师的负面报道进行了分析。统计发现，网络媒体中关于教师负面新闻的报道占据了新闻媒体中全部负面报道的70.3%；报纸中关于教师负面新闻的报道占据了报纸中全部负面报道的67.6%。研究还发现，对教师进行负面报道的新闻主题繁多：体罚、侮辱、性侵犯学生，肇事逃逸，诈骗，有偿家教，受贿行贿，举止行为不当，穿着不雅，泄漏考题，虚假招生，教学质量下降，存在管理漏洞，罢课，与社会、校方、家长有纠纷，等等。① 一些媒体把极少数或个别教师的恶性行为无限制地加以放大，把教师的偶然事件当作必然事件，有意无意地引导公众"丑化"教师形象，诋毁教师声誉，使教师沦为"眼镜蛇"的

---

① 李程锦：《新闻媒体对教师形象的再现与重塑》，硕士学位论文，南京师范大学，2012。

形象。① 由此看来，公众缺乏对教师工作特征的全面了解。

长期以来，在教师教育的理论研究和实践中，人们习惯于自觉或不自觉地将教师职业与医生、律师等职业相比，并试图通过借鉴这些职业的从业人员职前培养，以及职业专业化的成功经验去指导教师培养，并为教师职业专业化提供依据。例如，我国现行的教师资格证书，与医师资格证书、法律职业资格证书一样，正努力使教师成为同医生和律师一样的专门职业。随着人们对教师职业理解的不断深入，研究者从微观的角度出发，指出教师在具体教学实践中所表现出来的观念上、态度上、知识上和行为上的一些典型特征不是医学、法律等成熟专业的特质在教育领域的翻版，而是教学专业本身独特性与专业性的充分显现。例如，教师的经验和实践性知识是教师在不同历史、社会和文化情境中对教育意义的不同理解。根据教师的经验和实践性知识，教师可以对教学、课程等做出随机应变的判断和处理。教师要关爱学生而不仅仅是服务学生。教师要关注教育的道德性、社会性目的及其价值，等等。②

从上述分析来看，一方面，媒体过多向公众呈现教师的负面形象，影响了公众对教师职业的理解和判断，所以我们有必要通过具体的研究向公众呈现教师的工作状态，以增进公众对教师职业的理解；另一方面，鉴于研究者更多地通过理论思辨去解释"教师职业应该是什么样的"，本研究希望探究这些"应然化"的教师工作特征在具体的教育情境中是如何体现的。

二、文献综述

工作特征是指工作本身以及与工作有关的各种属性或因素，它包含工作本身的性质、工作所需技能、工作所处环境、工作所得工资福利、工作安全性、工作反馈、工作自主性、工作挑战性、工作中的人际关系、工作中学习与发展的机会，以及工作所获得的内部报酬如荣誉等。③ 基于此概念，研究者提出了工作特征的工作要求—工作资源（job demands-resources）理论。他们认为每种职业都有其特定的影响工作者身心健康及工作状况的因素，这些因

① 班建武：《教师媒体道德形象的影响及原因、对策分析》，载《教师教育研究》，2007(6)。
② 操太圣、卢乃桂：《论教师专业性的提升》，载《高等教育研究》，2005(1)。
③ 转引自伍新春等：《中小学教师工作特征问卷的编制》，载《心理与行为研究》，2014(12)。

素都可归为两类：工作要求和工作资源。工作要求主要包括工作负荷、角色冲突、情绪要求等；工作资源是指工作中的物质、心理、社会或组织方面的资源，比如社会支持、工作自主性、工作报酬、绩效反馈等。①

本研究以此工作要求—工作资源理论为分析框架，梳理有关中小学教师工作特征的文献。

（一）工作要求

1. 教师工作是一种伦理性活动

教师工作被视为一种人文性活动或伦理性活动。研究者指出，人是教育的对象，所以教育要尊重人性、尊重人的情感和内心世界。教育教学活动和人性是相吻合的，是一种人性化的活动。在其中，学生在教师引导下学习教学内容，积极建构自己的能力体系和精神世界，在知识、技能、情绪情感、意志和个性等方面获得全面发展。教育教学活动面向的是人的精神世界，是以人精神境界的提升为最终目的的，因而它在本质上是人文性活动，而不是纯粹的物质操作性活动。教育教学活动作为按照特定的社会要求对下一代进行价值观引导的活动，总是具有价值规范、情感渗入、伦理关怀的特点，所以教育教学活动还是一种伦理性活动。②

研究者进一步指出，教师职业伦理是一种做人的伦理而不是做事的伦理。对于教师而言，具有什么样的职业伦理，如何开展教育教学活动，和这个教师是一个什么样的人是分不开的；教师怎样做人，就怎样教育；教师自我反思到什么程度，就对教育的内涵理解到什么程度。这些是教师热爱学生、热爱教育工作的心理基础。可以说，教师职业伦理对于教师而言，是一种做人的伦理，是一种德行伦理，是内发的，需要的是内化和自律，而不是由外部规范来强制与命令的。③

2. 教师职业道德的人格化特征

与其他职业的道德要求相比，教师职业道德最大的特点是它与从业者个体的道德品质密切相关。教师职业对从业者有更多的约束和更高的道德人格

---

①　转引自伍新春等：《中小学教师工作特征问卷的编制》，载《心理与行为研究》，2014(12)。

②　朱新卓、陈晓云：《教师职业的特殊性与专业性》，载《高等教育研究》，2012(8)。

③　朱新卓、陈晓云：《教师职业的特殊性与专业性》，载《高等教育研究》，2012(8)。

要求。自古以来，没有哪个职业能像教师一样获得这样多的赞誉。古往今来，人们曾把教师比喻成"圣人""人类灵魂的工程师""园丁""春蚕""蜡烛""托起太阳的人"等。这些称谓表达了人们对教师无私奉献精神的赞扬，也反映了人们对教师理想道德人格的期待，并在实际中逐渐变成人们对教师的角色期望。教师不仅在学校中要"为人师表"，甚至在日常生活中也常常被期望成为"道德的象征""行为的楷模"。这实际上已经超越了一般职业道德的要求，而成为一种职业与生活合一的高度人格化的职业道德。①

3. 教师工作强调师生互动关系

研究者倾向于从社会学的角度出发，将师生互动关系理解为教师工作的本质。尼亚斯(Nias，J.)指出，教学工作可以概念化为一种两人或多人之间的关系，而不是一种工具性的活动。② 利伯曼(Lieberman，A.)和米勒(Miller，L.)认为：日常教学就是互动；师生关系体现在每天的教学中，是直接的，有时也呈现出冲突，但它永远是教学的中心；在教学中，个体之间的互动比教学互动更有价值。③ 波拉德(Pollard，A.)提出，建立良好的关系是成功地完成教学工作的根本之道，这不仅仅是一种理念，它无疑也会给学校和教室带来温暖、友好和开放的气氛，为学生的学业进步打下基础。④

4. 教师职业目标的全面性与教师职责的多样性

研究者提出，教师职业目标的全面性与其他大多数社会职业目标的相对单一性形成鲜明的对比。其他复杂的社会性职业的目标是较为单一的，例如，外科医生把手术做好，律师把官司打赢，工程师把图纸设计好，就算完成了工作。而教师不但要传授知识，还要培养学生的学习能力和创造能力，完成有关的德育目标，促进学生的身心发展等。同时，教师职业目标还需要随着时代、人与社会的发展变化而变化；教师促进学生个体发展的目标会随着原

---

① 张奎明：《教师职业特性研究》，载《教师教育研究》，2008(5)。

② Nias，J.，"Changing times changing identities：Grieving for a lost self，" In R. G. Burgess(ed.)，*Educational Research and Evaluation：For Policy and Practice*？London，Falmer，1993，p. 143.

③ Lieberman，A. & Miller，L.，*Teachers：Their World and Their Work*，New York，Teachers College，Columbia University，1992，p. 10.

④ Pollard，A.，*The Social World of the Primary School*，London，Holt，Rineheart and Winston，1985，p. 7.

有初期目标的实现而发展为更高的目标。因而教师职业目标的上限是模糊的，或者说是无上限的，在人们所希冀的方向上无限升高。教师职业目标的全面性，导致教师职责的多样性。从当今学校教育对教师的实际要求看，人们很难找到有哪些工作是与教师无关或不需要教师参加的，如学校管理、班级管理、教学、课外学习辅导、学生心理健康教育、与家庭和社会的沟通等莫不如此。①

5. 教师工作的复杂性

拉伯雷（Labaree，D. F. ）借鉴了结构功能主义大师帕森斯关于专业人员与客户之间的角色关系的价值取向理论，认为对教学专业来说，教师对待师生关系的价值取向与帕森斯的研究结论完全相反。这种价值取向是具有情感性的，是从群体利益出发的，是特殊主义的，是关心学生的先赋品质（性别、阶级、种族）的，对学生的功能是多样性的。这种复杂的角色关系取向决定了教学工作与其他专业不同，具有更大的难度。② 我国的学者也提出，教师面对的教育对象具有多样性、复杂性特点，例如学生的文化基础、认知方式等的差异性及多样性，导致教师是一种高度复杂的职业。③

6. 教师工作需要高度的个人投入

关于教师工作量，有研究发现教师需要投入大量的时间去完成各项事务，包括指导学生学习、组织学生活动、咨询、批改作业、备课、做办公室文书工作和一些机械性事务。在节假日，教师也需要投入时间来做一些与学校相关的工作。④ 如尼亚斯所说，小学教学工作需要高度的个人投入（personal involvement）和自我投资（self-investment），以及教师需要花费太多的时间和精力，需要利用自己的才智和技能。⑤ 量化研究也发现，知觉到忙碌感是教师工作的特征之一，例如教师认为，"这份工作让我几乎没有属于自己的个人时间""我几乎每天都感到很忙""从事这份工作以来，我几乎不知道什么时候

---

① 张奎明：《教师职业特性研究》，载《教师教育研究》，2008(5)。

② 周钧：《历史社会学视角中的美国大学教育学院研究——评〈教育学院之困境〉》，载《教育学报》，2006(2)。

③ 张奎明：《教师职业特性研究》，载《教师教育研究》，2008(5)。

④ Hilsum, S. & Cane, B. S. , *The Teachers's Day*, Slough, NFER, 1971.

⑤ Nias, J. , "Changing times changing identities: Grieving for a lost self," In R. G. Burgess(ed.), *Educational Research and Evaluation: For Policy and Practice*? London, Falmer, 1993, p. 140.

是真正的'下班'时间""我觉得我每天要做的事总是比我想象得要多"。①

7. 教师工作时空的无边界性

工作时空是指工作在时间和空间两个纬度上的限制，例如在办公室工作8小时是一般机关工作人员的时空界限。教师工作的时空界限却是相当模糊的。在国家规定的正常工作时间之外，教师在课外进行长时间的备课、批改作业等早已成为工作的一部分。② 学者佐藤学把这种教师职业的时空特性称为"无边界性"。他认为，医生的工作通过治愈一种疾病告终，律师的工作随着一个案件的结案而终结，而教师的工作则不能通过一个单元的教学而宣告结束。教师的工作无论在时间上还是在空间上都具有连续不断地扩张的性质。③

8. 教师的实践性知识和实践智慧支配着教育实践

研究者认为，教师职业存在着知识结构上的双学科性。教师不仅要精通任教学科的知识，即教什么的知识，而且要掌握教育学科的知识，即"如何教""为什么这样教"的知识。后一类知识包括两种形态：理论性知识与实践性知识。理论性知识具有普遍性，是大学和研究机构里的学者、专家研究出来的，具有客观性、系统性。但是，中小学教师并不是按照理论性知识开展教学的。新教师开始时按照自己当学生时教师的教学方式开展教学，按照学生读书的目的以及自己对知识、考试的理解开展教学，按照自己对人际关系、师生关系的理解管理班级和学生。几年之后，教师形成了自己的教育信念、教育体悟、教育策略和教育智慧，积累起自己的教育经验。这些构成教师的职业实践性知识和实践智慧，它们实际地支配着教师的教育教学实践。④

9. 教育教学活动效果的内隐性、滞后性和不确定性

"十年树木，百年树人。"教育教学活动是通过影响人的内心世界产生效果的，而人的精神内涵是内隐的。有时候受教育者本人也难以判定自己在教育教学活动中的收获。这种效果难以测量，有时候甚至在若干年之后才能显示出来，大大滞后于实践活动的进行时刻。此外，教育教学活动还要借助对象的主体性发挥作用，所以没有学生主体的配合，教育的作用终归会流于空洞；再加上教育情境的生成性和影响因素的多样性，教育活动的效果是不确定的。

---

① 甘怡群、王晓春、张轶文、张莹：《工作特征对农村中学教师职业倦怠的影响》，载《心理学报》，2006(1)。

② 张奎明：《教师职业特性研究》，载《教师教育研究》，2008(5)。

③ ［日］佐藤学：《课程与教师》，213页，北京，科学教育出版社，2003。

④ 朱新卓、陈晓云：《教师职业的特殊性与专业性》，载《高等教育研究》，2012(8)。

这些特点导致教育教学活动未必是立即生效的，其效果常常是内隐和滞后的。① 国外研究者也提出，教学和学习的关系是不确定的。教师很努力地工作，开发课程，尝试新方法，与学生个体或小组一起学习，但是教师却不能明确地知道这些努力会产生什么样的结果。② 研究者认为这种不确定性形成的原因在于教学是一种不可简化的复杂工作，它难以充分测量出教师对学生的影响，而且社会强加给教育的功能是复杂的并相互矛盾的。③

10. 教师工作的公共性

教师工作的公共性主要来自两个方面。一方面，教师所从事的活动具有公共性，即教育的公共性。从教育的目标层面看，公共性表现了教育所具有的直接使个人受益、间接使社会受益的责任和功效。①教育会左右学校、社会及团体、社会文化的应有状态和国民经济的发展，是一项与包括经济在内的文化社会的维持、发展、重组、再生产有关的事业。它所提供的产品或服务由人们共同占有和享用，具有为整个社会服务的公共职能，是人类社会赖以生存和发展的重要基础。②教育直接服务于学生学习并影响个人能力与发展、家庭状况，可以为个人带来合法的、可观的个人利益。因此，公共性并不等同于社会公益或社会福利，而是包括个人利益在内的。另一方面，教师所处场所具有公共性，即学校的公共性。学校教育以未成年人和成年人为对象，广泛地以全国、全社会为规模提供教育的机会，以设立教育机构的形式来进行。④

但是，在现实中，随着教育领域中私利主义、消费主义以及技术主义等观念不断膨胀，教师的生存处境正在发生着显著的变化，教师职业的公共使命也呈现出了日渐衰退之势。当前教师职业的公共使命的式微，首先集中体现为教师职业的"私事化"对"公共性"的贬斥。教师职业的"私事化"，简要而言就是指教师工作失去了对公共价值的追求，被看作个人的"私事"，而不是具有公共性内涵的"公事"。其次，教师职业的公共使命的式微，还体现为教师工作日益被贬低为技术性工作、机械性工作。当教师职业因为"私事化"而

---

① 朱新卓、陈晓云：《教师职业的特殊性与专业性》，载《高等教育研究》，2012(8)。

② Lieberman, A. & Miller, L., *Teachers: Their World and Their Work*, New York, Teachers College, Columbia University, 1992, pp. 2-3.

③ Labaree, D. F., *The Trouble with Ed School*, New Haven, Yale University Press, 2004, p. 54.

④ 余雅风、劳凯声：《科学认识教师职业特性，构建教师职业法律制度》，载《教育研究》，2015(12)。

丧失其"公共性",屈服于"技术理性"而失却"公共理性"的时候,教师也就日益成为"知识的阐述者",而不再是"公共生活的批判者"。作为"知识阐述者"的教师,不需要对公共生活、公共问题展开批判性反思。教师在面对社会问题或者教育问题的时候,更多地选择"优雅的服从",而不是进行"公共的批判"。①

11. 教师工作的自主性

教师工作还具有一个重要特征——自主性。国家对教师的规范必须顾及教师作为专业人员的权利的维护。在教育行政系统中,教师行为受到国家法律以及国家教育行政部门各种"规定""办法""禁令"的制度性限制,还受到来自地方教育行政部门、学校、学生及其监护人的评价、检查、考核等的控制。如果教师的专业自主权缺乏全面、具体的规定,教师的教育行为就难以有效对抗非法干扰,教师职业就难以发挥应有的育人功能。教师基于专业知识与能力,应享有教学方法、教学内容、教科书及辅助教材的选择权,以及对学生的教学评价权、教育惩戒权、生活指导权。同时为不断提升教师的专业技能,教师还享有组织或参加教师专业团体权、参与学校校务权、进修权及提升权等。而学校与社会教育的目的与功能有赖于教师基于自身的专业自主权加以实现和发挥。学生的健康发展权也必须建立在教师的专业自主性上才有意义。②

(二)工作资源

1. 毁誉参半的社会地位

许多研究者倾向于从社会学的角度来分析中小学教师的工作特征,他们关心教师的社会地位、权利等。美国社会学者洛蒂(Lortie, D. C.)曾经指出,教师工作从历史上来看是毁誉参半的,它被赞美为"奉献型的服务",又被讽刺为"简单容易的工作",即教师具有一种特殊但带有阴影的社会地位。③ 费里德曼(Freedman, S.)认为,教师被告知他们对国家的未来有重要的影响,但是同时他们却拥有很低的地位、很少的自主性。④ 洛蒂还指出,与其他类

---

① 叶飞:《论教师职业"公共使命"的式微与重构》,载《南京社会科学》,2016(3)。

② 余雅风、劳凯声:《科学认识教师职业特性,构建教师职业法律制度》,载《教育研究》,2015(12)。

③ Lortie, D. C., *Schoolteacher: A Sociological Study*, Chicago, The University of Chicago Press, 1975, p. 10.

④ Freedman, S., "Teacher burnout and institutional stress," In Lawn, M. (ed.), *The Politics of Teachers Unionism*, London, Croom Helm, 1985, p. 285.

似中产阶层的职业相比，教师相对而言是一种稳定的职业（flat-career），教师的工资结构与他们的工作经验不相匹配。① 因此，教师是一种大众职业，而不是精英阶层所从事的职业。② 我国学者也持有类似的观点：一方面，他们认为教师所从事的教育工作是一种与人的精神密切相关的工作③，被誉为太阳底下最光辉的事业；另一方面，实证研究指出，教师感受到社会对他们工作的偏见，即大家普遍认为中小学教师收入低，社会地位不高，工作累。④

2. 受教育内外部环境因素的影响和制约

研究者认为，职业受外部环境影响和制约的程度高低，与该职业同其他职业、社会组织、家庭、个体之间的关系状况，及职业影响的范围、意义和价值大小等因素密切相关。相关程度越高、影响范围越广、意义和价值越大的职业，受外部影响和制约的程度也就越高。教师职业与人类群体和个体、社会生产生活、个体生存与发展等的关系日益密切。尤其是在知识经济和全球化背景下，教育质量的优劣更直接关乎一个民族、国家的兴衰，关乎企业的生死存亡，关乎个体能否成功地在现代社会生存与发展。因而教师职业必然会受到政府、社会团体、企事业组织、学生及其家长等社会各界的普遍关注，受到来自政治、经济、文化等多方面的影响和制约，且这种受影响和制约的程度较其他行业与专业性职业高得多。而且许多教育的外部环境因素会通过一定的形式对教育及其内部活动产生实质性影响。例如，教育需要根据经济社会的改革与发展需要来调整教育目标，变革教育理念和评价标准，并对教师的素养、课程、教学等提出新的要求。⑤

除了受外部环境的影响和制约外，在学校中，教师还受教育管理制度的约束，受行政人员的制约，受绩效考核的限制。⑥

实证研究发现，教师认为他们在工作中缺乏领导和同事的支持，感受到

---

① Lortie，D. C.，*Schoolteacher：A Sociological Study*，Chicago，The University of Chicago Press，1975，p. 99.

② Labaree，D. F.，*The Trouble with Ed Schools*，New Haven，Yale University Press，2004，p. 37.

③ 叶澜、白益民、王枬等：《教师角色与教师发展新探》，40 页，北京，教育科学出版社，2005。

④ 甘怡群、王晓春、张轶文、张莹：《工作特征对农村中学教师职业倦怠的影响》，载《心理学报》，2006(1)。

⑤ 张奎明：《教师职业特性研究》，载《教师教育研究》，2008(5)。

⑥ 朱新卓、陈晓云：《教师职业的特殊性与专业性》，载《高等教育研究》，2012(8)。

付出和回报的不公平。例如，教师认为，从收入来说，他们的付出远远多于所得。①

3. 物质回报少

研究者认为教师的劳动具有交换价值较小的特点。教师从劳动中所获得的物质回报可以看作其劳动的交换价值。按照经济学理论，包括劳动服务在内的商品的交换价值会受到需求状况的影响。如果个体对事物的需求越迫切、动机越强烈，事物对个体的价值也就越大，个体愿意付出的代价也就越大。例如，没有哪个国家、民族和个体会否认教育在实现国家强盛、民族振兴和自身发展中的重要性，也没有谁会否认教师在教育中所具有的不可替代的作用。但同样一个无法否认的事实是，教师收入在世界范围内与同等学历和资力人员相比较普遍不高。②

4. 人际消耗与冲突问题突出

实证研究发现，教师感受到很多人际消耗与冲突问题。例如，教师谈到他们与领导发生过正面冲突，并为此影响了心情和工作动力；感觉与领导关系好的人就"吃得开"，但自己与领导关系不那么好，感觉不顺心；因同事间嫉妒而影响工作；害怕被小人打小报告，甚至害怕被陷害；看到其他人拉帮结派，自己感到受排斥；感觉到人际关系的复杂和潜在的危险，自己就想做个老好人，或一味地顺从领导。③

总之，我们通过对现有文献的梳理发现，中小学教师工作特征研究呈现出两条路线：其一是通过理论思辨来阐述中小学教师工作应该具备哪些特殊性，如职业道德的人格化以及教师工作的伦理性、公共性、自主性、复杂性、不确定性、受到环境制约，等等；其二是采用量化研究的方法来探究中小学教师工作特征的结构、编制问卷，然后通过测量来了解教师工作特征的现状。例如，有研究发现，幼儿教师的工作特征包括工作负担重、高情感投入、技能多样化、对安全问题高度负责、对收入和发展不满意、缺乏领导和家长的

---

① 甘怡群、王晓春、张轶文、张莹：《工作特征对农村中学教师职业倦怠的影响》，载《心理学报》，2006(1)。

② 张奎明：《教师职业特性研究》，载《教师教育研究》，2008(5)。

③ 甘怡群、王晓春、张轶文、张莹：《工作特征对农村中学教师职业倦怠的影响》，载《心理学报》，2006(1)。

支持等。① 研究者还专门针对农村中学教师的工作特征进行了分析。研究发现，缺乏支持和公平感、知觉到忙碌感、人际消耗与冲突、感知到社会偏见是农村中学教师工作的特征。② 尽管这些量化研究从宏观上使我们了解了教师的工作特征，但是它们并没有深入分析教师在学校中的日常工作状态和情感体验。

通过文献梳理我们还发现，从工作要求—工作资源理论出发，教师职业对教师的要求高、要求多，而教师获得的工作资源多数是负向的，缺乏正向资源的支持。本研究认为，此结论的得出源于研究者一方面基于理论思辨去解释"应然化"的教师工作特征，另一方面通过量化研究去测量"实然性"的教师工作特征的平均水平现状。

本研究追问的是，"应然化"的教师工作特征在具体情境中是如何体现的？教师自己是如何理解教师工作特征的？本研究采用质性方法，进入所选教师的日常工作世界，期望深入了解他们在具体情境中的工作特征。

三、研究方法

(一)样本

本研究选取北京市某小学二年级语文教研组的全部教师共 10 位作为研究对象。她们均为女性，都担任班主任。她们的学历分别是：本科毕业的有 3 人，大专毕业续本科的有 3 人，中师（中等师范学校的简称）毕业续本科的有 3 人，中师毕业续大专的有 1 人。她们的教龄分别是：23～24 年的有 2 人，12～16 年的有 4 人，8～10 年的有 3 人，1 年的有 1 人。

(二)数据收集

从 2011 年 9 月初开始，我每周到该小学待一天，持续 4 个月。这 10 位教师在同一间办公室。该校支持我的研究工作，也为我在这间办公室里安排了一席之地。在中午以及下午的时候，我在办公室观察她们，与她们交流，还经常分享她们带来的美食。每次在学校食堂吃午饭，我都和她们其中的几个

① 毕帼英、张姝、许燕：《幼儿教师工作特征、应对方式对职业倦怠的影响》，载《中国特殊教育》，2008(7)。

② 甘怡群、王晓春、张轶文、张莹：《工作特征对农村中学教师职业倦怠的影响》，载《心理学报》，2006(1)。

或个别人一起，其间的聊天也让我更加了解她们。

我主要进行非参与式课堂观察、课后交流，总计听了 28 节课。除了课堂观察之外，我还进行了办公室参与式观察和交流等。我参加了两次她们的教研活动，观摩了校内的教学大赛。每次我都观察学校的放学过程，观察班主任教师如何与家长交流。经过 4 个月的交流，我与这 10 位教师建立了信任关系，然后对 9 位教师进行了访谈。由于另外一位教师家人病故，我没有去打扰她。此外，我还访谈了一位校领导。

（三）数据分析

数据的收集与分析是一个紧密相连的过程。每一天的田野工作后，我会对观察内容和跟教师对话交流的内容做初步分析，发现一些有启发性的问题和一些没有预料到的问题，在后续的观察和对话交流中会特别关注。

访谈录音被逐字转录成文字材料。在编码的过程中，我以工作要求—工作资源理论为分析思路，以文献综述所梳理的 11 项工作要求，即教师工作是一种伦理性活动，教师职业道德的人格化特征，教师工作强调师生互动关系，教师职业目标的全面性与教师职责的多样性，教师工作的复杂性，教师工作需要高度的个人投入，教师工作时空的无边界性，教师的实践性知识和实践智慧支配着教育实践，教育教学活动效果的内隐性、滞后性和不确定性，教师工作的公共性，教师工作的自主性，以及 4 项工作资源，即毁誉参半的社会地位，受教育内外部环境因素的影响和制约，物质回报少，人际消耗与冲突问题为分析框架，对文本进行阅读、编码、归类，并用本土概念对类属进行命名。

为保证研究效度，在数据的诠释过程中，我把非参与式课堂观察、办公室参与式观察、访谈、与教师的交流等资料做了反复的印证。

（四）研究中的伦理道德

我清楚地意识到，在田野工作中，我和教师不能形成"大学研究者"和"研究对象"的关系，而应该与这 10 位教师建立起朋友式的信任关系。除此之外，我尽量避免让教师产生他们是研究对象的感受，我希望她们能在参与本项研究中有所收益，所以我经常与她们分享教学思想，一起讨论特殊儿童的教育问题，并为她们提供书籍等资料。其中一位教师在做行动研究，我便给予她一些特别的指导。数据收集工作完成后，我依然保持与她们的联系，帮5位教师查找文献资料、指导他们做教学研究。整个研究中，我采用匿名形式保护教师以及学校。

四、研究结果

（一）教师工作是一个"良心活"

一说起教师工作特征，教师们反复提到"良心活"这几个字。用任老师的话来说：

"这是一个良心活，因为领导不会天天跟着你，全凭你的责任心。你做的事情可多可少，多的时候就是事无巨细地去指导、关心孩子，那么你就很受累；少的时候就可以很轻松。所以做老师的要自觉、自律。我一直觉得，老师就是关起门来自己管一个班。"①

因为做教师是一个良心活，所以教师们都强调自觉、自律和责任心。高老师说，每天把门一关自己上课，没有人去监督自己，完全要靠自律，自己去要求自己。有一次我在学校看到方老师生病了，但是她又不敢请假，因为她一请假就要找别的老师代课，不仅给其他老师增添负担，还会影响学生的学习。方老师说她工作16年了，只请过两天病假。她开玩笑说自己忙得都没有时间生病。访谈时方老师说：

"教师这个行业的最大特点就是奉献。奉献就是自律。我觉得老师必须自觉和自律，因为没有人监督你，你自己要要求自己……做每件事情，不管别人看到还是没有看到，你都要把它做好。"

有了对良心活的认识，老师们的行为也就会以学生为中心。在学校收集数据时，我与多位老师有过深入的交流。一次，文老师说：

"我以前更注重教课，虽说课教得已经很好了，但是有可能一句话说得不到位，就会伤着孩子的心。现在我的出发点是，为了孩子的发展，而不是为了眼前我看到的东西。我现在的做法和以前不同了。比如说我们班有的孩子性格特别慢，家长很着急。以前我可能也会着急：其他同学都做完作业了，但是他还没做完，也做不完考试所有的题目，影响全班的成绩，拖了班级的

---

① 为了符合出版社对文字规范的要求，作者对研究对象的口语化的文字进行了适当修改，特此说明，全书同。

后腿。但是现在我不一样了，我不会去逼他，因为我觉得他以后会好起来，所以我现在对他相对来说宽松一些，在好多地方能宽容他。他也就不会把自己那根弦绷得紧紧的，他慢慢地就会发展起来……现在好多老师都在做自己的面子工程，觉得孩子好是给老师争光，孩子不好是给老师丢人。我觉得这完全不对。其实我们还是应该本着孩子将来会成为一个什么样的人这个大的目标去做一些事情……"

(二)教师身上集中了太大的责任

老师们深有同感的是，小学低年级班主任和语文老师，这个岗位集中的责任太大，包括确保安全、育人和教书。

对于班主任来说，他们每天大部分的精力都用在了带班上，尤其是带小学低年级的学生时。安全问题太重要，学生磕了碰了都是班主任的事。访谈中，卫老师说：

"自己每天只做一些教学的事还好，但是就怕出事。小学低年级孩子的行为不可控，比如一出教室，他就'飞'出去了，不是他撞别人就是被别人撞。一出事，班主任必须第一时间到岗、到位，必须马上把善后工作处理好。如果有一点没有做好，就会引起更多更大的麻烦，甚至会激化矛盾。所以每天我都很紧张，生怕班里出什么事。"

就在我访谈卫老师的当天，学校发生了两个低年级学生相撞的意外事件，其中一个学生的一颗乳牙被撞掉了，另一颗乳牙被撞松了。卫老师凭着十几年的工作经验，圆满地处理了此事，使双方家长都没有抱怨。在我访谈何老师的前几天，她班上的一个学生被高年级的一个学生撞了。因为瘦小，学生被撞得翻了两个跟斗，造成锁骨骨折。何老师那些日子一直为这个事情揪心。

除了安全问题，"育人"被老师们视为重要的责任，其重要性甚至超过了"教书"。有一次和梅老师一起吃午饭，她谈起了学生毕业多年后来看望她带给她的反馈。她最早的一批毕业生如今已经30多岁了。见面时一位学生说，梅老师当初教的知识他已经记不住了，但是他记住了梅老师的宽容、善良、平和，这些品质一直影响着他。有学生说，当年梅老师经常带他们出去玩，梅老师总是特别高兴，从没有悲观的时候，这对他影响很大。还有学生说跟梅老师学会了审美。有一个女学生说：

"当初我是一个安静、内向、不自信的小女孩。有一天梅老师搂着我说：

'我要是有你这样文静、可爱的女儿该多好！'这句话给了我极大的信心，改变了我的人生。"

梅老师很惊讶，自己当年的行为、随意的一句话居然能对学生产生这么大的影响。访谈中梅老师总结道：

"如今的教育现实是，教学大于教育，教书大于育人。我觉得这个方向是不对的。其实孩子毕业了，记住的不应该仅仅是知识。只有学会了待人接物的礼仪、做人的道理，小学学业才能算完成。"

何老师也谈到，她经常跟家长交流，告诉家长低年级的知识并不难学，关键是要注意孩子的思想、意识和修养。因此，何老师更多从孩子的修养包括做人方面下功夫。她认为，教育和教学是不分家的，很多知识蕴含其中。

(三)"身兼数职"的全才教师

由于教师对学生负有确保安全、育人和教书的重要责任，因此她们每天面对的工作千头万绪，非常繁杂、琐碎。例如，学生注射疫苗的事、学生体检的事、学校楼道里展览学生作品的事、学生入少先队的事、秋游的事、各种收费的事，等等，都需要班主任去做。

访谈中，梅老师说她是调解员。学生之间闹矛盾了，她要去调解；两家人闹矛盾了，她要去调解；某个学生的父母闹矛盾了，她也要去调解。何老师开玩笑地说，小学老师不完全是老师，还是"保姆"，是"清洁员""保育员"。

我在课堂观察中发现，许多班级里面都有个别的"特殊需求"学生。他们或者是智力发育有问题的，或者是自闭症、多动症类型的学生。老师们需要花费更多的精力去关照这类学生。学校没有也不可能给每个班级都配上心理辅导老师和特殊教育老师，这就要求每个老师都需要懂一些心理学的、特殊教育的知识，然后在实践中摸索如何对这类学生进行心理辅导和学习指导。

访谈中，卫老师说，繁杂的工作把老师们磨炼成一个个"多面手"。她借用网上的一篇文章来比喻自己：

"如果我不当老师、不当班主任，我就可以去做侦探，例如，我可以去调监控录像，搜罗各种各样的证据。我可以当外交官，因为我的口才很好，对不同的家长，我说话的语音、语调和内容都不同。我可以当律师或调解员，去辩护，去调解。我可以当护士，因为外科的简单包扎我都会。我可以当出纳，收钱与记账，因为我会分辨真币与假币。我可以当健康顾问，做心理咨询，推销保险，等等。"

用访谈时该校某领导的话来总结，这个职业真是要求老师是全才。

(四)"上了发条似的"：工作时间"没有头"

由于身兼数职，工作繁杂、琐碎，她们深切感受到工作量大，工作时间"没有头"，还很操心。访谈中尚老师谈道：

"自己上课的 35 分钟是我的工作时间，其他科目老师上课的时间我要备课、判作业、联系家长、解决问题、写班级博客等。课间、午饭时间、午自习时间、放学时间等都是我的工作时间。总体来说，在学校的所有时间都是我的工作时间。"

我在办公室的参与式观察中也发现，老师们一整天的工作都被"35 分钟的上课制度"所"管制"着。在别人上课的 35 分钟里，她们就抓紧时间做事，到课间就要回班去"看"眼保健操或其他活动，到午饭时间就要回班去"看"午饭，然后"看"午自习，"看"下午操，到放学时间就要回班去组织放学、与前来接孩子的家长交流。记得有一次，放学铃声响起，文老师从椅子上跳起来，冲出办公室，向教室跑去，边跑边说："我整天就像是上了发条似的。"

访谈时任老师谈起前一天的工作，她说：

"我昨天下午到学校的另外一个校区去学习，突然想起中午的时候有一个孩子的脚扭了。我当初让他先观察一下，下午去学习我走得急忘了问他了，所以我必须在放学前赶回学校去。如果孩子的脚真是扭伤了，我必须要向家长交代一下……等处理完这个事后，我在骑车回家的路上又想起班上还有一个孩子咳嗽，我还要跟家长说说。到家后，我一边做饭一边给这位家长打电话，让家长带孩子去看看……我们当老师的累在哪儿？不光是教那几节课，我们要操心的事太多了，所有的事情都要操心。"

(五)高情感投入：与学生建立情感，与家长建立"人情"

研究发现，教师与学生之间的互动更重要的是建立情感联系。在刚入职一年的高老师所教班级的课间，我总看到有孩子抱着她，叫她"高妈妈"，跟她撒娇。她不时地给这个女孩重新别一下发卡，帮那个男孩整理一下衣帽。好几次我都听见她跟学生开玩笑说："下节数学课好好上，不听话我就'揍'你们。"学生则大声喊："高妈妈跟我们一起上数学课！"高老师跟我说，其实每一个学生都很可爱。方老师的班上有一个特别生，他的智商超高(135)，但是容易冲动，不能控制自己的情绪，在家动手打父母和保姆，在学校里稍不如意就打同学。他只听方老师的话。每次语文课上写作业的时候，方老师都把他叫到身边来写。只有这时候，我才能看到这个男孩脸上灿烂的笑容。

研究发现，教师与家长的互动，关键是要建立"人情"。有一天，梅老师在办公室里给一个女孩补课。这个女孩请了几天事假，落下课了，所以梅老师单独给她补课，并告知家长放心，还会让其他科的老师也给孩子补课。事后梅老师说：

"跟家长的关系要处好，尤其是在这种小事上。我体谅孩子，主动给孩子补课，那么家长就体谅我、信任我，我就能跟家长建立'人情'。有了这份'人情'，一切都好说了，家长能支持我的工作，很多纠纷也能避免或化解。"

梅老师还向我介绍了她通过班会、博客和家长会与家长进行沟通交流的经验。例如，新生秋季开学时，梅老师便设计了以"理解""信任""坚持""成长"为主题的班会，把每次班会的内容写在博客里，或通过口头交流的方式与家长分享。梅老师说每次班会与其说是教育学生，还不如说是引导家长，让家长理解、信任老师和孩子，让家长学会遇到某些困难时与孩子一起坚持，最后让家长体验和孩子共同成长的幸福。梅老师从一件一件的小事做起，通过一年多的努力，让家长从"怀疑、质疑"，逐渐理解梅老师、理解孩子，然后逐渐信任梅老师，最后依赖梅老师。老师和家长的"人情"关系就这样建立起来了。

如果老师与家长的"人情"关系没有建立起来，会导致老师与家长互动困难。例如，尚老师说班里有一个孩子，上课不跟着老师学习，作业拖拉，畏惧写字，书写难看，错别字多，看图说话能力低，没有兴趣学习语文，等等。她想找家长交流，可是根据以前交流的经验，家长总觉得老师在告状，误认为老师在责备孩子和家长。尚老师很纠结，问我该如何与家长交流。后来我们请教了其他老师，理解了家长跟老师所站的角度不同，即家长会误以为老师嫌自己的孩子拖了全班的后腿，误以为老师就是要分数。后来我们一起想办法，改变与家长交流的策略，让家长慢慢地理解尚老师的苦心。正如访谈某位校领导时她说的，小学老师的工作和中学老师的工作不一样，它需要更多地借助家长的力量。老师与家长配合好的话，那孩子的变化就特别快、特别明显。如果老师抵触家长，肯定做不好工作。即便老师很认真，家长也不会买账，还会去告状。

用卫老师的话说，干老师这一行要求情商高，因为老师需要处理多重关系。也如梅老师所说，她感觉这份工作不是教书，而是在跟人打交道。

(六)学校的人文关怀

校领导的人文关怀是老师们感受较深的。访谈时尚老师谈到，她们的校长不是高高在上的领导，不是把任务派给老师，让老师自己想办法去完成，不认为老师做不好就是老师没有能力。校领导经常会到各个办公室去问老师们有什么需要，看看还有什么能帮着老师们做的。尚老师感觉校长和他们是一条心，校长确实在为老师服务。例如，校长认为一年级的孩子刚入学，是最需要关心的，同时带一年级的老师也特别需要关心。每次秋季开学之前，校长就召集一年级的老师开会，让大家说困难、提要求，然后一起想办法解决。

访谈时任老师说，在自己刚调进这个学校工作半年后，学校就给了自己外出学习、交流的机会。自己开始觉得很意外，觉得不可能，后来慢慢发现，这所学校的领导很注重人文关怀，他们经常想的问题是"我要为老师做些什么"。梅老师谈到，校长找老师座谈，是分年龄进行的。对年龄大的老师，校长认为保重身体是第一位的，因为老师身体好了，舒心了，才能做好工作。此外，对于老师们的一些个人事务如孩子上学等，校长也特别上心，主动帮忙，就像家里人似的。梅老师总结说，学校领导在整体上营造的氛围很温馨，让老师们感觉学校像个家一样，也就促使老师们踏踏实实地工作。

卫老师说：

"我们校长说过的一句话让我感触特别深。校长说希望我们学校的老师出去之后，都以我们的学校为荣，一提到自己的单位，都是满脸的自豪和骄傲。现在我就感觉到了。有时我跟着丈夫参加他们同学的聚会，当听说我是某某小学的老师时，他们都高看一眼。我觉得在这样的单位工作，本身就是一种品牌。"

(七)同事之间的交流与支持

这10位老师平时在一个大办公室里工作，这是一个老师们积极互动的场所。在专业上的交流与支持是她们互动的内容之一。

例如，老师们会谈每天班里发生的事情，会说自己是如何处理的，然后问其他老师可以如何更好地处理。其他老师就会分享她们的经验。文老师跟我交流时说，她们都很崇拜梅老师，愿意跟着梅老师学习。备课时遇到一些难的问题，例如作文、写话等，她们都去问梅老师怎么讲会更好一些。发博客之前，她们也先看看梅老师怎么写。更重要的是，梅老师那种爱学生的精神，确实打动她们。有梅老师在身边，她们的水平在不断提高。

例如，某一天全年级的"看图写话"考试刚结束，这 10 位老师就开始一起讨论评分标准。梅老师先说了她的想法，如有几个关键点需要抓住。梅老师还找出几份考卷，问大家某些句子按病句还是按错别字扣分。其他 9 位老师各自改了几份卷子后，开始第二轮讨论。老师们发现学生对插图有不同的理解，而且这些理解都是合理的。当初选择这个插图作为考试题目时，老师们并没有想到这些可能性。经过两轮讨论，大家对这次作文的评判标准达成一致意见。

因为这 10 位老师都担任班主任的工作，她们之间找到了互相支持的方式。例如，要写通知跟家长交流某些事情，如关于学生入少先队的事等，她们就分别请一位老师写，大家共同修改一下，然后全年级 10 个班就用统一的通知。

（八）工资收入低

对于工资收入低，老师们都有同样的感觉，认为她们的劳动付出与工资收入非常不匹配。梅老师谈起在一次资深教师交流会上，有位男老师说觉得自己的工资太低没有办法养家，其他老师听完也觉得很心酸。

五、讨论与结论

本研究从工作要求—工作资源理论出发来解释研究发现。

小学教师工作的特征之一是人格化的职业道德要求。本研究发现，教师把自己的工作视为良心活，强调自觉、自律和责任心。从中国的传统来看，良心被理解为恻隐、仁爱、诚信、宽容、尊敬和履行义务。[1] 有研究也提出做教师是良心活，将"良心"理解为善良、用心、不误人子弟。[2] 在文献中学者也提出，教师职业伦理是一种做人的伦理，是一种德行伦理；从业者从内

---

[1] 何怀宏：《良心论》，2、9、32 页，北京，北京大学出版社，2009。
[2] 蔡辰梅、刘刚：《"教师是一种良心活"——对教师职业认同方式的分析与反思》，载《教师教育研究》，2010(1)。

在动机出发，通过自律工作，而不是在外部强制与命令下工作。① 因此，教师工作是一种高度人格化的工作。

小学教师工作的特征之二是工作责任大，集中了确保安全、育人和教书的责任。教师把育人看得比教书还要重要。社会学者也提出，小学教师的主要任务是帮助学生社会化，即为学生今后进入社会做好准备，这项任务比教学还要重要。② 英国的著名报告《一个好的童年》（A Good Childhood）指出，学校的关键任务是不仅要促进儿童学业能力的提升，更要帮助儿童发展快乐、可爱、亲社会的个性。③

小学教师工作的特征之三是事务性工作的无边界性。本研究发现，由于教师负有确保安全、育人和教书的重要责任，因此他们每天面对的工作非常繁杂、琐碎，尤其是事务性工作在不断增多。他们身兼数职，是全才教师，是"多面手"。其他研究也提出，小学教师的工作职责远远超过了课堂互动，还包括负责儿童的福利事宜、记录成绩、与同事研讨、实施平等措施、与社区联系、关照特殊儿童、学习在职发展课程等。④ 英国的小学教师认为，他们对学生生活的方方面面都应该负有责任。⑤ 学者争论到教师角色在不断增多，教师工作要求变得越来越高。⑥ 如学者所说，教师工作的内容边界消解了，生活中发生的一切都可以成为教师工作的内涵。⑦

小学教师工作的特征之四是高投入，包括时间、精力的高投入以及情感的高投入。由于教师身兼数职，他们深切感受到工作量大，工作时间"没有头"，每天像"上了发条似的"。其他研究也发现，教师的工作在时间上、空间

---

① 朱新卓、陈晓云：《教师职业的特殊性与专业性》，载《高等教育研究》，2012(8)。

② Acker，S.，"Primary school teaching as an occupation," In S. Delamont(ed.)，The Primary School Teacher，London，Falmer，1987，p. 85.

③ Layard，R. & Dunn，J.，A Good Childhood：Searching for Values in a Competitive Age，London，Penguin Books，2009，p. 157.

④ Stewart，J.，The Making of the Primary School，Milton Keynes，Open University Press，1986，p. 84.

⑤ 转引自 Delamont，S.，The Primary School Teacher，London，Falmer，1987，p. 84.

⑥ Acker，S. "Primary school teaching as an occupation," In S. Delamont(ed.)，The Primary School Teacher，London，Falmer，1987，p. 85.

⑦ 吴刚平、余闻婧：《论教师工作的限度》，载《教师教育研究》，2012(4)。

上都具有连续不断扩展的性质。① 其结果是，教师需要付出更多的时间和精力。量化研究也发现教师工作特征是工作过度繁忙②、工作负担重③、工作多样化等④。与学生建立情感是教师工作的高情感投入之一。如社会学者所说，小学生还处于初始社会化阶段，他们往往通过各种情感的方式与重要他人建立联系。如果缺乏对重要他人的情感依恋，学生的学习过程就会出现困难。⑤学生的初始社会化的需要，要求小学教育，尤其是师生关系要亲密、平等、稳定。⑥ 在本研究中，教师们尝试着与学生建立情感联系，使得学生对教师产生情感依赖，愿意跟随教师的学习指导，所以师生关系更像"教师是朋友""教师如妈妈"。除此之外，与家长建立"人情"更考验教师的情商。如尼亚斯所说，日复一日的教学使教师经历感情的高峰和低谷，要求教师投入认知技能、实践技能和人际技能。小学教师所付出的成本包括体力和脑力的耗竭、情感的耗竭等。⑦

小学教师工作的特征之五是工作资源支持不足。工资收入相对低是教师的共同感受。他们认为自己的劳动付出与工资收入非常不匹配，这个结论已经被很多研究证实了。本研究还发现，教师感受到了学校的人文关怀，同事之间有很好的交流与支持关系。因为这是一所历史悠久的优质小学，还因为学校领导的办学理念及领导水平，使教师获得了相对较好的资源支持。有研究发现，教师对经济收入的满意度严重偏低，对社会地位、社会尊重的满意度偏低。而经济收入、社会地位、社会尊重这三个因素是互相关联的，经济

---

① ［日］佐藤学：《课程与教师》，213 页，北京，科学教育出版社，2003。

② 甘怡群、王晓春、张轶文、张莹：《工作特征对农村中学教师职业倦怠的影响》，载《心理学报》，2006(1)。

③ 毕帼英、张姝、许燕：《幼儿教师工作特征、应对方式对职业倦怠的影响》，载《中国特殊教育》，2008(7)。

④ 安晓镜：《中小学教师工作特征、工作倦怠与工作绩效之间的关系》，硕士学位论文，天津师范大学，2007。

⑤ Berger, P. L. & Luckmann, T. *The Social Construction of Reality*, New York, Penguin Books, 1991, p. 151.

⑥ Woods, P. "Managing the primary teacher's role," In S. Delamont(ed.), *The Primary School Teacher*, London, Falmer, 1987, p. 122.

⑦ Nias, J., *Primary Teachers Talking: A Study of Teaching as Work*, London, Routledge, 1989, p. 205.

收入在一定程度上影响教师的社会地位和受尊重程度。[1] 因此，我们认为，教师工资收入低直接影响教师获得其他的社会资源支持。工作资源支持不足成为教师职业的特征之一。

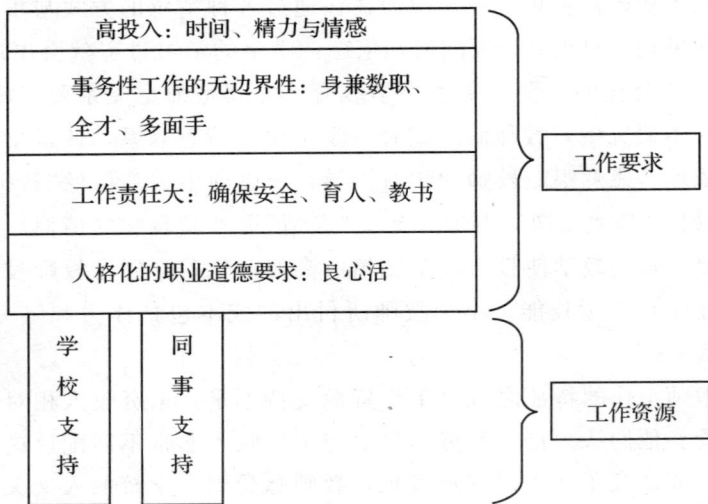

图 1-1　小学教师工作特征（工作要求—工作资源）

总之，如上图所示，与其他职业相比，小学教师的工作具有更高的职业道德要求，对服务对象负有更大更多的责任，需要承担无边界的劳动，需要时间、精力与情感的高投入。从工作资源支持来看，本案例中学校的教师获得了学校与同事的支持，但是她们还缺乏其他更多的资源支持，如工资收入的支持、社会和家长的支持，等等。

最后，借用与尚老师交流时她说的一段话结尾：我们也有追求，想做一个好教师和班主任，用心灵影响心灵。教师这个职业，说到底是人和人的一个职业，是需要用生命去影响生命的一个职业。这样的职业需要更多的资源支持。

---

① 丁刚：《中国中小学教师专业发展状况调查与政策分析报告》，220 页，上海，华东师范大学出版社，2010。

第二章 小学新教师专业发展的困难及影响因素的个案研究

一、引言

入职初期是新教师专业发展的关键期，是新教师完成从"学生"到"教师"角色转化的时期，被教育研究者和阶段理论者称为"存活阶段"①，对新教师今后的职业生涯具有重要影响，甚至影响他们的职业选择②。因此，了解新教师入职初期所遭遇的困难及其影响因素，对于帮助新教师顺利完成过渡具有重要意义。

伴随近些年学术界对教师专业发展关注度的提高，研究者将研究视角分散到教师专业发展的各个阶段，新教师的专业发展就是其中重要的组成部分。通过查阅相关文献发现，关于新教师专业发展的研究主要涵盖了新教师专业发展的意义及其必要性③④、新教师在入职初期遇到的困难、对新教师

---

① [美]Ralph Fessler & Judith C. Christensen：《教师职业生涯周期——教师专业发展指导》，60～61页，北京，中国轻工业出版社，2005。

② Fantilli, R. D. & McDougall, D. E., "A Study of novice teachers：Challenges and supports in the first years," *Teaching and Teacher Education*, 2009, 25(6), pp. 814-825.

③ [美]布洛克、格雷蒂：《校长如何指导新教师》，6页，北京，中国轻工业出版社，2007。

④ [美]达林·哈蒙：《美国教师专业发展学校》，7页，北京，中国轻工业出版社，2006。

专业发展产生影响的诸多因素，以及如何促进新教师的专业发展①②③等多方面的内容。本研究主要对新教师在入职初期所遭遇的困难和对其专业发展产生影响的因素进行了分析和归纳。

综合前人的研究发现，新教师在入职初期遭遇的困难主要可以概括为四个方面。一是人际关系方面，主要指新教师与学生、同事、家长及学校领导之间的关系。美国学者威曼（Veenman，S.）提出新教师与学生之间出现的问题主要有如何对学生做出公正的评价以及如何处理个别学生的问题；同时，新教师在处理与同事的关系方面也存在一定困难。④ 戴维斯（Davis，E. A.）等人对新任科学教师的专业发展进行研究，发现新任科学教师在如何更好地理解学生、如何成功地融入教师群体以及如何正确处理其他各种关系等人际关系方面面临诸多挑战。⑤ 范蒂利（Fantilli，R. D.）等人提出的新教师面临的困难也包括人际交往方面的内容，主要有如何更好地处理与家长、同事以及行政领导的关系。⑥ 学者王小棉对广东地区的中学新教师进行了研究，也将处理人际关系方面的问题界定为新教师面临的一大阻力，包括处理与家长及校外有关方面的问题、处理教学过程中学生方面的问题、处理教育学生过程中师生关系方面的问题、处理与学校领导和同事关系的问题。⑦ 任学印在《教师入职教育理论与实践比较研究》一书中将新教师入职后在专业发展方面遭遇的问题和困难归纳为两个方面，其中人际关系方面的困难在第二个方面——对

---

① Gehrke，N. J. & Kay，R. S.，"The socialization of beginning teachers through mentor-protege relationships,"*Journal of Teacher Education*，1984，35(3)，pp. 21-24.

② Ingersoll，R. M. & Strong，M.，"The impact of induction and mentoring programs for beginning teachers：A critical review of the research,"*Review of Educational Research*，2011，81(2)，pp. 201-233.

③ 石兆胜：《校本培训中"师徒结对"模式的负面效应及其对策》，载《当代教育科学》，2006(24)。

④ Veenman，S.，"Perceived problems of beginning teachers,"*Review of Educational Research*，1984，54(2)，pp. 143-178.

⑤ Davis，E. A.，Petish，D. & Smithey，J.，"Challenges new science teachers face,"*Review of Educational Research*，2006，76(4)，pp. 607-651.

⑥ Fantilli，R. D. & McDougall，D. E.，"A study of novice teachers：Challenges and supports in the first years,"*Teaching and Teacher Education*，2009，25(6)，pp. 814-825.

⑦ 王小棉：《新教师入职初期所遇困难的研究——兼析传统师范教育的缺陷》，载《上海教育科研》，1999(4)。

学校社会系统的适应占有重要比重，主要指新教师如何处理与学生、同事、学校各级领导以及学生家长的关系。① 二是课堂教学方面，主要包括课堂纪律的维持、教学内容的准备、学生兴趣的调动、学生个性化需求的满足、教学方法的运用和教学资源的运用等。威曼进行的研究主要包括维持课堂纪律、激发和维持学生的学习动机、根据学生的不同个性实施教学、组织日常的班级工作、解决上课所需资源和资料匮乏问题。② 托伦(Toren, Z.)等人的研究结果显示缺乏教学和课堂纪律管理知识是新教师任教第一年在课堂教学中遭遇的主要困难。③ 陈赟运用人种志的研究方法对一名中学新任教师进行了个案研究，表明新教师因为缺少课堂控制和管理的技能、缺少转化学困生学习的耐心和技巧等而在课堂教学方面遇到一定的困难和问题。④ 三是个人发展方面，主要表现为自身专业发展意识不强、学校对新教师的培养和关注不够、工资待遇不高、职位升迁不易等。戴维斯等人在研究结论中谈到了新教师在自我专业发展方面面临的挑战，主要指新教师在注重反思方面做得不够。⑤ 范蒂利等人提到了新教师在入职初期面临的个人发展方面的挑战，包括缺乏长期的职业规划、自身的专业发展问题、工资待遇需求无法满足等。⑥ 周立群对广东中西部 40 多所中小学任教不满 3 年的新教师进行了调查研究，分析出他们在专业发展过程中遭遇的个人发展方面的一些问题：人心不稳，不能安心工作；价值观模糊，职业信念缺失；能力偏低，职业转换迟缓。⑦ 四是工作负担方面。威曼指出新教师在解决繁重的教学负担和有限的准备时间之

---

① 任学印：《教师入职教育理论与实践比较研究》，57～58 页，长春，东北师范大学出版社，2005。

② Veenman, S., "Perceived problems of beginning teachers," *Review of Educational Research*, 1984, 54(2), pp. 143-178.

③ Toren, Z. & Iliyan, S., "The problems of the beginning teacher in the Arab schools in Israel," *Teaching and Teacher Education*, 2008, 24(4), pp. 1041-1056.

④ 陈赟：《新教师成长：困境与突围——来自于个案的研究》，载《全球教育展望》，2002(11)。

⑤ Davis, E. A., Petish, D. & Smithey, J., "Challenges new science teachers face," *Review of Educational Research*, 2006, 76(4), pp. 607-651.

⑥ Fantilli, R. D. & McDougall, D. E., "A study of novice teachers：Challenges and supports in the first years," *Teaching and Teacher Education*, 2009, 25(6), pp. 814-825.

⑦ 周立群：《新教师常见问题调查及对策探讨》，载《中小学教师培训》，2005(9)。

间的矛盾方面存在问题。① 托伦等人同样认为，新教师存在工作负担和工作压力方面的问题。② 从现实来看，非教学负担所占的比重丝毫不小于教学负担。周立群的调查发现，新教师因为过大的工作量、突如其来的责任和相对不足的时间而感觉压力过大，甚至产生心理问题。③

从前人的研究来看，新教师生活和工作的环境中存在诸多影响其专业发展的因素，综合分析可概括为三个层面：宏观层面、中观层面和微观层面。宏观层面主要是指国家相关教育政策、政府政策等。阿钦斯坦（Achinstein，B.）等人进行的研究强调了政府政策环境对新教师专业发展的影响。④ 阿其加（Alhija，F. N. A.）等人在谈到促进新教师社会化的因素中指出政府政策环境是其中一大重要因素。政府政策可以直接通过决定新教师的入职程序等来影响新教师的专业发展。⑤ 中观层面的影响因素主要是指学校和社区组织层面，包括学校的科层结构、组织运行、管理方式、学校文化、教师组织和社区文化、家校合作等。斯塔顿（Staton，A. Q.）等人指出教室文化（culture of the classroom）和学校文化（culture of the school）是影响教师入职后的专业发展的重要因素。⑥ 阿其加等人将当地的社会状况作为影响新教师专业发展的一个因素。新教师的专业信念、价值观和日常行为都会受到工作场所的组织和机构文化的影响。⑦ 值得一提的是，作为新教师入职教育最主要的一种模式——入职指导，在国内以"师徒制"的名称为大家所熟知，是影响新教师专

---

① Veenman，S.，"Perceived problems of beginning teachers，"*Review of Educational Research*，1984，54(2)，pp. 143-178.

② Toren，Z. & Iliyan，S.，"The problems of the beginning teacher in the Arab schools in Israel，"*Teaching and Teacher Education*，2008，24(4)，pp. 1041-1056.

③ 周立群：《新教师常见问题调查及对策探讨》，载《中小学教师培训》，2005(9)。

④ Achinstein，B.，Ogawa，R. T. & Speiglman，A.，"Are we creating separate and unequal tracks of teachers? The effects of state policy, local conditions, and teacher characteristics on new teacher socialization，"*American Educational Research Journal*，2004，41(3)，pp. 557-603.

⑤ Alhija，F. N. A. & Fresko，B.，"Socialization of new teachers：Does induction matter?"*Teaching and Teacher Education*，2010，26(8)，pp. 1592-1597.

⑥ Staton，A. Q. & Hunt，S. L.，"Teacher socialization：Review and conceptualization，"*Communication Education*，1992，41(2)，pp. 109-137.

⑦ Alhija，F. N. A. & Fresko，B.，"Socialization of new teachers：Does induction matter?" *Teaching and Teacher Education*，2010，26(8)，pp. 1592-1597.

业发展的重要因素。霍布森（Hobson，A. J.）等人在研究中提到，师徒制是促进新教师专业发展的重要并且有效甚至是最有效的形式。① 微观层面的影响因素包括新教师自身的各种因素，学校中的重要他人（校长、指导教师、同事、学生等），教室生态环境和学生家长等。在这些因素中，关注度最高、对新教师专业发展影响最大的是校长和指导教师，诸多研究都有所体现。②③④⑤⑥此外，新教师的个人背景包括性别、种族和个人的成长史，会通过影响新教师的世界观来影响他们的专业发展。⑦⑧⑨学生和学生家长、教室生态环境也会对新教师专业发展产生影响。⑩⑪⑫

---

① Hobson，A. J.，Ashby，P. & Malderez，A.，et al.，"Mentoring beginning teachers：What we know and what we don't，"*Teaching and Teacher Education*，2009，25(1)，pp. 207-216.

② Staton，A. Q. & Hunt，S. L.，"Teacher socialization：Review and conceptualization，"*Communication Education*，1992，41(2)，pp. 109-137.

③ 戈白文：《校长是新教师成长的关键因素——谈美国一项有关新教师社会化的研究》，载《外国中小学教育》，2005(9)。

④ 钱扑：《新教师成长的环境影响因素剖析——兼谈美国对新教师社会化问题的研究》，载《全球教育展望》，2005(9)。

⑤ Staton，A. Q. & Hunt，S. L.，"Teacher socialization：Review and conceptualization，"*Communication Education*，1992，41(2)，pp. 109-137.

⑥ Hobson，A. J.，Ashby，P. & Malderez，A.，et al.，"Mentoring beginning teachers：What we know and what we don't，"*Teaching and Teacher Education*，2009，25(1)，pp. 207-216.

⑦ Achinstein，B.，Ogawa，R. T. & Speiglman，A.，"Are we creating separate and unequal tracks of teachers? The effects of state policy，local conditions，and teacher characteristics on new teacher socialization，"*American Educational Research Journal*，2004，41(3)，pp. 557-603.

⑧ Alhija，F. N. A. & Fresko，B.，"Socialization of new teachers：Does induction matter?"*Teaching and Teacher Education*，2010，26(8)，pp. 1592-1597.

⑨ 董玲：《新任教师专业社会化问题探索》，硕士学位论文，上海师范大学，2007。

⑩ Staton，A. Q. & Hunt，S. L.，"Teacher socialization：Review and conceptualization，"*Communication Education*，1992，41(2)，pp. 109-137.

⑪ 王秋绒：《教师专业社会化理论在教育实习设计上的蕴义》，33～48 页，台北，台湾师大书苑有限公司，1991。

⑫ 钱扑：《新教师成长的环境影响因素剖析——兼谈美国对新教师社会化问题的研究》，载《全球教育展望》，2005(9)。

在总结以往研究的基础上，本研究选取两名小学新教师作为研究对象，通过质性研究方法进行细致描述，希望能够澄清这两名小学新教师在专业发展中遇到的具体困难、克服办法和效果以及不同因素如何影响新教师专业发展。

二、研究方法

本研究根据研究需要以目的性抽样的方式选择两名小学新教师作为研究对象，采用访谈法、非参与式观察法以及实物分析法等研究方法进行数据收集，并以扎根理论的编码方式对数据进行分析。

(一)样本

W 老师和 Z 老师都是 2011 年 9 月刚入职的新教师，分别从事小学语文教学和小学数学教学且都担任班主任，具有本研究需要的典型性特征。此外，在我国，除了通过接受完整的师范教育获得教师从业资格成为教师的群体外，还有一部分群体并未接受师范教育，而是通过国家的教师资格考试获得教师资格证，从而具备任教资格。后者也是国内不可忽视的群体，他们具有研究价值。本研究选择的研究对象 W 老师就是这样一名教师，而 Z 老师是接受完整的师范教育之后进入教师职业的新教师。另外，这两名小学新教师的学历、工作地点、生活环境等方面也有较大差异。W 老师本科毕业于某师范大学汉语言文学专业，是非师范生，通过参加教师资格考试获得教师资格证，随后通过参加山东省某县城的教师招聘考试进入某县城的一所小学教三年级语文课。该校在县城内部是教学成绩最好的学校，是教育科学研究所的研究基地，但是学校的硬件并不尽如人意。尤其是三年级，由于教师紧缺，班级数被压缩，每个班有七八十人之多。W 老师所在的班级就有学生 89 名。Z 老师是硕士研究生，毕业于某师范大学课程与教学论专业，本科通过接受师范教育已经获得教师资格证，硕士毕业后供职于北京市某小学，任教一年级数学课。该校硬件设施齐全，具有先进的教育教学思想。教师队伍呈现出三级优化结构：专家学者型教师，经验丰富型教师，年轻有为型教师。该校全面实行小班化教学。Z 老师任教班级有40 名学生。

表 2-1　两名研究对象的基本信息

姓名	性别	年龄	毕业院校	学历	专业	教师资格证获取途径	任教学校所在地	任教学科	初始任教年级	班额（学生人数）
W老师	女	26岁	某师范大学	本科	汉语言文学（非师范）	参加教师资格考试	山东省某县城	小学语文	三年级	89
Z老师	女	29岁	某师范大学	硕士研究生	课程与教学论（本科专业是小学教育，属师范专业）	接受师范教育	北京市	小学数学	一年级	40

（二）数据收集

本研究采用的数据收集方式主要有访谈法、非参与式观察法和实物分析法。

1. 访谈法

在研究的初始阶段，即在研究问题的澄清阶段，本研究使用了开放型访谈法。本研究在数据收集之初并没有打算选择两名研究对象，所以对二人的研究并非同步进行的。W老师是本研究选择的第一位研究对象。本研究分阶段进行了数据收集。资料收集开始于 2011 年 11 月末。W老师当时刚入职差不多三个月。研究者与之取得联系后，前往所在学校进行访谈，主要了解 W老师的一些基本信息和入职三个月的感受。W老师不仅是一名小学语文老师，同时也是一名班主任，各项工作都比较多，不可能提供特别多的访谈时间。研究者需要利用其他零散时间了解她的情况。比如，在第一天的晚餐时间，研究者对 W老师的个人基本信息进行了咨询并得到重要信息。系统的访谈是必不可少的，因此，研究者根据访谈提纲进行了两个半小时左右的访谈，对 W老师的总体情况以及入职三个月的体会有了明确的了解。随着研究问题的深入，研究者开始围绕研究问题设计粗略的访谈提纲，于 2012 年 5 月进行了第二次访谈；2012 年 11 月末，对研究问题进行进一步澄清和修改，于 2012 年 12 月对 W老师进行了第三次访谈；2013 年 5 月进行最后一次访谈，对之前遗漏的一些问题进行了补充了解。

Z老师是在 2013 年 5 月才被确定为研究对象的。研究者对 Z老师的访谈于 2013 年 12 月进行。虽然当时的研究问题已经较为清晰，但首次访谈仍然以开放型的形式进行，主要了解 Z老师的基本信息和任教初期的状况。2014 年 3 月，研究者对 Z老师进行了第二次访谈，使用较为成熟的提纲获取与研究问题相关的信息。

2. 非参与式观察法

观察法是质性研究中另一种常用的资料收集方法，主要是指实地观察。根据观察者是否参与被观察者的工作、生活，观察分为参与式观察和非参与式观察。在参与式观察中，观察者与被观察者一起生活、工作，在密切的相互接触和直接体验中倾听和观看被观察者的言行；非参与式观察则不要求观察者直接进入被观察者的日常活动。观察者通常置身于被观察者的世界之外，作为旁观者了解事情的发展动态。① 基于研究者的实际情况，本研究采用非参与式观察。研究者以非参与者的身份观察研究对象在自然状态下的表现，可以获得更加真实、可靠的资料。研究者与 W 老师是高中同学，容易建立起彼此之间的信任关系。研究者几乎能观察 W 老师所有的活动过程，包括课堂教学、办公室活动、下班后的生活等多方面，获取的信息较为丰富。对 W 老师的观察与访谈是同期进行的，一共进行了四次系统的观察。2011 年 11 月末，研究者到 W 老师所任教的学校对 W 老师进行了第一次观察。当时，由于研究者对 W 老师的具体情况不是特别了解，研究问题也有待于澄清，因此研究者进行的是开放式观察，主要观察了 W 老师在办公室的状况、办公室的设施、其他教师的状态、W 老师的课堂教学、W 老师的班主任工作以及下班后的活动，随后研究问题逐渐聚焦。2012 年 5 月的观察所使用的观察提纲与研究问题已经具有极高的契合度。2012 年 12 月，研究者对 W 老师进行了第三次观察。W 老师在任教三年级一年后，改为任教一年级，但仍然担任班主任。因此，第三次观察着重注意 W 老师对待一年级的课堂与三年级的课堂有哪些区别，并且对 W 老师某一天的生活工作进行了跟踪观察。2013 年 5 月研究者进行了最后一次观察，重点观察了 W 老师的课堂教学活动。

由于确定 Z 老师为研究对象的时间较晚，加之研究者与 Z 老师接触的时间较短且之前完全是陌生人，因此二人之间很难迅速建立起良好的信任关系。也因 Z 老师工作繁重和研究者自身在人际交往方面有所欠缺等，研究者一直没有能够进行课堂以外状况的观察，仅对 Z 老师的课堂教学活动进行了观察，这是本研究的不足和缺憾。

3. 实物分析法

实物分析法是访谈法和观察法以外的另一种资料收集方法。实物包括所

---

① 陈向明：《质的研究方法与社会科学研究》，228～229 页，北京，教育科学出版社，2000。

有与研究问题有关的文字、图片、音像等，可以是人工制作的东西，也可以是经过加工的自然物；可以是历史文献（如传记、史料），也可以是现时的记录（如信件、作息时间表、学生作业）；可以是文字资料（如文件、教科书、学生成绩单、课表、日记），也可以是影像资料（如照片、录像、录音等）。① 本研究主要对 W 老师的教案、反思日志、批改的学生作业等和 Z 老师班级中摆放的物品和学生的作业、试题等进行了实物分析。

（三）数据分析

数据收集完成之后，需要进行的工作是对数据资料进行分析。

表 2-2　数据分析示例

原始数据资料	开放编码	主轴编码	选择编码
"如果老师特别凶的话，纪律就会好一点；如果老师笑眯眯的，或者想把课堂气氛搞得活跃一点，那课堂纪律就乱了，老师就很难再压制住捣乱的学生了。"	课堂纪律难控制	纪律管理问题	W 老师在纪律管理和教学方面存在问题
"我讲课吧，没有重点，讲完第一段，讲第二段，然后讲第三段……就这么讲下去。"	课堂教学把握不住重点	教学问题	
"我有师傅。刚开始教一年级的时候我有两个师傅，一个是班主任师傅，一个是教学师傅。"	①有指导教师进行指导；②教学和班主任工作都有指导教师；③指导教师起到很大作用	①师徒制等入职教育方式对 Z 老师专业发展具有重要的积极影响；②指导教师是影响 Z 老师的重要因素	师徒制的入职教育方式以及良好的同事关系能够促进 Z 老师的专业发展
"我们组的老师们都很好，都很照顾我。在我教一年级的时候，周围老师都是教了十几二十年的老老师，都比我年龄大，而且我又是新老师，所以大家都帮助我。"	①与同事关系融洽；②老教师比较照顾新教师	指导教师之外的其他同事对 Z 老师的专业发展有重要影响	

---

① 陈向明：《质的研究方法与社会科学研究》，257、266～267 页，北京，教育科学出版社，2000。

本研究在分析数据时运用了扎根理论的编码方式。扎根理论借由系统的编码程序分析资料，包括开放编码、主轴编码(轴心编码)和选择编码(核心编码)。[1][2] 开放编码是指研究者在开始阅读文本资料时，在文本中找出关键字、关键事件或话题及注解，是对文本进行概念化而后进行分类、为类别命名，以及发展类别的属性与面向的过程；开放编码是着重于资料本身进行的分析。主轴编码则强调综合归纳或比较不同资料之间的异同，旨在资料中建构主轴概念，并形成系统的类别。选择编码是资料分析的最后一个阶段，是研究者开始选择最能彰显研究主题的核心主轴概念，是统整和提炼类别并形成理论的过程。[3] 表2-2是本研究使用编码程序进行数据分析所形成的三级编码表案例。

三、研究结果

(一)W老师在入职初期遇到的困难

通过对W老师的多次访谈和观察，研究者发现，W老师在入职初期不可避免地遭遇了以往研究中新教师可能会遇到的困难和挫折。但是，W老师所遇到的困难并不是同时出现的，而是在她入职两年内的不同时期有不同的表现。当研究者在W老师入职三个月后进行第一次数据收集时，W老师处于较佳的状态，虽然也有困难(主要涉及课堂教学方面)，但是对现状基本满意。W老师说："我就觉得自从工作以来生活特别简单，就是上班、下班。平时放了假，我就出去逛逛，走走亲戚什么的。家里也不需要我做什么事。"但是，当研究者2012年5月第二次收集数据时，W老师的整体精神面貌有较大不同，状态不佳，在课堂教学的多个方面存在问题。同时，工作繁重也是一个突出的问题。第三次、第四次收集数据时，课堂教学依然是W老师需要面对的困难，同事之间的人际关系问题也凸显出来，妨碍W老师的专业发展。另外，W老师在个人发展方面也存在一定问题。

---

① 钮文英：《质性研究方法与论文写作》，383～390页，台北，双叶书廊有限公司，2012。

② [英]凯西·卡麦兹：《建构扎根理论：质性研究实践指南》，61～85页，重庆，重庆大学出版社，2009。

③ 钮文英：《质性研究方法与论文写作》，384～390页，台北，双叶书廊有限公司，2012。

1. 课堂教学困难

课堂教学方面的困难是 W 老师首先体会到的挫折，主要包括课堂纪律的维持、教学内容的处理、学生兴趣的调动等方面。

(1)课堂纪律的维持：从宽松到严厉

课堂纪律的维持是 W 老师在入职初期遇到的最大挑战，也是贯穿其将近两年教学工作的问题。对 W 老师而言，课堂管理是极其困难的一件事。她对此的认识也是一个逐步转变的过程。W 老师在入职初期希望能够在自己的课堂上践行区别于传统思想的教育理念，避免学生对教师产生畏惧感，从而形成亦师亦友的关系。

"我一开始的时候对学生很好……因为我刚开始工作，也没什么经验，就觉得应该对学生特别好。"

这种思想与现在倡导的师生平等、以学生为本的理念是很契合的，也是新时代对教师的要求。但是，在面对真实的教学环境时，新教师屡屡受挫，坚持的信念也会被迫动摇。W 老师同样遇到了这样的问题，在入职不到三个月的时间里，其原先课堂纪律方面的想法就遭受到很大挑战，于是她开始寻求其他的方式，或者说开始走向其他教师使用的传统模式。

"我发现我的想法根本就实现不了……如果学生少一些或许还可以实现，可是学生的素质不一样，有的好，有的就会借着老师对他们好去破坏课堂纪律，然后就把别的学生也带动起来了，班里的纪律一下就差了，所以我必须要严，表面上必须要严，上课必须要严。"

"老师管得严的时候纪律就好，老师稍微松一点纪律就不好……老师严一点纪律就好一段时间……"

"如果老师特别凶的话，纪律就会好一点；如果老师笑眯眯的，或者想把课堂气氛搞得活跃一点，那课堂纪律就乱了，老师就很难再压制住搞乱的学生了。"

"别的老师都说你必须要管，你现在管不住，后边就很难了……一个新老师，一开始必须以严厉的姿态面对学生。如果你一开始就松了，以后想严起来就比较难了。如果你一开始就很严，学生会养成好习惯，可能以后就特别好管……但是我没把别的老师说的这些话放在心上。我觉得学生那么小，我不应该那样对待他们，所以我就按照自己的方式做，但是到后来问题慢慢地出现了。我才发现事情的严重性，觉得我一开始不应该那么对他们。我必须要严，一开始必须要严。"

这是 W 老师在尝试自己的课堂管理方式后的体会，慢慢地转向了老教师的经验模式。"严"字是她在这段经历中最深的体会，仿佛这是一把万能钥匙，能够解决班上的所有纪律问题。事实可能或多或少验证了这种管理方式的有效性。W 老师在接下来的教学中一直沿用了这种方式，即使从三年级转到一年级。当研究者问到两个年级的教学之间的区别时，W 老师表示，其他基本没什么变化，只是更加严厉了。

"可能比原来要严厉一点……自己觉得比以前要严一点，在每个方面都严一点。"

W 老师对课堂纪律的管理经历了由宽松到严厉的态度转变，试图更好地控制课堂。在 W 老师的认识中，严厉的方式能够维持课堂纪律，但从研究者在教学现场的观察来看，这种方式并没有实质的效果。也就是说，扰乱课堂或者不听课的学生仍有许多。

（2）教学内容的处理：不断反思改进

W 老师在对教材的处理和学生的分析上也存在一定困难。分析教学内容，合理处理教材，把握教学重难点，根据学生的身心发展特点调整教学方式等对于一名有经验的教师而言是很容易的事情，但是对于刚入职的新教师而言，尤其是在没有人给予指导的情况下，不能准确把握教学重难点、忽视学生的年龄特征，是无可厚非的，需要在实践中逐渐积累经验。新教师能够进行自我反思，认识到自身教学的不足才是弥足珍贵的。

"我讲课吧，没有重点，讲完第一段，讲第二段，然后讲第三段……就这么讲下去。我后来听其他老师的课，觉得我这么讲是不行的，我应该抓住一个重点。"

"我现在才认识到自己的一个失误，就是没有抓住一年级学生的特点，总觉得他们应该会了，其实他们不会，我高估他们了。"

"我就失误在这里了，我现在才意识到这个问题，就是一课必须一点一点地讲。我可能有时候讲得稍微多一些，让学生消化不了。讲的内容必须要少，如果有谁错了，就改这一点，先把这一点教会了。"

W 老师对教学进行了反思，却没能找到解决这一问题的根本办法，没有把时间花在教学设计上，而是转向考试中知识点的强调和巩固，以成绩为最根本的目标，以致其教学模式逐渐僵化。

"我认为平时上课不需要那么多艺术性。你要想让学生成绩好，就抓词语。你不需要把这篇课文讲得多么生动，因为考试根本就不考这个，考试就考比较实际的东西。"

　　此外，W 老师在备课方面也会面临一些问题。W 老师在授课过程中对教材的把握不够、对重难点的处理不当等与备课的不充分有着直接的联系。

　　"我们现在备课的时间很少，根本没时间备课，平时连这些作业都处理不完。因为没有时间备课，我就采用直接说的方法，没有充分引导，就让学生死记硬背吧。"

　　在平时上课的时候，因为工作繁重等因素，教师可能没有时间把教案书写得那么完美和全面，但是，直接关系课堂教学的内容却是必不可少的。在 W 老师所在的学校，教案与教学反思并不是为了促进教师更好地教学和发展，而是一种任务式的存在。

　　"我和另外一个年轻老师一起合作设计三年级的电子教案。上完课后我们在上面写教学反思……（教学反思）交上去之后一般都是教育局的人来检查。检查的时候我们才交，就是为了应付检查。……其实我们讲课还是按照另外的节奏去讲。……我们一周写一篇教学反思，写下这一周自己通过上课有什么收获。但是，这些教学反思都是形式化的。我们都随便抄，只要张数够、字数差不多就行，根本不是真正意义上的教学反思，就是应付检查的。还有分散学习、集中学习，都是为了应付上面的检查。"

　　(3)学生兴趣的调动：学会巧用鼓励措施

　　W 老师在调动学生的学习兴趣、激发学生的学习动机方面也存在困难。学生不愿意学习、不配合教师是教师最为头疼的事情，尤其是在一年级。

　　"有时候我感觉讲课特别无奈。他们根本就不思考，就瞪着眼睛看着我。我觉得特别无奈。同事也这么说，有时候上不动课，也不知道学生怎么了。我觉得问题很简单，但是他们就瞪着眼睛看，不会去主动想。他们好像总是不在状态。"

　　W 老师在调动学生的学习兴趣方面做了不少努力。研究者观察到，W 老师在批改学生作业时，不仅会判断学生作业的质量，同时会根据一定的标准，给学生的作业印上"你真棒""加油""很好"字样的各种图形。据了解，那些工具是 W 老师在网上发现的。W 老师认为它们可以给学生带来新鲜的刺激从而使学生乐于认真完成作业，所以买了一些。除此之外，在学校的多媒体启用后，W 老师会选择一些颜色鲜艳、内容新奇的相关图片进行展示，以吸引学生的注意力，激发学生的学习兴趣和动力。

　　"学生学习的兴致特别高，声音特别大，是那种很兴奋的状态……其实，你那天听课时他们还不算兴奋，因为那天的课是复习课，他们都学过了。我也调动他们的积极性，不只是严格对待他们，因为我整天这样喊也没有效果了。我经常发那种我自己买的小奖状，只要一拿出奖状来，说看谁表现好就给谁发奖状，他们就都坐得特别直。"

在 W 老师的多重努力下，学生课上的学习积极性明显有所增强，课上注意力集中的时间也在延长。

2. 工作负担困难

(1)工作负担：繁重的教学任务，繁杂的班主任工作

W 老师不仅是一名小学语文教师，同时也担任班主任。面对班额较大的班级，教学任务，如上课、批作业、改练习题、改试卷等已经消耗了 W 老师大量时间和精力。而班主任工作也是需要耗费时间和心力的工作。繁重的教学任务和繁杂的班主任工作使 W 老师面临巨大的工作负担，并使 W 老师形成了无形的压力，这是 W 老师在接受第二次访谈时反复提到的一点。

"心累啊，真心累啊。我上一节课需要维持好几次秩序。这么多学生，不可能都那么听话、都老老实实的。"

"我的工作不是单纯地讲课、上课、给学生看看作业，不是这样的。现在学校三天两头就开会，给你布置任务，让你到班里去做这个做那个。然后学校检查得比较严格，说你这个不行那个不行。"

"我们每天的很多事都是固定的。比如班主任工作，每天到学校之后我们就开始盯一系列的事情，包括唱歌、预备、上课、做广播体操，一直到下午做眼保健操、放学，总之从上学到放学我们全程参与。"

"学校一说要检查什么，我们就抓紧时间补充。"

"我现在觉得挺累，真的觉得挺累，压力很大。"

第二次访谈时，W 老师仍然在三年级任教。在办公室里，教师每个人的办公桌上都摆满了各种作业本、练习册，他们大多时间都在处理学生的作业。当时研究者正巧遇到学校对教师的教学反思进行检查，看到教师纷纷抓紧时间填写补充。这并不是有针对性的教学反思，而是一种硬性指标或者任务，占用了教师的时间都没有达到预期的效果，事倍功半。作为班主任，除了上述工作外，W 老师还要在学生的课间操时间到班上看顾学生，不用上课的时候要安排学生的各种比赛、黑板报和文化墙的设计等事宜。这些工作负担已经严重影响了 W 老师的精神状态和工作投入，给人一种心力交瘁和无奈的感觉。

"各种比赛都需要班主任参与。例如跳绳、体操，班主任都需要参与。以跳绳为例，它要求班主任选人。我跟着学生上了一节体育课，然后教他们跳

绳，通过一个小比赛选出人来，然后就开始训练……总之，什么事都和班主任有关。班主任负责的事特别多。"

（2）应对措施：无力改变，接受现实

W 老师所承担的教学任务和班主任工作都是无可推脱的，所以她所能选择的只有面对，按照学校要求去按部就班地执行。当然，W 老师初期表现出来的疲惫与其入职时间短、不了解流程有一定关系。经过一年多的适应，在接受第三次访谈和观察时，她已经基本适应了学校紧张的工作生活，能够较好地处理各项工作，在工作和个人生活之间取得了良好的平衡。

3. 人际关系困难

W 老师在人际关系方面存在的问题主要表现在与其他教师的关系上。W 老师所在的学校没有师徒制的入职教育模式，W 老师起初是向周围的同事学习的，获得了很大帮助，和同事相处融洽。

"你看我们三个老师，都是三年级的老师，可以说是竞争对手，但是我们的关系很好。平时做什么事，大家都商量着来，也不藏着掖着的。比如说，我的班想要考第一，那我有什么事都不告诉你们，根本就没有这种情况。"

"我们关系很好的，不像有人说的老师之间钩心斗角的。我刚开始还挺害怕的，来了之后觉得不是外界说的那样。"

但是，在接受第三次和第四次访谈时，W 老师在提到与其他同事的关系时，其想法发生了很大的改变，反复强调同事交往并不是那么真诚。有些同事并没有给予实质性帮助，或者说没有将真正有效的课堂管理和教学的方法分享给其他人。

"当时我不知道，年少不懂事……有的老师一般不说实话……而且我请教她问题时她从来不说，谁问她都不说，打马虎眼就过去了……其实我现在才知道，这和我想象的不一样。当我请教问题时有一个同事说的总是很特别……他虽然那么说，但他自己不那么做，他在误导你。我到后来才明白，一开始根本不知道。"

"其实，我们这样的关系也算是好的。我们不吵架，面上挺好的，对待生活上的事可能比工作上的事更热心……因为工作上的事有竞争关系……"

可见，W 老师在与其他教师的交往中面临困难，并非指无法和谐相处，而是指一种面和心不和的发展趋势，主要指 W 老师无法从有经验的教师身上学到有针对性的知识。

通过观察，研究者发现，教师在课下交流很多，但内容多与生活琐事相关，即便牵涉教学也仅是简单的知识性内容，与教学方法、管理方法等技巧性内容的相关性很小。这在 W 老师任教一年级后尤为明显。W 老师在第二年任教一年级后，其办公室仅有一年级的 8 名教师，人数少，交流很随意。研究者在进行第三次和第四次数据收集时，对教师间的互动进行了观察。教师大部分时间在批改学生的作业、试卷，但在这个过程中经常会交谈，谈的基本上是家长里短的事情。比如，某个教师在网上买的衣服寄到学校后，教师会就衣服进行一番评价和讨论，进而延伸到网上购物的事情。她们偶尔也会就作业中的问题以及某些模糊的知识点进行讨论，但班级管理和如何教学等方面的内容几乎没有涉及，所以 W 老师很难从其他教师身上学习到真正有用的经验。

通过与 W 老师的对话，研究者发现，她对现存的同事关系并不在意，没有期望从其他同事身上学习有效的经验。

"……其实，我觉得这也很正常，平时聊天也很融洽，不能有再多的要求……我习惯了，觉得很正常。"

因此，W 老师不再更多地向外寻求帮助，而是融入学校教师团体中，和他们保持一种表面和谐、实际竞争的关系。

"听课的时候老师展现的和真正的做法不一样，肯定有所隐瞒……大家都有那种自私的心理，就怕别人知道……都变着法儿地让自己的班比别的班好，都想考第一，都想往前走。如果一个老师想出一个新的方法或者好的方法，别的老师都用了，对这个老师也没有好处。工作上大家都是很自私的。"

4. 个人发展困难

W 老师在个人发展方面遇到的困难主要体现为个人发展意识不强、学校对新教师的培养和关注不够等。

在每次访谈结尾，当被问及以后的职业规划时，W 老师的回答都是类似的话语。

"我现在就想，把课上好，把学生管好，把班管好，别的也没有什么，目前还没有想过以后要怎么样，就想把我们班成绩提上去。"

W 老师的工作努力方向集中于学生成绩的提高和班级纪律的管理，但是对于方法的选择没有明确的认识，对于自身的专业发展也没有规划，没有制定长期的职业目标，没有很强的个人专业发展意识。

W 老师所在的学校没有给予新教师足够的支持和关注。校长对 W 老师的关心不足。学校在 W 老师入职初期没有安排合理的带教方式，没有帮助 W

老师逐步适应学校的工作和生活，放任 W 老师自己在摸索中前进；校长也没有发挥自己对 W 老师专业发展的重要作用，仅扮演会议主持人和上级教育政策传达者的角色。

"校长和我接触得少。正校长一般都和副校长、主任他们接触。学校开会的时候我会见到校长。校长第一次开会的时候讲了一个师德的问题。校长就是传达一些上级的指示。"

(二)不同因素对 W 老师专业发展的影响

1. 宏观因素的影响

宏观层面影响 W 老师专业发展的因素主要是指上级教育部门的政策，阻碍了其专业发展。教育政策的最终目的是促进教育和学生的发展，而不是增加教师的负担。

(1)"以成绩为中心"的政策导向

第二次访谈是在 W 老师入职半年多的时候。W 老师的整个精神状态与第一次访谈时有着很大不同。她用"真累"两个字来形容当时的感受，而"累"这个字也频繁出现在第二次访谈中。她甚至一度提到"痛苦"二字，这与当地教育局行政领导的更换有直接联系。新任领导对学生的成绩极为看重，有"一切向成绩看齐"的趋势。在这种政策指导下，校长采取各种限制措施，以求提高学生的成绩。

"可能是因为我们这里要换教育局局长，现在学校就开始抓成绩，其他什么都不管，就光要成绩，所以我们的压力也挺大。教育局给校长开会，校长就给我们老师开会，就这样一级压一级。"

"上级只要成绩，不管你想什么办法，只要成绩好了就行。现在很多老师用的那些方法很不好，但是就是出成绩。上级就要这个，上级不会看你教得怎么样、学生怎么样。上级不管这个，只要成绩。老师用什么方法都行，只要成绩好就行。"

"现在考勤也查得比较严了，可能也是上级的政策要求。我们校长也是那种必须要争第一的人。上级说了，四个小学比成绩，就是到期末考试的时候，每个学校选出一个年级，然后比成绩，看看哪个学校得第一。以前学校根本不这样。我问以前的老师，他们说以前从来没这样过。"

上级政策重点强调的是提高学生的成绩，所以一系列的活动和措施都是为了提高学生的成绩。W 老师任教的第一年所教的三年级成绩不是很好，第一学期和第二学期在年级排名中都是最后一名。身为一名新教师，面对这样的成绩和学校对成绩的不断强调，W老师感受到极大的压力。

"我毕竟是年轻的老师，按说不应该教成这个成绩，所以我觉得压力很大……学校'逼'成绩'逼'得比较紧，导致我们身心疲惫，每天跑这跑那……"

（2）"以检查为手段"的政策措施

教育局为了提高学生的成绩，加大了对学校的检查力度。实施这些措施是为了督促教师的教学和学生的学习，但在操作过程中实施不当。学校为了在检查中取得好的成绩，对教师提出各种要求，反而给教师增加了许多没有意义的工作。W老师的日常工作中存在许多看似与教学密切相关却没有实际意义的内容，占据了她大部分的时间和精力，带来许多压力。

"前段时间，上级要检查古诗背诵，就是让我们老师自己通过各种形式让学生背古诗。学校就让我们通过各种形式准备一节课，等着上级来检查……老师还不能叫学生干巴巴地背诵……要通过各种各样的形式指导学生背诵。我们准备了挺长时间……我们很着急。最后，学校先看一遍，不行再改……最后学校说不让老师主持了，就在班里找两个主持人来主持这个活动。我们老师给他们想好词。结果呢，上级没来检查。"

"总之压力很大，来自各方面的压力，尤其是上级的压力。"

在教学和事务性工作的双重压力下，W老师无法将足够的时间和精力投入教学的钻研，也缺乏学习和自我发展的时间，自己的教学模式逐渐僵化，最终会影响学生的发展。

2. 中观因素的影响

学校的管理制度是影响W老师专业发展的中观层面的因素，主要是指学校缺乏对新教师的入职指导制度。

W老师本身没有接受过职前师范教育。而在入职之后，学校也没有为新教师提供专门的培训。W老师是在观察其他教师和自行摸索中逐渐成长的。在第二次访谈时，W老师提到学校实行了"青蓝工程"师徒带教模式，为W老师指定了一名指导教师，但这并不是一种管理制度的确立，而是为了迎合上级检查的一种形式上的措施，并没有发挥实际效用。

"'青蓝工程'都是为检查安排的……上级检查什么学校就安排什么，平时'青蓝工程'其实也起不到作用。"

在第三次访谈时，当被问及"青蓝工程"时，W老师提到那已经是过去的政策，不再实行了。

这不仅延长了 W 老师的适应期，也无法保证 W 老师的教学等各方面工作的质量。一种不良的固有模式一旦形成，就很难被打破。W 老师以后的专业发展也会受到极大限制。

3. 微观因素的影响

微观层面的因素是影响 W 老师专业发展最大的部分，包括校长、同事、学生、学生家长以及 W 教师自身。

(1)校长的影响：举足轻重却未得到充分发挥

校长是影响新教师专业发展的重要因素。对新教师来说，他们希望能够得到校长的认可，希望校长能够信任他们，关心和包容他们，给他们发展的机会，并支持和帮助他们。[①] 在第一次访谈中，W 老师明确表示她认可校长。校长对新教师给予物质上的满足。

"我们这个校长很好。这个校长好像是今年才来的。教师节学校发福利的时候，我们几个新老师就问我们有吗，同事说我们应该没有，因为上个校长就不发给新老师。一个老师说她工作第一年的时候什么都没有。我们就说没有就没有，毕竟没上几天班。但是等到发的时候，我们发现我们一分钱都不少，所以我们觉得这个校长很好。"

这在一定程度上促进了 W 老师等新教师的工作积极性。但在其他方面，校长对新教师的关注明显不足，没有发挥校长在新教师专业发展中的重要作用。校长对 W 老师而言，更多的是政策传达者。校长只有在相关政策需要传达的时候，才会召开会议，与教师见面，对新教师的成长关注不多。校长在访谈时说："没什么接触，我们上我们的课。我就一开始的时候听过新教师的一节课，到后来也就不听课了。接触不多，我们也就是有事的时候才会接触，没事的时候都上自己的课，都忙自己的事，哪里有那么多时间啊。"

(2)同事的影响：重要的示范作用

同事对 W 老师的影响既有正面的也有负面的。W 老师刚入职时，对教学和班主任工作都不熟悉，经常向其他同事学习。同事帮助 W 老师尽快熟悉学校工作。

"当我有问题时我就问其中一位老师，我总是整天问她……她就告诉我，她会告诉我更多建议……"

---

① 李源：《小学新教师职业人际适应的案例研究》，硕士学位论文，华东师范大学，2009。

同时，W 老师在课堂管理方式上经历宽松到严厉的转变也与其他教师的示范作用不可分割。她认为严厉是可以更好地管理课堂和提高学生成绩的有效措施。

"有一位老师的班的成绩好。她对她的学生一直都很苛刻，都挺严厉的。她们班的学生都很少和她开玩笑，基本上没有亲近她的。我也问她学生是否和她闹着玩，她说从来都没有，他们根本就不敢。……用我们的话说，她就是常批评他们。"

"有个英语老师……课讲得很好，不过也特别厉害，对待学生很厉害。英语老师课堂的纪律比我上课的纪律要好。"

"我问过其他老师，他们都说你不能对着学生笑，千万不能对着学生笑。学生特别会察言观色。你一对他们笑，他们就闹起来了，而你就很难再管住他们了。"

面对其他教师对学生的各种严厉措施，W 老师也受到一定的影响，甚至和其他教师一样，采用一定的体罚措施，这对管理课堂纪律起到了某种程度的作用，也使成绩得到了提高，更加强了 W 老师对这种严厉管理课堂方式的认可。然而，"以暴制暴"的管理方式，是违背现代教育理念和 W 老师的初衷的。

但是，在融入教师群体之后，W 老师意识到教师之间的关系维持在表面上，无法从其他教师身上获得真正有价值的信息，不能学到发挥实质作用的知识。

（3）学生的影响：W 老师教学心情的晴雨表

学生和教师作为教学的两个主体，有着极为密切的联系。因此，学生对教师的专业发展会不可避免地产生重要影响。就 W 老师而言，学生产生的影响具有两面性。课堂纪律的难以维持主要是因为课上学生不配合。学生甚至会影响教师的情绪，妨碍教学的进行。

"学生好我就好；学生不好，我也好不起来。有的时候我不想生气，但是学生就是让我生气，我不自觉地就生气了。"

另外，班额过大也给 W 老师的班级管理带来困难。但是与学生相处融洽，也会给教师带来幸福感。

"最开心的时候是自己刚当老师的时候，那时我觉得这些孩子真可爱啊！我原来的那些学生见了我特别亲。学生家长见了我态度也很好……他们见到我都特别亲，都扑过来。有几个调皮的小男生见了我格外亲。"

(4)学生家长的影响：带给 W 老师职业幸福感

学生家长对 W 老师产生的是积极的影响。在当地，教师是受人尊重的职业。家长出于对学生的关心会主动联系教师，而且他们的态度都比较和善甚至谦卑，这与当地的受教育水平也有一定联系。教师被认为是有学问、有知识的人，理应受到尊重。W 老师因为家长的态度对自己的社会地位的认同感极强，对教师职业的认同感也相应增强了。

"我觉得在我们这儿，老师的地位很高。不管家长是什么官，或多么厉害，和老师讲话都很客气，特别客气。"

(5)自身因素的影响：学习意识、反思意识促进自身发展

学校没有为 W 老师指定带教老师，于是 W 老师就主动向老教师学习、讨教，信奉"不懂就要问"的准则。

"我可能每天都问问题……我不知道这个事应该怎么做，我就问其他的老师。"

W 老师在入职半年甚至一年内主要就是凭借这种主动询问、学习的方式逐渐了解教学和班主任工作流程，适应学校整体工作环境的；同时，W 老师会对自己的教学进行反思。

"我讲课没有重点……我觉得这么讲是不行的，应该抓住一个重点……我觉得讲课还应该细致一点，教学应该根据学生的特点进行调整。一节课讲得东西一定要少，而且一定要让学生牢固地掌握……"

这种反思意识是促进 W 老师专业发展必不可少的因素。W 老师的教学模式虽然没有明显的变化，但在她从三年级教学转换到一年级教学的过程中，正是反思意识使她认识到学生的年龄不同会导致认知程度的差异。

(三)Z 老师在入职初期遇到的困难

Z 老师与 W 老师相比，接受过针对小学生的正规的师范教育，在入职初期遇到的挫折和困难相对来说小一些，通过努力取得的效果也更明显。Z 老师在入职初期遇到的困难主要包括课堂教学困难、工作负担困难、个人发展困难。

1. 课堂教学困难

Z 老师在课堂教学方面遇到的困难主要表现在课堂纪律的维持、教学内容的处理以及教学语言的使用等方面。

(1)课堂纪律的维持：多种方式管理

同 W 老师相同，Z 老师认为最大的困难是课堂纪律的维持。新教师在面

对真实的课堂环境时，会发现之前的理论学习不能满足现实课堂管理的需求，无法将学习的知识运用到客观存在的现实场景中。

"最大的困难就是刚上班的时候的班级管理，因为我不知道该怎么管理这个班。虽然我是师范生，但是我觉得自己在班级管理上缺少培训。我们也学教育学，也学一些班级管理的内容，但是我们在大学课堂里学的内容跟实际的课堂真的不一样。"

Z 老师面对复杂的课堂环境，尝试了多种方式进行课堂管理，有的是自己感悟的，有的是从其他新教师身上学到的。

"今天这个方法不行就换一招，我也问别的老师……看其他老师怎么教的、怎么管的，我再跟着他们学。"

确定 Z 老师为研究对象的时间较晚，研究者进入课堂现场时，发现 Z 老师已经克服了课堂管理的问题。研究者不能直接观察 Z 老师入职第一年的课堂状况，只能看到完善后的课堂环境。Z 老师在上课时，用一句话或者一个动作就可以把学生的注意力重新聚集到教学内容上，这是让研究者叹为观止的一点。比如，做完活动后，Z 老师要求学生回到自己的座位上。若有学生没有坐好，她会说一句"用行动告诉我"，这时学生就会自觉地调整好坐姿。Z 老师不需要严厉地批评学生或者反复强调规则，就能够很好地控制课堂。

（2）教学内容的处理：从不熟悉到重难点突出

研究者观察到的 Z 老师的课堂已经是比较成熟的课堂，教学重难点突出，能与实际生活相联系，能很好地激发学生的学习兴趣和好奇心，拥有良好的教学效果。但她的教学并不是一开始就如此，同样经过了一个循序渐进的过程。Z 老师承认教学问题虽不是最主要的问题，但确实存在问题，主要是不能准确地把握教学重难点，无法将所学的教学知识与现实课堂相结合。

"我在教学中遇到的问题不大，但确实会有问题。我要把握教学的重难点。真正地去把握一节课的重点并不容易，需要自己慢慢体会。"

"原来我上学的时候特别理想化，读了很多教育学的著作，学了很多教育学、教育史、比较教育学的理论，也学过一些心理学的理论，可是把它们用到实际中显得那么艰难。"

Z 老师起初对知识和教材不够熟悉，备课时把握不好重难点和知识的连贯性，对于教学中出现的问题缺乏敏感度，不能有效地处理知识点。

"备课要求知识的连贯性。如果单独讲一节课，我可能没太大的问题，但我是一个新老师，连贯地教一门课会有些困难。"

经过两年的学习和锻炼，Z老师已经能够很好地处理教学内容，并且能够以十分精彩的形式呈现出来。

(3)教学语言的使用：用儿童熟悉的语言传授知识

Z老师提到小学教师面临的一个特殊困难是教学语言的使用。Z老师在入职之前一直生活于成人世界，无论思维模式还是语言模式都遵循成人的习惯。但是，当她初次进入真正的教学现场时，她面对的是一群七八岁的孩子。尽管接受了四年的师范教育，Z老师了解儿童的身心特征与成人不同，但是，在真实的教学现场，她并不能完全融入进去，不知道如何与儿童进行交流，不知道如何使用儿童可以理解的语言进行教学，也无法准确理解儿童的语言和思维。

"刚开始讲课的时候我可能不会说话，不知道该怎么和小孩对话。小孩说的话我听不懂，我说的话小孩也听不懂。我就觉得这句话我说得特别明白了，可是他们还是没听懂。有的时候他们想表达一个意思，你也不能完全理解。"

因为无法还原Z老师入职第一年的状况，研究者能够了解的都是Z老师通过回忆获得的。Z老师提到的课堂教学方面的问题，就研究者在现场的观察和访谈发现而言，基本已经得到解决。可见，Z老师在课堂教学方面获得了很大的进步和发展。

2. 工作负担困难

除了课堂教学，工作负担方面的困难是Z老师面临的主要挑战。

(1)日常工作的适应：理论学习与实践操作不相符

刚入职时，即便有指导教师进行指导，Z老师仍然感觉无所适从，不知道如何管理真实的课堂、如何承担班主任的各项工作，不能将在师范教育中学到的知识运用到实际操作中。在工作中慢慢摸索，需要花费不少时间和精力，使Z老师感受到一定的工作负担与压力。

"因为我没有做过老师，我不清楚这些流程是什么……实践和理论是有差距的。我读研究生的时候，或者在大学学的理念，比如管理学之类的理论，到实际应用的时候往往跟实际衔接不上。"

(2)事务性工作繁杂：缺少时间思考、学习

繁杂的各项事务性工作使Z老师整天忙忙碌碌，疲于适应学校工作和生活，无暇进行反思，把大量时间用于处理班主任的日常事务，造成无限的工

作安排和有限的时间之间的冲突，不利于Z老师的专业发展，但这也是一名新教师必须经历的阶段和适应的内容。

"在刚开始接触的都是一些烦琐的事情，基本上我没有时间去思考这些事情，或者是我感触不了那么深刻，我也不知道这个问题用什么理论去解决……除了这些繁杂的事务我们还有一些学校日常的事务，例如黑板报、班级的活动、日常的订校服等。"

（3）专业发展活动占用时间：缺乏针对性

学校重视教师专业发展，在日常工作时间和假期安排的学习和进修活动也会占用一定的时间，给Z老师带来一定的工作负担。

"但孩子们放学了我们还不能下班。他们走了以后我们要留在学校参加教研活动……小学老师在寒暑假是有工作的，最基本的工作是把下学期的课备出来，要把教案写出来。除此之外，老师还有一系列的学习活动，例如读书、练书法，还要开会，等等。"

有些活动确实给Z老师带来了极大帮助，有助于她在短时间内适应学校工作并得到专业上的发展，但有些没有达到预期的效果，针对性不强，占用了教师独自思考、学习的时间。

"有些培训对老师们是有用的，有些培训完全是走形式，有些培训可能会讲很多很多的理论却没有具体的指导策略……现在一些培训多注重形式，让老师们交各种作业……"

对于这些工作负担，Z老师也没有很好的办法来分担。她在适应学校工作的过程中逐渐学会恰当地掌控这些工作，合理安排时间，为自己留出一定的时间和空间进行独立思考和个人学习。从研究者观察到的情形看，Z老师的适应状况良好，且保持着积极的进取心态和饱满的工作热情。

3. 个人发展困难

（1）公开课、比赛带来的压力

Z老师所在的学校和学区对新教师的专业发展非常重视，在日常工作时间和假期都为新教师安排了多种学习活动和培训活动，给予新教师足够的关注和支持。由于这种文化氛围的影响，以及Z老师自身的职业规划，她具有强烈的个人专业发展意识，并通过多方面的努力实现专业发展。但参加一些发展活动，也会为Z老师带来一定的压力。学校和学区为了提高新教师的教学水平、促进新教师的专业发展，会鼓励和要求新教师上公开课或者参加某些授课比赛。Z老师对此会做出积极回应，努力参加各项活动。但Z老师毕竟是一名新手教师，即使对上课很有自信，也会在准备公开课和比赛时产生一定的焦虑情绪。

"教龄是两三年的年轻老师肯定会面临一些上公开课的任务，也会去参加比赛，无形中会形成压力。"

这种压力对于任何行业的新手来说都是不可避免的，需要新手在实践中逐步克服。

（2）突如其来的责任带来的压力

面对陌生的环境和正式教师及班主任所承担的突如其来的责任，Z 老师在教学方面感到焦虑，担心自己不能胜任这份工作，更害怕影响学生的发展。

"刚入职的时候我其实还是有点慌乱的……作为班主任，我对这个班的任何一方面都负有责任，所以我当时特别强烈的感觉就是我怕把学生教坏了，怕带不好他们，这是我当时特别担忧的一件事情。我常常有一种焦虑感，就是怕带不好学生。前半年我的这种焦虑感特别严重。"

尽管工作给 Z 老师带来很多压力，但她并没有气馁，相反，压力成为她不断学习和进取的动力。经过半年的适应、调试，以及看到学生的进步，Z 老师的焦虑感逐步消除了，自信心也得到了增强。

"半年之后，我基本上就适应了，我觉得没问题了，我也有信心了，因为我发现我没把学生带坏，我把他们带得很好。"

（四）不同因素对 Z 老师专业发展的影响

通过观察 Z 老师的发展现状，研究者发现，Z 老师在入职初期适应良好，专业素质获得较大程度的提高，精神面貌积极向上，个人专业发展势态极佳。因此，在影响 Z 老师专业发展的因素中，绝大部分都是促进其专业发展的。

1. 宏观因素的影响

宏观层面的影响因素主要是指 Z 老师在读本科时接受的师范教育和任教学区的教师政策。

（1）师范教育：理论积淀有余，实践指导不足

师范教育对 Z 老师的专业发展起到了重要的促进作用，但也表现出一定的不足。在本科学习期间，Z 老师学习了许多教育方面的理论和知识，形成了新时代要求的教育观念、学生观念等。比如，Z 老师在课堂教学中极为重视学生的动手能力，在讲授角和长方形等知识时会让学生运用教学工具自

己做出符合要求的图形；也会注意加强学生理论联系实际的能力，将数学知识和现实生活紧密结合起来，在课堂讲学中让学生自由活动寻找生活中符合学到的知识的内容。这些都与Z老师在职前接受师范教育形成的理论概念有关。

"我觉得这些知识肯定也不白学。这些知识在潜移默化中支持着我，给了我一个大的教育观……"

但是，现在的师范教育也有不足之处，主要表现为对实践的重视不够，不能为师范生提供足够的实践经验，同时理论学习与实践操作出现断层，加重了新教师在入职初期的各项负担。

（2）学区的教师政策：多种活动促进专业发展

Z老师所在的学区对教师的专业发展极为重视，尤其重视新教师，为新教师提供了许多培训课程。

"某区有新教师培训，这是我们新教师必须参加的。"

"有的培训是定期的，每隔两周一次或者每隔三周一次；有的培训安排一年的计划，然后定期开会，但是不一定非要一周或者两周集中一次。"

这些培训在一定程度上拓宽了Z老师的眼界和知识面，并且Z老师能够享受这些培训。

"我觉得参加培训很有收获……例如，培训的老师能调动新老师的情绪，能够形成融洽的关系……我觉得培训的老师讲的过程本身就是做了一个示范。他还给我们新老师展示一些具体的实例，组织一些游戏……"

同时，学校根据学区的教师发展政策，鼓励新教师参加各种授课比赛、讲授公开课。Z老师通过积极参与，将讲课技巧运用得得心应手，打造了一种极为高效的课堂。

2. 中观因素的影响

中观层面的影响因素主要包括学校的师徒制和其他教师培训制度，对Z老师的专业发展起到了极大的促进作用。

（1）师徒制入职教育：缩短适应期

Z老师所在的学校重视新教师的专业发展，充分认识到入职教育对新教师的重要性，实行师徒制带教模式，在Z老师刚入职时就为其安排了两名指导教师——一名负责在教学方面帮助Z老师，一名为Z老师的班主任工作提供帮助。师徒制的实行为Z老师提供了很大的帮助，缩短了Z老师的适应期。

"我有师傅。刚开始教一年级的时候我有两个师傅，一个是班主任师傅，一个是教学师傅……师傅们对我帮助很大，例如，我自己单独做一点事，可能需要半年或者一年，甚至我教两三年都不明白这些事，但是有师傅带我基本上半年就掌握了。"

（2）学习和培训：在终身学习中获得进步

学校特别重视为教师提供学习和培训的机会。一方面，学校每年会请专家到学校为教师授课，由教师自主选择感兴趣的主题参与；另一方面，对于其他学校举办的教师进修和培训活动，学校也会争取名额，鼓励教师积极参与学习活动。此外，在假期里，学校也会组织安排各种学习活动，时刻关注教师的专业发展。

Z老师非常珍惜这些学习机会，几乎会参加所有的活动，并且受益良多。同时，她也会反思这些培训活动，认为能够将理论和实践相结合的、能够让教师在现场体会到知识运用的课程更能满足她的学习需求。

"我觉得参加培训很有收获……我觉得培训更多的是得到一些指导……例如，大家可以在一个组里一起研究一节课，大家讨论、交流对这节课的理解，共同设计教学方法、教学环节，然后上这节课，还有老师来指导。这样的培训比较实际，可能更有用。"

3. 微观因素的影响

教室生态环境及学生、指导教师、其他同事以及个人等微观层面的因素也对Z老师的专业发展产生了不同程度的影响，既有积极方面的影响也有消极方面的影响。

（1）教室生态环境及学生的影响：由焦虑到幸福

教室是教师教学的场所，这里出现的各种状况都会影响教师的教学。同时，学生对教师的影响也主要通过教室的活动发生。在Z老师刚入职的时候，班上的学生也只是刚从幼儿园升入一年级的学生，起初他们对新的课堂环境不熟悉，表现得很好，所以Z老师感觉不到课堂纪律问题。但伴随学生对小学课堂的适应，问题也逐渐凸显，课堂上往往会出现混乱，这就给Z老师带来了课堂纪律问题。

"开学第一个月还行，到第二个月的时候课堂纪律就不行了……因为学生们刚上学还不明白上学是什么样的，他们对学校还很陌生。一个月之后他们基本上熟悉了学校学习生活，也交到了一些朋友了，上课开始说话了，调皮了，到第二、三个月的时候就有些乱。"

Z老师在刚入职时之所以会产生焦虑感，主要是因为考虑到学生的发展，担心自己作为一名新教师无法完成教书育人的使命，从而影响学生的发展。但是，和学生相处融洽、学生向着好的方面改变使Z老师获得了满足感和成就感，体会到了自身的价值，增强了自信心，产生了强烈的自我认同感。

"有的时候我觉得老师这个职业很特殊。我能收获很多东西。有的孩子特别天真，有的孩子慢慢就变好了……你改变了一个孩子的不良习惯，就觉得特别有成就感。我觉得这可能就是老师的价值。"

（2）指导教师的影响：事半功倍

学校为Z老师安排的两名指导教师对促进Z老师的专业发展具有重要作用。在新教师入职初期遭遇的困难中，课堂教学和班级管理占有很大比例。Z老师所在的学校充分考虑到这一点，采用师徒制的入职教育模式，为Z老师安排了两名指导教师——教学方面的指导教师和班主任工作方面的指导教师。这对Z老师的帮助极大，缩短了个人摸索的时间，降低了个人摸索的难度。

（3）其他同事的影响：乐于分享

除了指导教师之外，其他同事也在一定程度上促进了Z老师的专业发展。Z老师在日常工作中，除了向指导教师请教，还会向其他新教师和经验丰富的教师学习。当她发现其他新教师能够在短时间内管理好课堂，而自己没有做到时，她就会主动询问和学习。

"我也请教别的老师。刚开学第一、二个月的时候大家的课堂都差不多，没有太大的区别，但是等到第三个月的时候有的老师的课堂就特别好了。当时我发现，第三个月上一节课的时候，有一个老师班上的孩子们特别守规矩，于是我就请教她，问她怎么教的、怎么管的，然后我再跟着她学。"

不方便询问指导教师时，Z老师会选择其他教师，尤其是与其搭班的教师，特别是与Z老师教共同班级的语文教师。学科组的其他同事也为Z老师提供了多方面的帮助。

"我们组的老师们都很好，都很照顾我。在我教一年级的时候，周围老师都是教了十几二十年的老老师，都比我年龄大，而且我又是新老师，所以大家都帮助我。"

（4）个人因素的影响：促进发展的主观因素

Z老师的从教意愿、自身的专业发展意识和为此做出的努力也是保证其专业发展不可或缺的因素。Z老师具有很强的从教意愿，尤其是对小学教师这个职业极为热爱。Z老师的本科专业正是基于职业取向做出的选择。她硕士研究生毕业后仍然选择了成为一名小学数学教师，所以Z老师对小学数学教学的热爱能够为其克服困难提供内在的支撑。Z老师在面对工作中出现的问题时，积极地寻求解决措施，包括前文提到的向同事学习和自己在实践中逐渐总结和反思。

"今天这个策略不行就换一个……有非常非常多的技巧是需要慢慢摸索的。我经历了一个过程才摸索出来……我认为需要坚持，坚持两周不行就坚持三周，三周不行就四周，总有一天会有效的，但是我必须每节课都这么要求。"

Z老师为自己制定了明确、长远的职业规划，这为其专业发展提供了充足的动力。

"我肯定要在一到六年级教一遍，带一轮，不一定是带这个班，但我肯定要带一轮，所以我把教材掌握了……我需要上一些公开课，还要申请评一些专业头衔，例如学区的骨干教师等。"

Z老师充分利用学校为新教师提供的专业发展机会和资源，积极参加各种培训、比赛和公开课，在一定程度上促进了其教学等各方面的发展。

四、讨论

W老师和Z老师在专业发展中遇到的问题和对她们产生影响的因素，既有相同的方面，也有许多不同之处。下文将对二者相同和不同的内容进行简要的讨论。

(一)W老师和Z老师专业发展中的相同之处

通过了解W老师和Z老师入职两年来在专业发展中遇到的问题和影响因素，研究者可以从中发现一些相同之处。

1. 课堂教学问题突出

在谈到入职初期在专业发展中遇到的问题和挫折时，W老师和Z老师首先提到的都是课堂教学方面的问题，尤其是课堂纪律的管理。W老师没有接受过正规的职前师范教育，入职前也没有接受充分的岗前培训，所以在入职初期的课堂管理中存在极大困难；Z老师在读本科时完成了师范教育，但在面对真实的教学环境时，缺乏实践经验，无法将所学的理论知识和实际相结合，也在课堂管理中遇到困难。这印证了其他研究者的研究结果：威曼的研究把

"维持课堂纪律"列为新教师在入职初期面临的困难之首；① 科茨（Coates）和特雷森（Theresen）在研究中也将"常规课堂的管理"排在新教师遇到的困难的首位。② 可见，课堂管理的确是新教师在入职初期需要投入大量精力和时间予以解决的问题。在授课方面，W 老师和 Z 老师都存在对教学内容重难点把握不足的状况。作为刚入职的新教师，她们对教材不够熟悉，对知识的连贯性把握不够，对课程标准的研究和认识不足，在分析教材时难免忽视教学的重难点。从结果看，面对这些困难，她们都选择积极应对，通过学习和尝试的办法，寻找到合适的课堂管理办法，在教学上日渐成熟，获得了极大的进步。

2. 工作繁重，工作压力较大

新教师在走上教师岗位的初始阶段，面对有限时间内的各种工作和事务容易出现混乱、不知所措的情况，不可避免地产生一定的工作压力。③④ W 老师和 Z 老师不仅担任小学科任教师，同时也是班主任。作为新教师的她们，不仅需要面对教学方面的问题，还要承担几乎与教学工作占有相同比例的班主任工作，要花费大量时间用来处理各项日常事务，所以用于促进自身专业发展的时间极为有限。

3. 人和环境因素影响较大

作为小学新教师，W 老师和 Z 老师需要面对的人和环境具有一定的相似度，所以对她们的专业发展产生影响的人和环境因素也存在相同之处。学生与教师是课堂教学的两个主体。学生的表现会对教师的教学产生直接影响，是影响新教师专业发展的重要因素。⑤⑥ 对 W 老师和 Z 老师而言，学生表现良好、积极配合教师的教学会使她们心情愉悦，使她们教学的积极性得到提

---

① Veenman, S., "Perceived problems of beginning teachers,"*Review of Educational Research*, 1984, 54(2), pp. 143-178.

② 转引自丁洁：《新任小学教师专业成长的影响因素和对策研究访谈——基于十位小学教师的访谈》，硕士学位论文，江南大学，2012。

③ Veenman, S., "Perceived problems of beginning teachers,"*Review of Educational Research*, 1984, 54(2), pp. 143-178.

④ Toren, Z. & Iliyan, S., "The problems of the beginning teacher in the Arab schools in Israel,"*Teaching and Teacher Education*, 2008, 24(4), pp. 1041-1056.

⑤ Toren, Z. & Iliyan, S., "The problems of the beginning teacher in the Arab schools in Israel,"*Teaching and Teacher Education*, 2008, 24(4), pp. 1041-1056.

⑥ 王小棉：《新教师入职初期所遇困难的研究——兼析传统师范教育的缺陷》，载《上海教育科研》，1999(4)。

高；学生取得的进步，哪怕只是微小的变化，也会给她们带来成就感和幸福感。但是，学生在课堂上表现不佳、扰乱课堂纪律，会对 W 老师和 Z 老师的情绪产生消极的影响，并需要她们花费精力管理课堂纪律，阻碍教学的正常进行。

4. 同事是重要他人

其他教师是影响新教师专业发展的重要他人。与同事的相处，会使新教师在从业态度上会受到感染，从而坚定从教的信心。新教师能够通过观察和模仿同事学到处理问题的方法和技能，获得缄默性知识。① W 老师看待同事关系的态度发生过反差极大的变化。但是，在 W 老师入职后半年甚至一年的时间里，同事对她适应和熟悉学校的各项工作的确发挥了难以忽视的作用。Z 老师则坦言，如果没有指导教师和其他同事的帮助，她需要花费更加漫长的时间来掌握教学和日常工作等方面的技巧。

5. 个人素质是原动力

W 老师和 Z 老师在应对各项困难和挑战时所表现出来的个人素质对自身的专业发展都发挥了突出的促进作用。首先，W 老师和 Z 老师都热爱小学教师这个职业，乐于与小学生相处，这成为促进她们专业发展的原动力。其次，面对新环境和各种不适应，W 老师和 Z 老师没有妥协或者得过且过，而是积极寻求解决问题的方法，并主动向其他教师学习：W 老师会向经验丰富的教师讨教管理班级、教学和班主任工作方面的经验；Z 老师不仅向学校安排的两名指导教师学习，也会从在某一方面取得明显成绩的新教师身人吸取经验。同时，她们都具有很强的反思意识，会对自己的课堂教学进行反思，意识到教学实践的不足，并努力改进。另外，W 老师和 Z 老师对于未来的职业发展都有自己的目标和规划，能够为其专业发展提供一定的方向和动力。

(二)W 老师和 Z 老师专业发展中的不同之处

研究者通过观察和访谈 W 老师和 Z 老师入职前的状况和目前的发展状况发现，相较于她们在专业发展中表现出来的相同点，其异质性更加明显，主要表现在两个方面：一是 W 老师和 Z 老师面临的困难的类型、难度以及采取的措施和取得的效果都不尽相同；二是对二者专业发展产生影响的因素所发

---

① 朱沛雨：《初任教师继续社会化研究》，硕士学位论文，南京师范大学，2006。

挥的作用不同。

第一，W 老师和 Z 老师面临的困难的类型、难度以及采取的措施和取得的效果有所不同，这与二者的教育背景、任教学校所处的地域和任教学校的情况密不可分。

W 老师和 Z 老师在教育背景方面存在差异。W 老师本科所学专业并非师范类专业，没有接受过完整的教师职前教育，通过参加教师资格考试获得教师资格证，进而应聘成为一名小学语文教师，对教学的认知可能仍停留在自己接受小学教育的经验上，直接就课本知识进行讲解；Z 老师本科所学的专业是专门培养小学教师的小学教育专业，包括理论学习和教育实践两部分，而且 Z 老师考取了硕士研究生，就读于课程与教学论专业，对教育和教师有更深入的理论和实践研究。尽管 Z 老师在谈话中提到师范教育中理论与实践相脱节的现象，但她具备的理论积淀和教育实习经历会使她更加迅速地融入学校工作，也能为她提供理论支撑和方向指引，这是 W 老师所不具备的。在这样的情况下，W 老师所面临的困难要更为复杂，难度也更大。

W 老师和 Z 老师任教学校所处的地域也存在根本差异。城乡、地区之间教育发展不平衡，是我国的基本教育国情。[①] W 老师所在的学校位于山东省某个不发达的县城。虽然当地对教育的关注度逐年提升，但长久以来的差距难以在短时间内缩小。学校的规模不大，硬件设施不齐全，教师的学历偏低，缺乏先进的教育理念，不利于 W 老师的专业发展。另外，城镇化发展影响学校的布局。在城乡教育一体化背景下，许多农村学生涌入县城，造成班额过大。W 老师入职第一年任教的班级有 89 名学生，第二年的班级也有 70 多名学生。过多的学生、拥挤的教室也会增加 W 老师的工作负担和工作压力，影响其专业发展。Z 老师所属的学校位于北京市较发达的区县，是一所硬件和软件条件都不错的学校，拥有先进的教育理念，为 Z 老师的专业发展提供了良好的氛围。Z 老师任教的班级有 40 名学生，班额比 W 老师的要小很多，课堂纪律管理的难度和工作负担都会相应降低和减少，这在一定程度上降低了 Z 老师克服专业发展困难的难度。

不同的学校有着不同的管理方式，并且教师也有不同的教学和管理模式。W 老师在入职后没有得到学校的实质性帮助，其对教学和班主任工作的适应

---

① 杨东平：《中国教育公平的理想与现实》，11 页，北京，北京大学出版社，2006。

和对困难的克服在很大程度上是基于模仿以及主动向同事学习的。同事向她展示的主要是通过严厉的方式和态度管理班级；校长等学校领导对新教师不够关注和关心，也没有为 W 老师提供能够促进其专业发展的活动或者培训。W 老师逐渐将宽松的课堂管理方式转变为严厉的管理方式，但课堂纪律问题并没有得到根本解决，反而使课堂略显僵硬。在 Z 老师入职后，学校为其分配了两名指导教师，给予 Z 老师莫大的帮助和支持。同时，学校在假期和日常工作时间会为新教师组织各种促进其专业发展的活动，如公开课、比赛和各种培训。Z 老师通过积极参与从中受益良多。Z 老师在自己摸索和向同事学习的过程中掌握了一套管理课堂纪律的方法，既能维持课堂纪律也能保持学生上课的积极性和活跃性。

第二，一些重要他人对 W 老师和 Z 老师产生的影响不同，主要包括学生、同事和家长。W 老师和 Z 老师任教学校所处地域的差异也造成了学生素质的不同。在 W 老师的班上，大部分学生来自村镇，有的是因为父母在县城打工而来到县城上学，有的是特意在县城上学。这些学生父母的文化程度往往不高，没有稳定的工作，或者忽视子女的学习，或者重视却没有能力提供帮助。面对在这种环境下成长的学生，W 老师的工作负担会在无形中增加。Z 老师班上的学生构成刚好相反：学生家长基本属于高知识阶层，对子女的学习也更加重视；学生本身的素质也相对较高。这会降低 Z 老师工作的难度。W 老师在与同事的交往中，获取更多的是生活上的帮助，在教学等专业发展方面没有学到实质性内容；而 Z 老师从指导教师和其他同事身上学到许多宝贵的经验，对其适应教学、课堂管理和班主任工作等都有重要的促进作用。二者所属教师群体的不同，也使她们采取不同的措施解决工作中遇到的困难。例如，W 老师逐渐采用严厉的管理方式掌控课堂；而 Z 老师则采用温和的方式，用"坚持"来纠正学生的听课习惯，达到管理课堂的目的。就家长因素而言，W 老师所处地域人们的受教育程度普遍较低，于是教师成为知识分子的代表，社会地位较高，受到广大家长的尊重，这成为促进 W 老师对教师职业产生认同感的一个因素。Z 老师与家长的接触不是很频繁，受到家长的影响较小。

五、研究结论

本研究对 W 老师和 Z 老师入职两年的工作和学习进行了研究，重点关注了她们在专业发展中遇到的困难和对她们产生影响的因素。

一方面，W 老师和 Z 老师在入职初期都遇到了不同方面和不同程度的困难和挫折，且都进行了积极的探索。W 老师通过努力，摸索出用严厉的方式来管理课堂，逐渐加深对教材的理解，恰当处理重难点，并能通过激励措施激发学生的兴趣，但集体备课还是流于形式；面对繁重的教学任务和繁杂的班主任工作，W 老师逐渐坦然对待，寻得工作与生活之间的平衡；在与同事相处中，W 老师逐渐适应了这种"面和心不和"的状态，融入学校教师的小环境，但个人发展意识相对弱一些。Z 老师面对纪律问题，采用多种方式解决，并能很好地处理教学内容，与学生实现对话；逐渐适应各项事务性工作，并能为自己创设空间和时间进行学习；化心理压力为动力，将压力作为自身成长的跳板，在教学上逐渐成熟。

另一方面，在对 W 老师的专业发展产生影响的因素中，宏观因素主要是指当地"以成绩为中心"的政策导向以及一些连锁政策加重了教师各方面的工作负担，占用了教师的工作时间，阻碍了教师的专业发展。中观因素主要是指学校缺乏对新教师的入职指导方式，使 W 老师独自摸索学习。微观因素中，校长的激励可以发挥重要作用却没有得到有效发挥；同事相处为 W 老师提供了一些常规工作方面的帮助，但也使 W 老师失去了对同事的信任，自发融入表面和谐、实际竞争的同事关系中；学生是影响 W 老师教学状态的直接因素，二者正相关；学生家长对教师的尊重使 W 老师形成了较强的职业认同感和幸福感；W 老师自身的学习和反思意识则是一切发展的主观保证。在影响 Z 老师专业发展的因素中，宏观因素主要是指职前的师范教育理论积累有余、实践指导不足的状况不能满足其发展需要，以及学区的相关新教师政策为其专业发展提供了充分的保障。中观因素主要是指学校的师徒制入职教育方式和多种学习机会、培训课程为 Z 老师的快速成长奠定了坚实的基础。微观因素中，学生因素是 Z 老师感到焦虑的主要来源，也是其职业幸福感的根本源泉；指导教师和其他同事的帮助，使 Z 老师在教学和其他工作中达到事半功倍的效果；Z 老师个人强烈的从教意愿以及勤于思考、积极进取的精神是她在教学上成熟、在工作上游刃有余的重要因素。

六、研究的不足之处

回顾整个研究，研究者发现本研究存在许多不足之处，主要表现在研究对象的选择、研究方法的运用和数据收集方面。

就研究对象的选择而言，在研究进行之初，研究者计划只针对 W 老师进行研究，因此数据收集集中在 W 老师身上。在后期的反思中，研究者认为再选取一名与 W 老师同年入职的背景不同的新教师进行研究，效果可能会更好，因此确定 Z 老师为研究对象。但是，当时 Z 老师已经进入了入职后的第二年，其课堂教学等各方面都已经得到了极大改善，也已经度过了较为焦虑的时期。所以研究者无法通过观察了解 Z 老师入职第一年这一关键时期的状况，只能通过访谈来收集数据。

研究者是质性研究的初学者，对研究方法和数据收集的把握较欠缺：在初期的观察中容易集中于一点，从而忽略其他方面；访谈中对追问这一重要方法运用不当，回顾访谈资料时发现没有通过追问获得更为深刻和详细的内容；因为没有与研究对象进行长期而持续的相处，没有同学生和其他教师建立信任关系，从而错失了他们所能表达的珍贵信息，无法进一步检验 W 老师和 Z 老师所表述的信息。

第三章 疲于应付：一位新手教师的身份叙述

一、引言

身份(identity)对教师专业发展的重要性已广为人知。有学者认为："从个人经历这一框架来看……成为一名教师就是身份转型的过程。"[1]更形象的表述是"DNA决定了我们的相貌，身份决定了我们是谁"[2]。身份对个人发展来说至关重要，对教育改革亦是如此。有学者指出，教师身份研究对于明确课程改革中的问题具有重要意义。[3]

有学者指出，当代中国教师，尤其是乡村教师在社会转型期面临突出的身份危机[4]、自我认同危机[5]。但这些论述面向的是宏观教师群体，缺乏对个体的关照。入职阶段对教师职业生涯发展至关重要[6]，历来受到学者关注。新教师面临从学生向教师的过渡，这是一次重要的社会身份转变。教

---

① Carter, K. & Doyle, W., "Personal narrative and life history in learning to teach," In J. Sikula, T. J. Buttery & E. Guyton(eds.), *Handbook on Research in Teacher Education*, New York, Simon & Schuster Macmillan, 1996, pp. 120-142.

② Olsen, B., "Introducing teacher identity," *Teacher Education Quarterly*, 2008, 35(3), pp. 3-6.

③ 尹弘飚、操太圣：《课程改革中教师的身份认同——制度变迁与自我重构》，载《教育发展研究》，2008(2)。

④ 容中逵：《他者规训异化与自我迷失下的乡村教师——论乡村教师的身份认同危机问题》，载《教育学报》，2009(5)。

⑤ 楚江亭：《风险社会与教师自我认同危机》，载《教师教育研究》，2009(1)。

⑥ Feiman-nemser, S., "From preparation to practice: Designing a continuum to strengthen and sustain teaching," *Teachers College Record*, 2001, 103(6), pp. 1013-1055.

师个体在学校工作中面临的制度组织环境与职前培养时期有天壤之别。

本研究将聚焦农村新入职教师。对新教师的身份研究要探问的是，面对新的环境，教师何去何从？教师为何会获得如此身份呢？简言之，本研究力图回答两个方面的问题，即新教师构建了怎样的身份以及教师为何会如此构建身份。

二、理论基础

20 世纪 80 年代，自身份概念进入教育研究领域以来，以教师身份为主题的文献数量急剧增长。[①] 在教师研究领域，身份与身份形成（identity formation）已经占据舞台中心，并将教师信念、教师态度、教师生活史和教师个人叙述范畴包括在内。[②] 可以说，身份研究已成为教师研究领域的核心议题。

以身份为主题的教师研究也面临诸多问题。身份的概念界定一直是学者面临的难题。[③] 庆幸的是，学者对身份这一概念的理解已经达成了一些基本共识。学者普遍认同身份的建构性、情境性特点。麦克卢尔（Maclure，M.）说："身份不该被视作我们拥有的某种稳定实体（entity），而应被视作人们在与他人和情境联系的过程中用以证立、解释和理解他们自己的东西。"[④]

罗杰斯（Rodgers，C. R.）与斯科特（Scott，K. H.）总结了绝大部分学者在定义身份时暗含的四条假设[⑤]：一是身份取决并形成于多元脉络中，受到社会、文化、政治和历史力量的影响；二是身份是在与他人的关联中形成的，

---

① Akkerman，S. F. & Meijer，P. C.，"A dialogical approach to conceptualizing teacher identity，"*Teaching and Teacher Education*，2011，27(2)，pp. 308-319.

② Rodgers，C. R. & Scott，K. H.，"The development of the personal self and professional identity in learning to teach，"In M. Cochran-Smith, S. Feiman-Nemser, D. J. McIntyre & K. E. Demers(eds.)，*Handbook of Research on Teacher Education：Enduring Questions and Changing Contexts*，New York，Routledge，2008，pp. 732-755.

③ Beijaard，D.，Meijer，P. C. & Verloop，N.，"Reconsidering research on teachers' professional identity，"*Teaching and Teacher Education*，2004，20(2)，pp. 107-128.

④ MacLure，M.，"Arguing for your self：Identity as an organizing principle in teachers' jobs and lives，" *British Educational Research Journal*，1993，19(4)，pp. 311-322.

⑤ Rodgers，C. R. & Scott，K. H.，"The development of the personal self and professional identity in learning to teach，"In M. Cochran-Smith, S. Feiman-Nemser, D. J. McIntyre & K. E. Demers(eds.)，*Handbook of Research on Teacher Education：Enduring Questions and Changing Contexts*，New York，Routledge，2008，pp. 732-755.

并且包含情绪(emotion);三是身份是易变的、不稳定的、多元的;四是身份包含通过故事实现的意义建构和重构过程。"脉络与关系表述了身份形成的外部因素,而故事和情绪则是身份形成的内部的意义生成方面。"

综合起来,身份是个体在社会脉络中意义建构和重构的结果,而故事正是意义建构和重构的形式和媒介。这表明故事是教师身份研究的可能媒介。

叙述研究也是教师身份研究的重要一类。① 与此同时,它也面临学者的批评。批评者指出,身份的叙述研究只是呈现了教师的一些生活片段而已。② 另外,大多数研究并没有意识到,教师生活故事其实是发生在具体的社会脉络中的,往往缺乏理论解释。③ 更致命的问题是,过往的叙述研究往往缺乏身份与叙述之间关系的充分论证。④ 缺乏这一论证,使教师身份的叙述研究缺乏基本的合法性。

沃斯顿(Waston,C.)明确指出叙述在人的存在中的本体论地位,即"人建构了叙述,叙述也建构了人,而身份正是出现在这一过程中的",并认为"既然教师身份是叙述性的,那么研究者需要做的就是理解教师用于建构故事的资源"。⑤ 言下之意,研究者应该关注的是教师如何构建自己的故事,运用了哪些材料作为故事素材,并在一定程度上能够理解教师为什么会以这样的方式构建自己的故事。罗荷蒂-利蒂(Ruohotie-Lyhty,M.)借鉴现象学理论更明确地阐述了叙述与身份之间的关系。⑥ "叙述这一路径(narrative approach)的实质是现象学中人类意识中特有的独一无二的意义有序性观念","人为了维持和谐(coherence)感,必须在与过去经验联系的过程中解释当下的经验"。

---

① Beijaard, D., Meijer, P. C. & Verloop, N., "Reconsidering research on teachers' professional identity,"*Teaching and Teacher Education*, 2004, 20(2), pp. 107-128.

② 叶菊艳:《叙述在教师身份研究中的运用——方法论上的考量》,载《北京大学教育评论》,2013(1)。

③ Beijaard, D., Meijer, P. C. & Verloop, N., "Reconsidering research on teachers' professional identity,"*Teaching and Teacher Education*, 2004, 20(2), pp. 107-128.

④ 叶菊艳:《叙述在教师身份研究中的运用——方法论上的考量》,载《北京大学教育评论》,2013(1)。

⑤ Watson, C., "Narratives of practice and the construction of identity,"*Teachers and Teaching: Theory and Practice*, 2006, 12(5), pp. 509-526.

⑥ Ruohotie-Lyhty, M., "Struggling for a professional identity: Two newly qualified language teachers' identity narratives during the first years at work,"*Teaching and Teacher Education*, 2013, 30(1), pp. 120-129.

人为了获得这种和谐感，需要阐释当下的经验，并且将之纳入过去已有的叙述结构使之成为叙述中的一部分而获得意义。

历史社会学家萨默斯（Somers，M. R.）认为叙述包含以下四个要素①：一是部分之间的联系；二是因果情节化（casual emplotment）；三是选择性选取（selective appropriation）；四是时间、序列和地点（temporality，sequence and place）。她将"行动者用以理解自己生活的故事"称为本体论叙述（ontological narrative）。"本体论叙述用以定义我们是谁，并进而成为我们知道要做什么的前提，这项行动（doing）会进而产生新的叙述，从而有新的行动。"简言之，个体在当下通过选取生命经历中的一些事件进行因果情节化，使之成为一个前后一贯的有意义的结构，获得"我是谁"的感知，从而实施某种行动，而实施了的行动也将被纳入当下形成的叙述结构，并进而产生新的叙述，如此不断形成朝向未来的循环结构。

综合学者的论述，本研究认为，所谓身份是教师通过叙述这一媒介对过去的教师职业经验的阐释与再阐释。当下身份感知的获得是为了未来的行动，可以说，"我是谁"的另一层意思是"我将要成为谁"。因此，更准确地说，身份是个体当下出于未来的计划通过叙述这一中介对过去经验的阐释与再阐释。

以上研究回应了身份与叙述之间的本体性联系，但是对教师故事仍缺乏理论解释。尽管叙述本身就是个体对自身经验的阐释和建构过程②，但学者仍需发挥社会学想象力，对教师叙述进行解释。③ 本研究认为，教师身份的研究除了展现教师的身份状态，更需努力揭示教师身份建构现状背后的社会机制。

社会学中关于身份的理论是可能的理论分析框架。科恩（Cohen，J. L.）认为所谓身份实际是指角色身份（role identity）。④ 身份与制度之间存在重要联

① Somers，M. R. ，"The narrative constitution of identity：A relational and network approach，"*Theory and Society*，1994，23(5)，pp. 605-649.

② Sfard，A. & Prusak，A. ，"Telling identities：In search of an analytic tool for investigating learning as a culturally shaped activity，"*Educational Researcher*，2005，34(4)，pp. 14-22.

③ 叶菊艳：《叙述在教师身份研究中的运用——方法论上的考量》，载《北京大学教育评论》，2013(1)。

④ Sfard，A. & Prusak，A. ，"Telling identities：In search of an analytic tool for investigating learning as a culturally shaped activity，"*Educational Researcher*，2005，34(4)，pp. 14-22.

系，这是因为角色是制度的核心。所谓角色是指社会上业已形成的关于个体如何行动的共同规范，是一种客观现实。① 一方面，正是通过进入特定位置的个体履行其角色，制度才被赋予了生命力。"角色代表着制度是说，角色使得制度有可能在个体的经验中作为真实的东西而存在。"②另一方面，个体教师必然也有对教师角色的理解，个体教师在学校内部的社会化不可能完全成功。换句话说，个体极少会完全依照既定的角色规范去行动，角色不是个体行动的直接变量。"角色影响人们行为的相对权重取决于个人与制度和组织之间的协商与安排。身份是行动者自身的意义源泉，身份的建构是由他们自己通过个性化的过程完成的。"③这意味着身份是个体与具体制度脉络下各式各样的角色互动与协商的结果。角色被执行的程度取决于个体赋予角色的意义和对角色的认同程度。简单说来，教师身份是教师个体与教师角色协商的结果。

不难理解，教师身份建构是发生在具体的制度脉络环境中与他人互动的过程中的。同个体教师一样，具有不同身份的其他社会群体对教师应当如何工作也有自己的理解。也就是说，这些群体对教师角色的期待会与个体教师一样，可能会与制度确定的角色期待有差异，这构成了身份构建过程中个体与角色协商的另一块重要内容，即教师个体与相关社会群体的互动。综上，学者用图 3-1 表达身份建构的社会机制。④

图 3-1 中三个圆的重合部分显示出了个体教师身份建构的空间特征。当制度和政策的角色期待携带着强大的外力时，个体的自主空间将会受到挤压。举例来说，在一个集权体制内，个体自主空间将会非常小，就像学者所说的那样，"集权体制建构先在的（pre-given）、国家指定的（state-defined）、执行特定功能（function-specific）的行动者"⑤。同样，道理也适用于人际群体对个

① 叶菊艳：《叙述在教师身份研究中的运用——方法论上的考量》，载《北京大学教育评论》，2013(1)。

② Berger，P. L. & Luckmann，T.，*The Social Construction of Reality*，New York，Penguin Books，1991，p. 192.

③ Castells，M.，*The Power of Identity*，Oxford，Wiley-Blackwell，2010，p. 7.

④ 叶菊艳：《叙述在教师身份研究中的运用——方法论上的考量》，载《北京大学教育评论》，2013(1)。

⑤ Scott，W. R.，"Instituions and organizations：Towards a theoretical synthesis," In Scott，W. R. & Meyer，J. W.（eds.），*Institutional Environments and Organizations：Structural Complexity and Individualism*，Thousand Oaks，Sage Publications，1994，p. 63.

体的影响。因此，自我的能动空间取决于制度空间内的权力关系。

总结起来，身份（或叙述）包含四要素：自我、时间、空间和权力。其中，自我是故事的作者①和主角。

正是因为时间的出现，身份才成为问题，自我才有在时间流中获得同一性（sameness）的需要，而身份也正是自我当下通过叙述这一中介出于对未来的筹划和对过去经验的阐释与再阐释获得的。

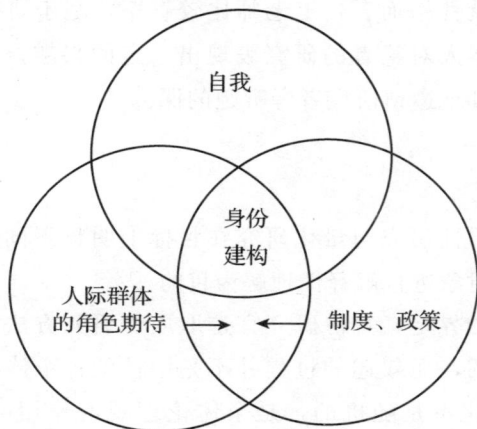

图 3-1　身份建构的社会机制

再者，叙述本身发生在一定的社会空间内，即本研究的制度脉络内。具体说来，身份是自我与制度脉络内的角色不断协商的结果，同时社会空间为身份建构提供了限制性和可能性。

如果说制度脉络为身份提供了多种可能的话，自我与角色之间的协商走向何方则取决于制度脉络内的权力关系与结构。

三、研究方法

（一）个案研究

本研究是个案研究。案例选择主要基于以下两个条件：首先，教师为新

---

① Rodgers, C. R. & Scott, K. H., "The development of the personal self and professional identity in learning to teach," In M. Cochran-Smith, S. Feiman-Nemser, D. J. McIntyre & K. E. Demers(eds.), *Handbook of Research on Teacher Education：Enduring Questions and Changing Contexts*, New York, Routledge, 2008, pp. 732-755.

入职教师，入职年限不超过 3 年；其次，教师任教学校位于农村地区，即研究对象应为农村教师。

研究对象王老师，女，1989 年出生，小学三年级语文教师，从山东省某普通院校非师范类专业毕业后，于 2011 年 9 月入职我国中部某省贫困县一所中心小学。

除了上述两个基本条件外，本研究选择王老师作为研究对象还基于以下两个条件：其一，就性格而言，王老师比较直率，利于研究者获取真实的信息；其二，王老师本人对笔者的研究表现出一定的兴趣，对外来的研究者并无顾虑，会积极主动地邀请研究者旁听她的课。

(二)质性研究

社会科学中的质性研究与量化研究在目标上明显不同，其根本差异在于质性研究以对研究对象进行解释性理解为目的。[①]

依笔者对身份的界定，身份研究宜选取质性研究方法。这是因为教师身份是通过叙述实现的，而叙述的过程并不是中性的；个体对过去经验中事件的选择和因果情节化不是随机的，是个体伦理观的作用[②]，包含价值投射。从社会空间来看，身份是个体与角色之间的意义协商过程。简言之，教师身份建构是一个意义整合的过程。既如此，那么关于教师个人身份的研究就不适合采用量化研究方法。

(三)访谈与观察

访谈是本研究的主要研究方法，其目标是获得教师故事，把握教师身份。除王老师外，研究者还访谈了该学校主管教学的副校长。对副校长的访谈主要用以了解学校的基本现状、教师构成、学校对教师的日常管理，比如教师的数量、学历水平、专业发展机会及学校与教育局的关系等。此外，研究者也希望对校长的访谈能起到数据互证作用。

---

① 陈向明：《质的研究方法与社会科学研究》，10 页，北京，教育科学出版社，2010。

② Taylor, C., *Sources of the self*: *The Making of Modern Identity* (tenth ed.), Cambridge, MA, Harvard University Press, 2001, p. 51.

　　对个案教师的访谈分成两次。第一次访谈时间是 2011 年 11 月底，时值王老师入职半个学期、期中考试刚过不久。之所以选择这个时间点，是因为期中考试可能是教师职业生涯中的关键事件。第一次访谈历时 1 小时 50 分。第二次访谈时间是 2012 年 5 月，在王老师入职满一个学期时，即第二学期结束前。鉴于对教师身份的界定，研究者分析教师故事时，主要以第二次访谈所获信息为参照点，和第一次访谈结果作比对。（之所以选用第二次访谈而不是第一次访谈，是因为研究者在第一次访谈时对身份概念的理解仍不够完善。另外，研究者在与研究对象的接触中没有感受到很大变化。第一次访谈更多地充当了和第二次访谈互证的材料。）第二次访谈历时 1 小时 45 分。

　　观察是本研究的辅助方法。考虑到访谈法的局限性，为了获得教师"真实的"叙述，研究者进入王老师的课堂进行了三次非结构性观察。课堂观察的主要目的是把握王老师的教学行为特征。这些信息将作为访谈所获信息的佐证材料。

　　考虑到学者一再强调的身份的情境性特征①，研究者必须小心，因为研究者对研究对象的访谈过程本身即社会事件②，是一种具体情境的构建过程。因此，想要获得教师真实的故事，研究者必须构建足够安全的环境。研究者要尽可能地减少存在感，尽可能让研究对象自我叙述。

　　同时研究者还需敏锐捕捉教师叙述中的信息，既要充当一个善于回应的听众，也要成为一个善于抵制的听众。③ 简单来说，研究者既要能听得进去，也要能从他人的故事中走得出来，持理性反思的态度，思考教师为何会如此建构故事。

四、研究结果与讨论

　　本部分的任务是回答引言中的研究问题，即呈现个案教师的身份认同现状，并在此基础上利用分析框架揭示教师身份建构背后的社会机制。

---

　　① Beijaard, D., Meijer, P. C. & Verloop, N., "Reconsidering research on teachers' professional identity," *Teaching and Teacher Education*, 2004, 20(2), pp. 107-128.

　　② 陈向明：《质的研究方法与社会科学研究》，168 页，北京，教育科学出版社，2010。

　　③ 叶菊艳：《叙述在教师身份研究中的运用——方法论上的考量》，载《北京大学教育评论》，2013(1)。

（一）身份叙述

教师故事本身并不能孤立存在，也不可能发生在真空中。学校是教师赖以生存的最直接的外部环境。在正式进入教师故事之前，我们有必要简要了解一下王老师所处的学校环境。

1. 学校

王老师所在的学校位于山东省某经济发展状况不佳的县城。和大多数贫困县县城一样，这里的人大多外出务工。尽管学校附近的街道宽敞，街道两旁的建筑也颇为光亮，但街道上人烟稀少，各式商店门前门可罗雀。

学校在当地享有颇高的名声，因其"成绩一直在县城几所小学中名列前茅"。学校大门前还挂着"中央教科所基础教育研究实验基地"的牌子。因为学校名声在外，许多家长包括许多乡镇家庭都选择把孩子送到该校读书。其直接结果是校内学生过多，教学楼使用异常紧张。2011年学校启用了一处失修已久的房子当作教室。即便如此，教室依然拥挤不堪。王老师所在班级的人数居然多达89人。学生挤上座位已十分困难，更不要说有充分的活动空间了。

和大多数经济落后地区的学校一样，该校面临比较严重的师资问题。据王老师和学校副校长反映，学校教师空缺比较严重，但是每年教育局批下来的教师名额极少。在王老师入职的2011年，学校只新进了两位教师。另外，学校教师学历水平普遍不高：教龄较长的教师大多是师专毕业；即使是新教师，大多也都是专科毕业，入职后自考本科。学校年轻教师中还有数位代课教师，这些教师还没有教师资格证。

就王老师的个人经历来看，新教师入职后基本处于放任状态。学校未对新教师进行任何干预。王老师是非师范类院校毕业生，通过教师资格考试之后，参加由县教育局组织的考试，随后通过面试成功进入学校。学校没有任何形式的入职培训，就直接安排王老师担任三年级的班主任。在王老师担任班主任之后，学校也没有安排任何实质性的入职教育。

尽管学校也曾经按照县教育局的精神实施所谓"一帮一青蓝工程"，即师徒制，安排了一位教师作为王老师的指导教师，但王老师说："青蓝工程，即一位老教师带一位年轻教师。教育局要检查学校就安排，只是形式而已。我们学校提供的其他学习机会也极少。"据学校主管教学的副校长说，学校教师的学习主要是相互听课。针对一些有经验的教师，学校则会组织他们看一些学术期刊。教师得到的培训机会也很少。据副校长的说法，即使有机会也只是派一位有资历的教师作为代表参加，回来后分享所得。不出意外，所谓教师代表分享培训经验的事情也是形式。而关于所谓听课，王老师也直言那不过是应付上级检查罢了，一个学期也就只听过一次课。

负责教学的副校长对教师的基本状况也不甚了解。在笔者对副校长的访谈中，在被问及学校教师的人数、学历构成、男女比例这些问题时，副校长都略显生疏，不能给出比较确切的数据。这也和王老师的描述一致：校长和教师分属两个办公室，尽管只一墙之隔，但是除去例行工作会议和上级检查，校长平时极少会和教师有交集。

2. 故事

教师身份体现在教师叙述中。既然如此，可以推断，如果教师身份是清晰明了的，那么故事应该有明晰的故事线索。需要指出的是，研究者的访谈表明，王老师的叙述呈现出断断续续的特征，所以故事线索并不明显。下面的故事，是研究者在整理访谈资料后重新撰写的。重新撰写后的故事呈现的是一个比较清晰的人物形象。

（1）"很现实的原因"

王老师的叙述从入职动机开始。

"其实自己原来不想当老师的原因是很幼稚的。我从小比较怕老师，觉得当老师没什么好的，整天有这么多累心的事。我这种想法很幼稚。后来我想当老师一是因为老师假期多；二是因为它是一份正式的工作；三是因为这几年老师的待遇好了，地位也高了。这些都是很现实的原因……我们（大学同学）也在宿舍经常讨论，说当老师很好，一年放两个长假。有哪个工作能放这么多假？我一想到暑假有两个月就觉得太好了，于是就想老师这个工作很好。其实原来老师的地位不高，不过近几年老师的工资涨得很快。"

父母对其择业有重要影响。

"北方人普遍的想法是找'铁饭碗'，找正式工作。大家觉得别的工作不是工作，铁饭碗才叫工作。我在家里和家长交流时就感觉到他们很看不起那些非正式工作，觉得那不算工作，没有前途，只有这种正式单位的工作才有前途。"

王老师认为教师职业比较契合自己的性格，她认为自己是个单纯的人，而学校里的环境也比较单纯。

"我觉得我也不适合其他环境。当老师相对来说还简单一些，单纯一些。

我不喜欢争斗，不擅长也不会。这可能和我的性格有关。"

王老师的这种想法基于比较清晰的自觉意识，并不是简单随大流。

"我不是那种很有原则的人，不是非要做自己（喜欢的事）……我没有特别喜欢的工作。有的人有理想，但是我就没有理想。我觉得做什么都行，就选好的，选稍微适合自己的工作。我不是那种目标很明确的人。从一些现实的原因和自身性格考虑，我觉得当老师很好。"

不仅如此，王老师对教师这门职业在自己生活中的地位有明确的计划。

"女生和男生不一样，男生可能有自己的理想，女生可能受家庭或者其他因素的影响大，女生还是安稳一些好……我自己也觉得还是安稳一些好。我觉得我以后要把重心放在家庭上，我是这么想的。如果以后结了婚，我肯定照顾家里比较多，我不是事业心很强的人。"

（2）"算顺心了"

如王老师所愿，一开始的教师生活比较快乐。第一次访谈时，王老师这样总结她的生活状态："应该算顺心了。我觉得自从工作以来生活特别简单，很简单，就是上班下班。平时放了假，我就出去逛逛，走走亲戚。家里也没有需要我操心的事。"

学校生活轻松简单是一方面，另一方面来自王老师对未来的考虑。

"毕竟我没有结婚，在亲戚的一些重要仪式中不用随份子。家里也没有需要我操心的事。以后如果我结婚了，组成一个家庭了，可能事就多了……"

可以看到，王老师对当下状态的描述是和未来联系在一起才获得完整的意义的。如果我们把王老师个人的叙述过程看作一种阐释，那么它就包含了反思。[①] 正如康韦（Conway，P. F.）所言，反思本身包含了"未来"这一时间向度。[②] 王老师是在对未来的策划（婚姻）中赋予当下和过去的经验意义的。

另外，她也提到了学生："最开心的时候是刚开始当老师的时候，我觉得这些孩子真可爱啊！"

但紧接着，她又添了一句："后来觉得不行啊，大家要成绩啊……"

---

① Antonek，J. L.，McCormick，D. E. & Donato，R.，"The student teacher portfolio as autobiography: Developing a professional identity," *The Modern Language Journal*，1997，81(1)，pp. 15-27.

② Conway，P. F.，"Anticipatory reflection while learning to teach: From a temporally truncated to a temporally distributed model of reflection in teacher education," *Teaching and Teacher Education*，2001，17(1)，pp. 89-106.

这时期中考试刚刚过，她第一次感受到成绩带来的压力。成绩的压力是王老师快乐生活的阴影，也逐渐成为王老师教师生涯的核心问题。但尽管如此，刚入职那段时期的压力和快乐相比还是微不足道的。

依研究者的理解，王老师之所以在初次访谈中觉得称心，主要是因为王老师的求职成功带来了满足感。具体说来，在王老师的生活世界中，考虑到学校这一"单位"的特殊性质，成为一名教师，获得一份家人认为的"正式的工作"，王老师自认为的"很现实的目的"得以实现。

（3）"真累"

待到第二次访谈时，王老师对自己入职之初的经历是这样描述的："我刚到学校的时候，我觉得最大的不同就是每天都能遇到一些自己意想不到的事情，具体什么事情我也记不清了……"

在停顿颇久以后，王老师提及了以下几个例子。

"我慢慢发现，学校要检查这个检查那个。其他老师可能已经习惯了，但是我不知道这些检查的事。其他老师因为自己习惯了，没想到我会不知道，就没告诉我。我慢慢才知道这些。"

"比如说，教学反思，学校要求一个星期写一次。学校发了本子以后，我也没问，要检查的时候我才私底下问老师怎么写。学校检查的时间也不固定。还有值日的事，班里值日应该分清楚。我分好了，选好组长就不管了，没有具体分得那么细，一开始班级卫生就出问题了，值日生做得很慢，于是我就去请教其他老师……慢慢地我才学会做这些事情了。教学上我也有问题，一开始的时候，我就以讲为主，不写板书，后来有老师就跟我说，必须把难写的字在黑板上写出来。"

作为新教师，王老师不熟悉环境，老教师也未能提醒她，这也反映了新老教师之间的关系，即老教师对新教师的扶持是极少的。

在这一陈述之后，王老师又重新总结了这段经历。

"第一天上班我觉得很新奇，没有紧张，有点赶鸭子上架的感觉，也有点小心翼翼，怕哪里出错了，于是我就观察其他老师是如何做的，也经常会请教其他老师。第一个月我就很自然地走过来了，也没觉得有什么特别的。"

至于为什么会忘记入职之初的一些事情，她也有自己的解释。

"我现在作为班主任，也慢慢习惯了这样的生活。刚上班经历的那些事情离我已经很远了。现在我每天都太充实了，以至于忘了以前的事。我每天要做的事情很多，不管是教学还是管理上的事我都是要亲自去做，每天都在往前赶，就慢慢忘记以前的事情了。"

"后来我慢慢熟悉了，知道有些事情该怎么做了。每天都不是风平浪静的，每天都有状况。例如，一进班里学生会出现各种状况，有把鼻子磕了的，有打架的，有闹矛盾的，有把书丢了的，这种状况每天都有。每天看起来都一样，但是每天又都不一样，很充实，工作都是满满的。所以过去的事情就慢慢忘记了，因为我觉得可能今天的事情还想不清楚呢，就没有精力去顾及以前的事情了。"

这是访谈过程中，王老师的叙述结构里情节因果关系最明显的一处。因为她"现在"太忙太累，在繁忙的工作中只顾着当下的事情，而忘记了"过去"的经历。研究者在概念界定时指出，身份是个体对生命经历的叙述，而王老师的叙述表明，过去经历对于现在的意义已经比较模糊，因而被忘记了。

太忙带来了负面的情绪反应。在王老师的叙述中，"累"成了关键词。

"真累，每天很多事情都是固定的，预备，上课，做广播操……一直从上学到放学，我们全程参与，有各种各样的事情，都是固定的。我们还有很多其他的事情，例如查教案，查教学反思，集中学习，分散学习。我平时也没时间写教学反思，一听说检查我就抓紧时间补。"

班主任这个职位也有额外的工作。

"班主任要做很多事，比如说这两天就忙着收费，做文化墙，收订校服的钱等。好几件事情我都需要跟学生说，有时想着说这个事，忘了说那个事……忘了的话，管校服的校长就会过问，管文化墙的校长就会过问……我们班主任有太多的工作。"

"上面"还经常来检查。

"学校还要应对上级的检查。例如，前一段时间上级要检查古诗背诵情况。学校要求我们老师通过各种形式让学生背古诗……我们准备了很久，至少排练了两天，后来上级没来检查。为应对古诗检查我们还办了黑板报，办得很好，可是上级要来检查依法治校，我们只好把板报全撕下来，又换上依法治校的内容，又准备……"

在教育局新局长上任之后，学校对成绩更加看重，使教师压力倍增。

"可能是因为我们换教育局局长了，学校开始抓成绩，其他什么都不管了，就只要成绩。我们压力也很大……教育局给校长开会，校长就给我们开会，就这样一级压一级。"

学校要成绩，将压力转移到教师身上，使课业加重了许多。一个班80多个学生，就已经使平时的基础教学任务很繁重了。

"学校要求教师对作文必须全批全改，但是我们根本没有时间。平时我们都给学生布置作业，例如学一篇课文、写一课的生字。改语文作业得耗老师的时间。学生两周写一篇作文，一个班 80 多个学生，老师根本没时间去全批。"

现在又加上了新的任务。

"上课时间学校查我们的基础训练、单元测试卷，后来学校同意老师可以不批改基础训练，但是基础训练配的练习必须得全批。我们根本没时间。一天学习一篇课文，需要把配套基础训练做了，把生字和其他作业也做了，这些都需要时间。"

除去这些看上去没多少实际意义的工作，提高成绩进而成为王老师所有工作的核心了。

"大家认为不管用什么办法，只要成绩好了就好了。有的老师用的办法不是很好，但是效果很好。上级要的就是成绩，不会管你教得怎么样，学得怎么样，只要你成绩好。"

"我们也在办公室里经常抱怨压力大，但是也没办法。新官上任三把火，总要做一些事情，给老师设置积分制，约束老师，让老师们更加痛苦了。"

有趣的是，王老师曾主动提及下面这件事：

"最近一个数学老师和我交流，问我怎么不像其他老师那样有冲劲，什么都不争第一……我想了想，确实是，我不像其他年轻老师那样，运动会、体操比赛、舞蹈什么的都争第一，我好像真没争第一的想法，这可能和我的性格有关……"

这更加表明，王老师看重成绩这一举动的背后推手是学校的评价制度。她本人对于学校追求成绩的做法有看法，从她对待学生的态度中就可以看出。

"我不想以成绩评价学生……但是不重视成绩也不行，必须要成绩。我个人不认为成绩好就是好学生，成绩坏就是坏学生……老师看学生，虽然看成绩，但是老师更喜欢听话的学生。老师让学生做什么他就做什么，上课不打闹，就算学生成绩不好老师也喜欢。老师不喜欢不听课、爱打闹的学生。"

王老师仍然很少提到"教学"。在研究者问及她原先预想的老师是什么样的时候，她说："原来我想和学生打成一片，和学生建立那种真正的朋友关系，刚开学时我就想这么做，让学生快乐，度过一个美好的童年……这个想法可能有些理想化了。"

这样的梦想很快被打碎了。她随即谈到了原因："这样的想法根本实现不了。如果真的那样实施，老师管理起来很麻烦，学生根本就不听老师的……很无奈……如果学生不懂事，老师就必须要有一些强制性的动作。"

成绩的压力成了挥之不去的梦魇，这缘于学校以成绩论英雄的评价标准。

"校长说了，没有成绩在学校就没有位置。成绩最重要。上级逼得紧，没有办法，如果我再像以前那样对学生嘻嘻哈哈，成绩根本上不来。小学阶段纪律管得好了，成绩就自然上去了，其实老师讲得好不好关系不大，就看你严不严、厉不厉害。如果你管得严、厉害，成绩就好；如果你管得不严、不厉害，成绩就差。"

学校校长的话对王老师无疑有巨大的影响，身边的同事和"亲眼所见的事实"也有很大的影响。

"事实就摆在面前，成绩好的班，老师管得特别厉害。有的老师跟我说，'你们班纪律太差，这样不行'。"

她自己所在的班级成绩不好，给她带来了更多的压力。因此，尽管每天的工作都差不多，王老师还是觉得自己和以前不一样了，变得越来越严。而她认为正是严厉使她的班级成绩提升了。

"我现在对学生越来越严厉，经常对他们大吼大叫的，像今天那样，以前我做不出来。以前我不想那样做，可现在有现实的原因。"

"以前班上纪律不好，我就口头上说一说学生，点一下他们的名字。后来（其他）老师跟我说这样不行，必须要有具体措施，例如让他们站到前边来，或者罚他们抄作业。"

"就这样学生的成绩比原来好了，平均分上去了三四分……还是严格好。"

研究者初次观察时已经注意到了这一迹象。当时，王老师刚入职不久，"不愿像其他老师那样折磨学生"。据王老师反映，该校教师体罚学生的现象普遍存在，并且到了她不忍提及的程度。显然，这一句话也是王老师个人声称（claim）自己身份的表现。她并不认同其他教师为了成绩不顾一切的做法。如科恩所说的那样，王老师在将自己和其他教师联系起来的过程中做了对比，表明自己不是"他人"①。

---

① Cohen, J. L., "That's not treating you as a professional: Teachers constructing complex professional identities through talk," *Teachers and Teaching: Theory and Practice*, 2008, 14(2), pp.79-93.

但到了第二学期，王老师对学生的管束也逐渐严厉。研究者通过课堂观察发现，王老师在课堂上要比第一学期严肃了许多，甚至动手打人。另外，为了不影响全班学习，班级有位同学被勒令单独坐在讲台旁边，被王老师直接放弃。在她看来："这个学生什么都不会，一年级基础没打好，原来坐在后边常和周围同学打闹。我本来想教教他，结果发现他拼音都不会，什么都不会。我没法教，我也没那么多时间教他。后来我就让他单独坐在讲台旁边，不让他影响其他同学……我已经把他放弃了……"

当然，虽然王老师变得比去年更"凶"了，她还是不会和别人一样。

"我不会和有些老师一样，那样我真做不出来。他们对学生拳打脚踢的，我真做不出来。"

这又是一次声称身份的表达。

王老师的个人教学生活已经不堪重负，与他人的社会关系也变得有一丝紧张。原先同事之间简单的关系现在已经有了隐患。"有的老师会呵斥家长，但是他不会跟我们说。老师们都会留一手。有的老师不会真正跟你交流教学和带班的策略，因为老师之间是有竞争的。"

最后，研究者问及了王老师的未来规划，她说："我开头就没有开好，如果让我重新带一个班的话，我肯定不会像现在这样，我一开始对学生太友好了。一开始老师要把规矩立好，要求学生养成好习惯，以后管理起来就方便了。如果一开始基础没有打好，后来就不好管了……一些纪律性的东西必须管得死死的，学生习惯了就好了。""关于未来，我没有额外的规划，就是按部就班地做，尽量对学生严厉点，一定要立规矩，一定要管好纪律。""教学上我慢慢地会稍微调整。"

前文讲到"我是谁"的另一层含义是"我想要成为谁"。王老师的未来规划和对过往经验的阐释组合在一起成为一个完整的叙述结构。当然，未来规划也必然建立在对过往经验反思的基础之上。具体到这个规划，我们可以看到，它与王老师在前文的叙述有明显的承接关系，即成绩已然成为她的工作核心，而提高成绩的不二法门就是"严"。

(二)可能的解释

王老师的叙述展现了一个疲于奔命的教师形象：她忙忙碌碌，教学任务本就繁重，还要处理非常琐碎的班主任日常管理事务；学校又有诸多形式化的工作让她难以逃遁；学校的成绩压力也非常大，这让她病急乱投医，紧跟身边教师的步伐，对学生越来越严厉。她很忙，甚至忙得淡忘了自己的"历史"，"只有忙碌地向前看（其实是向当下看）"。可以看到，在王老师的存在状态中，未来和过去变得模糊。而身份是个体对自身经验的叙述，没有生命史，没有对未来的期待，身份自然也就无从谈起，身份建构也自然出现模糊不清的状况。（事实上，这可能是王老师的故事本身并不是那么丰富的原因。因为在身份叙述中，叙述的丰富性、条理性能反映出个体身份感清晰与否，故事丰富与否绝不仅仅只是信息量的大小问题，也是身份清晰与否的重要体现。）

前文论述过身份叙述包含四个要素：主角、时间、空间、权力关系。这四个要素相互影响，共同决定了教师故事，也就是教师身份。

从角色这个维度来看，个案教师面对的角色期待主要来自同事、校长和教育局局长。家长和学生对教师的影响微乎其微，这主要是由教师与家长、学生之间的权力关系决定的。例如，就王老师的个人经历而言，家长群体对王老师的角色期待几乎为真空。王老师这样描述她眼中的家长："因为现在家长觉得自己比老师矮一截，家长和老师打电话的时候特别客气。家长觉得老师下班了还给老师打电话会不礼貌。家长有急事才打电话，或者对孩子特别关心时才打电话，或者隔一段时间打电话问一问孩子的情况。95%的家长平时没事不跟老师联系。""我觉得在我们这里老师的地位很高。不管家长任什么官职，或是多么厉害，他们和老师说话都很客气。我原来没受到过这样的待遇，觉得很好。"

从权力角度看，王老师在与家长的互动中处在优势地位，那就意味着王老师的行为和身份建构过程很少受家长角色期待的影响。相对于家长，学生群体在与教师互动中更加处于无权状态。王老师的教学是典型的教师中心模式。

对王老师的行为和身份构建有重要影响的是学校同事和学校领导。就教师群体而言，在与他们的互动中，王老师认为自己是个新手，她模仿的倾向非常严重。不管"学生纪律管理""生字教学""词语教学"，还是"班级值日活动的统筹"等方方面面，王老师模仿其他教师的痕迹非常明显。这和王老师的自评形象比较吻合。在研究者问到她的从教动机时，她认为自己并不是那种很有想法的人。简单来说，王老师个人的自主意识比较淡薄。

如果说在和教师群体的互动中，王老师的自主意识比较淡薄的话，那么王老师在与领导的互动中则完全处于弱势地位，她甚至有些"怕校长"。在她眼里，校长有自己独特的职责。

"校长平时不怎么管具体的事，基本上不直接找我们。校长就是管一些大的方面的事，比如师德方面的。校长主要负责传达上面的一些指示。"

在研究者问及为何要做文化墙时，她这样答道："校长要求我们做什么我们就做什么！"

所谓"上面"是指校长的上级，即王老师在叙述中说的教育局局长。这个局长在故事中出场次数不多，却发挥着举足轻重的作用。这个局长以成绩论成败。校长向下传达，随即学校的各方面制度就立刻变得严起来，考勤变严了，教学任务加重了。虽然王老师本人对学校一味追求成绩的做法并不赞同，但几次声称"没有办法"，还是按照校长的要求做了，这都反映出王老师个人在与校长的互动中处于弱势地位。其结果是，在双方的互动中，校长的意义被建构成一种主导的意义，同时王老师追求成绩的行动成为制度化的行为。这是互动双方的权力关系相互作用的结果。①

另外，在王老师的日常生活中，各种形式化的工作也是重要组成部分，其背景其实也是校长和实际"在场"的教育局局长的命令，比如写教学反思。

"学校要求我们一周写一篇教学反思，反思这一周上课的情况。但是我们的教学反思都形式化了，只要写的页数够了，字数差不多就可以，根本不是真正意义上的教学反思，就是应付检查的。还有学校组织的分散学习、集中学习，都是应付检查的。"

当研究者问及为什么没认真对待教学反思时，王老师说："我没想过去反思，因为大家都没想过，所以我也没想过这问题……"

王老师并没有给这些事情本身赋予任何积极意义。类似的为了应付校长或者上级检查的仪式性事务在王老师的叙述中非常多，包括所谓集中学习、分散学习、背诵古诗等。

可以看到，在王老师的故事中，主角是一个自我反思意识缺乏，同时在与校长的互动中失权的个体。面对学校的角色期待，王老师自身与角色之间的协商空间很小。那么，这一现状背后的原因是什么呢？

谈到王老师面临的各类仪式性工作②，不得不说王老师赖以生存的特殊组织——学校"单位"。联系学校的"单位"性质，我们就不难理解为什么王老师会对校长言听计从了。不仅仅是她，她的同事也都"敢怒不敢言"，因为在

---

① 叶菊艳、卢乃桂：《中国传统社会"尊师"制度的形成》，载《教师教育研究》，2012(3)。

② 李猛、周飞舟、李康：《单位：制度化组织的内部机制》，载《中国社会科学季刊》，1996(16)。

"单位"中，领导的评价有行政命令的性质。① 从这个角度看，校长和教育局局长已经不是简单的"人际群体"了。在我国特殊的情境中，校长和教育局局长的指令扮演着实际的政策角色。

有研究认为，如果不了解制度产生的历史，就不可能真正理解制度本身。② 在这里，我们不妨从单位自改革开放以来发展演变的历史角度来考察单位这种组织制度③及其对单位内部个人行为方式的影响。

改革开放前，单位是中国社会中的一个高度整合和低度分化的基本组织形态。当时的中国社会是一个由极其独特的两极结构所组成的社会：一极是权力高度集中的国家和政府，另一极则是大量相对分散和相对封闭的一个个单位组织。④ 单位全面掌控个人。单位全面占有和控制单位成员发展的机会以及他们在社会、政治、经济、文化生活中所必需的资源，处于一种绝对优势地位。⑤ 个人与单位之间形成人身依附关系。⑥ 因此，可以说通过单位，国家实现了对个人的绝对控制。

改革开放之后，随着我国经济向市场经济的转型，原有的统治结构和权力关系中出现了大量的市场化因素和自主性因素，因而依赖性结构的机制相比过去发生了变化。⑦ 单位制度的改革使得教师个体对国家和单位的认同度明显降低，更多地把自己的那份工作看作职位。"在这样的组织中，人们的参与行为已经不再以对这种组织的全面依赖作为基础，而更多地是把参与作为一种利益驱动的行为……"⑧有研究者指出，改革开放之后，单位组织向市场的转化和资源单位化，使得单位在个人资源获取方面的意义逐渐突出。单位

---

① 路风：《中国单位体制的起源和形成》，载《中国社会科学季刊》，1993(5)。

② Berger, P. L. & Luckmann, T. , *The Social Construction of Reality*, New York, Penguin Books, 1991, p. 72.

③ 李汉林、李路路：《资源与交换——中国单位组织中的依赖性结构》，载《社会学研究》，1999(4)。

④ 李汉林、渠敬东：《制度规范行为——关于单位的研究与思考》，载《社会学研究》，2002(5)。

⑤ 李汉林、渠敬东：《制度规范行为——关于单位的研究与思考》，载《社会学研究》，2002(5)。

⑥ 路风：《中国单位体制的起源和形成》，载《中国社会科学季刊》，1993(5)。

⑦ 李汉林、李路路：《资源与交换——中国单位组织中的依赖性结构》，载《社会学研究》，1999(4)。

⑧ 李汉林：《变迁中的中国单位制度——回顾中的思考》，载《社会》，2008(3)。

成员不拥有其他替代性资源时，只能通过对单位组织的服从来获取自己需求的资源。① 也就是说，单位在和个体互动中占据明显的优势位置。

无独有偶，阎云翔对我国当代社会进行考察时发现一类"无公德的个人"群体的崛起。② 参照时间段，该群体的产生正与国家从私人生活领域退出、市场经济观念进入中国、单位发生变革是同一个历史过程。在后续的研究中，阎云翔进一步阐释了中国社会个体化的特征。③ 中国社会的个体化是由强大的国家权力发起的。个人摆脱了国家和单位的全面束缚，同时个人意识开始萌发。但这里的"个人"的出现仅仅体现为生活标准与社会地位有了改变的可能性，却不包括个人权利的改变。相反，新产生的个人反而在国家给定的界限内进行自我控制和自我管理，阎云翔称之为"发育不全的个人主义（underdevelopment of individualism）"。

以上论述与王老师的个人经验有极高的契合性。具体表现在两个方面。

首先，王老师的从教动机有明显的功利性特征，即上文提到的她与单位之间是一种利益驱动的关系，学校仅仅是一个工作场所。另外，王老师的个人动机有"无公德"的特征，比如她放弃了那名后进生并频繁地体罚学生。显然，在王老师的行为中，我们根本看不到专业教师应该有的公共服务精神④，同时教师个体的文化符号象征意义几近丧失⑤。

其次，在学校生活中，王老师对上级即校长和教育局的命令持绝对服从的态度，缺乏自我应有的反思精神。同时面对校长的指令，她无力反抗，生怕在与同事的竞争中失败，在考试的泥潭中越陷越深。一方面，王老师本人并不赞赏以成绩为唯一标尺去评价学生；另一方面，她又不遗余力紧跟学校其他同事的步伐努力提高成绩。有意思的是，家庭生活在她预想的生活中扮

---

① 李汉林、李路路：《资源与交换——中国单位组织中的依赖性结构》，载《社会学研究》，1999(4)。

② 阎云翔：《私人生活的变革：一个中国村庄里的爱情、家庭与亲密关系(1949—1999)》，243 页，上海，上海书店出版社，2009。

③ Y Yan, *The Individualization of Chinese Society*, Oxford, Berg Publishers, 2009，pp. 289-290.

④ 曾荣光：《教学专业与教师专业化：一个社会学的阐释》，载《香港中文大学教育学报》，1984(1)。

⑤ 容中逵：《他者规训异化与自我迷失下的乡村教师——论乡村教师的身份认同危机问题》，载《教育学报》，2009(5)。

演着重要角色。这也是"发育不全的个人主义"带来的结果。"个人主义的不完全发育意味着个体必须面对自我与无所不包的社会类属之间的矛盾。尽管个体已经获得了从心理上离开家庭的机会，但与此同时，家庭仍然是个人身份最为重要的参照点。"①

值得一提的是，王老师的从教动机本身是一种伦理观念的展示，说明身份与伦理观之间存在紧密联系。如泰勒（Taylor，C.）所说，"我们的身份让我们确定什么对我们重要，什么对我们不重要"②。也就是说，身份可以让我们知道哪些事情有意义，哪些事情没有意义。显然，尽管还未成婚，但教学相比家庭在王老师的个人生活中没有那么重要。实际上，这一伦理观意味着王老师对教学本身缺乏兴趣。按杜威所说，"所谓兴趣和关心，是指自我和世界在一个向前发展的情境中是彼此交织在一起的"③。这一现实的求职动机导致王老师在教学上不够"用心"，而只是一味模仿。所以我们自然也不难理解王老师在教学上不思进取的态度了，如她自己所说，"自己在教学上没什么变化，就是对他们更凶了"。

综合以上观点，如图3-2所示，由国家主导的变革直接引起了发育不全的个体的兴起。单位和教师个体之间的关系随着社会沿革发生了重要转变，同时教师的个体意识开始萌发，人身依附开始演变为简单的利益关系，但是个体教师的自我反思意识仍然较为淡薄，并仍旧摆脱不了对单位的依附状态。教师在与学校的互动中仍然处于弱势无权的状态，这导致他们面对学校的角色期待时，表现出不情愿或不自觉的遵从。于是个体在经济上紧紧依附于国家和学校，尽管对教学本身并无兴趣，但在教学上又必须听命于学校单一的评价标准，还需要应付各种无意义的上级检查，心不在焉又疲于奔命，成为学者所说的"犬儒者"。④

---

① Y Yan，*The Individualization of Chinese Society*，Oxford，Berg Publishers，2009，p. 289.

② Taylor，C.，*Sources of the Self：The Making of Modern Identity*（tenth ed.），Cambridge，MA，Harvard University Press，2001，p. 30.

③ ［美］约翰·杜威：《民主主义与教育》，139页，北京，人民教育出版社，2008。

④ 容中逵：《他者规训异化与自我迷失下的乡村教师——论乡村教师的身份认同危机问题》，载《教育学报》，2009(5)。

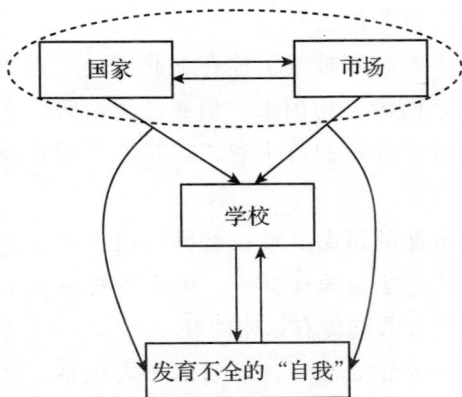

图 3-2　教师个体、单位及社会的关系

(三)讨论与建议

本研究呈现出和西方学者一些相似的结论，例如国家在教师身份建构中的重要作用① 、教师身份建构过程中专业利益（professional interest）的影响②。但案例与西方学者的研究相比也呈现出根本的差异。

泰勒认为，身份问题是典型的现代性问题，身份与自我都是现代社会独有的观念。③ 从本研究来看，个案教师还不是西方意义上的经典个人（individual）和自我（self）。从这个意义上，我们甚至可以说，身份对于王老师来说还不是一个问题，也无所谓身份危机。在当代中国向现代社会转型的这一背景中，显然，王老师的存在状态不是我们希望看到的。

王老师及其所在学校绝不是个案。有研究表明，即使是骨干教师，其专业发展也存在工具性特征，即教师职业大都被当成了谋生手段，而非事业。④这种普遍的伦理观念和国内同质性颇高的学校制度，让研究者相信还有数量

---

① Welmond, M., "Globalization viewed from the periphery: The dynamics of teacher identity in the republic of benin," *Comparative Education Review*, 2002, 46(1), pp. 37-65.

② Kelchtermans, G. & Ballet, K., "The micropolitics of teacher induction: A narrative-biographical study on teacher socialisation," *Teaching and Teacher Education*, 2002, 18(1), pp. 105-120.

③ Taylor, C., *Sources of the Self: The Making of Modern Identity*(tenth ed.), Cambridge, MA, Harvard University Press, 2001, p. 28.

④ 卢乃桂、陈峥：《赋权予教师：教师专业发展中的教师领导》，载《教师教育研究》，2007(4)。

庞大的教师处在疲于应付的状态中。

自我意识缺乏是个案教师处于上述存在状态的主观原因，其背后是学校内部的权力结构问题，两者互为因果。依此逻辑，研究者认为改变教师的生存状态的核心任务是增强教师的自主意识，其路径则是改变教师依存的制度脉络中的权力结构。

赋权教师是一条可能的道路。赋权教师的根本含义是给予教师更多的自主空间①，让教师更多地参与学校事务，从而使教师和学校教育教学建立起有机联系。这和建立学校共同体有紧密的联系。

构建学校共同体需要建立起一种亲密的个人关系。这种新型关系的建构显然不是单向的，而是对话式的。共同体有助于教师形成一种"家"的感觉②，促使教师对学校事务、教育教学产生"兴趣"。共同体有助于教师获得某种意义上的公共生活，促成教师健全的个人自主意识的生长。具体到操作层面，研究者认为，学校至少可以在以下两个方面做出改变：尽量减少无意义的形式化工作；校长在与教师的对话中应尽可能改变单向而机械的方式，应充分尊重教师的自主权。总而言之，学校要给教师自主空间。

当然，作为个案研究，本研究的研究结论不宜做过多推论，因为毕竟我国幅员辽阔，各地区差异明显。

另外，本研究在学校脉络数据收集方面多有欠缺，对学校的组织文化现状呈现不足，难以立体展现学校组织文化尤其是学校教师对个案教师身份的影响。尽管学校作为国家通过单位组织社会的形式，其自主权受到极大限制，但是国家对于学校从上至下的控制绝不是"滴水不漏"的，"中国单位的非技术性特征的一个'意外后果'就是单位相对于上级往往具有信息方面的优势，这就使单位这种高度制度化的组织能够获得某种隐蔽的相对自主性"③。因此，对学校组织文化对教师身份建构的影响的揭示将有利于研究者提出更切实际的建议。

---

① 卢乃桂、陈峥：《赋权予教师：教师专业发展中的教师领导》，载《教师教育研究》，2007(4)。

② 周建平：《教师自我认同：危机与出路》，载《教师教育研究》，2009(4)。

③ 李猛、周飞舟、李康：《单位：制度化组织的内部机制》，载《中国社会科学季刊》，1996(16)。

五、研究结论

教师身份研究是教师研究领域中较新的议题，也是热点问题。它在提问方式上有别于传统的教师研究。身份研究更加关注作为整体的"人"的教师，而不像传统研究聚焦知识、技能、信念等教师拥有的某些要素。如果说教师知识、教师信念是对真实世界的抽象，教师身份研究的关切点则是真实世界中的教师生活，具有独特价值。

国外学者自 20 世纪 80 年代开始对教师身份的研究逐渐升温。学者对身份的研究主要聚焦身份建构的"内""外"两方面因素，即自我的意义生成与建构和教师依存的各级脉络的相互影响。身份界定始终是个挑战。学者对概念的理解有诸多共有假设，但是在理论框架选择和研究操作上呈多元态势。一些研究也面临立论不牢的问题。

学者以"故事"定义身份的方式为本研究提供了重要启示。结合西方哲学、人类学、伦理学关于叙述与人的存在之间关系的阐述，本研究以叙述定义教师身份，认为教师身份是个体立足当下出于对未来的筹划通过叙述这一中介对教师职业生涯经历的阐释与再阐释。这种阐释并不是中性的描述，而是个体意义的整合与投射。叙述的背后是个体的伦理观。

依据上述定义，研究者认为，身份研究应以质性研究为取向。研究主要以访谈法为工具收集信息，辅以观察法，以社会学中相关的身份理论为分析框架，对小学新入职教师进行个案研究。研究者认为个案教师主体意识欠缺和学校内部权力结构关系相辅相成，共同塑造了教师的身份。其背后的社会历史图景是由强大的国家权力主导的个人崛起与西方意义上的个人与自我有重要差别；个体得以成长，但仅限于生活标准和经济地位方面的改变，其结果是个体和学校之间呈现出浓烈的利益关系色彩；为了获得"单位"提供的资源，处于无权状态下的教师个体对学校的角色期待表现出服从的状态。可以说，时至今日，国家及其作为组织形式的学校——"单位"——在教师个体生活中仍旧扮演着非同一般的控制者角色。

在这一分析的基础上，本研究针对现实情况提出了自己的建议：赋权、建立学校共同体，两者相辅相成。学校应当重视教师自主权，减少不必要的、无意义的行政干预。校长在这一过程中扮演着举足轻重的角色。

第四章 小学教师信念及其形成的个案研究

一、绪论

(一)研究意义

近些年,伴随着教育变革逐渐复杂化与多方面挑战,越来越多的研究者开始重视教师队伍的重要作用。教师成为变革推动者(change agents)①,成为教育改革中的核心人物。随着认知心理科学的发展,研究者逐渐认识到教师信念对教师实践影响很大②,是教师专业发展的根本,反映着教师教学的本质③。更有理查森(Richardson,V.)提出如果教师教育不涉及教师态度和教师信念的领域,教师教育对教师的影响将微乎其微。④

本研究通过质性研究法对个案教师信念及其形成进行了深入分析,一方面丰富了教师信念系统及其形成过程的理论研究,另一方面可为教师教育特别是职前教师培养和在职教师培训提供一定的参考,同时为个体教师自我信念的觉醒提供范例与参考,具有较强的现实指导意义。

---

① Coolahan, J. , *Teacher Education and the Teaching Career in an Era of Lifelong Learning* , OECD Publishing, 2002, p. 30.

② Pajares, M. F. , "Teachers' beliefs and educational research: Cleaning up a messy construct," *Review of Educational Research* , 1992, 62(3), pp. 307-332.

③ Kagan, D. M. , "Implication of research on teacher belief," *Educational Psychologist* , 1992, 27(1), pp. 65-90.

④ Richardson, V. , "The role of attitudes and beliefs in learning to teach," In Sikula, J. (ed.), *Handbook of Research on Teacher Education* , New York, Macmillan, 1996, pp. 102-119.

（二）文献综述

1. 教师信念的概念

首先强调一点，教师信念仅指教师关于教育的看法或者态度，不包括超越其专业（profession）自身的信念，只是指教师教育信念。① 由于研究取向不同，国内外研究者对教师信念的理解有不同之处，但仍有许多共性。第一，教师信念是教师个体的，而非集体的；是教师主观的、精神的，而非客观的；是教师自身内心导向的，而非外在导向的。例如，理查森提出教师信念是教师心理上对所感觉到的真世界的理解和命题②；考尔德黑德（Calderhead，J.）认为教师信念泛指猜测、承诺和意识形态③；赵昌木提出教师信念是教师自己确认并信奉的东西，是教师内在的精神状态、深刻的存在维度和开展教学活动的内心向导。④ 第二，教师信念包含教师对教育教学的诸多信念，其中考尔德黑德认为教师信念包括对学习者和学习、教学、学科内容、如何去教、自我和教学角色五大内容的方法。⑤第三，教师信念对教学行为有着重要影响。帕亚雷斯（Pajares，M.F.）认为教师信念是来指引教师的思维与行为的。⑥ 俞国良认为教师信念是指教师对有关教与学现象的某种理论、观点和见解的判断，它影响着教育实践和学生的身心发展。⑦

综上所述，我们认为教师信念是教师以评价（evaluation）和判断（judgement）为基础，对学生、课堂、自我角色、课程以及其他教育活动的有意识和无意识的假设和心理倾向，并影响和指引着教师的思想与行为。

---

① Pajares，M.F.，"Teachers' beliefs and educational research：Cleaning up a messy construct，"*Review of Educational Research*，1992，62(3)，pp. 307-332.

② Richardson，V.，"The role of attitudes and beliefs in learning to teach，"In Sikula，J. (ed.)，*Handbook of Research on Teacher Education*，New York，Macmillan，1996，pp. 102-119.

③ Calderhead，J. "Teachers：Beliefs and knowledge，" In Berliner，D. C. & Calfee，R. C. (ed.)，*Handbook of Educational Psychology*，London，Routledge，1996，pp. 709-725.

④ 赵昌木：《论教师信念》，载《当代教育科学》，2004(9)。

⑤ Calderhead，J.，"Teachers：Beliefs and knowledge，"In Berliner，D. C. & Calfee，R. C. (ed.)，*Handbook of Educational Psychology*，London，Routlebge，1996，pp. 709-725.

⑥ Pajares，M.F.，"Teachers' beliefs and educational research：Cleaning up a messy construct，"*Review of Educational Research*，1992，62(3)，pp. 307-332.

⑦ 俞国良、辛自强：《教师信念及其对教师培养的意义》，载《教育研究》，2000(5)。

2. 信念系统的概念与特征

（1）信念系统的概念

信念系统（belief system）是个人根据对特定客体的关注而形成的有层次的信念。① 信念有不同的强度和种类，而且随着时间推移进而形成一个系统（system）或网络（network）。② 信念系统是"组织良好的心理，并不一定合乎逻辑，包括个人关于自然和社会现实的每一个信念"③。由此可见，教师信念即教师信念系统，是教师形成的关于教育的一系列信念，并逐渐形成一个系统或网络。

（2）信念系统的特征

罗克奇（Rokeach，M.）等人对信念系统的特征做了阐释。其中，罗克奇对信念系统提出了三种假设：信念在强度方面有所不同；信念因为"中心—边缘"维度（a central-peripheral dimension）不同而有所不同；越居于中心的信念，越难改变。他对"中心"（centrality）进行了定义："既定信念与其他信念的功能性联系或交流越多，它对其他信念的影响也就越多，这个信念也就越居于中心。"为得知哪些是中心信念以及信念的重要程度，他提出了以下假设。第一，越接近个体身份（identity）和自我（self）的信念越居于中心。第二，越是能和他人共享的信念，越居于中心。第三，衍生的信念（derived belief）是从别处学的；非衍生的信念是从直接的经验和经历中获得的。非衍生的信念拥有更多的功能性联系，并与自我意识相关，较居于中心。总之，这是一个有着简单前提的概念模型：人类有不同的信念，同时不同的信念又有着不同的强度和决定其重要性的复杂关系。④

---

① 转引自 Kane，R.，Sandretto，S. & Heath，C.，"Telling half the story：A critical review of research on the teaching beliefs and practices of university academics，"*Review of Educational Research*，2002，72(2)，pp. 177-228.

② Block，J. H. & Hazelip. K.，"Teachers' beliefs and belief systems，"In Anderson，I. W.（ed.），*International Encyclopaedia of Teaching and Teacher Education*，Oxford，Elsevier Science Ltd.，1995，pp. 5-28.

③ Rokeach，M.，"Beliefs，attitudes and values：A theory of organization and change，" In Puttick，G.（ed.），*Teacher Professional Development as Situated Sense Making：A Case Study in Science Education*，San Francisco，Jossey-Bass，1998，pp. 649-677.

④ Rokeach，M.，"Beliefs，attitudes and values：A theory of organization and change，" In Puttick，G.（ed.），*Teacher Professional Development as Situated Sense Making：A Case Study in Science Education*，San Francisco，Jossey-Bass，1998，pp. 649-677.

格林认为信念系统有三个特征：准逻辑性（quasi-logicalness）、心理中央性（psychological centrality）、簇状结构（cluster structure）。准逻辑性是指信念既有主要信念，也有派生信念。心理中央性是指信念的确信程度或心理力度，与罗克奇的"中心—边缘"维度一致。簇状结构是指信念以"簇"的形式聚合在一起，或多或少独立于其他"簇"并受到了其他信念的保护。

整体而言，信念构建成信念系统，最终以簇状结构聚合在一起。从结构上而言，信念系统由信念簇组成，且信念簇有"中心—边缘"维度。从接纳程度而言，信念系统是开放的、无边界的，而且在个人与文化脉络情境下是动态的。

3. 教师信念的基本结构

教师信念的基本结构，即其包含的主要成分和各部分之间直接的关系。卡根（Kagan，D. M.）通过综述发现，教师信念主要包含教师自我效能感（teacher's sense of self-efficacy）和特定内容信念（content-specific belief）。[1]泰勒（Taylor，P. H.）提出教师信念包括教学目的、教学行为、有效学习、如何改进教学、自我等信念。[2] 欧内斯特（Ernest，P.）提出了数学教师信念主要包括关于数学学科本质的信念、关于数学教学本质的信念和关于学习数学过程的信念。[3] 阿吉雷（Aguirre，J.）等人通过录像、访谈的方法进一步构建了数学教师教学信念系统，包括情感信念、关于数学学科本质的信念、关于学习的信念、关于教学的信念等。[4] 谢翌以 N 中学为工具性个案，最终建构了"大教师信念"[5]，认为教师信念包括关于学校愿景的信念、关于学校教育活动的信念、关于自我的信念、关于学生的信念、关于社会家庭角色的信念、关于学校变革与发展的信念。

---

[1]　Kagan，D. M.，"Implication of research on teacher belief,"*Educational Psychologist*，1992，27(1)，pp. 65-90.

[2]　转引自谢翌：《教师信念论》，44 页，广州，广东高等教育出版社，2010。

[3]　Ernest，P.，"The impact of beliefs on the teaching of mathematics,"In Keitel，C.，Damerow，P.，Bishop，A. & Gerdes，P.（eds.），*Mathematics，Education，and Society*，Paris，UNESCO，1989，pp. 99-101.

[4]　Aguirre，J. & Speer，N. M.，"Examining the relationship between beliefs and goals in teacher practice,"*The Journal of Mathematical Behavior*，1999，18(3)，pp. 327-356.

[5]　谢翌：《教师信念论》，362 页，广州，广东高等教育出版社，2010。

综上所述，我们认为教师信念的基本结构主要包括关于学科本质的信念、关于学习者和学习的信念、关于教学（教学目的及教学行为等）的信念、关于自我的信念等，这成为本次研究的重要理论依据。

4. 教师信念的形成与转变

关于教师信念的形成过程，学者有着诸多不同的看法。国内学者赵昌木借鉴金（King，P. M.）和基奇纳（Kitchener，K. S.）的研究①，把信念的形成分为五个阶段：第一，对幼小孩子来说，信念只是一味地被接受，并未审视信念究竟是什么；第二，信念的接受以正当的理由为基础，一个人相信什么是因为某权威坚称它是真实的；第三，"准反省思维"阶段；第四，"反省思维"阶段；第五，"可能以各种成熟的观点为基础证明信念……以集中反映最全面的、似乎有道理的证据，或以有效地促进问题理解的证据为结论进行辩护"。② 佛林格第（Furinghetti，F.）等指出信念形成经历以下三个阶段：第一阶段，信念是无意识的、模糊的，主要取决于情感成分；第二阶段，信念变得集中而且具体，取决于理性成分；第三阶段，信念具有哲学结构。③ 理查森认为个人信念形成会经历以下两个阶段：第一阶段，当学生第一次看到或理解了一种观念，他们会清楚地把它接受为真的信念；第二阶段，在与其他命题或新的情境相冲突时，他们会质疑它并且可能会有意识地改变它。④ 这印证了信念的形成与构建深受个体心理与社会文化的影响。这为我们本次研究个案教师信念的形成提供了重要的依据。

5. 影响教师信念形成与改变的环境脉络

通过整理文献我们发现，影响教师信念的因素主要包括先行因素、内部因素和外部因素。此外，已有研究表明影响职前与在职教师信念形成与改变

---

① King，P. M. & Kitchener，K. S.，*Developing Reflective Judgment：Understanding and Promoting Intellectual Growth and Critical Thinking in Adolescents and Adults*，San Francisco，Jossey-Bass Publishers，1994，pp. 124-188.

② 赵昌木：《论教师信念》，载《当代教育科学》，2004(9)。

③ Furinghetti，F. "Beliefs，conceptions and knowledge in mathematics teaching,"In Teoksessa E. Pehkonen & G. Törnet（eds.），*The State-of-Art in Mathematics-Related Belief Research*，University of Department of Teachers Education，Research Report 195，1998，pp. 11-36.

④ Richardson，V.，"The role of attitudes and beliefs in learning to teach,"In *Handbook of Research on Teacher Education*，New York，Macmillan，1996，pp. 102-119.

的环境因素略有差异①，所以本研究在此分开阐述。

（1）影响职前教师信念形成与改变的环境脉络

职前教师信念的形成与改变主要受以下因素影响（见图 4-1）。

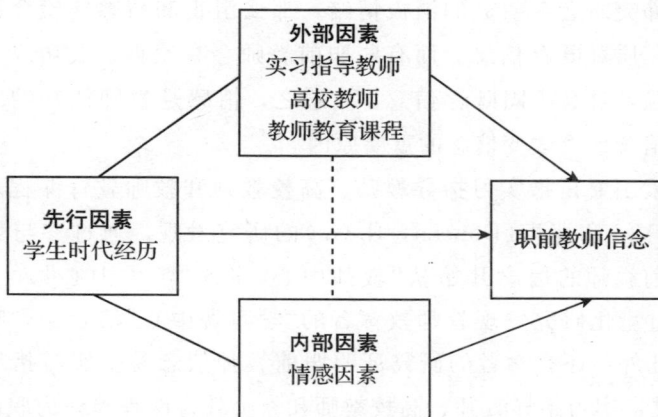

```
              ┌─────────────┐
              │  外部因素    │
              │ 实习指导教师 │
              │  高校教师    │
              │ 教师教育课程 │
              └─────────────┘
┌──────────┐                    ┌────────────┐
│ 先行因素 │ ─────────────────> │ 职前教师信念│
│学生时代经历│                   └────────────┘
└──────────┘
              ┌─────────────┐
              │  内部因素    │
              │  情感因素    │
              └─────────────┘
```

图 4-1　影响职前教师信念形成与改变的三维因素

先行因素是指个人在先有经历中形成的既存信念。职前教师有着长期做学生的经历，已经拥有了"基于个人经历的教与学的信念"②。职前教师正如帕亚雷斯所称的"陌生土地上的局内人"③。这些信念来源于学生时代的经历（正式的和非正式的）和生活经验。同时，关于职前教师的研究表明，一些学生拥有着根深蒂固的信念④，而另一些则抱着"模糊的"和"破碎的"信念。⑤ 既存信念的强弱影响着信念的改变与形成。

① Kagan，D. M.，"Implication of research on teacher belief，" *Educational Psychologist*，1992，27(1)，pp. 65-90.

② Pajares，M. F.，"Teachers' beliefs and educational research：Cleaning up a messy construct，"*Review of Educational Research*，1992，62(3)，pp. 307-332.

③ Pajares，M. F.，"Teachers' beliefs and educational research：Cleaning up a messy construct，"*Review of Educational Research*，1992，62(3)，pp. 307-332.

④ Chinn，C. A. & Brewer，W. F.，"The role of anomalous data in knowledge acquisition：A theoretical framework and implications for science instruction，"*Review of Educational Research*，1993，63(1)，pp. 1-49.

⑤ Winitzky，N. & Kauchak，D.，"Constructivism in teacher education：Applying cognitive theory to teacher learning，"In V. Richardson(ed.)，*Constructivist Teacher Education：Building a World of New Understandings*，Washington，DC，Falmer Press，1997，pp. 59-83.

内部因素主要是指情感因素。情感，或称为个人倾向（individual mind-set）①，包括兴趣、动机和感情，是智能活动的发动机。② 研究表明，情感在改变教师信念的过程中起到了关键作用③④，特别是情绪体验。例如，有些职前教师面对冲突时会有明显的消极情绪，那么沮丧的情感体验会让他们质疑自己的选择，质疑既存信念。而有些职前教师会有欣喜、成功或者快乐等积极的情绪体验，这会巩固既存信念。⑤ 总之，情感是教师认知的发动机，也是教师巩固信念或者改变信念的重要原因。

外部因素主要是指实习指导教师、高校教师和教师教育课程。皮利特塞斯（Pilitsis，V.）和邓肯（Duncan，R. G.）的研究发现，通过参与教师教育项目，许多职前教师的信念开始从"教师中心"走向"学生中心"。⑥ 巴伊（Bai，H.）等人通过量化研究发现教师教育者的"学习者中心"信念会影响职前教师的信念。⑦ 此外，还有学者的研究证明职前教师信念易受实习指导教师的影响。⑧⑨ 可见，实习指导教师、高校教师和教师教育课程等作为职前教师经历中的重要外部环境或多或少地影响着教师信念的形成与改变。

---

① Liu，S. H.，"Factors related to pedagogical beliefs of teachers and technology integration，"*Computers & Education*，2011，56(4)，pp. 1012-1022.

② 谢翌：《教师信念论》，370 页，广州，广东高等教育出版社，2010。

③ Zembylas，M.，"Constructing genealogies of teachers' emotions in science teaching，"*Journal of Research in Science Teaching*，2002，39(1)，pp. 79-103.

④ Hastings，W.，"Emotions and the practicum：The cooperating teachers' perspective，"*Teachers and Teaching*，2004，10(2)，pp. 135-148.

⑤ Mansfield，C. F. & Volet，S. E.，"Developing beliefs about classroom motivation：Journeys of preservice teachers，"*Teaching and Teacher Education*，2010，26(7)，pp. 1404-1415.

⑥ Pilitsis，V. & Duncan，R. G.，"Changes in belief orientations of preservice teachers and their relation to inquiry activities，"*Journal of Science Teacher Education*，2012，23(8)，pp. 909-936.

⑦ Bai，H. & Ertmer，P.，"Teacher educators' beliefs and technology uses as predictors of preservice teachers' beliefs and technology attitudes，"*Journal of Technology and Teacher Education*，2008，16(1)，pp. 93-112.

⑧ Kagan，D. M.，"Implication of research on teacher belief，"*Educational Psychologist*，1992，27(1)，pp. 65-90.

⑨ Rozelle，J. J. & Wilson，S. M.，"Opening the black box of field experiences：How cooperating teachers' beliefs and practices shape student teachers' beliefs and practices，"*Teaching and Teacher Education*，2012，28(8)，pp. 1196-1205.

（2）影响在职教师信念形成与改变的环境脉络

影响在职教师信念形成与改变的环境脉络，除了学生时代经历和师范教育等先行因素以及情感因素等内部因素外，还会受到学校文化、学校领导和学校同事等外部因素的影响（见图 4-2）。

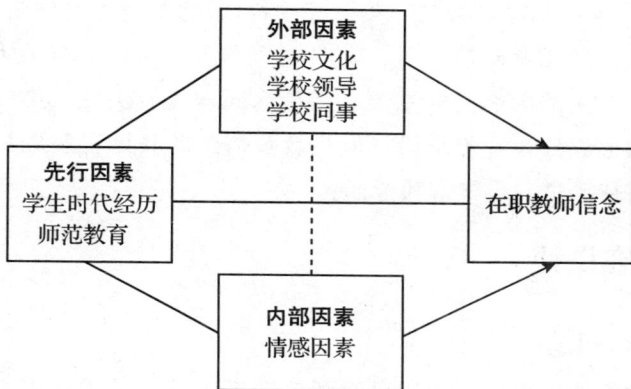

图 4-2　影响在职教师信念形成与改变的三维因素

学校文化孕育着教师信念。[①] 学校领导的支持，包括在教学过程中给予的硬件（教学设备、教学时间）和软件（学科文化）的支持。[②] 俞国良发现教师的教学效能感与学生的成绩、学生的动机、教师教学改革的欲望、校长对教师能力的评价以及教师的课堂管理之间存在显著的相关性。[③] 学校文化中校长对教师能力的评价很大程度上影响着教师的自我效能感。

阿斯顿（Aston，M.）和海伊（Hyle，A.E.）发现学校经历和生活经历共同影响教师信念，其中重要的一点是同事之间的互动和团队合作。[④] 传统教师往往都是孤立工作的。[⑤] 而在当前逐渐走向专业学习共同体，构建教师合作

[①]　谢翌：《教师信念论》，53 页，广州，广东高等教育出版社，2010。

[②]　Liu, S. H. , "Factors related to pedagogical beliefs of teachers and technology integration,"*Computers & Education*, 2011, 56(4), pp. 1012-1022.

[③]　俞国良、辛涛、申继亮：《教师教学效能感：结构与影响因素的研究》，载《心理学报》，1995，27(2)。

[④]　Aston, M. & Hyle, A. E. , "Social networks, teacher beliefs, and educational change," Annual Convention of the University Council of Educational Administration, 1997.

[⑤]　转引自 Lortie, D. C. , *Schoolteacher：A Sociological Study*, Chicago, University of Chicago Press，1975，pp. 1-54.

文化的教育背景下，教师会彼此交流自己的想法，共享目标、价值和愿景，进而在某种程度上相互影响，甚至会拥有相似的信念和观点。

6. 已有文献对本研究的启示

前人的研究给我们带来了很多想法。第一，在研究对象方面，已有研究对边缘化学科（除了语文、数学、英语等主科）教师的信念关注尚少。事实上，所谓"副科"都指向儿童政治品质、实践能力和人文素养的养成①，因此边缘化学科教师对学生的影响同样重要，其信念同样需要关注。第二，已有研究将教师信念的形成分为若干阶段，但是教师信念的具体自然成长过程以及研究的证据还有待于进一步丰富和考证。

二、研究设计

（一）研究问题

在上述理论的支撑下，我们对教师信念系统及其形成过程产生了浓厚兴趣，故本研究的重点是了解个案教师的主要信念及其形成或改变过程，并提出了以下研究问题：

①个案教师持有哪些信念？
②个案教师的主要信念是如何形成的？
③影响教师信念形成与改变的环境脉络有哪些？

（二）研究方法

1. 研究对象的选择

通过目的性抽样，本研究最终确定了研究对象——北京市某小学 A 老师。原因如下：首先，A 老师是一位小学信息技术教师，一位边缘化学科教师，这与研究需求相符合；其次，她拥有 26 年的教龄，是市级骨干教师，拥有中学高级职称，这表明她有着丰富的教学经历和故事，有利于最大限度地挖掘小学教师信念的内容与形成历程；最后，与 A 老师初步接触后，我们发现她特别愿意与人分享她的故事与想法，同时她也表示非常愿意参加本研究，甚至对这一研究主题非常感兴趣。

---

① 张松祥：《我国中小学"副科"悖论的误导及其弊治》，载《教育理论与实践》，2013(11)。

2. 资料的收集

本研究采用质的研究取向，一方面是由教师信念的无意识性、内隐性决定的，因为教师自身可能也不知道自己的信念，或者宣称的信念并非其践行的信念；另一方面是因为教师信念的形成与大量的背景因素有关，所以研究必须考虑特有的文化背景脉络，这样才能更好地理解个人信念的形成与意义建构。

最终我们通过访谈法、观察法与实物分析法进行资料收集，采用"三角互证法"揭示研究对象当前真实的信念系统。不过，关于 A 老师信念的形成过程，我们只能通过传记式访谈和实物资料进行挖掘。从 2014 年 3 月至 2014 年 12 月，我们进行了资料的收集。

(1)访谈法

在初始阶段访谈以开放式访谈、半结构传记式访谈为主。我们通过了解 A 老师的生命故事，试图寻找关键事件及其意义，并初步了解促使其信念形成的有意义的问题。例如，为什么会选择成为信息技术教师？在教学生涯中，哪些事件或人对 A 老师产生了重要影响？对 A 老师有了基本了解后，我们再逐渐聚焦问题，后来主要以结构型访谈为主，并伴随着开放式访谈。每次访谈回来后我们即时转录整理访谈资料，为下次访谈做好准备，如此循环直至数据饱和为止。

(2)观察法

观察内容主要包括 A 老师的课堂教学、A 老师与学生之间的互动以及学生的行为方式等，以从实践中揭示 A 老师"践行的信念"，与"宣称的信念"相互佐证。本研究共观察了 10 节课，其中既有同年级不同班的同一教学内容，也有不同年级的不同教学内容等，比较切合研究需要。

(3)实物分析法

实物资料是质性研究的重要来源，正如陈向明所说"任何实物都是一定文化的产物，都是在一定情景下某些人对一定事物的看法的体现"[①]。本研究收集的实物资料主要包括 A 老师的教学反思日记、小学信息技术教材(6 本)、行动研究数据及报告、研究者的研究日记等。

---

① 陈向明：《质的研究方法与社会科学研究》，257 页，北京，教育科学出版社，2000。

3. 资料的整理与分析

本研究中资料的收集和整理与分析工作同步进行，以及时追踪新问题，并确定下一步研究任务。资料具体的整理与分析步骤如下。

（1）转录

逐字逐句编录，不按自己主观意思编录。完成转录之后，本研究采用以下方法做好编号：资料类型（访谈为"I"，反思笔记为"R"，田野笔记为"N"，文件资料为"D"，教材为"B"）＋资料提供者（个案教师为"A"，研究者为"W"）＋收集时间。例如，"I-A-20140303"是指 2014 年 3 月 3 日在对个案教师访谈时所获取的资料。

（2）开放编码

反复阅读原始资料，以"投降"的态度尽量悬空自己的价值假设①，寻找"意义"内容，进而思考"这是什么意思""这个现象说明了什么"等问题，将意义内容转化为"本土概念"，之后对"本土概念"进行相应编码。

（3）主轴编码

扎根理论的主轴编码即围绕某一个类属范畴进行主题分析。② 本研究根据相应的概念，寻找一定的主题，再回到原始资料中不断修正，进而形成主轴编码。

（4）选择性编码

选择性编码是指为在前面两个层次的基础上建立起来的核心类属寻找更为深层的意义关联点。

三、研究结果

（一）A 老师的信念分析

1. 关于学生的信念

（1）关于小学生特点的信念：好奇心强，自我约束力差

在积累了多年教学经验的基础上，A 老师认为小学生最大的特点就是"好奇心强，对新鲜事物极为敏感""自我约束力差""注意力保持时间短"（I-A-20140318-4）。

---

① 陈向明：《质的研究方法与社会科学研究》，277 页，北京，教育科学出版社，2000。

② 范明林、吴军：《质性研究》，92 页，上海，格致出版社，2009。

特别是四年级刚刚开始上信息技术课的学生，表现得更为明显。学生进入教室后对一切都感到好奇。例如，在"利用记事本练习打字"这一节课上，A老师在讲解了"如何打开记事本"之后，让学生自己进行操作，而后再进行"输入法切换"的讲解。而在讲解"输入法如何切换"这一问题时，课堂仍然被学生议论纷纷的声音包围着，许久安静不下来。此时，一些学生在议论并好奇地探索"在记事本上怎么打字"，还有一些孩子议论着桌面的内容。这些都印证了A老师关于学生身心特点的信念——"好奇心强，自我约束力差"。而面对这一信念，A老师在教学方面采用了"学生探究为主""多环节、多任务驱动"的教学方法（详见关于课程与教学的信念）。

（2）关于学生差异的信念：差异是客观存在的

关于学生差异，A老师认为："孩子如人的十指，有长有短，这是客观存在的，因此，促进孩子发展的一个重要前提就是尊重差异。在对待孩子方面，我觉得还是要有针对性地对待他们。你非要这十个手指头一般长，根本不可能。每个孩子都有发展的潜能和空间，只是成长的快慢不一样。"（I-A-20140318-4）

在如何尊重差异方面，A老师采用了两大方法。

第一，评价学生时采用内容多元化、标准立体化的评价方式。在A老师看来，评价内容多元化有利于她在课堂教学与评价中尊重差异、鼓励学生。"如何给孩子记分我有几个标准……我觉得这也是尊重差异的表现。我让孩子都得100分，孩子会失落，我也会失落，因为孩子是不一样的。如果有人说孩子全一样，我是不认同的。"（I-A-20140318-4、5）

第二，采用教学任务分层的方法，对能力较强的学生提出"更具挑战的任务"，对能力差的学生采取一些"补漏措施"。比如在观察中，A老师会鼓励一部分学有余力的学生在完成基本任务之后，尝试更具挑战性的任务。此外，她认为要允许"消化慢的学生存在"，并且要"用发展的眼光看待学生""给这些学生一些时间"。面对"消化慢的"学生，她在教学中设置了"补漏环节"，包括两个方面。一是学生相互帮助。比如，在四年级学生学习"打开记事本"这个环节中，A老师会特别强调"尽量自己做自己的""帮助是告诉别人怎么做，不是替代"，给学生合作与相互帮助的机会，这样可以帮助一部分学生跟上课程节奏。二是一对一辅导。在课堂上，A老师会对没跟上课程节奏的学生及时进行一对一辅导，不过效果是不太乐观的，因为毕竟老师能照顾到的是少数学生。A老师在访谈和反思中提及，由于小学的教学内容比较基础，她会通过反复练习与强调，循序渐进地培养全体学生的"程序感"，使落后的学生能够有时间跟上来。

当研究者问到看到刚才有一些学生没摸索出来，老师怎么办时，A 老师说："这就是孩子的差异，确实还有一部分孩子是这样的。时间允许的话我会单独去指导。还有一个原因就是今天第一次上机操作，孩子确实有一些困难。以后通过反复练习与强调，落后的孩子会逐渐跟上来的。"(I-A-20140303-7)

可以看出，A 老师相信"每个孩子都有发展的潜能和空间，只是成长的快慢不同"。因此，教师要尊重差异，给学生机会，用发展的眼光看待学生，允许学生慢，给学生成长的时间。

（3）关于学生差异归因的信念：来自先天和后天

关于学生存在差异的原因，A 老师认为有以下几个方面。

①先天的"基因的差异"。

在 A 老师的信念里，学生差异中很重要的一部分是由先天遗传因素决定的，比如智力。那么，面对智力有差异的学生，A 老师认为应该从加德纳的多元智力理论出发，不能只关注文化知识，而忽视了学生其他潜能的发展。"我认为其中一个因素就是基因的差异。有的孩子天生就是超常孩子，但也有一些随班就读的孩子。这些差异可能体现在文化知识方面。我们经常说人有九大潜能，所以孩子可能在其他方面有潜能。教师要懂得挖掘孩子的潜能，尊重孩子的差异。"(I-A-20140318-4)

正如前文所提倡的，A 老师认为我们应该尊重差异。但事实上，通过不断地刺激回忆，A 老师表明那些随班就读的孩子的成绩在学校系统内是不计的，他们"只是在自己的层面上发展"。"比如，我们有一个孩子一整节课上就站着，那我们也没办法，只能说'别磕着，别碰着'。"(I-A-20141202-8)A 老师表达了她的无奈，也体现了她在践行"尊重差异"这一信念方面遇到的困境。

②后天的"生活环境的差异"。

A 老师认为，学生存在差异的另一个重要原因是生活环境的不同，包括家庭环境和社会环境，还有幼儿园教育。其中最重要的是家庭环境，包括家庭经济状况、父母教养方式、父母文化水平、父母职业、父母夫妻关系等。生活环境会间接影响学生行为习惯的养成，比如有多动症的学生的自控能力极差，可能是因为家长没有从小培养孩子的注意力。

她不赞成给学生贴标签，说学生是"坏孩子""差生"。A 老师认为，一般意义上的"好孩子""坏孩子",除了文化知识掌握情况不同外,还有就是行为习惯的养成情况不同,而这不是"好与坏的问题"。

③后天的"行为习惯的差异"。

A老师在学生差异归因里特别强调学生行为习惯的养成。特别是到六年级学习编程的时候,学生行为习惯的差异特别明显。"例如,上周我们学习编写小的对联程序时,孩子们都特别感兴趣,但是一些孩子一开始书写代码时就丢三落四的,比如把label写成lable或laebl……其实这时候孩子特别想学,但是孩子不会仔细地观察……这是行为习惯的差异。"(I-A-20141202-8)

面对这些学生,A老师认为,在教学方面"我首先要把知识难度降下来,让进度慢一点。其次,我就教他们方法。比如写'label1.'时,如果打完'.'快捷菜单立马出现那就拼写对了,如果没有出现就要检查拼写,因为有错才不出现快捷菜单。我就这样一点一点引导,让孩子逐渐养成好习惯"(I-A-20141202-8)。

总之,在A老师看来,客观地认识差异,并且尊重差异,挖掘学生的潜力,督促学生养成良好的行为习惯是教学的目的。

2. 关于课程与教学的信念

(1)关于主科与非主科的信念

①关于主科与非主科价值的信念:主科与非主科的价值是一样的。

在职业生涯中,A老师是一位非主科教师,但是她没有消极怠工,不认为自己所教的课程是"低价值"的。相反,她认为"主科与非主科具有同样的价值",只是教授的内容有所不同,但同样都是为了培养学生。培养学生的重心不在于"你教什么",而在于使学生形成什么样的思想与素质。因此,各科皆重要,皆平等。"学校教学经常会以主科(统考课)为主,但是我觉得这样的定位不太理想……教师教什么不重要,教师使孩子具备什么样的思想与素质才是最重要的。"(I-A-20140325-1)

②关于主科与非主科教师的信念:非主科教师处于不易扭转的边缘化境地。

谈及信息技术教师与主科教师的学校地位是否平等时,A老师说:"没什么严格的地位划分,因为学科对经济收入没什么影响,对职称也没什么影响。并不是说学科小,老师就没有地位。"(I-A-20141202-8、9)也就是说,A老师认为主科与非主科教师在学校地位方面没有明显的差异。可见,近些年学校管理者在逐渐给予"小学科"合理地位,只是完全扭转其地位并非易事。关于非主科，"不是说领导不重视，而是领导不知道该怎么去处理这个问题"(I-A-20141202-8、9)。比如，在教师教学成绩评价、评优评先方面，非主科就不如语文、数学、英语"容易出成绩"；在"名师培养工程"研修班人员的选拔上(I-A-20140325-1)，在教学成绩的评比方面(I-A-20140312-1)，非主科教师远远没有主科教师在成绩上的优势和竞争力。

这也就意味着在追求主科与非主科教师皆平等的路上，教师还会遇到一个重要的因素，即"大环境"。社会评价体系的导向是制约教师地位的重要因素，比如信息技术不是统考科目。因此，在A老师看来，主科与非主科教师没有明显的地位差异，但是非主科教师在学校还是面临着边缘化的处境，这种处境很难被扭转，甚至"领导不知道该怎么去处理这个问题"。

(2)关于信息技术学科的信念

①关于信息技术学科本质的信念：计算机就是工具。

A老师认为"信息技术学科的本质是工具""信息技术主要就是让孩子能够运用恰当的信息手段去获取知识、处理信息"。此外，信息技术课程标准也要求"培养孩子的兴趣，要让孩子有意识地用信息技术处理日常问题"(I-A-20141202-9)。因此，A老师相信"计算机就是工具"(I-A-20140401-6)。

②关于信息技术学科价值的信念：信息技术学科是有价值的。

A老师相信信息技术学科是有价值的，例如"应用软件的操作性、实用性很强"(D-A-20140313-1)。同时，关于程序设计教学，A老师通过行动研究证明了它的可行性，进而证明了它是有价值的。她的行动研究证明这门课程是可以在小学开设的，"学生能够接受VB 6.0，并且很有兴趣"。同时，"VB 6.0程序设计在培养学生问题解决能力，特别是在帮助学生实现知识迁移方面是有效的"(D-A-20140101-32)。

(3)关于教学目的的信念：学生不仅要"学会"，更要"会学"

关于信息技术的教学目的，在总结多年的教学经验的基础上，A老师认为要将学生看作一个完整的个体，不能仅局限于教学科知识，而应更多地关注学生的能力。A老师认为"小学阶段……要让学生从不同层面得到发展，最低目的是'学会'，最高目的是'会学'"(D-A-20140325-7)。

具体到VB 6.0程序设计的教学目的，她认为是培养孩子的兴趣与思考能力，也就是"我们一定不能只关心孩子的知识牢记程度，而要把重点放在孩子对这节课的兴趣上。……他们的思考能力的提高、兴趣的持续应该是我们最为关注的"(D-A-20140325-7)。通过课堂观察，我们发现A老师更践行这样的信念。在"随机函数"这节课中，A 老师先提出新的问题："有'随机种子'这个命令，才能得到随机数字，那么'随机种子'这个命令是什么呢？怎么才能得到这个命令呢？"A 老师没有直接告诉学生答案，而是告诉学生一个方法——"上网查找"，并让他们带着任务去查找。而这样的摸索过程，都是 A 老师"会学"信念的实践。在 A 老师发现学生找不到答案时，她适时地解惑，"加上一个限定词，在搜索栏同时输入'VB'"。这其实再一次提示学生，当通过网络检索找不到自己需要的信息时，他们要检查、改变一下"检索关键词"。(D-A-20140303-6)

在随后的访谈中，A 老师强调"小学生其实要学的知识很少，我觉得方法对他们更重要"。这些都充分印证了 A 老师关于信息技术教学目的的信念是"会学"，而不仅是"学会"。

(4)关于教学内容的信念：兼有应用软件、程序设计，渗透德育

①关于教学内容的信念：不仅有应用软件，而且包括程序设计。

A 老师认为小学教育最重要的是使学生"会学"。为实现这个目的，她主动寻求相应的课程内容与方法。在小学开设 VB(Visual Basic)程序设计是 A 老师在行动研究前就有的想法。随后在高校教师的指导下，A 老师经过 3 年的行动研究探索了"小学阶段是否适合开设 VB 程序设计""小学阶段的 VB 程序设计教什么"等问题。最终，"开设 VB 程序设计在小学具有可行性，而且是有价值的"这一结果强化了她的信念。这样，因为当前信息技术课程没有严格统一的标准，A 老师就根据学生特点与研究结果，自己对 S 校的信息技术课程进行了具体规划："我们学校的学生从四年级开始学习信息技术。四年级学习打字、网页浏览；五年级学习网上搜索；六年级第一学期以控件为主要学习内容，第二学期学习基础的程序结构。"(I-A-20140401-5)

这也就意味着 A 老师关于小学信息技术教学内容的信念是不仅应该包括传统的应用软件教学，而且可以进行程序设计教学。

②关于德育内容的信念："教育无处不在"，德育也是重要的教学内容。

A 老师认为，"学生行为习惯和操作习惯的养成都是自己教学的重要内容之一，比如学生离开座位时是不是把椅子摆放整齐了，是不是能够正确使用计算机"(I-A-20141202-9)。A 老师在反思笔记、访谈中皆提到她对德育的潜在理解。比如中午"看饭班"(学生中午在班级就餐，这期间教师轮流看班)的时候，A 老师会抓住教育的契机，引领学生从家长天天为他们削水果的小事中领悟父母的爱。在课堂上，她也关注学生行为习惯的养成，比如她关注桌

椅、键盘、鼠标等的摆放以及地面卫生的保持等。她尝试用多种方法来培养学生的良好习惯，一方面提出"遵守规则，爱护设备，注意安全，保持卫生"的要求，另一方面选派小组长进行督促，还通过评价系统中的"德育分"来督促学生，最重要的一点是她会经常反思自己是否以身作则。总之，她相信这一点一滴都是教育，因为"教育无处不在"。(I-A-20141202-9)

(5)关于教学方法与课堂管理的信念："探究"与"规则"是关键

①关于教学方法的信念："探究为主、循序渐进、评价激励"的方法是有效的。

A老师的教学方法与课堂管理深受其关于教学目的的信念的影响，所以A老师的课堂以学生探究为主。她会巧妙地将语言程序转换成生动形象的任务，先让学生自己摸索、尝试，然后再适当地点拨和指导。我们通过课堂观察发现学生积极尝试，对VB的操作表现出较强烈的兴趣。同时，绝大部分学生能根据教师的指导及时完成任务，甚至有学生能"超额"完成，并踊跃展示自己的探索结果。针对小学生自控能力差的特点，A老师则"采用多环节驱动的方式来延长学生兴趣的持续时间，设置的任务经常是在两三分钟内就能完成的，因为时间再长就无效了"(I-A-20140318-4)。当然，A老师面对不同的学生与内容时，会采用不同的教学模式。比如，对于四年级刚接触这门课的学生，A老师以先讲解后尝试为主；有了一定基础之后，会提出一个问题，让学生先自己尝试解决，而后她再有针对性地点拨讲解，之后再给学生时间继续操作。

对于落后的学生，A老师则采取循环渐进的办法，即为学生接受新知识、新内容提供一个反复记忆、不断深入的过程。A老师关于教学方法的信念与关于学生差异的信念、关于教学内容的信念相一致、相契合。

此外，A老师因课制宜，逐渐开发并形成了自己的课堂评价策略与方法，其中"得分"成为信息技术课堂吸引并激励学生的一个方法。从教育心理学角度出发，A老师采取了行为主义中"正强化"的做法来吸引学生，而且在她自己的信念里这一方法是非常有效的。当研究者问她是怎么让学生喜欢这门课的时候，A老师说："用评价的方式特别能吸引孩子，因为孩子还是很在乎这个分数的……"(I-A-20140303-8)

②关于课堂管理的信念：用规则管理课堂可以培养学生的规则意识。

针对小学生自控力差的特征，除了在课堂中用小任务来保持其兴趣外，A老师还通过规则，比如记分册中的"纪律分"来维持课堂秩序。从多年的教学经验来看，A老师发现目前学生个体的自主意识在不断觉醒，也就意味着树立规则意识越发重要。特别是在课堂上，A老师认为"教师不是王法与真理"，课堂上要有"课堂纪律与规则"。如果学生违反纪律与规则，教师就要用规则和学生对话，而非用自己的"主观情绪"与"主观道理"。观察中，对于违反规则的学生，A老师会首先给他"话语权"，听完他的解释之后，再从规则出发进行有针对性的引导。"孩子的自主意识在觉醒。好多孩子有思想，不像过去的孩子，老师让他们做什么他们就做什么。因此，对于现在的孩子，树立规则意识就显得尤为重要了，一定要有规则。"(I-A-20140528-3)

我们可以发现，在A老师的意识里，管理不仅仅是批评学生，更重要的是告诉他为什么错了，正如她所强调的"规则意识特别重要"，所以她会用规则和学生对话，从而培养学生的规则意识。

(6)关于课堂评价的信念：课堂评价有助于激励学生，评价标准要去除主观性，要尊重差异、把握过程

2011年，A老师制定了一套评价规则和标准，称为"记分册"，其评价维度包括"打字速度、作业、笔记、上课回答问题、课堂纪律、协作、其他好人好事"。评价维度的多元化与A老师关于学生差异的信念一致，即尊重差异、促进全面发展。此外，A老师在实施课堂评价时，坚持透明化、公开化，贯彻着其"规则"理念。

除了评价维度的多元化，A老师还逐渐将评价标准立体化，既表扬班中表现突出的学生，也表扬"与自己比进步的学生"。除全班学生横向比较外，A老师还发展了学生自我纵向比较评价法。在打字环节，最初的评价标准是"一分钟打20个字"才"够优"，才能在记分册上登记。而A老师发现，学生一旦达到"优"，打字的积极性就会降低。于是她定了新的评价标准"刷新打字速度的纪录"，并且在学生面前表扬打字速度快的前三名。但此后有学生欺骗A老师以期得到表扬。A老师未深责学生，反求诸己，寻找评价方式的问题，最终有了第三次改变：在原来纵向刷新、横向比较、表扬前三名的基础上，同时表扬"超越自己5个字"的学生。

至此，A老师的记分册形成了。在A老师看来，记分册还有许多需完善之处，如要记录学生"打字速度的变化"而非仅仅"刷新"等(I-A-20140528-3)。她渴望理解学生的成长过程与变化，但存在一定困难。在田野调查过程中，我们发现她一直在思考这个问题。后来我们补充数据时，惊喜地发现她在一定程度上做到了——她让学生课后写出自己的感受和想法。以"沟通"为主题

的感想墙饰成了教室里一道亮丽的风景线，最重要的是借此过程 A 老师"看到了学生的成长过程，了解了学生的需求"。"例如，一个孩子说：'今天我们第一次学了 command2. 的编程，可是我却怎么都学不会，我十分着急！希望下次能学会！'第二次上完课后，这个孩子又说：'今天 A 老师重新教了我一遍，我终于学会了！'第三次课结束后，这个孩子又说：'今天我们新学了对联，我居然都学会了！'学生总会带给我感动和惊喜……"(I-A-20141202-1、2)

整体来说，A 老师认为记分册的重要作用之一是"激励学生，调动学生的积极性"。第二个重要作用是"用规则说话""使评价走向公开、透明、可操作"。记分册最终分数的总和就是学生的期末成绩。评价内容与评价标准的多元化、立体化，包括以"沟通"为主题的感想墙饰，都体现出 A 老师"尊重差异，注意学生的全面发展与发展过程"的信念。

3. 关于教师自我的信念

教师自我的信念，即教师自我效能感，是指教师对自我角色和能力的一种信念。

(1)关于教师角色的信念：教师是"引路人""配药师"

在学生面前，A 老师认为自己是个"引路人"。"其实很多时候我觉得我特像引路人。我很不赞成蜡烛这种比喻。"她认为教师"不是在燃烧消耗自己，而是在和学生共同成长。教得越多，积累得越多，经验和理论也就越多"。所以她赞成"教学相长"，而且认为自己是个"引路人"。"尤其是在小学阶段，在学生学习习惯的养成方面，教师起的导向作用特别大。"(I-A-20140318-3)

同时，A 老师在角色隐喻时还提出"配药师"这个概念，她主要通过这一隐喻来强调教师对学生的深刻影响。基于多年的教学经验，她认为教师对学生的影响是极重要的，越发对自己的角色充满敬畏感。因此，她把教师比作"配药师"，因为教师所采用的方子会对学生产生什么效果需要教师能预知，不然后果不堪设想。(I-A-20140318-3)

此外，A 老师还特别提出"学生的自我意识在觉醒"，她认为这是好的趋势。"最起码学生有自己的想法并敢于说出来"，只是这对教师提出了更高的要求。正如"引路人"背后的预设，学生与教师之间是平等的个体，这一信念影响并改变着 A 老师关于学生的信念、关于师生关系的信念。

(2)关于教师能力的信念："我能教好"

①"我相信我能教好"。

A 老师认为"研究培养了我的自信心，我相信我能教好"。她是充满自信的，因为她能够"更加关注课堂的生成……批判地听取别人的意见，不会完全受他人评价的影响"(I-A-20140922-11)。比如，2013 年的一次公开课后，一位博士对 A 老师的课堂进行了点评，提及"（课堂）自主、交互不够"。A 老师对此并不盲目认同，而是根据教学实际情况进行了反思："每节课都有侧重点，本节课的重点在于讲授知识点。学生能够在教师讲解后掌握本课内容已经不易。自主、交互，是新课改的理念，但不能教条使用。课堂教学内容不同，所以不一定也不可能节节课都交互，都自主。"(R-A-20130704-1)

不难看出，A 老师的"自信"是在多年科研、反思的基础之上逐渐发展起来的。A 老师自信、豁达、淡然，更能追求"自己喜欢做的事"(I-A-20140318-8)。A 老师不仅充满了自信，而且也有了一定的自主性。

②"我应该去影响同事"。

随着教龄、年龄的增长，A 老师认为自己"四十而不惑"(I-A-20140318-8)，能够站在一定高度，多角度去理解很多事情和人，包括领导、同事、学生等。

从 1988 年入职到现在，A 老师已经成长为一位研究型教师，特别是经历了五年的行动研究之后，她对自己的专业发展或者说追求的东西有了新的认识。A 老师说她现在更想追求有价值的东西，这种价值不是经济层面的，而是思想层面的，即通过自己去影响别人。在行动研究之前，她尚没有这种想法，关注的只是在条件允许的情况下，自己发展得更好一点，包括争取成为市级骨干教师等，希望自己在教师的道路上走得更远。但是，从 2013 年到现在，她认为"我应该去影响别人……去影响将来会成为教师的学生"(I-A-20140325-5)，她希望尽自己的能力带动一部分教师。或者我们可以理解为，她愿意以一个过来人的身份引领年轻教师在思想上、行为上少走弯路。

（3）关于教师情绪管理的信念："平和的情绪是教学的基础"

多年的教学经验加上行动研究的影响，使得 A 老师逐渐认识到情绪对教师的困扰以及情绪管理对教学的重要性。她在逐渐学会回归，让自己的情绪体验逐渐理性化。事实上，除了自己，在教学中 A 老师还发现很多教师都容易受情绪困扰。

某日，四年级有一节课的纪律比较"糟糕"，整个课堂一直持续着学生的议论声。虽然 A 老师既拿出了记分册的"规则"，也采用了"多环节、多任务"驱动的办法，但课堂上仍然持续着学生的议论声。不过 A 老师一直有条不紊地上课，其间间断性地强调纪律。直到下课时分，A 老师要进行总结评价时，学生说话的声音到达了一个高潮，甚至盖过了 A 老师的声音。A 老师明显有些生气，但她依然不忘记回归到记分册："今天你们班的纪律，我给评 C，为什么呢？大家自己找原因。今天的纪律特别不好。"正如后面对 A 老师访谈时她说："我在努力克制自己的情绪，不影响正常的教学活动。到最后依然无法维持好纪律时，我有些生气，可我坚持告诉自己不能放大情绪。"真正做好情绪管理实在不易。

目前 A 老师形成了自己关于自我情绪管理的信念，形成了自我情绪法则（emotional rules）："我会想我要做的是上课，不是生气，毕竟平和的情绪是教学的基础。"

（4）关于荣誉的信念：自我认可比外在荣誉更重要

关于荣誉，A 老师认为她现在比较豁达。比如在"评心中的好老师"活动中，虽然当时班里的学生都举着选票给 A 老师看"我们全班都选了您"，但是她依然落选了。对此，A 老师没有失落与抱怨，反而觉得得到学生的认可已足矣，结果都是次要的。"学生认可就行了，其他的不是咱们能左右的。我做好自己就行了，不因为这个影响心情，不然就不划算了。"（I-A-20140408-4）

访谈中，A 老师分享了自己现在对荣誉的看法，特别是在如何理解"荣誉获得"这个问题上谈了很多自己的看法。她认为，"争荣誉是追求别人的认可，是不成熟、不自信的心理状态；而荣誉更多的应该是一种自我认可，这是最关键的"（I-A-20140922-4）。总之，面对荣誉，A 老师能多角度看问题，不仅从自身角度，而且可以从领导的角度、同事的角度出发看问题。一直以来，她认为荣誉是一种他人对自己的认可，自己也希望得到他人的认可。不过，近些年她渐渐开始追求一种自我认可，因为她相信自我认可比外在荣誉更重要，"努力做好自己力所能及的事情，至于结果就不是自己能左右的了"。她不再只关注别人的眼光。这样，她把更多精力放在了"努力做好自己""自我认可"这个层面上。

4. 关于科研的信念

（1）关于科研与教学关系的信念："研究与教学是同步的"

2009 年，北京市某区与北京师范大学联合举办了首届"名师培养工程"骨干教师研修班。A 老师成为其中的一员，正式开始接触行动研究。这期间她开始了第一轮行动研究，她最终确定的研究问题是"①VB 6.0 程序设计课是否有在小学开设的可能性？②如何选择 VB 程序设计的教学内容和教学策略？③VB 6.0程序设计课是否能够提高学生的问题解决能力？"(D-A-20110101-11)这些都与A老师的教学密切相关，而且研究结果确实应用到了A老师的教学中。经历了这一过程，A老师深刻地意识到"研究与教学是同步的，研究能够促进我对课堂的反思，促进日常教学能力的提高"(D-A-20140325-6)。"我逐渐认识到行动研究的最终目的是帮助教师提高教学能力，而非悬空的口号。"(D-A-20140325-5)至此，A老师形成了"研究与教学是同步的"的信念。

就这样，A老师至今一直在坚持开展行动研究。A老师之所以能够从最初的"反对研究"到现如今"重视研究"，其中最重要的原因是她认识到了行动研究与教学之间的密切关系，她相信"研究与教学是同步的"，再加上她自己"热爱教学"，看到"学生成长会有一种成就感"。这也是A老师在不重视"真正科研"的学校环境中能够坚持自我的重要原因，而她已"不太在意环境的问题"，现在更关注的是自己的学生与教学。

（2）关于科研价值的信念：科研能够促进自我研究能力的提升，促进自我反思

①促进自我研究能力的提升。

在教师教育者的专业指导下，通过行动研究，A老师不仅逐渐改变了对研究的看法，而且还发现自己的研究能力得到了质的提升。

2009年，在研究生第一次进入课堂时，A老师是"很茫然的，没有什么头绪"，"不知道让他们为我的研究做些什么"，甚至"对他们多少有些依靠的心理，会被他们的思路带着走"(D-A-20140325-2、3)。不过，随着培训课程的推进，随着与教师教育者的多次交流，A老师开始真正了解行动研究，有了一种渐入佳境的感觉。此外，由于A老师的研究在开展时经过了教师教育者的亲自指导与点拨，同时研究生每次进入课堂后都会给A老师反馈课堂情况。"从学生的反思中我看到了不同的课堂侧面。有些学生的反思很深刻，看到的问题是我日常忽视的，所以我重新对他们的反思进行反思。"(D-A-20140325-5)最终她的第一次行动研究取得了较好的效果。

2011年开始第二轮行动研究的时候，A老师已非常从容，她对行动研究已经有了较清楚的认识，并且知道如何主导，如何"有针对性地、有步骤地开展研究"。当研究生再次进入课堂时，A老师一改前面的"被动、没有头绪"，已提前"有了大致的安排"(D-A-20140325-7)。第二轮行动研究需要收集"学生课堂表现"的观察数据。第一轮观察失败后，A老师反思并改进

了观察量表，最终取得了较好的观察效果。A老师在研究方法的实施方面已经有了自主的看法，而且取得了良好的效果，可见其研究能力得到了大幅度提升。

②促进自我反思。

行动研究促使A老师不断反思如何改善课堂，增强了她发现与解决问题的能力。比如，听课中遇到别人犯错误，她就会反思自己的课堂如何避免类似的错误。"授课教师最后得出结论：'光在统一均匀的介质中沿直线传播。'此时有学生嘀咕'介质？'可这位教师却无视学生的疑问一带而过了。当时我想，如果我来讲这个概念，首先我一定要向学生讲清楚什么叫介质。以后的教学中我会特别小心这类情况，要首先解释清楚生词汇。"（I-A-20140408-5）

同时，A老师还对课堂上的自主学习方式进行反思与改进。这些最终改变了她的课堂，包括开展自主教学，实现课堂双主体等。"课后反思之后，我认为学生是喜欢自主学习的，他们喜欢探究式的学习。在探究学习的过程中，他们既可以自行查找答案，又可以和同伴交流，并且部分学生能够发现答案。然而在此过程中，我也发现并注意到了一些问题，例如，我给学生准备的素材中有很多的图片，导致学生将大部分时间用来选图片，使真正的自学时间缩短了。于是我进一步思考：这个年龄段的学生，尚不能合理分配时间，会受到兴趣的影响而偏离实际要完成的任务。任何事物都有两面性，或许这就是自主学习的另一面。我想，下次课是否适当缩短自主学习的时间？或减少素材，让他们将注意力转移到重要内容上？"（R-A-20140923-9）

行动研究的思维程序，也逐渐改变了她看问题的方式，使她开始"用研究的眼光看问题"，多角度、多方位思考问题。再比如，学生长期面对电脑，他们的坐姿特别重要，于是A老师想到"将有益放松的图片贴在天花板，为学生抬头放松提供一个更好的情境。经与校长商榷后，教室就有了现在的绿色天花板"（I-A-20140325-1）。

最终谈到研究的价值时，A老师说："我觉得研究的关键是促使教师去思考，使教师对这些东西敏感起来，刺激教师这方面的意识。"（I-A-20140408-5）总之，行动研究"透过现象看本质、多维度看问题"的视角带给她很大收获，不仅改变了她的课堂，改变了她对研究的理解，也改变了她的生活。

5. 关于所在学校环境的信念

（1）关于学校愿景的信念：科研、德育、教学应整合但未能整合起来

①关于学校发展定位的信念："教师幸福工作、学生幸福学习是美好的事"。

早期，A 老师所在学校提出的发展目标是"以人为本，科研兴校，努力把 S 小学建设成为学园、花园、乐园，实现建设现代化一流学校的目标"。当前学校提出了"构建幸福学校"的发展目标。A 老师认同并践行着学校领导提出的这一发展目标，认为"教师幸福工作、学生幸福学习是美好的事"。

②关于学校工作重心的信念："德育、教学应并行"，但现实却有所割裂。

A 老师认为学校工作重心应该是德育、教学并行，可现状并非如此。"现在我感觉德育工作可能要比教学工作多。例如，学校前段时间开展了一个'班主任共研月'活动。因为整个月大家都在开班会，学习常规管理，所以大家觉得很累。虽然这个活动主要是班主任进行研讨，但是全校都要参加。我们任课教师管理班级，给班主任腾出时间来让他们做这件事。我觉得德育应该融入教学，不是今天把德育提出来就进行德育，明天再教学。我觉得德育和教学不是两码事。"（I-A-20141202-1）

一方面，这样"全校都忙乎"的活动"动不动就把时间占用了""闹得大家都比较疲惫"；另一方面，"全校都忙未必有效率"。从 A 老师的言语里，我们感觉到 S 校提倡德育与教学并行，然而在践行的时候却有所失衡、有所割裂，与 A 老师秉持的"德育应该融入教学""德育和教学不是两码事"相违背。

③关于学校科研的信念："科研兴校"还只是个"形式"。

虽然说学校现在号召"科研兴校"，但是在 A 老师看来，"学校的科研能力整体不行"，"我们学校的科研，还比较形式化，也挂在嘴边，但是没有深入课堂。教学是教学，科研是科研，这样是不行的"。A 老师对学校整体的科研能力持不乐观的态度，认为"我们学校在全区不行"。关于为什么出现如此境况，A 老师归结为学校"重视什么就会收获什么。"正如前面所说的，学校的工作重心在德育与教学方面，而且当前不少活动都聚焦在德育上，没有提及"科研"的事情。

（2）关于学校领导与教师关系的信念：学校领导的决策直接影响着教师的发展

A 老师在 26 年的教学生涯中经历了四位不同风格的校长，这四位校长的管理理念与决策很大程度上影响了 A 老师的教师专业发展方向与成长空间。

　　A老师入职初期遇到的老校长，"极力反对电化教育，他认为没有电化教育，学生成绩照样能在区里领先"（I-A-20140922-3），所以A老师只能改行成为美术教师。A老师对美术"一无所知""不感兴趣"，这限制了她自己的成长，使她一直担心"干不好"，只能成为"普通教师中最普通的一员"（I-A-20140325-2）。

　　1991年老校长退休后，学校来了第二任校长。第二任校长带来了与老校长迥然不同的理念与决策。"新校长对新生的东西比较感兴趣。当时有一个校外机构想在假期和学校联合办一个推广五笔字型的培训班，我们校长对这个特别感兴趣。他支持学校办这个班，让学生跟着学。同时，除了校外机构的人员，校长认为得找些教师跟着学生。"A老师就是其中一个。至此A老师的发展方向发生了大扭转。因为新校长的决策，她才有了机会跟着辅导班学习五笔打字，才有可能发现自己的兴趣。"当时有几个老师慢慢地发现五笔打字太难，都放弃了，只有我对它感兴趣，同时我想以后从事计算机教学。"这样A老师才有了立志从事信息技术教学的决心。"我特感激当时的新校长，因为他让我逐渐进入了自己感兴趣的教学领域。"（I-A-20140325-2）至此，因为校长的决策，A老师进入了一个自己感兴趣的教学领域，开启了一段崭新的教师专业发展征程。

　　2003年至2010年第三任校长在任，虽然他不直接给予A老师支持，但在推荐A老师进入"名师培养工程"方面起到了重要的作用。校长没有阻碍非主科教师A老师的参与，至少校长认为"非主科教师同主科教师一样享有同等的权利"，于是包括A老师在内的"七个学科带头人才能共同提交业绩到区里"，A老师才有可能进入最终的30个名额里。当时，学科是A老师最担心的问题，"我不担心我的业绩，而担心我的学科"。（I-A-20140922-3）

　　2010年至今，第四任校长负责学校的管理工作。这一阶段A老师自身专业发展已相对成熟。此时她认为"校长不会说不支持你，但是要让校长主动想着去支持你，校长通常也想不到。我觉得这是信息技术比较边缘化的原因"。"当然学校也会给我一些机会，比如让我给全校做了一个报告。校长其实挺希望我能把我的思想带给大家，只是她不知道以什么形式呈现这种东西。"这中间A老师认为最大的问题可能是"校长不知道该怎么对待'非主科'"。（I-A-20141202-3）

　　上述经历让A老师相信"环境非常重要，学校领导的理念与决策会直接影响着教师的个人发展"。"管理是很制约人发展的东西，如果你想干学校就不让

你干，你想教语文学校让你教数学，是很痛苦的。"(I-A-20140922-3、8)

(3)关于同事关系的信念：同行是对手

此外，关于学校的同事关系，A老师发现，同学科同年级教师是竞争对手，同时女同事间存在着微妙关系。在学校的学科教研组活动中，大家"听完就走""没有实质性的沟通"(I-A-20140401-1)。由于早期师傅对她的影响，A老师相信"接触什么教师，就会跟什么教师学"(I-A-20141202-4)。

(二)A 老师信念的形成分析

我们对 A 老师的信念系统进行分析发现，教师信念的形成与个人成长经历有着密不可分的关系。

1. A 老师的个人成长经历

A 老师出生在宽松民主的家庭，初中毕业后选择师范专科学校的电化教育，1988 年进入 S 小学，至 2014 年已有 26 年教龄。根据访谈资料，她的教学生涯可以分为五个阶段。

(1)入职初期(1988—1990 年)

入职初期，在岗位需求和老校长的安排下，A 老师由电化教育人员转为美术教师。面对自己完全陌生的领域以及刚入职的境遇，A 老师感觉压力很大。面对自己不感兴趣的课程，A 老师感觉自己"什么都干不好"。

(2)自我定位期(1991—1996 年)

1991 年，由于新任校长的支持，S 校与校外机构合办了五笔字型培训班，这促使 A 老师决定成为计算机教师。期间她获得了学生的认可与比赛荣誉，带来了她职业生涯中的首份成就感与幸福感。之后，她顺利成为计算机教师，但是陷入了一种"无师可求"的困境。于是，她开始自己摸索教学方法，在一次电化教育优类校的评估中得到了区里人员的认可，只是她依然在孤独地摸索着。1995 年春游时，A 老师偶然碰到了当时在培训班兼职上课的 M 老师，方寻得良师。

(3)专业知识丰富期(1997—1998 年)

随着信息技术的逐步发展，1997 年，A 老师被派到市计算机中心学习三个月。这次培训使 A 老师有了最初的网络概念，为未来的学习打下了基础。1997 年区里成立了教研室。由于 A 老师的课堂给区教研室主任 L 老师留下了良好印象，L 老师遂将其招进了教研室。相比第二阶段的孤独感，A 老师有了归属感，同时还有了荣誉感。

(4)再次深入定位期(1999—2008年)

1999年，A老师第一次参与编写了小学计算机教材，这是具有"里程碑"意义的事件。这不仅是对A老师的认可，也为她提供了平台：一方面促使她对小学信息技术知识进行系统梳理，另一方面锤炼了她的文字表达能力。2005年，A老师从技术岗转入一线教学岗，逐渐将更多精力投入教学。

(5)研究型教师转型期(2009—2014年)

2009年，A老师报名参加北京师范大学与区教委举办的"名师培养工程"骨干教师研修班，作为学科带头人的她凭着积累多年的教学成绩入选。这样她开始正式接触研究，这成为她转型的起点。

2. A老师信念形成的过程

从个人成长经历来看，A老师在生活经验、教育实践以及社会文化的影响下，其信念也在不断修正和改变。20世纪80年代，A老师接受的师范教育重实践轻理论，"从实践中来到实践中去"。A老师感觉当时师范生就像"做木工活的学徒工"，教师只是进行着"经验传授"。那时"我对未来自己要做什么样的教师没有概念，不知道我会是什么样子"，到"初入职的时候，我仍然没有自己的想法"(I-A-20140401-2)。可见，在师范教育时期，A老师对学生、教学都没有什么概念和想法，从未审视信念是什么。

我们从入职初期开始分析A老师不同信念簇的转变与形成过程。在收集的数据中，A老师关于学校环境的信念没有出现明显的转变，并逐渐强化形成了当前的信念簇，故不再单独分析。

(1)关于学生信念的形成过程

初入职时，A老师对学生的看法更多是"大环境"要求的，并不是她自己深刻认识到的。比如，A老师会思考"培养学生兴趣""兴趣是最好的老师"(I-A-20141202-11)等，只是她对学生自身的身心特点、差异等还没有具体的认识，更多是被动地接受外在的学生观。

随后经历了近十年的教学经验积累和摸索，在2000年至2005年这段时间里，A老师利用业余时间断断续续写了一些教材，这时她已逐渐对学生有了自己的看法。"这是我写的最后一本，跟第一本相比已经比较成熟了。通过这些教材，我也能看到自己的成长。"(I-A-20140325-5)编写教材的过程也彰显了A老师关于学生的信念、关于教学的信念。她会"考虑学生的认知、兴趣"，希望教材的内容"通俗易懂"(I-A-20141202-11)。

在信念的形成过程中，A老师关于师生关系的信念转变得较为明显。

早期，她未充分认识到学生的身心特点，未认识到"师生平等"的重要性。"特别是面对一些学生扰乱正常计划与安排的不和谐的提问、说话现象，以往我大多采取不理睬的态度，但是现在研究带给我的思考是……我需要直视这个问题。"A老师逐渐把学生看成独立平等的个体。她认为师生关系的相处一方面要"尊重"，另一方面要"平等"，以共同"规则"为准则。我们从中可以看出，A老师关于师生关系的信念，逐渐从"教师就是王法"走向"尊重学生、师生平等"。

（2）关于课程与教学信念的形成过程

①关于教学目的信念的形成过程：从"学生会用就行"到"不仅学会，更要会学"。

最初学习五笔打字的时候，A老师认为五笔打字"是一种纯技术培训，让学生会用就行"，可见当时A老师的教学目的是"学生会用就行"（I-A-20141202-11）。

直到2007年，通过多年的应用软件教学，A老师越发感觉应用软件是规定好的，不能启发学生的思维。她逐渐意识到教学不仅要让学生"学会"，更要让学生"会学"，关键是培养学生的思考能力。至此，她关于信息技术教学目的的信念从只关注会操作软件走向了关注学生思维能力的发展，从"学生会用就行"变成了"不仅要学会，更要会学"。同时，教学目的信念的转变最终带动了A老师关于信息技术教学内容信念的转变。

②关于教学内容信念的形成过程：从"只教学生打字"到"教应用软件"，再到"兼有应用软件、程序设计，渗透德育"。

1991年至1992年，A老师就是"教学生打字"。"那时候计算机刚开始发展，还是中华学习机……学生学的就是打字。"1992年后，信息技术课逐渐在五笔打字的基础上增加了WPS软件的学习，不过"WPS也是服务于五笔打字的，它相当于学生写字的纸"（I-A-20140325-3）。1991年至1994年的教学内容以五笔打字为主，主要靠A老师自己来摸索。

1995年，Windows 95系统问世。这之后，各个学校才开始讲一些关于Word等的知识。"这算是应用软件教学初步步入正轨吧。"（I-20141202-11）一直到2007年，计算机教学都以应用软件的学习为主。

1991年至2000年，A老师对计算机硬件的关注是空前的。"课上得特痛苦，机器问题严重干扰了正常教学。"（I-A-20140401-7）到2000年，计算机硬件问题终于得到了解决，使A老师能够将更多精力投入正常的教学。

这样看来，在入职初期、自我定位期与专业知识丰富期，A 老师只是在跟着计算机的发展潮流走，关于教学目的与教学内容还没有自己的看法，不过这期间的经历为其未来的发展奠定了基础。直到 2007 年，A 老师逐渐意识到"自己老讲应用软件，感觉学生一直在学习别人的东西，而且是规定好的东西，不能启发学生的思维"。刚好，区里那时有推出 VB 程序设计教学的趋势，加上 A 老师"一直以来就对程序设计有好感"（I-20141202-11），所以最终在软件教学无法很好启发学生思维的情形下，A 老师凭借自己对程序设计教学的理解，开始"尝试性"地在小学讲授程序设计内容。

A 老师之所以能够尝试教授程序设计这一教学内容，一方面是因为程序本身的严谨性，另一方面则是因为 A 老师关于教育目的信念的转变。到2009 年，在"名师培养工程"骨干教师研修班上，在北京师范大学教师教育者的引导下，A 老师通过行动研究最终有力地证明了程序设计教学的可行性和价值，并形成了"应用软件"和"程序设计"并行的教学内容信念。同时，A 老师在教学中越发重视德育的渗透。"大教学观"的形成让她认识到德育的重要性。

③关于教学方法信念的形成过程：从"老师讲，学生听"到"学生先动手尝试"。

1991 年至 1999 年，A 老师的课堂主要是"老师讲，学生听，然后练习"的"传递接受式"教学模式。当时"大环境也在提倡培养兴趣"，所以 A 老师也会"想尽方法让学生感兴趣"，提高课堂效率。比如，由于"一半学生有计算机，一半没有"，在练习指法的时候，她就想到了做个打字纸板，让学生互相换着练习。再如，练习打字的时候，她会放一些四节拍的音乐，使学生跟着节拍练习，以便让学生打字的力量比较均匀。

特别是在 1995 年重新联系上 M 老师之后，他的教学风格对 A 老师产生了潜移默化的影响。A 老师开始思考"如何让学生爱上我的课堂"，尽管这个问题并不那么容易找到答案，但是 M 老师幽默的教学风格、丰富的知识给 A 老师留下了深刻的印象，使她努力探索、寻觅。随着教学经验的积累，A 老师逐渐认识到"传递接受式"教学方式会造成学生成为被动的知识接受者，不符合学生的认知特点。

"我希望孩子们可以自己先动手尝试。原来是教师先给他们讲，这样他们就特别被动，而很多孩子都希望自己动手做。"（I-A-20140303-7）

其实在 2000 年，区里就已经提出并倡导"探究学习模式"，然而，A 老师当时未能领悟到"探究"的实质，认为它"基本上都是形式主义"。而真正的"探究学习模式"的采用，是在 2009 年行动研究之后。A 老师在摸索"程序设计教学的可行性与价值"的过程中对"探究"有了切实认识，才开始践行"真的探究"（I-A-20141202-9）。

④关于课堂管理信念的形成过程：从"受情绪影响"到"用规则维持课堂"。

1988 年至 2000 年，A 老师的课堂特别容易受学生纪律的影响。

"可能受师傅的影响吧，我不会像别人那样通过'摔书本'来维持课堂纪律，但是那时候实在是经验不足。我经常是开开心心地来上课的，可是到了课堂上，纪律维持不好，机器也经常坏，最终内容就讲不完，很影响情绪，也会影响下节课上课的情绪。"（I-A-20141202-5）

随后一直到 2009 年，A 老师的课堂管理容易受到主观情绪的影响。直到 2009 年参与行动研究之后，A 老师对学生的身心特点以及如何对学生进行评价等逐渐有了较深刻的认识。她逐渐意识到"教师不是王法和真理"，教师要用规则和学生对话，而不是用"主观情绪"和"主观道理"（I-A-20140318-6）。我们可以看出 A 老师对课堂纪律的管理逐渐走向理性化、非情绪化，同时和学生走向平等对话。"把道理说明白了，学生是认可的。"A 老师最终"用规则维持课堂"。

⑤关于课堂评价信念的形成过程：从"期末给学生一个成绩"到"尊重差异，全方位评价学生"。

之前，A 老师使用的是学校统一制定的学生评价标准。"但是经过一轮的行动研究学习，我注意到学校传统的评价标准笼统、泛泛、操作性差、主观性太强，比如说'表现好'，可怎么才算'表现好'，很难把握。"（I-A-20140312-1）

A 老师真正意识到学生评价的重要性是在参与行动研究之后。

"我需要收集资料，让评价既科学，又符合逻辑。最早评价比较简单，像我们学校就是期末给学生一个成绩，其实现在想来这都不是评价。自己逐渐就意识到要全方位对学生进行评价，这远不是一张考卷的最后一个成绩可以做到的。"（I-A-20141202-10）

2011 年，A 老师开始琢磨、尝试自己制定一套适合自己课程与学生的评价规则与标准，克服原来评价标准的"笼统、泛泛、主观性强"的缺点。

记分册从最初"只包括打字速度、作业、上课回答问题"评价维度，逐渐发展到包括"打字速度、作业、笔记、上课回答问题、课堂纪律、协作、其他好人好事"这样的多维度。评价从最初只表扬前几名，到现在不仅在全班横向表扬，更注重表扬纵向超越自己的学生。总之，评价内容在走向多元化，评价标准在走向立体化。其实，A老师关于学生评价信念的完善，离不开她关于学生的信念，因为只有教师尊重学生差异，促进学生的全面发展，才有可能逐渐丰富评价的维度与内容。这样，A老师最终发展形成了现在的评价记分册。

(3)关于教师自我信念的形成过程

①关于教师能力信念的形成过程：从"不自信"到"自信"，从"只关注自我发展"到"希望影响他人"。

在1988年至1999年这么长的时间内，A老师对"教学不自信"，"总是希望得到别人的认可，从别人身上找自己的价值"。虽然这期间她成为教研员，但是其内心还是渴望得到他人的认可。

2000年至2009年，A老师断断续续参与编写了几本教材，而且从技术岗转入教学岗，这些为她的教学包括对教材的理解、课堂经验的积累奠定了基础。这一阶段A老师给自己的定位是"经验型教师"。"当时自己对这个学科已经有了一定理解，有比较丰富的教学经验，包括对教材的把握、对课堂的驾驭等。"(I-A-20141202-11)这个时期她总感觉自己"还需要提升一个层次"。

经历了行动研究的熏陶之后，A老师逐渐对课堂有了自主的理解，不像当初那样依赖他人的评价与看法，而是会辩证地看待他人的评价，而且更加"关注自身课堂的生成"(I-A-20140922-11)。

事实上，早期伴随着"教学不自信"，A老师更多地关注自己，总是希望"自己发展得更好一点，包括争取成为市级骨干教师，希望自己在教师道路上走得更远"(I-A-20140325-5)。而从2014年开始，在自己评上市级骨干教师之后，伴随着教龄、年龄的增长，特别是在行动研究的影响下，A老师表明"想追求更有价值的东西，想去影响别人"，包括影响她的徒弟、同事等。可见，她关于自我能力的信念，从以往的只"关注自我"开始走向"引领他人"。

②关于教师情绪管理信念的形成过程：从"易受情绪干扰"到"能够有意识地控制情绪"。

A老师之前特别容易受情绪干扰，比如，"我今天高高兴兴拿着课本来上课了，但是课堂中间跟学生生气了，然后就不讲了，以致这节课什么都不干了"(I-A-20140318-6)。这就是典型的受情绪干扰的状况。而行动研究让她相信教

师所谓职业倦怠或者不幸福，很多时候是把情绪放大了。(I-A-20140318-8)

通过在研究中形成反思习惯，A 老师逐渐学会如何进行自我情绪管理：一方面，她找到了疏导的方法——"多角度看问题"；另一方面，她学会了控制，不将"情绪放大"，比如"我会想到我要做的是上课，不是生气，这样可以很快找到自己本来的目标"。于是，"有意识地控制自我情绪"成为 A 老师逐渐形成的关于自我情绪管理的信念。

③关于荣誉信念的形成过程：从"在乎他人的看法"走向"关注自我认可"。

在 A 老师的职业生涯中，她曾为荣誉苦恼，曾追求荣誉而不得，为此苦恼心烦。比如，"刚工作那会儿自己会有一种危机感，自己没有职称，也没有区里的各种头衔，看人家都比我强，希望得到别人的认可，这是自己特年轻的时候的心态"(I-A-20141202-3)。在成长过程中，得到他人的认可之后她会有一种成就感与自豪感，比如，"我从一个普通老师变成兼职教研员，这是对我教学的认可"(I-A-201400325)。直到 2012 年，A 老师依然在为获得荣誉方面而努力，依然期待着别人的认可，比如，"前年我会为骨干教师业绩之类的问题纠结，包括论文、研究课之类的东西"(I-A-20140922-11)。

但是 A 老师逐渐意识到纠结于荣誉的得失，只会让"自己内心比较被动"。近两年，A 老师真正形成对荣誉的超然态度。在行动研究的启发下，首先，她学会了多角度看问题，不仅从自身角度，而且从领导、同事的角度看问题，这样不会给自己太大的压力和负担。其次，正如前文所分析的，慢慢地她悟出"自我认可"才是真正的荣誉。

综上，我们可以看出 A 老师关于荣誉的信念的一个转变过程：从在意他人眼光、追求"他人认可"逐渐走向"自我认可"，相信自我认可比外在荣誉更重要。

(4)关于科研信念的形成过程：从"无意识"到"反对教师做科研"，再到"认可科研"，最后"重视科研"

①无意识。

从 1988 年到 1999 年，A 老师从未接触过"研究""科研"，对于这一问题没有什么想法，处于一种"无"的状态。

②"研究上课两层皮"，反对教师做科研。

1999 年，A 老师开始接触科研，但当时的她特别反对做科研。"为什么呢？第一，因为当时我做的研究不解决问题，研究是一套，上课是一套，完全两层皮。研究对我的课堂没有任何影响。第二，自己在不知所以然的情况下被上级要求做科研，我感觉这是额外的工作，也就应付了事了。那时候，

感觉做研究就像……说句不好听的就像'披个麻袋就扮作个乞丐'似的。"(I-A-20140312-2)

③"研究与教学是同步的",认可科研。

A老师认为自己已处于经验积累的饱和期、停滞期,成为典型的经验型教师,"感觉自己仍有改进的空间但却无从入手"(I-A-20140325-1)。通过行动研究的基本程序,不断地回顾、诊断自己以往的经验,A老师逐渐找到了提升自我的途径与方法。

2009年,在教师教育者的引领下,A老师逐渐找到了研究的方向与脉络,并且逐渐开始自己把握行动研究的节奏。同时,经过自己的尝试,看着学生们学习情绪高涨,A老师初次尝到了研究的甜头。(D-A-20140325-5)

在不断斟酌并逐渐聚焦了研究问题后,教师教育者引领A老师阅读文献,进行文献综述。"带着问题读书,这个过程让自己真正学会了读书,学会了思考。"此外,一系列研究方法的学习,更让A老师明白了研究"并非那么浮夸",它是如此接地气。比如,"为真实了解学生对VB的兴趣与态度,A老师通过访谈、问卷调查获取真实数据;为了解学生的问题解决能力是否提高了,她可以通过作业分析的方法等"(D-A-20110101)。这一切就是A老师对自己教学的回顾与深入反思,也是一个不断尝试、论证、改进的过程。这些让A老师深刻地意识到"研究与教学是同步的,它能够促进我对教学的反思,切切实实促进我的日常教学能力的提高"(D-A-20140325-6)。"我逐渐认识到行动研究的最终目的是帮助教师提高教学能力,并非是个悬空的口号。"(D-A-20140325-5)

④"研究能够改善教学,带来快乐",重视科研。

正如前文所分析的,科研促进了A老师自我研究能力的提升,而且促使她的教学反思逐渐常态化,大大改善了其教学。这样的结果,让如今的A老师越来越重视科研。她甚至相信"重视什么收获什么。因为我热爱教学,所以重视科研。一方面,我真的把科研与教学结合起来了,最终科研促进了我的教学;另一方面,我从中收获了快乐与成就感"(I-A-20141202-1)。

四、讨论

(一)A老师的信念结构

1. A老师的信念系统

通过对原始材料进行编码、综合与提炼,A老师的信念系统见表4-1。

表 4-1　A 老师的信念系统

主要信念	类属信念	A 老师所持信念的内容
关于学生的信念	关于小学生特点的信念	小学生好奇心强，自我约束力差
	关于学生差异的信念	差异是客观存在的
	关于学生差异归因的信念	来自先天和后天
关于课程与教学的信念	关于主科与非主科的信念	主科和非主科的价值是一样的；非主科教师处于不易扭转的边缘化境地
	关于信息技术学科的信念	计算机就是工具；信息技术学科是有价值的
	关于教学目的的信念	学生不仅要"学会"，更要"会学"
	关于教学内容的信念	兼有应用软件、程序设计，渗透德育；不仅有应用软件，而且包括程序设计；"教育无处不在"，德育也是重要的教学内容
	关于教学方法与课堂管理的信念	"探究为主、循序渐进、评价激励"的方法是有效的；用规则管理课堂可以培养学生的规则意识
	关于课堂评价的信念	课堂评价有助于激励学生，评价标准要去除主观性，要尊重差异、把握过程
关于教师自我的信念	关于教师角色的信念	教师是"引路人""配药师"
	关于教师能力的信念	"我相信我能教好"；"我应该去影响同事"
	关于教师情绪管理的信念	"平和的情绪是教学的基础"
	关于荣誉的信念	自我认可比外在荣誉更重要
关于科研的信念	关于科研与教学关系的信念	"研究与教学是同步的"
	关于科研价值的信念	科研能够促进自我研究能力的提升，促进自我反思

主要信念	类属信念	A 老师所持信念内容
关于所在学校环境的信念	关于学校愿景的信念	科研、德育、教学应整合但未能整合起来； "教师幸福工作、学生幸福学习是美好的事"； "德育、教学应并行"，但现实却有所割裂； "科研兴校"还只是个"形式"
	关于学校领导与教师关系的信念	学校领导的决策直接影响着教师的发展
	关于同事关系的信念	同行是对手

2. A 老师信念系统的簇状结构

通过数据的收集、分析与整理，我们发现 A 老师的信念主要包括关于学生、关于课程与教学、关于教师自我、关于科研以及关于所在学校环境五大信念簇。正如研究发现的，信念系统是信念的组合（groups of beliefs），信念有"中心—边缘"维度并以簇状结构聚合在一起。那么如何识别主要信念呢？我们以罗克奇提出的理论为依据，详见诸论。

（1）关于学生的信念结构

关于学生的信念，A 老师认为小学生具有"好奇心强""自我约束力差"的特点，这是小学生的天性，要被尊重和顺应。学生的差异主要表现在纪律、考试成绩和行为习惯方面，差异形成的原因则有先天和后天之分。对此，A 老师认为要尊重学生个体差异，因为她相信"每个学生都有发展的潜能和空间，只是成长有快慢"，要"允许学生慢，给学生成长的时间"。

这样看来，A 老师在关于学生的信念中始终遵照着"尊重学生""尊重天性"的原则，因为她深信"每个学生都有发展的潜能与空间，只是成长有快慢"。这也就成为 A 老师关于学生的信念中的主要信念，而其他信念围绕这一中心信念形成关于学生的信念簇（见图 4-3）。

多项研究表明，教师关于学生的信念不同，就会对学生提出不同的要求。[1]

---

[1] Nespor, J., "The role of beliefs in the practice of teaching,"*Journal of Curriculum Studies*, 1987, 19(4), pp. 317-328.

关于小学生的特点：好奇心
强，自我约束力差

图释：

主要信念

派生信念

每个学生都有发
展的潜能与空间

差异是客观存在的

差异归因：来自先天和后天

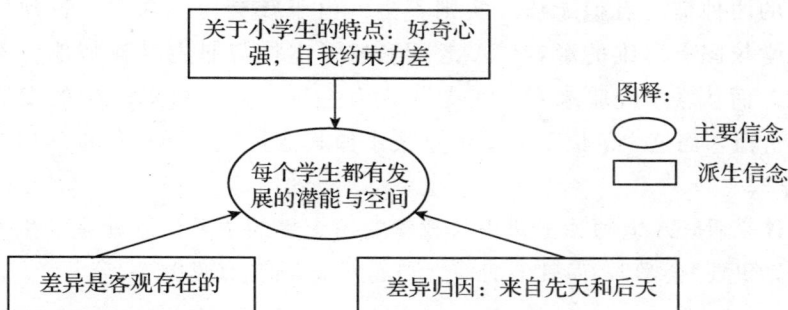

图 4-3　A 老师关于学生的信念簇

梅耶（Mayer，R.）的研究发现，当师范生认为每个学生都是独特的个体时，他们的教学就会基于学生的需求，他们就会主动地了解学生、关心学生并开放地与学生沟通。[①]　坦巴克尼克（Tabachnick，B. R.）的研究提出，持保守传统信念的教师认为学校教育的目的是向所有学生提供相同的课程、相同的行为标准并平均分配以使学生社会化；持进步主义教育信念的教师则认为学生有其独特的个性，所以他们会将课程分成许多不同的活动。[②]

如此看来，A 老师是持进步主义教育信念的，她秉持着尊重学生天性与差异的原则，因为她相信"每个学生都有发展的潜能和空间，只是成长有快慢"。教师不能整齐划一地要求学生，而应该学会等待，允许学生"慢"。A 老师关于学生的信念影响到了她的教学方法，也直接影响了她对学生的评价，比如她更关注学生"全面发展"而不仅关注"一纸成绩"。

（2）关于课程与教学的信念结构

A 老师关于课程与教学的信念簇是由关于信息技术课程的教学目的、教学内容、教学方法与课堂管理、课堂评价等信念共同组成的。追溯这一信念簇的"中心"，不免就要回到"目的"，因为"目的"不是一个单纯旁观者的毫无根据的期望，而是影响着为达到目的所采取的各个步骤的[③]，它影响着信息技术课程的教学内容、教学方法、课堂管理与教学评价。此外，关于主科与

---

① Mayer, R. , "The Development of the Beliefs/Practice Relationship in Two Student Teachers ,"Pennsylvania State University, 1987.

② Tabacbnick, B. R. & Zeichner, K. M. , "The impact of the student teaching experience on the development of teacher perspectives," *Journal of Teacher Education*, 1984, 35(6), pp. 28-36.

③ ［美］约翰·杜威：《民主主义与教育》，113 页，北京，人民教育出版社，1990。

非主科的两种信念看似矛盾，实则不然。由于社会应试取向、教师评价体系以及学校固有思维的影响，A 老师形成了主科与非主科教师地位不平等的信念。而从教学经验来看，A 老师认为主科与非主科对学生的发展有着一样的价值，而这个价值就在于信息技术如其他科目一样可促进学生"学会"与"会学"。

整体来看，A 老师关于课程与教学的信念簇的主要信念就是学生不仅要"学会"，更要"会学"，而其他的信念则成为派生信念（见图 4-4）。

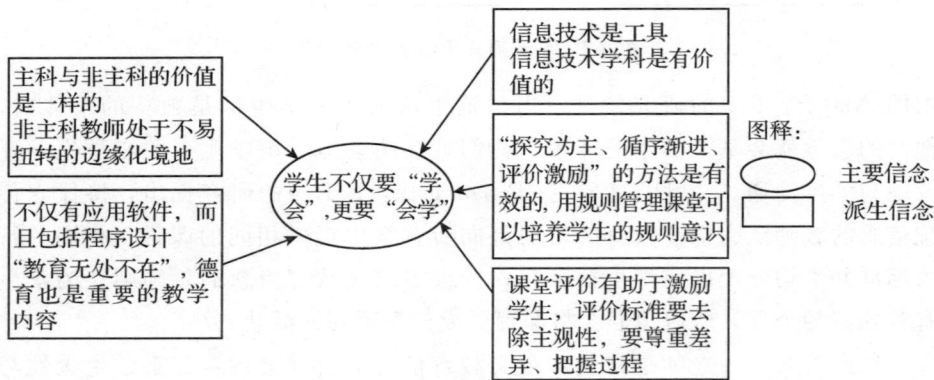

图 4-4　A 老师关于课程与教学的信念簇

杰克逊（Jackson，P. W.）提出教师关于教学的信念有两种取向。第一种是模仿取向，即教师的主要工作是将知识通过模仿的过程从一个人传给另一个人，教师主要的目的是使学生能复制教师所传递的知识。第二种是选择性或转换取向，即教师强调学生的思考方法，教师并不希望学生只是复制知识，而必须具有思考和评价的能力。[1] 类似的，国内学者谢翌发现 N 中学运行着两"簇"对立的课程与教学信念体系：积极的信念簇以"课程与教学是师生共同发展的过程"为中心信念，消极的信念簇则以"教学即课程内容的传递"为中心信念。[2]

A 老师关于课程与教学的信念围绕着"教学不仅要让学生'学会'，更要让学生'会学'"展开，关注知识的同时更关注学生的探究能力与思考能力。我们

---

① Jackson，P. W.，"The practice of teaching," New York，Teachers College，Columbia University，1986，pp. 1-159.

② 谢翌：《教师信念论》，179 页，广州，广东高等教育出版社，2010。

可以判断 A 老师关于课程与教学的信念是具有选择性或转换取向的信念，是关注学生个体能力发展的信念，是积极的信念。

（3）关于教师自我的信念结构

A 老师关于教师自我的信念，一方面以"引路人"为中心，因为受她关于学生信念的影响，她相信教师在师生关系中是一个"引路人"，同时还要有"配药师"的敬畏心。这也衍生出师生平等的信念，即"平和的情绪是教学的基础"，教师不是王法，不可用情绪管理课堂，而要学会控制情绪，与学生平等对话，用规则管理课堂。另一方面则是以"我能教好"为中心的关于自身专业发展的信念，因为有这样的信心她才认为"我应该去影响同事"，因为有这样的信心她才认为"自我认可比外在荣誉更重要"。由此可以看出，关于教师自我的信念簇的主要信念为"引路人"与"自信"，其他则为派生信念（见图 4-5）。

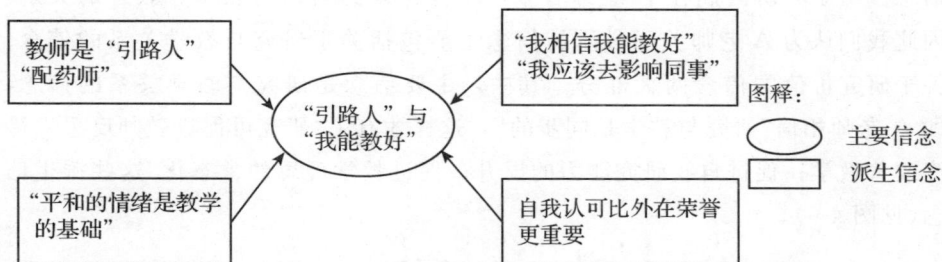

图 4-5　A 老师关于教师自我的信念簇

有研究将关于教师角色的信念分为五大类。一是学科专家（a subject expert），隐喻包括"百科全书""电脑"等。二是教学专家（a didactics expert），隐喻包括两类：第一类是提供各种各样学习方法的"导演""变色龙"等，第二类是帮助学生寻找方法的"指南针""太阳"等。三是教育专家（a pedagogical expert），隐喻包括"妈妈""朋友""引导者"等。四是自我指涉（self-referential），只涉及教师的特征而未涉及教师的角色和任务，隐喻包括"终身学习者""蜜蜂""太阳""蜡烛""骆驼"等。五是脉络背景，侧重描述教师的工作环境，隐喻包括"奴隶""书虫"等。我们发现教师在进行角色比喻时通常会使用上述种类中的两种或三种。[1]　A 老师在进行角色隐喻时产生了"引路人""配药师"两种

---

[1]　Poom-Valickis, K., Oder, T. & Lepik, M., "Teachers' beliefs regarding their professional role: A gardener, lighthouse or circus director?" *Procedia-Social and Behavioral Sciences*, 2012, 69, pp. 332-241.

想法，一方面强调教师作为"教学专家"，侧重对学生进行帮助和引导；另一方面强调教师对学生人生发展的重要影响。此外，谢翌发现扮演"权威—控制者"角色的教师是学生不喜欢的教师，而和学生建立平等关系的教师是多数学生喜欢的教师。①

A老师认为自己是"引路人"，暗含着一种平等的成长关系，同时也潜在地说明教师作为"教学专家"的重要性。在课堂师生关系中，她一方面引导学生树立规则意识，另一方面也希望和学生建立亦师亦友的关系，比如她会与学生一起进行打字比赛。此外，谢翌发现N中学有很大一部分教师把"管住学生看作教师的基本能力"②，而A老师更"关注自身课堂的生成"。

（4）关于科研的信念结构

A老师关于科研的信念，主要包括其关于科研内涵、科研价值两方面的信念。由于科研内涵在A老师看来，主要体现为科研与教学、教师的关系，因此我们认为A老师关于科研的信念主要包括关于研究与教学关系的信念、关于研究价值的信念两大部分。其中，主要信念是研究与教学关系的信念，即A老师相信"研究与教学是同步的"，这样才有了"研究可促进教师反思，最终改善教学；促进自我研究能力的提升；促进教学反思的常态化"这些派生信念（见图4-6）。

图4-6　A老师关于科研的信念簇

已有研究较少涉及这一信念内容。其中谢翌的研究发现，教师对科研存在两种不同的态度：一种是"科研可搞可不搞"；另一种是"科研是促进学校整体发展的重要途径"，认为"教师是研究者"。③　在A老师的信念形成过程中，最初她也持第一种信念，即质疑研究。可是后来她逐渐体会到了"科研能够促进自我研究能力的提升，促进自我反思，改善教学"，最终转为持第二种信

---

① 谢翌：《教师信念论》，276页，广州，广东高等教育出版社，2010。
② 谢翌：《教师信念论》，248页，广州，广东高等教育出版社，2010。
③ 谢翌：《教师信念论》，212～213页，广州，广东高等教育出版社，2010。

念，即相信教师是研究者，相信科研能够促进自我发展。可见，教师关于科研的信念还有很大的挖掘空间。

（5）关于所在学校环境的信念结构

A 老师关于所在学校环境的信念，包括关于学校愿景的信念、关于学校领导与教师关系的信念、关于同事关系的信念等。其中主要信念是关于学校愿景的信念，即"教师幸福工作、学生幸福学习是美好的事"，其他为派生信念（见图 4-7）。只是，在 A 老师看来，学校愿景与实际的发展状况之间还有一定的差距。因此在她认为"科研、德育、教学应整合起来，但却未能整合""科研兴校"却还是个形式等。

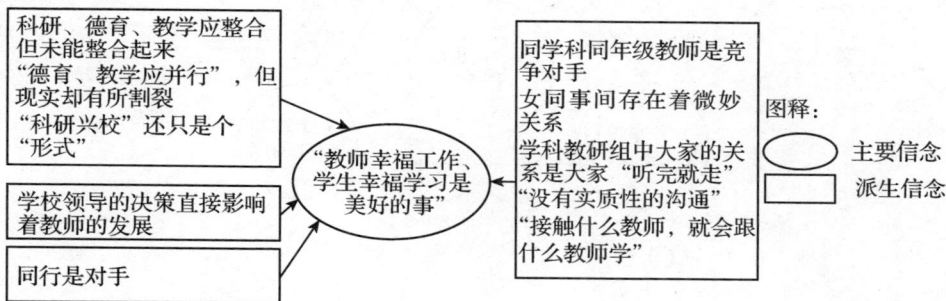

图 4-7　A 老师关于所在学校环境的信念簇

谢翌的研究发现，在关于学校愿景的信念层面，N 中学拥有两种对立的信念：一种是追求科研兴校，着眼于学校的发展；另一种是希望实现对学生的"德育管治"，希望维护学校的现状，"平安度日"。[①] 从 A 老师的信念来看，S 校追求着"教师幸福工作""学生幸福学习""科研兴校"等，这些都是"美好的事"，但"还是个'形式'"。

（6）教师信念系统的基本结构

A 老师的信念系统印证了信念簇之间存在着紧密相连、协调一致的关系[②]（见图 4-8）。例如，关于教师自我与学生的信念之间就呈现出明显的因果关系。A 老师认为自己是"引路人"，因此认为师生之间应该是平等的"教学相长"关系。同时，学生个体之间存在差异，所以作为"引路人"的教师应该尊重

---

①　谢翌：《教师信念论》，153 页，广州，广东高等教育出版社，2010。

②　赵昌木：《论教师信念》，载《当代教育科学》，2004(9)。

学生、尊重差异、给学生成长的时间，而不是强行将知识"灌输"给学生。反之，关于学生的信念也影响了关于教师自我的信念，同时也影响了关于自我能力、情绪管理的信念，这也印证并补充了邰鹭明的观点，即不仅教师角色观与学生观之间相互影响、互为因果，而且关于教师自我的信念与关于学生的信念相互影响、互为因果。①

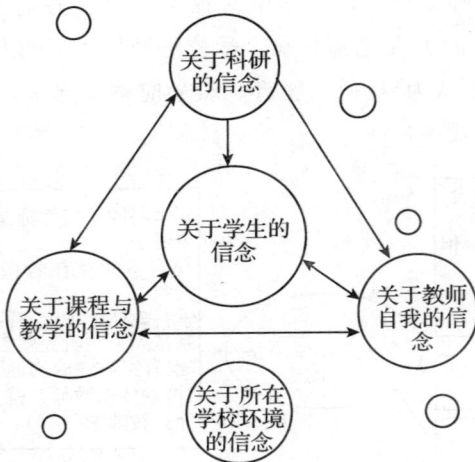

注：双箭头表示这两个信念簇之间相互影响、互为因果；

单箭头表示单向影响；球的大小表示信念的中心程度

图 4-8　A 老师的信念系统

在关于学生的信念层面，A 老师认为学生"好奇心强"，具有自我探究的能力，再加上 A 老师认为教师是"引路人"，最终在教学过程中形成了"探究型学习模式"，意味着将学习的权力交给学生，使学生成为学习的真正主人，即关于学生的信念和关于教师自我的信念共同影响关于课程与教学的信念。反之，关于课程与教学的信念也在影响着关于学生的信念和关于教师自我的信念。

在关于科研的信念层面，不得不说的是，由于 A 老师相信"研究与教学是同步的""研究可改善教学"并且开始持续地开展科研，最终"研究的思维——

---

① 　邰鹭明：《教师角色观和学生观及其关系研究》，载《漳州师范学院学报（哲学社会科学版）》，2004(1)。

透过现象看本质、多角度看问题、多反思"深刻地影响了 A 老师整个信念系统的形成。

在关于所在学校环境的信念层面，访谈中她多次表示"（学校环境）从我个人来讲，没什么影响"。因此，目前 A 老师关于所在学校环境的信念相对处于边缘位置。这也是多年来 A 老师专业发展和信念形成与改变的结果。不过，事实上，在 A 老师的生涯早期，关于所在学校环境的信念是非常重要的，因为她早期的发展更多来自学校环境的支持，比如第二任校长的支持等；而目前这一信念之所以被边缘化，主要是因为 A 老师自身的专业发展直接受学校环境影响的情况逐渐趋少，而更多得益于校外的支持与帮助（比如区教研室、M 老师、教师教育者的帮助）。

对 A 老师信念簇之间的关系进行分析后，以罗克奇的"中心—边缘"信念识别依据为标准，我们不难发现，关于学生的信念簇、关于课程与教学的信念簇、关于教师自我的信念簇，都处于信念系统的相对中心位置，影响并接受着其他信念的影响。其中关于学生的信念位于最中心，影响着 A 老师其他各个信念簇的形成。这些信念簇彼此之间协调一致、良性关联，形成一个相对稳定的信念系统。

在教师信念的研究中，量化研究者经常以"学科取向"和"学生取向"进行信念的区分①，或者用其他术语进行区分，比如内容取向和学生取向、教师传递知识取向和学生学习取向、传统取向和过程取向、直接传输知识取向和建构主义取向②。学科取向的信念就意味着"传统的""传递式教学""关注的是将学科知识/内容传递给学生受众"。教师在此就是知识专家和提供者，确保课堂安静和注意力集中，无法顾及学生个体的需求。而学生取向的信念备受研究者推崇，它以建构主义理论为基础，聚焦能力和技能的发展。因此，教师能够理解学生差异，学生也能够在互动中积极构建个性化知识。尽管学科取向和学生取向的信念似乎是矛盾的，或者就是事物的两端，但是关于信念的大

①　de Vries，S.，Jansen，E. P. W. A. & van de Grift，W. J. C. M.，"Profiling teachers' continuing professional development and the relation with their beliefs about learning and teaching," *Teaching and Teacher Education*，2013，33，pp. 78-89.

②　OECD，*Creating Effective Teaching and Learning Environments：First Results from TALIS*，Paris，OECD，2009，pp. 187-135.

多数研究表明教师事实上同时具备两种取向的信念。因此，在量化研究中，教师可能在两个取向上得分都很高。①

从 A 老师的信念系统来看，她也同时具备两种取向。她的大多数信念是"学生取向的信念"：注重的是学生兴趣和能力的发展，"学生不仅要学会，更要会学"；以建构主义理论为基础，以学生探究的任务驱动教学为主；尊重学生差异，开展分层教学；在教学过程中扮演着"引路人"的重要角色，引导学生的学习过程。同时，她也持有一定程度的学科取向信念，比如，记分册的使用旨在激励学生，这也是进行课堂管理的重要工具，确保课堂安静和注意力集中。此外，由于实施的集体教学，A 老师也会表示无法照顾到全体学生的需求，难免会忽略个别学生等。

3. 宣称的信念与践行的信念不总是一致的

佛林格第认为个体持有的信念有时是隐蔽的，这往往是由个体宣称的信念(declared beliefs)和践行的信念(beliefs in action)之间的差异引起的。② 也就是说，教师宣称的信念与践行的信念不总是一致的。这种不一致的出现，一方面可能是因为受客观环境限制个体无法践行他宣称的信念；另一方面可能是因为个体在行动中采用了某种信念，而个体却没有意识到，即"隐蔽行动信念"。

在 A 老师的信念系统中，我们通过三角验证发现她宣称的信念与践行的信念之间具有很强的一致性，但有些也不一致。比如在关于学生差异的信念中，A 老师一再强调要"尊重差异"。然而，当面对随班就读的学生时，A 老师也只是说"别磕着，别碰着"。在 A 老师看来，这是"没办法"的。也许A 老师意识到了这种不一致，但由于班级授课制本身具有复杂性、非主科上课时间少等，她只能这样，最终带来宣称的信念与践行的信念的不一致。另一种可能是，A 老师自身就没有意识到自己践行的关于"随班就读学生"的信念，而只是宣称"关注这些学生其他潜能的发展"。观察中，我们发现

---

① de Vries, S., Jansen, E. P. W. A., van de Grift, W. J. C. M., "Profiling teachers' continuing professional development and the relation with their beliefs about learning and teaching,"*Teaching and Teacher Education*, 2013, 33, pp. 78-89.

② Furinghetti, F. & Pehkonen, E., "Rethinking characterizations of beliefs,"In Leder, G. C., et al. (eds.), *Beliefs: A Hidden Variable in Mathematics Education*? Springer, 2002, pp. 39-57.

A老师面对随班就读学生没有能够做到"差异教学"，这让我们的判断逐渐倾向于第二种。可是我们也不能过分苛责A老师，毕竟我国当前随班就读学生的整体层次水平还不容乐观。① 但是，教师有责任与义务照顾到每个学生的成长，而且在信息技术课堂上为随班就读学生提供个别化教学是有可能的。②

关于学生差异，A老师宣称的是"不愿意给学生划分等级"，可事实上，她却也在践行着给学生划分等级，比如评出前几名等。

总之，从A老师宣称的信念与践行的信念的不一致中，我们可以认识到虽然她已经走在了将隐性信念显性化的道路上，但仍有些隐性信念尚未被发现。可见，隐性信念的改变与显性化并非一朝一夕的事情，需要教师持久反思，也需要教师教育者的支持。

（二）A老师信念的形成与转变过程

1. A老师信念的形成阶段

从A老师的成长经历不难看出，教师专业发展阶段与教师信念的形成有着密不可分的关系，正如有的学者直接把教师专业发展阶段等同于教师信念的形成阶段。③ 在综述的基础上，通过分析A老师的成长数据，我们发现其信念的形成呈现出了无意识、信念的具体化、信念的准反思、信念的反思与个体哲学化等阶段特征。她的信念的形成过程也印证了国外研究者提出的"模糊或者破碎的信念能够发展成为完整的信念系统"的观点。④ 需要说明的是，在已有数据中，A老师关于学校环境的信念没有呈现出明显的转变过程，所以在此没有进行分析。具体见表4-2。

---

① 李泽慧、周珉：《对随班就读教师差异教学能力构成的分析》，载《中国特殊教育》，2009(01)。

② 张莺：《信息技术在随班就读学生教学中的实践研究》，硕士学位论文，首都师范大学，2007。

③ 吕国光：《教师信念研究的进展与走向分析》，载《黄冈师范学院学报》，2007(1)。

④ Mansfield, C. F. & Volet, S. E., "Developing beliefs about classroom motivation: Journeys of preservice teachers," *Teaching and Teacher Education*, 2010, 26(7), pp. 1404-1415.

表 4-2　A 老师信念的形成与转变过程

A 老师的专业发展阶段	关于学生信念的形成过程	关于课堂与教学信念的形成过程	关于教师自我信念的形成过程	关于科研信念的形成过程	
师范教育	模糊的	模糊的	模糊的	无意识	
入职初期（1988—1990 年）	模糊的	模糊的；美术教学	不自信；在乎他人的认可	无意识	信念的无意识阶段
自我定位期（1991—1996 年）	外在接受"兴趣是最好的老师"；朦胧的"快乐教学"	会用；五笔打字	不自信；在乎他人的认可	无意识	信念的具体化阶段
专业知识丰富期（1997—1998 年）		会用；应用软件	不自信；在乎他人的认可	研究上课两层皮	
再次深入定位期（1999—2008 年）	进一步理解学生的兴趣	会用；应用软件	逐渐自信起来；在乎他人的认可	研究上课两层皮	信念的准反思阶段
研究型教师转型期（2009—2014 年）	学生的好奇心强，自我约束力差；差异是客观存在的……尊重学生，师生平等	学生不仅要"学会"，更要"会学"；应用软件与程序设计并行	充满自信；自我认可比外在荣誉更重要	研究与教学同步	信念的反思与个体哲学化阶段

第一阶段：师范教育、入职初期——信念的无意识阶段。教师信念是在多年的学校经历中逐渐形成的。显然在职前阶段持有的是模糊的、破碎的信念，其信念的逐渐完整开始于她正式成为教师。入职初期，A 老师更多处于一种关注自我的"求生存"状态，对教学不自信，质疑自我能力，很在乎他人对自己的认可。此时，她关于学生、课堂的信念多是模糊的。

第二阶段：自我定位期、专业知识丰富期——信念的具体化阶段。信念的具体化是指"信念的接受以正当的理由为基础，一个人相信什么是因为某权威坚称它是真实的"①。经过培训班的影响，在第二任校长的支持下，A老师终于成为一名计算机教师。最初她只能靠自己摸索，尝试着让学生有"兴趣"并且"快乐"。幸运的是，1995年，A老师在春游时碰到了M老师，他成为A老师教学生命中的重要他人。1997年，L主任的认可成为A老师进入区教研室的重要条件。就这样，在自己的摸索下，在M老师的帮助下，在区教研室的平台上，A老师对学生、课程与教学、教师自我的信念逐渐有了一定认识，而这种认识是社会潮流、M老师、区教研室主任等权威带来的真实认识。

第三阶段：再次深入定位期——信念的准反思阶段。信念的准反思是指"由于情境是多变的，知识具有不确定性，是个体所特有的……这时信念'被假定为有特殊背景的东西，并与他人的阐释保持平衡'"。这一时期A老师编写教材，并从技术岗完全转入教学岗。她对教材、课堂逐渐有了较深入系统的了解，并形成了大量的关于如何与学生相处、如何进行教学等的经验。面对个人所特有的经验，她开始有了新的成长需求，"感觉自己仍有改进的空间但却无从入手"。

第四阶段：研究型教师转型期——信念的反思与个体哲学化阶段。这一阶段，因为经历了"行动研究"这一关键事件，A老师逐渐认识到了自己不充足、不一致的信念，比如"学生的自主意识在觉醒""关注荣誉的得失，自己内心是比较被动的"等。之后通过反思，她会"通过比较问题的不同方面的证据和观点来证明信念，使用证据的重要性、解决问题的实效性和行为的实际需要标准来证明信念"，比如通过学生的课堂表现、课堂教学方法等来反思信念。这一过程就是她对信念的反思。最终，她的信念系统发生了"格式塔转换"（gestalt shift），构建并形成了目前比较稳定的信念系统，即进入个体哲学化阶段。此时的她深刻感受到"四十不惑"，对许多事物包括自我、学生、教学、荣誉等的理解逐渐清晰而且更接近自我内在。可以说，这个阶段A老师的信念变得集中而且具体，较多取决于理性成分而非情感成分。

2. A老师信念形成过程的特征

从信念系统的形成过程来看，信念系统具有以下特征。第一，信念系统兼具相对稳定性与动态性，而且信念系统的改变往往是因为"转化（conver-

---

① 赵昌木：《教师持续成长：信念的转变与适应》，载《全球教育展望》，2002(8)。

sion)或者格式塔转换"而不是良好的推理(sound reasoning)。① 第二，信念系统是开放的、无边界的，而且在个人与文化脉络下是动态的，在经历和经验中发生改变。A老师信念系统的转变与形成过程除了体现出上述特征，还体现出下列两个特征。

其一，信念的形成过程出现了"同化"和"顺应"。同化是指新信息被纳入既存信念的生态系统中；顺应则是指新信息不能被既存信念吸收，必须替换或者重新组织信念，形成新的信念。比如，1988年至1999年，由于A老师从未接触过科研，自然没有产生关于科研的信念；而在1999年被迫接受上级的科研任务之后，她逐渐形成了新信念，即关于科研的消极信念，此时"新信息未能被既存信念吸收"，只能形成新信念，即发生顺应。而关于学生的信念、关于课程与教学的信念发生了诸多"同化"，比如，关于课堂评价的信念被逐渐纳入关于课程与教学的信念。

其二，信念系统中的中心信念会发生变化、转移。林一钢认为"中心的教师信念发生改变会导致整个教师信念系统的变化，边缘的教师信念日积月累的变化也能导致中心信念的变化，进而转变整个教师信念系统"②。的确如此，在信念形成的无意识阶段、具体化阶段，A老师关于自我的信念处于中心地位。到了信念的准反思阶段，A老师关于课堂的信念日积月累的变化最终带动了中心信念的变化，使关于课程与教学的信念逐渐处于了中心地位。进入信念的个体哲学化阶段后，关于学生的信念和关于课程与教学的信念逐渐处于中心地位，而关于科研的信念的转变推动了A老师越来越重视学生、重视反思，最终转变了整个信念系统。

(三)影响A老师信念形成与转变的脉络环境

许多教师表示他们在教学生涯早期获得的关键经验和关键事件对他们现在的教学实践有着重要的影响。③ 教师的教学生涯以及信念形成过程受到许多关键经验、关键事件的影响。我们主要从国家、社区、学校、个体四个层

---

① Bryan, L. A. , "Nestedness of beliefs: Examining a prospective elementary teacher's belief system about science teaching and learning,"*Journal of Research In Science Teaching* , 2003, 40(9), pp. 835-868.

② 林一钢：《教师信念研究述评》，载《浙江师范大学学报(社会科学版)》，2008(3)。

③ Nespor, J. , "The role of beliefs in the practice of teaching,"*Journal of Curriculum Studies* , 1987, 19(4), pp. 317-328.

面展开分析，如图 4-9 所示。

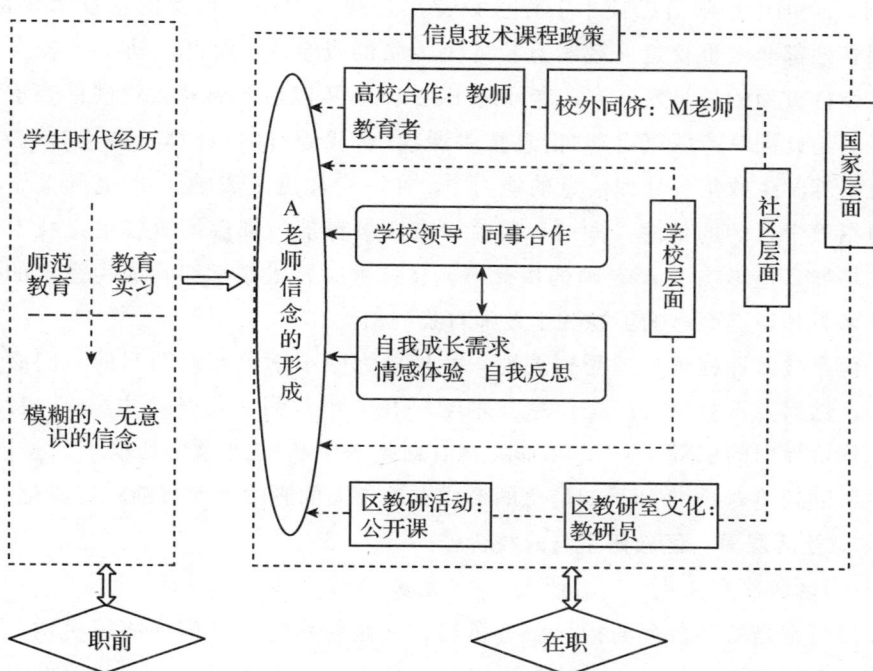

图 4-9 影响 A 老师信念形成的主要环境图示，其中包含文字：信息技术课程政策、高校合作：教师教育者、校外同侪：M老师、国家层面、学生时代经历、师范教育、教育实习、A老师信念的形成、学校领导 同事合作、自我成长需求 情感体验 自我反思、学校层面、社区层面、模糊的、无意识的信念、区教研活动：公开课、区教研室文化：教研员、职前、在职

图 4-9　影响 A 老师信念形成的主要环境

1. 国家层面：我国信息技术课程发展的政策环境

A 老师之所以能够成为信息技术教师，离不开第二任校长的大力支持。实际上，这是我国信息技术课程发展浪潮推动的结果。其中，1991 年第四次全国中小学计算机教育工作会议进一步制定了中小学计算机教育发展方针。[①] 秋季开学后，在政策引领和第二任校长的支持下，有了参加五笔打字培训的经历，A 老师转型为信息技术教师，逐渐萌芽了关于教学内容和教学方法的信念。

1991 年至 2000 年，A 老师对计算机硬件问题的关注，包括对中华学习机[②]

---

① 王世军：《我国中小学信息技术课程：历程与归因》，硕士学位论文，东北师范大学，2006。

② 为了改善计算机教育硬件环境，1986 年下半年国家科学技术委员会、国家计划委员会、国家教育委员会、电子工业部、中国科学技术协会五个部委联合成立了协调小组，组织计算机专家研制和开发适合中国青少年计算机教育的汉字化的国产微型计算机——中华学习机。中华学习机的研制和投产结束了我国中小学使用进口微机的历史。

的使用、维修等，影射出了当时我国计算机课程发展的历程与困境。2000 年 10 月，全国中小学信息技术工作会议提出加快在中小学普及信息技术教育。全国各地都非常重视这一政策且投入了大量的资金。① 这也带动了 S 校在计算机硬件方面的长足发展。A 老师终于在 2000 年以后开始对教学硬件表示满意了。与此同时，国家启动"信息技术课程"替代原有的"计算机课程"，提出重视培养学生收集、处理信息的能力②，在一定程度上影响了 A 老师关于教学包括教学目的的信念。同时，国家、市区教育部门都逐渐重视信息技术师资的培养，这影响了 A 老师的抉择——从技术岗转入教学岗，成为完全的信息技术教师，进而影响了她关于教师自我的信念。

信息技术课程越来越受到重视，并且成为中小学生在校期间的一门必修课程。然而，不容忽视的是信息技术学科在中小学明显仍是非主科。③ 特别是在评价导向的引导下，A 老师认为信息技术学科的边缘化处境不易逆转。非主科的处境对 A 老师早期信念的形成有着较大的影响，而目前相对弱化。

2. 社区层面：区教研室与跨校合作

(1)区教研室文化——教研员

教研室是基础教育的指导服务机构，又是教育行政部门的决策机构。在基础教育改革推进的过程中，教研室作为研究中心和参谋中心，起着助推器的作用。④ 得到教研室 L 主任的赏识后成为一名兼职教研员是 A 老师成长经历中的关键事件。在 L 主任的引领下，她第一次参与编写教材，而且随后又陆续编写四本小学信息技术教材。可以说，区教研室为 A 老师的发展提供了更大的平台，同时也推动了她信念系统的发展。

(2)区教研活动——公开课

区教研公开课曾对 A 老师关于学生与教学的信念产生过深远影响。有一次，区教研室教研员的点评意见让她印象深刻，"这个我记到现在，它时刻提

---

① 龚道敏：《中小学信息技术课程边缘化成因探析及对策研究》，载《中国电化教育》，2008(1)。

② 王世军：《我国中小学信息技术课程：历程与归因》，硕士学位论文，东北师范大学，2006。

③ 龚道敏：《中小学信息技术课程边缘化成因探析及对策研究》，载《中国电化教育》，2008(1)。

④ 肖楠楠：《基础教育改革背景下教研室文化的重建》，载《现代中小学教育》，2011(12)。

醒我以后再上课要考虑特别严谨，少说一句话都不行。其实我知道那是封闭图形，但是学生不一定知道，所以一定要从学生角度出发"(I-A-20140318-2)。这次公开课带来的冲击与思考，使得 A 老师以后上课都会思考学生现有的认知水平、想法，而不仅是从自己的认知角度出发。

（3）校外同侪——M 老师

1995 年，A 老师偶遇 M 老师，可以说，这次相遇让 A 老师寻得了一位良师。M 老师给 A 老师带来了很多帮助：一方面是计算机知识方面，比如程序设计的学习等；另一方面是教学方面，M 老师的课堂会融入学生，"他和学生比赛、玩游戏，所以学生都特别喜欢他"。这些潜移默化地影响着 A 老师的课堂，使她思考"如何让学生爱上我的课"(I-A-20141202-10)。M 老师的专业知识和教学风格，无疑影响了 A 老师关于教学的信念，包括关于教学方法、教学内容的信念等。

（4）高校合作——教师教育者

2009 年，A 老师成功参加了"名师培养工程"骨干教师研修班，而且这次培训改变了 A 老师关于科研的信念，最终推动了她整个信念系统的格式塔转换。这次培训之所以能够促使 A 老师的信念发生转变，其中的一个关键因素就是"教师教育者宋老师的专业指导"。所谓教师教育者是为职前与职后教师提供教育指导的教师。[①] 从宋老师指导 A 老师的经历来看，教师教育者对 A 老师如何理解研究、如何开展研究、如何改善课堂等都提供了积极有效的帮助，而这些帮助直接影响了 A 老师的信念、知识、能力、态度和动机等，最终改变了她的信念系统。

3. 学校层面：学校领导与同事

（1）学校领导的支持

学校领导的支持，包括在教师教学过程中给予的硬件（设备、教学时间）和软件（学科文化）的支持，都会影响教师信念。[②] 在 A 老师的专业成长过程中，四任校长的更替，尤其是前两任校长理念的不同直接决定了 A 老师专业成长方向的不同。2003 年以后，虽然信息技术学科得到了重视，但是却未能

---

① 康晓伟：《教师教育者：内涵、身份认同及其角色研究》，载《教师教育研究》，2012(1)。

② Liu, S. H., "Factors related to pedagogical beliefs of teachers and technology integration," *Computers & Education*, 2011, 56(4), pp. 1012-1022.

改变其非主科的地位。不过，校长在对待非主科教师的专业发展地位与机会方面尚未出现严重的偏颇。比如，第三、四任校长也为 A 老师的成长提供了不少学习机会，包括参加研修班、外出学习等。再比如，对于 A 老师提出的关于信息技术教学的建议，校长也都努力满足，包括信息技术教室绿色天花板的设计等。这促使 A 老师逐渐形成学生取向的信念。可见，学校领导的支持对教师信念的形成与改变有着直接的影响。

（2）同事合作

阿斯顿（Aston，M.）等人发现学校经历和生活经历共同影响教师信念，其中重要的一点是同事之间的互动、合作。① 范·维恩（van Veen，K.）等人通过量化研究发现，学科取向的信念和"几乎没有合作、零合作"之间有着密切关系，而学生取向的信念和"更多的合作"之间有着密切关系。② 他的质性研究也发现，学科取向的教师认为与同事合作不重要，而学生取向的教师认为合作是重要的，因为他们相信教学是对学生的联合负责，同事合作是支持和建议的潜在来源。③ 从 A 老师的成长经历来看，虽然校内同事缺乏合作，但是校外同侪的帮助对她的成长有着重要影响，包括 M 老师、L 主任的帮助，这同样促使她形成了以学生取向为主的信念。

4. 个体层面：自我成长需求、情感体验与自我反思

（1）自我成长需求

从 A 老师的成长经历来看，自我成长需求、内在动机是推动信念形成与改变的一个重要原因。例如，由于缺乏同学科的同事，她更多是在校外相关专业人员的帮助下得到成长的，包括 L 主任、M 老师和北京师范大学的宋老师等。这其中最关键的是她的自我成长需求，正如 A 老师所言，"我一直有一种对业务的渴求"（I-A-20141202-3）。

自我成长需求为 A 老师带来了诸多学习机会，这也印证了教师专业参与与教师信念之间的关系。贝克尔（Becker）和里尔（Riel）将教师专业参与（teacher pro-

---

① Aston, M. & Hyle, A. E., "Social networks, teacher beliefs, and educational change," Annual Convention of the University Council of Educational Administration, 1997.

② van Veen, K., Sleegers, P., Bergen, T. & Klaassen, C., "Professional orientations of secondary school teachers towards their work," *Teaching and Teacher Education*, 2001, 17(2), pp. 175-194.

③ van Veen, K. & Sleegers, P., "How does it feel? Teachers' emotions in a context of change," *Journal of Curriculum Studies*, 2006, 38(1), pp. 85-111.

fessional engagement)定义为一位教师的努力，包括他自己的和学校内部的非正式互动、跨学校接触和活动（广义上的合作）等，这些都将影响课堂上的教学。贝克尔和里尔通过对 4083 位中小学教师进行量化研究发现，专业参与行为多的教师，更倾向于持有建构主义取向信念，而专业参与行为较少的教师则更倾向于传统信念。① 个案教师内在的学习动机与需求促使她拥有较多专业参与行为，而这些推动着她越来越倾向于持有建构主义取向信念。

（2）情感体验

情感在改变教师信念的过程中起着关键作用。积极情感的体验和表达会巩固既存信念；而消极情感体验会让他们质疑自己的选择，质疑既存信念。② 在 A 老师信念的形成与改变过程中，我们可以感受到其丰富的情感体验，这些体验在一定程度上巩固或者质疑着信念。比如在关于科研的信念中，A 老师之前接触的研究都是上级派下来的"额外工作量"，不免会让人产生一种抵触的消极情绪，最终直接影响了 A 老师关于科研的信念；而在专业的指导下，当 A 老师逐渐体验到研究带来的成就感之后，其信念逐渐发生了变化，积极的情感体验让她开始怀疑之前的信念，并最终转变了她关于科研的信念。这也验证了"情感是我们用来理解周围世界的方式，情感告诉你是否存在需要改变的东西"③。

（3）自我反思

在 A 老师信念的形成与改变的过程中，反思起着重要的推动作用。正如谢翌在变革教师信念的基本策略里提出的：鼓励学习者反思和揭示个人隐性的教学知识和信念；检视个人带入课堂的隐性知识和信念。④ 在行动研究以及高校教师教育者的影响下，A 老师养成了教学反思的习惯。在反思的同时，她其实是在"有意识地努力去发现所做的事和所造成的结果之间的特定的联结"⑤，

---

① 转引自 de Vries, S., Jansen, E. P. W. A. & van de Grift, W. J. C. M., "Profiling teachers' continuing professional development and the relation with their beliefs about learning and teaching,"*Teaching and Teacher Education*, 2013, 33, pp. 78-89.

② Mansfield, C. F. & Volet, S. E., "Developing beliefs about classroom motivation: Journeys of preservice teachers,"*Teaching and Teacher Education*, 2010, 26(7), pp. 1404-1415.

③ 谢翌：《教师信念论》，371 页，广州，广东高等教育出版社，2010。

④ 谢翌：《教师信念论》，374 页，广州，广东高等教育出版社，2010。

⑤ ［美］约翰·杜威：《民主主义与教育》，159 页，北京，人民教育出版社，1990。

这种特定的、详细的联结中势必有对其信念的反思和显性化。换而言之，反思是将个人隐性信念显性化的重要过程与步骤。

此外，关照文献综述，我们不难发现在 A 老师信念的形成过程深受外部因素和内部因素的影响。由于她在职前阶段持有的是"模糊的"和"破碎的"信念，因此先行因素影响较弱，故在此未做过多探讨，更多地讨论了影响其信念形成与改变的外部因素（国家层面、社区层面、学校层面）和内部因素（个体层面）。

五、研究结论

本研究的主要目的是关注教师的精神生命，理解教师信念的形成过程，更真实地理解教师信念结构。研究最终发现：A 老师的信念是她在人生经历和教学生活中逐渐构建起来的，她形成了一个庞大的、具有"个人意义"的信念系统，其中包括：以"每个学生都有发展的潜能和空间，只是成长有快慢"为主要信念的关于学生的信念簇；以"学生不仅要'学会'，更要'会学'"为主要信念的关于课程与教学的信念簇；以"教师是引路人"和"我能教好"为主要信念的关于教师自我的信念簇；以"研究与教学是同步的"为主要信念的关于科研的信念簇；以"教师幸福工作、学生幸福学习是美好的事"为主要信念的关于所在学校环境的信念簇。这五大信念簇彼此影响，而且每个主要信念下还有派生信念。其中，个案教师以关于学生的信念、关于课程与教学的信念、关于教师自我的信念为中心信念簇，交织着关于科研的信念、关于所在学校环境的信念，形成了相对稳定的信念系统。

关于教师信念的形成过程，透过个案教师的成长历程，我们可以发现：A 老师信念的形成或转变发生着"格式塔转变"；信念的形成过程充满了"同化"和"顺应"；信念系统中的中心信念会发生变化、转移等。A 老师信念的形成经历了五个阶段，即信念的无意识阶段、信念的具体化阶段、信念的准反思阶段、信念的反思与个体哲学化阶段，最终逐渐形成了当前稳定的信念系统。在这一过程中，我们不难看出信念的形成阶段与教师的专业发展阶段之间有着密切的关系。

影响个案教师信念形成的脉络环境主要包括国家层面的政策环境，社区层面的区教研室与跨校合作，学校层面的领导支持与同事合作，以及个体层面的自我成长需求、情感体验、自我反思等。其中，行动研究和教师教育者的指导对 A 老师信念的转变与形成产生了质的影响。

第五章 教师身份视角下的农村小学教师的个案研究

一、引言

（一）研究缘起

教育是国家和社会进步的基石。优先发展教育对于全面建成小康社会具有重要意义。《国家中长期教育改革和发展规划纲要（2010—2020 年）》明确提出了要实施惠及全体国民的公平教育。同时，为了不断追求和实现教育的公益性与均衡性，我国一直在坚持教育改革、鼓励教育创新，并不断出台各种措施以期破解校际差距、城乡差距、区域差距这三大差距带来的教育难题，特别是针对老少边穷地区推行了一些倾斜政策。当前，我国为了提高农村地区的教育质量，认为首要的任务就是建设一支高素质的愿意扎根农村的教师队伍，所以如何建设这支队伍就成为摆在教育人面前的难题。

国务院在 2015 年 6 月 1 日出台了《乡村教师支持计划（2015—2020 年）》，这是新中国成立后第一个关于农村教师发展和队伍建设的专门计划。我国首先从政策、制度上给予了农村教师极大的支持，以期通过教师的发展推动当地教育质量的提升。教育部依托该计划，围绕农村教师如何才能"下得去、留得住、教得好"这三个方面采取了一系列措施，即通过物质奖励、福利改善和精神表彰等改善教师的生存、生活状况，在各级培训中提升农村教师的专业水平，目的是努力造就一支素质优良、甘于奉献并愿意扎根农村的教师队伍。教师的重要地位不言而喻：他们在平时的教育教学实践中是学校重要的行动者，在如今的教育变革中更被视作教育改革的能动者(agents)及仲裁者(arbiters)①，教师被赋予了很多社会变革的责任，也被期许着成为促进社会公平、伸张正义的力量之一。教师作为拥有意向性和能动性的行动者，面对教育变革外在力量的刺激是否采取行动、如何采取行动以及如何看待自己成为解读和实施政策的重要影响因素。可以说教育政策实施的有效性有赖于教师对政策的理解和认识。学者富兰(Fullan，M.)指出，教育变革的成功与否基于教师如何看待这一变革。政府希望看到的局面和学校期望的结果，都离不开教师如何看待自己。教师的情绪情感都会参与进来，从而影响变革。② 科萨根(Korthagen，F.)在他的洋葱模型中指出，身份认同和使命是影响教师行为的重要部分，这些影响从环境到使命，是层层深入下去的。它们由外至内包括外部环境(environment)、行为(behavior)、能力(competence)、信念(belief)、身份(identity)与使命(mission)。③ 到了2016年，科萨根又进一步发展了此洋葱模型，在使命的核心处引申出一个新的概念，即核心品质(core quality)。这个核心品质是因人而异的，是由教师的独特个性组成的。他倡导教师教育者要关注反思过程，认为核心反思能力的培养可以结合洋葱模型的策略和追问过程来进行。

结合学者的思路，笔者试图从"身份"这一核心概念出发去关注农村教师的生存和发展，从"农村教师是谁""我愿意成为什么样的农村教师"等问题出发去读懂农村教师，从而更好地提出有现实意义的专业发展支持计划，对教师作为一个完整的"人"给予更多的关注和尊重。

1. 教师身份研究是以人为本的研究

教师研究的绝大部分是以技术理性为主要取向展开的，比如教师教学、教师特质、教师能力、教师实践性知识等的研究④⑤，这类研究将重心放在可操作化、可指标化上，把教师解构成各种数据来分析和研究。进入 20 世纪 90

---

① Hargreaves, A. & Fullan, M., *Change wars*, Bloomington, Solution Tree, 2009, pp. 101-141.

② Fullan, M., *The New Meaning of Educational Change* (3rd ed.), New York, Teachers College Press, 2001, pp. 139-176.

③ Korthagen, F., "In search of the essence of a good teacher: Towards a more holistic approach in teacher education,"*Teaching and Teacher Education*, 2004, 20(1), pp. 77-97.

④ Schön, D., *The Reflective Practitioner: How Professionals Think in Action*, London, Temple Smith, 1983, pp. 70-93.

⑤ Shulman, L. S., "Those who understand: Knowledge growth in teaching,"*Educational Researcher*, 1986, 15(2), pp. 4-14.

年代，在"自我""身份""身份认同"这样的概念在社会学和心理学领域成为研究的热点后，相关文献数量激增①，教师身份研究也随之开始进入教师研究领域。这类基于人本主义的教师研究开始把教师当作完整的人来看待，关注他们的生活史、情绪情感、他们对自身的认识，把师生关系、校园文化、信念、价值观、情感表达等对教师自身发展的影响作为研究对象。②

教师身份研究从对教师生命的尊重这个原点出发，反映了对教师自我意义的重视。教师如何看待自己的工作，如何看待学生，如何对自己的外显行为进行思考和如何赋予其意义，这些研究需要在外在脉络下进行，探讨教师在当下的网络时代中如何更好地应对多元价值的冲击。教师的知识、情感、态度、信念、价值观等都成为影响教师身份建构的因素。教师身份研究可以更好地帮助教师认清自我，认识到自身生命的价值和生命的意义。身份研究需要研究教师的个人叙事，使他们的行动能力、反思精神、价值观、情感、态度等都在探讨过程中得到展现。阿马蒂亚·森从一个人的可行能力出发阐释实质的自由，他认为一个人能实现多种多样功能性活动的目的的可行能力就是自由，自由不仅是目的同时也是手段，发展自由就是对可行能力的培养。教育就是要培养人的这种可行能力，从而培养出自由、民主、文明的人。③ 对教师身份的研究从某种意义上讲，就是去寻找这种可行能力的源泉，去发现教师是谁，去激发教师自我发展的可行能力。一个自由自主的人在面对世界时才能有丰富的可能性。教师只有获得自由自主的能力，才会懂得敬畏学生的未来，也才会更好地发现学生的多种可能性，进而激发学生的无限潜能，发展他们将来自由生活的可行能力。

从身份这个角度去研究教师基于作为行动主体的教师对自身生命意义和生存状况的探究。查尔斯·泰勒把这种对"我是谁"的思考和发问看成是对人如何才能安身立命的根本追问，是去理解什么对我们才是善的、有价值的，通过本

---

① Owens，T. J.，"Self and Identity，"In J. Delamater（ed.），*Handbook of Social Psychology*，New York，Kluwer Academic/Plenum Publishers，2003，pp. 205-232.

② Nias，J.，"Teaching and the self，"In M. L. Holly & C. S. Mcloughlin(eds.)，*Perspectives on Teacher Professional Development*，London，The Falmer Press，1989，pp. 90-123.

③ ［印度］阿马蒂亚·森：《以自由看待发展》，82～131 页，北京，中国人民大学出版社，2002。

体性思考理解自身的立场，知道"我站在何处"。① 越来越多的学者开始把教师当作一个完整的人，在社会建构主义的影响下，关注和讨论教师如何成为教师的过程②③，以及教师如何在社会不同的功能赋予或者角色期待中去建构教师身份。这些研究内容和研究视角都回归到教师自身，因此，教师身份研究遵循人本主义的研究取向，是以人为本的研究。

2. 教师身份研究能够帮助教师实现专业成长

教师是一种专业性职业，从 20 世纪 60 年代以来就开始被探讨。学者从专业性、专业主义、专业化等角度来分析专业背后的不同内涵。教师知识理论如学科教学法知识、学科知识等都在教学中体现出知识、技能的独特性和专门性，教师的学习理论、能力理论、信念理论等都为教师的专业发展提供了重要的理论基础。④⑤⑥

教师专业发展需要以教师专业精神、教师专业知识、教师专业能力这三大维度为基础，其中教师专业精神包括教师认同、教师美德和教师使命三个层次。教师从认同自己的专业身份开始就逐步形成了专业精神发展的起点，进而才能有促进专业发展的内驱力。⑦ 教师身份研究正是从帮助教师专业成长的角度出发。探讨教师的自我意识、角色意识、意义赋予等是如何对教学和专业发展产生影响的，进而理解教师作为一个完整的人在教与学中的作用，以及教师如何在具有教育性的师生关系中促进学生的全面发展⑧，从而帮助教师成为一名优秀的教师，一名能获得专业自主性的教师。

---

① ［加拿大］查尔斯·泰勒：《自我的根源：现代认同的形成》，50～93 页，南京，译林出版社，2001。

② Beattie, M., "New prospects for teacher education: Narrative ways of knowing teaching and teacher learning,"*Educational Research*, 1995, 37(1), pp. 53-70.

③ Wenger, E., *Communities of Practice*, Cambridge, Cambridge University Press, 1998, pp. 51-73.

④ Shulman, L. S., "Those who understand: Knowledge growth in teaching,"*Educational Researcher*, 1986, 15(2), pp. 4-14.

⑤ Sachs, J., "Teacher professional identity: Competing discourses, competing outcomes,"*Journal of Education Policy*, 2001, 16(2), pp. 149-161.

⑥ 朱旭东：《论教师专业发展的理论模型建构》，载《教育研究》，2014(6)。

⑦ 张华军、朱旭东：《论教师专业精神的内涵》，载《教师教育研究》，2012(3)。

⑧ ［加拿大］范梅南：《教学机智——教育智慧的意蕴》，181～199 页，北京，教育科学出版社，2001。

既然教师身份是教师素质的重要构成，那么农村教师的专业发展和教师身份建构之间的内在联系就成为探索农村教师发展的一条可行路径。

（二）研究意义

近年来，教师身份研究成为一个跨学科、多角度的研究领域。身份研究有着独特的研究取向和发问方式。教师身份与教育变革之间的关系有待更加深入、具体的实证研究去探索。此外，聚焦农村教师的身份建构与变革的研究更是不多见。目前，我国关于农村教师的身份研究都是通过从外向内、由上而下的方式开展的，对于嵌套进去的变革脉络、工作脉络、制度脉络等情境的研究不够，总体上对积极的农村教师的研究不足，有也只是见于报端的短小通讯或者以新闻评选的形式呈现的一些个案。本研究试图从理论上理解那些有变革行为的农村教师，把他们融入具体的政策、组织、人际、个人等层次中，全面了解农村教师如何赋予自身变革行为以意义。本研究也将秉承人本主义的研究取向，从更为丰富的外在脉络和更为深厚的内涵的角度去理解"完整"的农村教师。

因此，对农村教师的身份建构与教育变革的关系进行研究，将试图从教师教育研究的技术理性的取向中变换出一个新的视角，引导着研究者往里走、往深处走，探讨行动背后更加复杂的身份这一意义源，做出一种新的研究尝试，进而挖掘农村具有正能量的教师行动背后的原动力，为教师教育研究者以及政策制定者提供启示。

本研究试图理解为什么在庞大的农村教师队伍中，有那么一些人不论物质条件多么艰苦，外在支持有多么不足，依然能进行积极的变革，想尽办法促进学生的发展、学校的改进。那些在艰苦和环境中仍然能发挥自身的创造性和积极性的农村教师为什么会如此行动？为什么会愿意付出更多的心力去成就学生？为什么会坚持自己的变革？他们是什么样的人？为什么在教育改革的浪潮中他们能奋力前进而不墨守成规？为什么他们能做到别人没有做到的事情？是什么让他们愿意积极改变、愿意行动起来？本研究将进一步从教师如何看待自己以及他们赋予行动的意义的角度去寻找影响教师行为的内核，去研究如何从精神、情感上理解和支持教师，以期从农村教师的身份认同这个角度帮助人们理解农村教师中的积极力量，寻找和发现农村教育蕴含的更多正能量。

从国家的投入到民间的支持，现在有大量的注意力聚焦到了农村教师的专业发展上。从培训到讲座，从脱产学习到网络学习，什么才是能提高农村教师积极性和留任率的关键？基于人本主义的教师身份研究从身份建构与专业发展之间的内在逻辑出发，以期找出一个更加有效的农村教师专业提升的路径。本研究把行动作为起点，回溯到内在的意义赋予过程，期望通过探讨积极进行变革的农村教师的身份建构过程，去启发和唤醒其他农村教师，让他们理解与自己有相同困境和工作环境的人可以成为不一样的积极行动者、变革者，让他们也能获得满满的职业幸福感，这将成为对所有想造福农村地区、改变农村孩子现状的教师的有益的精神支持。

(三)研究问题

本研究通过对积极进行变革的农村教师进行个案研究，进而对农村教师变革行为背后的身份建构过程及其影响因素、情境脉络、行为与身份之间的关系进行质性分析，为农村教师的身份建构过程及其意义赋予进行解释，让农村教师积极的变革行动得到关注，为农村教师的专业发展提供一些思路。

根据以上目的，本研究的重点是理解农村教师 A 的积极变革行为背后的身份建构过程。总的研究问题如下：

其一，有积极变革行为的 A 老师认为自己是什么样的教师？

其二，A 老师这样的教师身份是如何建构起来的？

这两个研究问题从变革背后的身份认同和行动逻辑开始，追问 A 老师认为自己是什么样的教师，其次追问他是怎样建构教师身份的，这是本研究的核心问题。这两个问题也会牵涉 A 老师是如何赋予变革行为意义的。从身分叙事到意义赋予，这会把原因与过程交织在一起。追问成因的过程难免涉及如何建构身份、如何赋予意义等问题，同时也不得不回答为什么会这样赋予意义。总之，研究通过紧扣这两个问题推进田野调查工作，一步一步地收集信息和证据，聆听个案教师的生命故事，分析教师的身份建构过程。

二、文献综述

(一)核心概念

1. 身份、教师身份的概念

《牛津英语》词典对现代词汇"identity"的翻译可以追溯到拉丁语"idem"(同

一)和"identidem"(反复一再地,重复地)。从词源来看,身份体现的是一种反复变化中的同一性,是对"我是谁"的本体论的探究,是个体对于人的存在的意义感知。由于持有不同的研究重点和研究视角,各个研究者会将它进行不同的翻译,有的将它译作认同、身份、自我同一性、身份认同等概念,其中认同主要体现教师认同某种角色或者文化属性的过程和状态。本研究则选择将其翻译成"身份",因为本研究的立意在于研究身份的意义感对个体的影响,这也是对相关文献进行阅读分析后的结果。本研究使用"身份"还因为它更接近和体现"我是谁"这一问题的表征。

现代意义上的身份必然是和自我联系在一起的。自我与身份(self and identity)是社会心理学领域两个非常流行的概念,它们发端于詹姆斯1890年的研究,时至今日仍然是认识人类本性和自身的重要概念。莱默特(Lemert,C.)认为身份可以清晰明确地追溯到詹姆斯的《心理学原理》(1890)一书中自我的概念,即身份就是在复杂的社会中被他人承认或认同。① 从广义上讲,身份的定义是人们用来说明他们是谁以及确立自己和他人关系的分类系统。自我与身份这两个概念既相互区别又相互联系:自我是一个过程和源于自我反思的组织,而身份是一种个人或者组织用来向世界呈现或者归类他们自身的工具。教师的未来发展也会在"可能自我"(possible-selves)的构想中影响现在的身份建构。②③

身份即对"我是谁"的理解,是他人赋予自己以及自己赋予自己的各种意义,是一个协商的、建构的过程。④ 教师身份就是"社会层面的身份"与"个

---

① Lemert,C.,"A history of identity:The riddle at the heart of the mystery of life," In Anthony Elliott(ed.),*Routledge Handbook of Identity Studies*,Oxon,Routledge,2011,pp. 3-29.

② Owens,T. J.,"Self and identity," In J. Delamater(ed.),*Handbook of Social Psychology*,New York,Kluwer Academic/Plenum Publishers,2003,pp. 205-232.

③ Hamman,D.,Gosselin,K.,Romano,J. & Bunuan,R.,"Using possible-selves theory to understand the identity development of new teachers,"*Teaching and Teacher Education*,2010,26(7),pp. 1349-1361.

④ Beijaard,D.,Verloop,N. & Vermunt,J. D.,"Teachers' perceptions of professional identity:An exploratory study from a personal knowledge perspective,"*Teaching and Teacher Education*,2000,16(7),pp. 749-764.

人层面的身份"的统一体①，是对不同情境中"教师是谁"的阐释与再阐释。

不同学者对教师身份的界定，都或多或少包括以下四条假设：身份是在多样的情境中形成的，受多元脉络的影响，如受社会、历史、文化、政治等的影响；身份是在与他人的互动联系中形成的，并牵涉情感等因素；身份是变化的、不稳定的和多重性的；身份牵涉历时不同的故事中的意义建构和再建构。② 罗杰斯和斯科特总结的这些假设揭示了教师身份的重要特征：社会性、关系性、情境性、建构性。他们同时也指出对身份的研究可以通过两个大的维度去把握，即从身份形成的外部和内部因素去分析。社会性和关系性是从外部去探讨的。身份建构是指在特定的社会空间中，个人与他人的各种可能关系。教师身份就是指某个具体的人在社会脉络中的一系列可能性关系中去获得某个位置，它提供了教师身份建构的限制性和人际互动关系，这中间既有限制因素也有支持力量。身份的情境性和建构性也得到了其他学者的认同。身份不是人的固定属性，而是一个连续不断的过程，是不断对"此刻我是谁"的追问和理答。③ 身份的建构性体现在与故事的天然联系中，通过故事的中介作用，能更好地从教师的经验中获得意义的建构，并在不断协商中获得和谐一致感。④⑤⑥

---

① 卢乃桂、王夫艳：《当代中国教师教育改革与教师专业身份之重建》，载《教育研究》，2009(4)。

② Rodgers，C. R. & Scott，K. H.，"The development of the personal self and professional identity in learning to teach，"In M. Cochran-Smith，S. Feiman-Nemser，D. J. McIntyre & K. E. Demers(eds.)，*Handbook of Research on Teacher Education：Enduring Questions and Changing Contexts*，New York，Routledge，2008，pp. 732-755.

③ Beijaard，D.，Verloop，N. & Vermunt，J. D.，"Teachers' perceptions of professional identity：An exploratory study from a personal knowledge perspective，"*Teaching and Teacher Education*，2000，16(7)，pp. 749-764.

④ Clandinin D. J. & Connelly F. M.，"Teachers' personal knowledge：What counts as 'personal'in studies of the personal，"*Journal of Curriculum studies*，1987，19(6)，pp. 487-500.

⑤ Connelly，F. M. & Clandinin，D. J.，"Stories of experience and narrative inquiry，"*Educational Researcher*，1990，19(5)，pp. 2-14.

⑥ Sfard，A. & Prusak，A.，"Telling identities：In search of an analytic tool for investigating learning as a culturally shaped activity，"*Educational Researcher*，2005，34(4)，pp. 14-22.

教师身份是由共性与个性两个部分组成的，同时，在认识论上既有静态层面的身份感知，又有动态层面的认同过程。它是不断建构、阐释、再建构、再阐释的，并且是嵌入具体脉络的过程。①② 整合教师的专业经历和个人生活史，关注它们之间的联系是如何影响教师身份建构的，这种全面的视角将为如何看待"成为和作为一名教师"（becoming and being a teacher）提供新的研究路径。③

2. 教师专业身份的概念

教师专业身份在过去 20 多年中得到了极大的发展。针对各种学科教师、各种层级教师的文献层出不穷，既有实践的观点，也有理论的观点。④⑤ 前者将教师专业身份视为教师赋予自身和世界意义的源泉；后者认为教师专业身份是一个分析和研究的棱镜，它可以帮助我们更好地探究和阐释教师的工作和生活。⑥ 能顺利建构一种专业身份对成为一名成功的教师而言是非常重要的基础。⑦

教师专业身份是欧美教师教育研究领域中的重要概念，其相关文献可以分成三大类：①关于教师专业身份形成的研究；②关于教师专业身份特征的研究；③通过个人叙述对教师专业身份进行的研究。⑧ 从教师专业身份的诸

---

① Beijaard, D. , Meijer, P. C. & Verloop, N. , "Reconsidering research on teachers' professional identity,"*Teaching and Teacher Education*, 2004, 20(2), pp. 107-128.

② 叶菊艳：《叙述在教师身份研究中的运用——方法论上的考量》，载《北京大学教育评论》，2013(1)。

③ Bukor, E. , "Exploring teacher identity from a holistic perspective: Reconstructing and reconnecting personal and professional selves," *Teachers and Teaching: Theory and Practice*, 2015, 21(3), pp. 305-327.

④ MacLure, M. , "Arguing for your self: Identity as an organising principle in teachers' jobs and lives,"*British Educational Research Journal*, 1993, 19(4), pp. 311-322.

⑤ Olsen, B. , "How reasons for entry into the profession illuminate teacher identity development,"*Teacher Education Quarterly*, 2008, 35(3), pp. 23-40.

⑥ Beauchamp, C. & Thomas, L. , "Understanding teacher identity: an overview of issues in the literature and implications for teacher education,"*Cambridge Journal of Education*, 2009, 39(2), pp. 175-189.

⑦ Olsen, B. , *Teaching for Success: Developing Your Teacher Identity in Today's Classroom*, Boulder, Paradigm Publishers, 2010, pp. 105-141.

⑧ Beijaard, D. , Meijer, P. C. & Verloop, N. , "Reconsidering research on teachers' professional identity,"*Teaching and Teacher Education*, 2004, 20(2), pp. 107-128.

多概念中可以发现，大多数学者围绕过程和特征两个方面去界定。本研究认为教师专业身份是教师对"我是什么样的教师"的意义感知，教师专业身份的建构是一个在外在脉络和内在自我的协商中持续发展的过程。

（二）国内外已有研究的述评和启示

国内外已有研究显示，建构教师身份是理解和促进教师专业发展的重要路径。教师专业身份的影响因素得到了不同层面的研究，但关于有积极变革行为的农村教师的专业身份研究则较少。

首先，从研究方法来看，采用实证的、叙事的方法的研究比理论思辨、定量研究多。例如，以戴（Day，C.）为首的研究团队就进行了大型研究。该研究历时4年，有300位教师参与，探讨影响教师身份的积极和消极的因素，这是基于大样本的关于教师身份的研究。① 其次，从研究视角来看，社会学、现象学视角居多，心理学、哲学视角较少，这也是教师身份研究的重要特征。本研究综合多学科的视角，认为外在脉络和内在自我是一个互相促进的过程，无法割裂。最后，从研究对象来看，研究开始越来越多元化，不同领域、不同层次、不同学科的教师身份研究在进一步拓展中。早期研究以中小学教师、师范生或者新手教师为主，以探讨不同生涯阶段在教师教育过程中对于教师身份的不同影响。②③④ 现在有基于职业学校教师（vocational teacher）的身份研究⑤、

---

① Day，C.，Kington，A.，Stobart，G. & Sammons，P.，"The personal and professional selves of teachers: Stable and unstable identities,"*British Educational Research Journal*，2006，32(4)，pp. 601-616.

② Day，C.，Kington，A.，Stobart，G. & Sammons，P.，"The personal and professional selves of teachers: Stable and unstable identities,"*British Educational Research Journal*，2006，32(4)，pp. 601-616.

③ Timostsuk，I. & Ugaste，A.，"Student teachers' professional identity,"*Teaching and Teacher Education*，2010，26，pp. 1563-1570.

④ Lanas，M. & Kelchtermans，G.，"This has more to do with who I am than with my skills—Student teacher subjectification in Finnish teacher education,"*Teaching and Teacher Education*，2015，47，pp. 22-29.

⑤ Kopsen，S.，"How vocational teachers describe their vocational teacher identity,"*Journal of Vocational Education & Training*，2014，66(2)，pp. 194-211.

网络教师(online teacher)的身份研究①、数学学科教师的身份研究②等。

国内外研究教师身份的趋势更多地走向一种整体性分析的视野，以期从知、情、意、德等方面去认识一个新的整体，在更加包容和全面的视角下去看待教师身份的构成，同时也注重各方面影响因素的相互作用。③④⑤

基于文献综述的启示和自身的研究兴趣，本研究将对具有正能量的农村教师进行身份研究，试图从一个新的角度理解农村教师的生命成长和专业发展，为这些积极的农村教师提供发声的平台，关注他们的积极变革。

三、研究设计与方法

(一)研究对象

本研究的目的是探寻农村教师中的积极力量，为广大农村教师提供另一种发展的可能性。本研究采用的是质的研究方法，要对研究对象的行为进行解释性理解，将选定一名农村教师作为研究对象，因此目的性抽样是最适宜的抽样方法。本研究试图寻求同理性的理解，从价值判断上引导大众对某类样本进行关注。⑥ 本研究选择符合条件并有教育变革行为和反思能力的样本进行观察与访谈。选择研究对象的条件有研究对象来自农村学校，做出了积极改变，有充沛的正能量，同时也要考虑研究者的背景、能力和经历。因为

---

① Richardson, J. & Alsup, J., "From the classroom to the keyboard: How seven teachers created their online teacher identities," *International Review of Research in Open and Distributed Learning*, 2015, 16(1), pp. 142-164.

② Skog, K. & Andersson, A., "Exploring positioning as an analytical tool for understanding becoming mathematics teachers' identities," *Mathematics Education Research Journal*, 2015, 27(1), pp. 65-82.

③ Palmer, P. J., *The Courage to Teach*: *Exploring the Inner Landscape of a Teacher's Life*, San Francisco, CA, Jossey-Bass, 1998, pp. 175-211.

④ Beauchamp, C. & Thomas, L., "Understanding teacher identity: An overview of issues in the literature and implications for teacher education," *Cambridge Journal of Education*, 2009, 39(2), pp. 175-189.

⑤ Bukor, E., "Exploring teacher identity from a holistic perspective: Reconstructing and reconnecting personal and professional selves," *Teachers and Teaching*: *Theory and Practice*, 2015, 21(3), pp. 305-327.

⑥ 陈向明：《质的研究方法与社会科学研究》，103~116 页，北京，教育科学出版社，2000。

这将牵涉研究者与研究对象之间的关系，以及他们如何看待整个研究过程。

研究对象是 2015 年来北京师范大学做过讲座的贵州山区 X 小学的一名农村教师。A 老师长期关注留守儿童，并以他所在学校的留守儿童日记为蓝本出版了相关书籍，赢得了学生和家长的信任与尊重，也引发了公众对留守儿童心声的倾听。通过前期接触和电话沟通，A 老师最终同意成为本研究的研究对象。

X 小学最初位于交通不便的山沟里，后来获得教育部门的支持从山里搬到县级公路旁，其新校舍在 2003 年建成并投入使用。2015 年秋季学期由于国家推行撤点并校政策，该校由完全小学变成了教学点，其四年级以上的学生撤并到镇中心小学接受寄宿制教学。2016 年春季学期，该校只有 4 个教学班，分别是学前班和一至三年级，共有 49 名学生，其中汉族学生 35 名，苗族学生 11 名，布依族学生 3 名，有近两成左右的留守儿童。

A 老师担任教导主任及二年级班主任，主要负责二年级语文、品德与生活的教学。笔者在春季学期作为支教教师和 A 老师共事了两个月，参与学校的教学和日常活动，与校长和教师相处融洽。笔者从 2016 年 3 月 1 日开始，连续两个月工作、生活在 X 小学，充分接触了农村学校的日常教育教学生活，收集到了丰富、宝贵的第一手资料。

(二)研究方法

本研究主要采用叙述探究、访谈法、观察法、实物分析法等研究方法，并根据不同的实际情境进行综合运用，通过各种方法收集的资料可以进行互证，以保证信息的丰富和客观。

1. 叙述探究

叙述探究就是通过研究对象叙述个人的生活经验，研究者对其中不同的主题进行因果情节化，找出内在的意义关联性，获得整体感知的过程。[1][2] 叙述探究要把握好"本体的叙述"和"分析的叙述"两个层次。前者是指个案教师

---

① Somers，M. R.，"The narrative constitution of identity: A relational and network approach,"*Theory and Society*，1994，23(5)，pp. 605-649.

② Harnett，P.，"Life history and narrative research revisited," In Bathmaker，A. M and Harnett，P.（eds.），*Exploring Learning，Identity and Power Through Life History and Narrative Research*，London，Routledge，2010，pp. 159-180.

的描述性叙述，后者是指研究者的阐释性叙述。① 叙述探究需要教师讲述其个人经历、生命历程、重大事件、学生故事、教学故事等，让研究者通过故事去了解他们。但叙事探究仅仅有故事还不够，还需要教师自己去解读自己的故事，需要研究者去理解故事并对情节进行分析，听教师自己是如何讲述和选择这些内容的，即他们总结出了什么样的故事，获得了什么样的意义。故事来自人们的生活实践，通过因果化可以组成一个清晰的图景，这样的图景具有真实性和说服力。

2. 访谈法

本研究主要以半结构式访谈为主，并结合结构式访谈和无结构式访谈，依据具体情况做适当调整和选择。笔者以聊天的方式向被访者提问他们教学经历中的重要事件及其意义，并倾听他们如何解读这些事件，为教师提供一个被倾听的机会，从而获得他们的行动意义源。问题以职业生涯的开启、教学生涯中的关键事件、学生生涯中的故事、人际脉络中的各种故事等为主。在对研究对象和同校的其他教师的身份背景进行了解时，研究则以结构式访谈为主。对研究对象的访谈以正式或者非正式的形式展开。除了进行每周一两次、每次持续一小时左右的正式的、不被打扰的访谈外，笔者还在课余或者活动间歇进行非正式的、短平快的聊天式访谈，另外还对研究对象周围的人进行随机访谈，比如校长、同事、学生、家长等，以求得更加丰富的资料，并进行相互佐证。访谈次数会随着研究进展做出调整。每次访谈回来，笔者必须即时转录、整理与反思访谈资料，为下次访谈做准备，直至资料饱和为止。访谈当中的比喻、隐喻要重点关注，因为它们是研究对象内心的投射，能帮助研究双方进行反思。研究者还可以将隐喻作为一个很好的研究工具，从而进一步更好地理解教师的身份建构。

3. 观察法

本研究的主要观察内容有：课堂教学、班级活动、学校设施、教师办公室的环境布置、班级学校文化墙的布置等；研究对象所参加的学校活动；研究对象与领导、同事、学生的人际关系和交往方式；研究对象的娱乐和生活方式等。观察不仅是对事物的感官认识，更要发现其背后的逻辑和意义。因为教师专业身份是一个持续受到外在脉络和内在自我影响的过程，本研究会

---

① 叶菊艳：《叙述在教师身份研究中的运用——方法论上的考量》，载《北京大学教育评论》，2013(1)。

在常规观察之余重视对突发事件、特定冲突等非常规事件的观察，结合常规和非常规观察来整体、全面地理解个案教师的工作和生活。随着与研究对象友谊的增进，笔者逐渐将非参与式观察发展为参与式观察，从局外人的视角转变为局内人的视角，并再次陌生化自己的观察，以共情与严谨的态度去感悟和理解他们的所言所行、所思所虑。

4. 实物分析法

质性研究资料的另外一个重要来源就是实物资料。陈向明指出，文化的产物可以是任何实物，因为它们都是人们在一定情境下对一定事物所表达出的看法的体现。① 本研究将实物资料的收集主要集中为教案、反思日记、发表文章、教学设计、读书笔记、研究笔记、相关报道等的收集。由于信息化的发展，这些内容以建立电子档和纸质档两种方式进行收集和整理。

具体的研究和分析思路将从两个大的维度进行探索：一是外在脉络，从宏观脉络、中观脉络、微观脉络出发去理解外部因素对教师专业身份建构的影响；二是内在自我，从认知层面、情感层面、道德层面去理解教师的专业自我和个体自我对教师专业身份的影响。本研究通过对个案教师的生活史、成长史的讲述以及对重要他人的访谈和实物分析等收集资料，梳理出个案教师专业身份的建构过程。

四、A是谁

（一）全国最美乡村教师

"26 个孩子＋1 个老师＝1 本书。"5 年前，一本由平均年龄为 9 岁的农村普通孩子的 220 篇稚气日记、21 幅原创儿童画、12 封写给父母的亲情信件所组成的书正式出版，发行后在各地图书市场迅速吸引了媒体的眼球。标签化的题目让"留守儿童"再次被推到公众眼前，而后续的采访、宣传也把这位教师推到了全国最美乡村教师评委的面前——他就是本研究的研究对象 A 老师。

A 老师工作的地方是贵州山区里的一个小村庄。村民的经济来源主要是务农收入，而年轻人会选择外出务工，因此留在村里的主要是老人和孩子。一位普普通通的贵州山区的教师，怎么会想到让孩子们出书？这背后有什么

---

① 陈向明：《质的研究方法与社会科学研究》，257～268 页，北京，教育科学出版社，2000。

样的故事呢？

　　学校所在的山村在 2010 年春天遇到了百年不遇的大旱。当时有一个女同学每周要请假一两天，后来学校调查得知她是在到处找水。父母常年不在家，家里只有她和两个弟弟，家里的大小事情包括生活用水等问题都靠她这个姐姐想办法解决，所以她要请假去背水。后来学校调查发现，学校还有不少学生也是留守儿童，他们放学后都承担着家里的各种农活和家务，对上要帮助爷爷奶奶干活，对下要照顾弟弟妹妹。

　　经过走访调查，A 老师看到了一群和大众媒体报道不一样的留守儿童。在 A 老师眼里，这些留守儿童自理能力极强，对待小动物富有爱心，而且他们有着流淌在血液里的勤劳品质。劳动就像呼吸一样成为他们生活中天然的要素，所以他想向社会展示出留守儿童的另外一面，把这些孩子积极、快乐、坚强的一面呈现出来，用孩子们自己的语言展示他们真实的生活。他要让留守儿童自己发声，要让这个社会看到不一样的他们，给予他们更多的尊重和理解而不是可怜或者简单的物质帮助；他要让坚强的人相互鼓励和扶持，寻找美好生活的可能。孩子们的坚强让他感动至深。正如他在书中后记里所写下的，他呼吁全社会对于这些孩子"不要可怜，要赞赏"，他们需要的是认识更多坚强的人，需要有处境相近的朋友一起相互鼓励。学校要帮助孩子们健康成长，帮助他们获取更多创造美好未来的行动能力。

　　正是基于这些，A 老师调动和鼓励学生写日记，让他们用自己的话写出日常的生活，这样既可以为他们提供情感疏通的渠道，也能把书面表达和现实生活结合起来。他集中整理了 2010 年 3 月到 2011 年 9 月 26 个孩子的日记、绘画和主题班会课上写给父母的书信。紧接着他每天利用晚上的时间把孩子们的日记一个字一个字地敲进电脑里，编辑错字、别字，把绘画和信件也拍照归档。一系列编辑整理工作告一段落后，他就开始找出版社。

　　当初的设想和打算是美好的，但真正面对出版事宜时，他发现自己什么都不懂。虽然他早年也有发表文章的成功经历，但那种投稿唯一要做的是等待，静静等待。而此次准备为孩子们出书，则是主动出击，所以对于外面的出版流程是什么样的、应该找谁，他一片茫然，毫无目的地到处乱撞。他的妻子告诉我，那时候为了出版，一到假期他就外出找出版社。A 老师往贵阳、昆明、北京都跑了几趟，全是自费去的，甚至还借了些钱，但结果是处处受冷眼。某个假期他妻子陪着他去贵阳找出版社，"就像上次我跟他去贵阳的出版社，你进去找到这个人，人家说我不负责这个；找到那个人，人家说我不管这个；找到人家，人家说你自己去申请编号。我去一回就感觉到，这种事情一个人去跑，希望实在是太渺茫了"。

"希望渺茫"，但总有可能。不断碰壁像一盆盆冰水把 A 老师浇得心灰意冷，但也让他开始冷静地思考其他的可能出路。书是一定要出的，因为他不是被拒绝后就轻易放弃的人。他是个信守承诺的人，答应了孩子们要出书，就绝不食言。

没有出版社愿意免费出版，他就开始筹划自费出书的事情。没有钱，他就去拉赞助。拉不到赞助，他就打算自己种经济作物挣钱出书，结果那批经济作物因为意外也没成活。最后，他甚至打算要把刚刚按揭的房子卖了去出书。在他想办法自费出书的同时，他也在积极地向那些有实力的大出版机构发去电子邮件，推荐自己的书稿。他始终坚信一定会有出版社能给他们机会。

终于，在 2011 年下半年，这部书稿被北京的一家出版机构接收了。他们放弃了利润率和市场化运作的评估，认为全社会都应该关心留守儿童，应该全力以赴地去出版它。2012 年 1 月，这本书正式亮相全国各大书店。随着此书的热销和各类媒体的轮番报道，社会各界人士都开始来到 A 老师所在的小学，提供各式各样的帮助和支持。

出版孩子们的日记最初只是一个小设想，因为他觉得孩子们写出了自己真实的生活和生存现状，表达了内心真挚的想法，特别是对父母的思念之情溢于言表。在寻求身边同事一起合作未果后，A 老师就开启了独自整理出版之路。回顾这艰辛的过程，他现在总结道："要做一件事情，坚定方向是对的，对社会、对人们有用的事情看准了是可以做的，不需要多高的学识，不需要一定具备什么样的条件。只要大家认可这件事，目标就有条件实现。"这些都源自他对孩子们的共情和理解。他认为只要植根于自己的环境处处留心就能发现各种丰富的教育资源和宝藏。

(二)有心的教师

年近 40 的 A 老师很是清瘦。由于他平时说话时总是面带微笑而且幽默风趣，外加没有大肚腩，所以他整体上显得比较年轻和有活力。A 老师给学生讲课时总能娓娓道来，在与学生互动时也总是侧身倾听并给予眼神的肯定。他的课堂总是会充满鼓励声和掌声，而且他自己一直保持着冷静从容的状态。

"我觉得我不是好教师，我只是个有心的教师。我认为有心是很重要的。

如果教师愿意主动去研究问题，发现问题，再运用经验解决问题，这就表明教师有心。教师要是连这些都不做，算有心吗？"

A老师讲了他在教学上使用的各种策略和方法，目的都是基于农村学生的现实情况有针对性地给他们搭建"脚手架"，促进他们向各自的"最近发展区"前进，进一步激发学生对语言学习的兴趣。

"因为我们这里好多学生没有接受过学前教育，有的学生的家庭教育'不给力'，这些是事实。我们这样做，我认为是有必要的。例如，我从二年级开始让学生抄课文，每天要求他们写一页小字，写得好的我给优，写两页的我就给两个优。最终我们根据优字得的多少来颁发学习积极分子奖。之后，学生自己就去写了，本来我只要求写一页，有的学生写两页、三页、四页甚至十页。谁写得多，我就在班上表扬谁，说某某同学学习太主动了。这些学生到三年级，基本上就全部写日记了。那些学习积极分子奖、最佳进步奖，我都发了。得了奖，这些学生就乐意去表现，乐意让老师去认可他们，最终也锻炼了他们行动力。所以我觉得抄课文是一种好的方式。而且如果引导得当的话，抄课文对于他的识字量的增加和书面表达能力的提高也是比较有帮助的。"

发现自己的学生在与成年人交流时怯场和有障碍等问题时，A老师就开始想办法提高学生的表达能力，这是他基于平时的观察和对学生个性的了解而意识到的教学着力点。

"例如，我带着一个客人到孩子家里去，我对孩子说我在某个领域知识储备不足，这个客人刚好在这方面有很多的见识，让孩子和他交流。我发现孩子交流时有困难。我觉得表达能力太重要了。"

"我认为交流就是要把自己的意思表达清楚，让听者明白这就是自己想说的意思。"

由于A老师是一个有心的教师，他会不断发现问题，解决问题。他很多的创新和变革行为，都是在日常校园生活中不断生成的，比如他会用多元的评价方式来考查学生的语文能力。

"我觉得语文能力的测评不能用一张试卷来完成，于是我自己想了一些测评语文能力的方法。那是我在五年级考评的时候用的，第一是写作考评。写作考评分几种：一种是写景，需要用到观察能力和想象能力；一种是写心里话，一种是编故事。我就这样综合考评他们的写作能力。第二是说话能力考评。我写了许多小纸条，让学生抽。每个学生抽完再准备，然后站到讲台上说。台下有两个老师听，老师和学生一起来考评学生的说话能力。第三是阅读能力考评。我们这学期的所有课程都讲完了，但是学生真的会读了吗？我也是写纸条，请学生来抽。学生抽到哪段就读哪段。"

(三)乡村①中的文化人

自从 2000 年通过公开招聘成为一名乡村教师后，A 老师担任教职已经有十几个年头了。从最初满腔热情地投入工作到后来因经济和情感方面的压力经历了一段低迷期，到之后因亲人离世带来的心灵冲击再次反思人生，这十多年的人生历练和职业经验积累让原本就热爱思考的他看到了教师该有的作为并且开始寻找新的发力点。

A 老师在写给地方政府的建议书中提道："乡村教师是一支特殊的队伍，他们在乡村中扮演文化人和知识分子的角色。"他认为乡村教师是党和政府的特殊部队，其特点就是能与群众密切接触，能很便利地开展群众工作。作为文化人，乡村教师首先能领悟政策，有知识和能力去捕捉、提炼、分析问题。其次，他们通过了专门的考试才被选拔出来代表主流文化力量，而且可以被组织和调动起来成为教育中的"游击队"，而且是精英游击队。但目前，乡村教师的作为空间被极大地忽视了，所以他认为乡村教师作为一股乡村社区里不可忽视的重要力量，需要被进一步重视，需要有自主自为的空间。

在面对乡村教育变革的政策时，A 老师有着自己的想法，也深刻意识到自己身上肩负的责任。作为"文化传播者"和上下沟通的"衔接点"，他积极地建言献策。试问，有多少一线的乡村小学教师愿意参与到地方教育的决策中？而 A 老师就乐于也敢于提出自己的意见。

乡村教师在农村社区中的地位和作用是 A 老师常常思考的问题。他关心当地教育的发展，关心学生以及学生所在家族的发展。在访谈中他提到自己将来要做的教育研究，就是去发挥自身的作用，用文字和出版物去影响一方百姓，为他们的生活需要服务，好好体现乡村教师和学校的存在价值。艾尔文·古德纳认为文化资产阶级是因为拥有了文化资本才逐步产生的。在西方，教师的文化身份一般处于社会中层之中等水平。②

---

① 在《现代汉语词典》中，"农村"和"乡村"有着基本相同的含义。因为本研究的研究对象在叙述过程中多用"乡村"一词，故本研究在呈现和分析故事时也多用"乡村"一词。

② ［美］艾尔文·古德纳：《知识分子的未来和新阶级的兴起》，82～106 页，南京，江苏人民出版社，2002。

在我国，一般本科以上的毕业生多数去教高中，而大专、中专的毕业生多去初中或小学任教。进入 21 世纪后，我国对小学教师的学历水平也有了新的要求，将最低学历提高到了大专层次。大城市的小学甚至都有了博士，并且硕士毕业已渐渐变成很多知名小学的最低要求。文化人的身份在城乡之间的教师身上会有不同，这源于城乡之间整体教育的巨大差异。

（四）"教育土特产"的创造者

A 老师非常善于扎根实际环境，他一般不认为那些深刻的教育理论能发挥作用，除非这些理论能被普通老百姓理解和接纳。所以他一再强调回归生活，把教育落到实处，这些都源于他的反思精神和服务意识。

"实际上我既不是学者也不是专家。关于我所做的这些尝试，我给它取了一个简单的名字，叫作'教育土特产'。'教育土特产'就是自己从教的根本。如果没有'教育土特产'，教师所展示的都是大家听过的、说过的、看过的，还有什么意义？大家还能够学到什么？"

"我觉得对我有用的东西，我就吸纳进来；别人没有想到的，我就去想，我就去做，敢于开先河，敢于去尝试。我觉得可以用三个句子概括：善于总结经验，乐于尝试，敢于创新与实践。"

"大胆尝试，敢于创新"被 A 老师赋予了内在的意义，同时他也懂得放弃。由于时间有限，喜欢文学创作的 A 老师在进入教师岗位后，开始慢慢搁置自己的爱好，用业余时间进行教育类的思考和写作。他自己坦言写作完全出于一份社会责任感，也基于自己长期对人如何成才的总结和思考。在向县教育局递交的关于撤点并校的建议中，他系统地阐述了自己的人才观、教育观，这些可以进一步帮助我们进入 A 老师的精神世界，理解他贡献出来的"教育土特产"。

他总结出人才形成需要有"核心三点位"，那就是依托关系、成长社群、个性空间，这个"三点位"之说就是他的一个"土特产"。人成长成才，首先需要有基本的依靠力量，这是定心丸和大后盾，是人才成长需要的安全感。例如，现在的孩子很小就进入寄宿学校，使这种依靠力量变得弱小，成为影响孩子成长的潜在危机，因为基本安全感没有巩固好。其次，成长成才需要有利于个人成长并且可以放心交流、互动的社群共同体。最后，我们要尊重每个人成长的独特空间，保护个性和多元可能性，为他们的个性发展提供机会。只有这"三点位"相互之间平衡协调了，人才培养才能有良好的基础。

（五）快乐的孩子王

A老师是一个爱孩子的人，他对待孩子总是和颜悦色。即便孩子犯错，他也是心平气和地找他们询问原因，从来不大声责备他们。

"我还是坚信学习应该从生活入手，学习应该回到生活当中。我觉得从这些地方去总结，教学应该回归学生的生活。我印象最深的是，有一次给学生讲笑话，我把笑话讲完后就让学生写。他们都很搞笑，这个说要写什么，另外一个说要写什么。这样的话，学生写作文就不存在什么压力了。"

"我一直想如何把考试变得生活化。我走访了几家，和学生家长聊了聊。他们讲了学生小的时候偷鸡蛋吃被大人发现、想吃腊肉又不吃不着，等等。我把这些搞笑的故事收集起来，再发挥想象力，把它们变成若干口头小故事讲给学生听。学生都觉得好玩，于是我就要求学生把故事写下来，不要当作文来写，就写笑话，就写学生自己的笑话或者别人的笑话。"

他把让农村孩子头痛的写作课，变成了人人都乐于参与的笑话创作。孩子们在生活中总能发现各种有趣搞笑的事情，因为同学、自己、家人，有的是糗事，有的是乐事。

"当好班主任其实就是当好一个孩子王，甚至说白了，就是当好美猴王。你一定要有孩子气，要和孩子的世界共融。你一定要在他们面前说孩子话，不要总是认为自己是权威，是成年人。如果班主任说'高大上'的东西，学生听不懂，那学生怎么听你的？如果学生听不懂的话，师生之间的距离就远了，班主任是不可能把工作做好的。"

"班主任一定要做一个孩子王，可这种'娃娃头'不好当。班主任要有娃娃的心态，要有娃娃的乐趣，要懂娃娃的语言，还要懂娃娃的心理，这些都不是一天两天能揣摩懂的。实际上班主任就是在做一个娃娃剧的演员，兼编剧和导演。班主任要编剧本，就要懂得娃娃的心理。这节课该怎么表演？在表演的过程中如何用语言和行动把导言的意图融进去？这是编剧和导演需要考虑的。班主任自己同时又是演员。"

总之，在生活中寻找教育的结合点和切入点，就是他用心最多的地方。关注学生的日常生活也正是苏霍姆林斯基所强调的关注学生的整个世界。

（六）心灵的对话者

A老师是学校有名的问题解决者。其他学校的所谓"问题学生"转到A老师所在的小学，都会变成他的学生，成为他的关爱对象，最后变成他的得力小助手。他面对棘手的问题总是有自己的办法。别人眼中的小霸王，在他眼中是孩子，是值得尊重的个体。他给予他们足够的尊重和认同，而他们也回馈他信任与喜爱。

"我教五年级的时候有个学生非常调皮，他是从其他学校刚刚转学过来的。别人都向我反映那个学生很难管理，看我是否'拿得下'他。我认为没有哪个学生我'拿不下'。他们讲的'拿得下'的意思就是征服，而我讲的不是征服，是一种沟通的渠道。他在以前的学校是小霸王。午餐时间，如果他想吃肉，谁从他面前过都必须像'上税'一样给他夹肉，不夹就要被打。老师都不敢管他。到我们学校后，他乖得很，小半年后就听话了。我去家访时家长说他都改好了。后来他在我们学校比较活跃，比较受欢迎。"

"大家一定要尊重他。我要求他这样做，我就要在他面前当好榜样。如果我做不到的话，我就要给他一个理由。我们要谦虚地、诚恳地讲出真话，不要讲一些'高大上'的教条。"

A老师眼里从来没有坏学生，也没有低人一等的学生。他不用成绩这个单一的指标去评价学生，而是用更加综合的指标去看待他们的成长。

"我觉得每个人的特点都不一样。其实，你觉得他很差是一种罪过，原因是他其实应该不差，只是我们没有发现他的优点。学生成绩不好，我们有时候也着急，但是无能为力。我们要用心去理解他，因为他也想学好，只是他没有办法。有时候学生学习不好，我一点都不怪他。"

"我从来不怪哪个学生成绩不好，从来不会。我甚至说：'成绩不好的学生，我欢迎你来。你可能有哪方面的特长，但我没有发现，所以我想请你展示出来，让我们欣赏。'"

A老师有着自己对教育和学生的理解，他从人文关怀、情感对话的角度去思考自己作为教师的责任，这其中也有他对个体成长的深刻思考。在观察了他的多堂语文课后，笔者发现他经常鼓励学生到讲台上展示自己。在每一篇新课文的学习中，他会为每一个学生提供朗读的机会：读得好的、流利的就单独上台展示，读得磕绊的、害羞的、怕被嘲笑的，就三五个不等地组团展示。总之，他必须让每一个学生都有机会锻炼自己。这样的理念始终贯穿在他的教学活动中。他会认真观察每个学生的反应，保护那些学力差的学生的自尊，从来都不抱怨他们的学业水平低，而是想办法提供匹配他们的学习方法。他留家庭作业也不搞一刀切，而是关心学生的进步和付出。这些教育行动都源自他对教书育人的深刻理解，以及对学生成长相关因素的深刻反思。

（七）原则意识的培养者

A 老师在 X 小学除了教语文外，作为教务主任还参与学校的教育教学管理。他非常看重学生的德育，特别强调坚守原则、诚信等的重要性。他的办公桌上放着两个笔筒，里面装满了铅笔那么长的薄竹签，每个竹签底部都写着不同的名字。

"这是我们之前写的全校 89 个孩子的名字，我们把除了学前班以外所有孩子的名字都写在了上面，这是我们的'每日一查'活动的内容。每天我们都要抽查孩子的情况，课间操集合时，就把这个笔筒带去请一个孩子来抽签，共找三个孩子。然后我们大家就来评价这三个孩子的表现。我们给家长打电话，问最近'他有礼貌吗？他讲卫生吗？他说话算数吗？他爱劳动吗？'等问题，给他做一个表记录下来。每个孩子都在想如果自己被抽到怎么办，都害怕被抽到，所以都想着要好好学习、好好劳动，回家后表现得比较好。这能激起孩子的积极性。"

他会把原则意识、诚信意识渗透到学生的整个生活中，让校园生活和家庭生活无缝连接，通过抽查和反馈等方式去培养学生的基本道德品质。

（八）讨论与小结

本部分主要对 A 老师的身份进行了整体的描述。他在社会层面的身份或者外在脉络赋予他的身份有最美乡村教师、有心的教师、乡村中的文化人、"教育土特产"的创造者；个人层面的身份有快乐的孩子王、心灵的对话者、原则意识的培养者。多个身份的表述体现了 A 老师身为农村教师具有的丰富性和多面性。教师身份由某几个和谐的子身份构成。[1]　教师作为社会中的个体，只有把社会身份和个人身份在不同脉络中进行整合[2]，才能最终成为一个完整的人。

A 老师基于自身"我位"(I-position)的不同对话空间展示出了多样的身份，

[1]　Beijaard, D., Meijer, P. C. & Verloop, N., "Reconsidering research on teachers' professional identity," *Teaching and Teacher Education*, 2004, 20(2), pp. 107-128.

[2]　卢乃桂、王夫艳：《当代中国教师教育改革与教师专业身份之重建》，载《教育研究》，2009(4)。

而这些多样的身份中又有着统一的身份，那就是农村社区、农村学校场域中的农村教师，它在不同的身份中激活出一个个对话空间。关于 A 老师身份的流动性，我们可以从叙述的时空位置和不同人际互动的变化中去把握，即在农村社区中他是文化人，在政府和更大范围的受众面前他是"教育土特产"的创造者，在学校他是原则意识的培养者，在学生面前他是快乐的孩子王和心灵的对话者。①

由于身份是在不同的脉络和情境中建构出来的，A 老师的子身份会在不同的社会结构和各种互动关系中生成，这也是身份的两个重要特征，即社会性和关系性。② 同时，教师身份还具有个人层面的特性，即个体经验、道德品质、情绪情感都会融入身份建构中。

身份不是固定的。身份建构过程充满着互动、建构等特性，它是持续发生着的过程，是对"此刻我是谁"的反思。③ 笔者将在下面两个部分探讨 A 老师的身份建构过程，并基于教师身份的情境性、关系性、社会性和建构性四大特征去分析他的身份在外在脉络与内在自我的互动中是如何建构的，以及他是如何赋予其意义的。

五、造福一方：外在脉络中的多面手

从 A 老师的叙述中，我们可以看到一个多面的身份形象，它的构成展示出了身份自身的复杂性。首先，从身份的特质来理解身份，它就会是一个包含多层内容的概念。其次，从身份的形成过程看，它是多重"我位"的协商过程，在个体生活中有着多样多元的参与形式。由此可见，进一步探究 A 老师的教师专业身份形成的过程，就需要首先从外在脉络切入，从宏观到微观进行多角度的阐释。在该部分，笔者将从 A 老师工作和生活的场域出发去倾听

① Akkerman, S. F. & Meijer, P. C. , "A dialogical approach to conceptualizing teacher identity," *Teaching and Teacher Education*, 2011, 27(2), pp. 308-319.

② Rodgers, C. R. & Scott, K. H. , "The development of the personal self and professional identity in learning to teach," In M. Cochran-Smith, S. Feiman-Nemser, D. J. McIntyre & K. E. Demers(eds.), *Handbook of Research on Teacher Education：Enduring Questions and Changing Contexts*, New York, Routledge, 2008, pp. 732-755.

③ Beijaard, D. , Verloop, N. & Vermunt, J. D. , "Teachers' perceptions of professional identity：An exploratory study from a personal knowledge perspective," *Teaching and Teacher Education*, 2000, 16(7), pp. 749-764.

他的故事，发现这些故事背后的因果联系和互动过程。

(一)国家赋予的责任：宏观脉络中的身份建构

乡村小学教师看似是一个简单、轻松的职业，但深入他们的工作和生活后，我们会发现乡村小学教师的工作是复杂、多样、烦琐的，各方要求的文案工作、检查任务等事务与教学任务交织在一起。没有一个人能做到纯教学，身兼数职是乡村教师的常态。

A 老师认为自己是文化人，这是因为他是乡村中文化资本的少数拥有者之一。他身边的村民绝大部分都只有小学学历甚至是文盲，他们几乎丧失了自我学习、掌握文化资本的可行能力。虽然 A 老师只受过中专教育，并且出身于普通的农民家庭，但这些并不影响他对自己是文化人的身份感知。他从自我教育和探究反思中找到了这种文化自信，并且他的写作能力、思考能力、自学能力、整合能力都一直在帮助他积累着文化资本，于是他的教师身份在文化上就变成了趋于从事精神劳动的知识分子，而且他明确了这个知识分子应有的社会责任和道德信念，他认为进行变革、改变当地教育现状、服务老百姓是乡村教师应有的追求。

A 老师对教育的社会作用有深刻的理解，他坚信学校教育只有和家庭教育紧密结合，才能培养出正常的人，然后才能培养出正常的人才。学校教育要有所作为，必须早早地在学生心里种下善良、诚信的种子。

教师的身份受到外在脉络的影响。一个教师如何思考自己和社会的关系将影响他的行为。A 老师是一个有社会使命感的人，他会思考一些社会问题，比如时代意味着什么、需求指什么及学生想要什么："我认为赶上时代就是当下人们最迫切的需求，如果我们把当下人们最迫切的需求找到了，我们就领悟了时代，就知道自己该做什么了。我们当下最迫切的需求是什么？我认为是教育。人们的需求是教育，所以我们应该把教育作为一个免疫系统，让教育能够有的放矢，从最小的家庭细胞开始做起。"

从学校到社会，A 老师不愿被隔离，而是要变成生活在大社会中的一员。他希望践行一种人文关怀，去照顾学生及其家庭。他认为人文关怀和需求有着一定的联系："满足别人的需求，就是人文关怀，就是对学生和学生家庭负责。我们只有了解学生的生活，了解我们自己的生活，把学生的生活和我们自己的生活做对比，才能让教育回到生活中，为生活服务。""如果山区的娃娃今年的成长或者现在的成长只有这次机会，而在这次机会中遇到我这个老师，那么如果我不重视他，他就完了；如果我不珍惜他，他就完了。虽然他现在感觉不到，但我们自己的良心过得去吗？过不去，所以我只要在那里上一天课就要对他们负责。有责任心是特别重要的。"

一个重视人文关怀的教师很难不去关心学生的生活背景，因为学生作为完整的人，是有着复杂而丰富的世界的。

(二)教师文化：中观脉络中的身份建构

每个学校都有自己的校园文化，而这些校园文化有隐性的、显性的，也有宣称的和实际的。与 A 老师周围的同事聊天，和他们切实生活在一起，听他们日常交流，观察他们平时的行为，笔者惊喜地发现，该校教师群体既能随遇而安，也能有所创新。乡村教师只要有想法，愿意实践，就能带给学生最先进的理念和最好的教学方式，因为乡村学校的整体氛围还是比较宽松的，大家可以大胆创新教法。

A 老师周围的同事都在为 X 小学的学生操心，都在思考通过各种方法去改善他们的学习和生活。不同的教师都以自己的方式当着一位乡村教师，他们会思考如何更好地激发学生的兴趣。这些都是 A 老师获得支持的教师氛围，也影响着他对乡村教师的理解。

和谐的校园人际关系不仅营造了同事之间紧密合作的氛围，也带出了整个学校的文明风尚，使师生之间、同事之间、学生之间都有着和睦的关系。教师身份建构要融入学校组织。微观政治中的教师社会化过程，不仅存在于教师个人层面，也有校园中的人际互动参与其中。①

X 学校的人际关系比较简单。5 个在编教师中，有两对夫妇，另外一个是校长，并且他们都是 20 世纪七八十年代出生的人，年龄只相差几岁，还有共同的家庭背景，这些相似之处让大家交流起来很轻松自如。

学校和谐的人际关系在 A 老师看来不是大家能友好相处的根本，他认为同事关系中最关键的一点是大家都有一颗"教育的心"。他还说只有基于这样的核心价值观、共同的教育情怀，教师的关系才可能真正和谐，而不仅仅是表面上的友善。

---

① Kelchtermans, G. & Ballet, K., "The micropolitics of teacher induction: A narrative-biographical study on teacher socialisation," *Teaching and Teacher Education*, 2002, 18(1), pp. 105-120.

(三)人际互动：微观脉络中的身份建构

A老师生在农村，长在农村，现在服务农村。他懂农村生活，也热爱百姓和乡土。他理解农村孩子背后的家庭生活，也理解每一个农村家庭的艰辛和不易。他从不因为自己拥有文化资本而小瞧农村人，反而由衷地敬佩他们的勤劳和坚韧，这也让他与一方百姓有了更多接触和沟通，也有了良好的外部支持。

"我一直坚持一种想法——这些老人能把子女抚养长大，而且现在还能有个稳定的家，那他们一定有过人之处。每个人都有一个强大的优点，这些优点是值得我们尊敬的。我们这些晚辈没有品尝过他们的酸甜苦辣，但是我们要尊敬他们。我的第一个感觉就是我一定要尊敬他们，所以我和他们的关系相对来说就比较好。"

A老师参加工作的第一年，就遇到了一群渴望好老师的老百姓。他们对子女教育最现实的期待就是村里来一个正式的老师，而不是代课老师。

"当了老师以后，我看到这里的孩子、乡亲们对我很重视。曾经还有一个家长送我一块腊肉，他说：'你不要走，就在这里好好教书。我们这里没有好老师。'我确实没有计划走，但是他不让我走并不是让我在这里混日子的，所以我想我应该为大家做一些有价值的力所能及的事情。我要当一个不一样的老师，找不一样的问题，解决不一样的困难。"

随着阅历的丰富，A老师的视野拓宽了。他从学校到村寨再到社会，并重新回归，更加深入地认识当地的风土人情。他看到了身边无尽的宝藏和不竭的资源，看到了充满希望的研究沃土。

"我认为社会资源是指一方人情水土，它实际上由很多元素组成。这里面的元素有些是平衡的，有些是失衡的；有些是正常的，有些是需要改善的。这里面有好多东西，也存在好多逻辑。我们需要去了解一下这个社会里面的人群，从老人到孩童，从祖辈到孙辈，再从孙辈反推到祖辈，了解以前的人如何繁衍。在整个社会的行进过程当中，我们要思考哪些因素能使社会进步，哪些新的问题将会出现，哪些事物将成为主宰新生代的社会潮流。如果我们思考这些问题的话，就会发现哪些事情是可为的。我是这样去思考的，例如，X小学所处的这个地方形成了一种历史文化，这种历史文化短期无法改变。"

曼纽尔·卡斯特认为，身份认同是和一定社会中行动者的文化属性紧密联系的，这些关系和属性构成了身份意义建构的基础。①　在个人与社会环境的互动中，已有的思想、历史文化都在影响着身处其中的人们，不管是大人还是小孩。A老师和大脉络的互动，不断体现在他的自省中，也体现在他对社会的认识和思考中。他思考得越多，越能关切很多社会问题和教育之间的关系。

社会变迁对人的影响越来越大，人们的生活方式和思维方式都在受到冲击。农村教育的难题在于如何认清教师的位置。A老师不仅对自身有想法，更对农村学校和教育应该有的社会担当有了解。他希望通过对所在地区的教育现状和社会资源进行研究，创造出对更多人有益的教育良方；他要创造出连文化程度低的人都能理解的教育原则，帮助每个农村家庭践行能兴旺家族的良方妙策。康威认为对过去的行动进行反思不仅仅是为了总结，更是为了指向未来，引导未来的行动。②　A老师反思教育现状和自身经验，就是为了更好地发展学生，服务农村社区。因此，反思与创造也成为教师身份研究中的重要维度与关键概念。

为了能贡献出教育良方，A老师放弃了自己的小说创作，改写教育研究报告。他集结了一些热爱教育的志同道合的朋友，经过一番走访调查后开始了研究分析，进入了报告撰写阶段。A老师的所思所想是植根于乡土的，是为了服务百姓的。他认为理想的学术状态应该生活化，即服务于生活。他希望自己的教育良方是小学毕业生甚至文盲都能理解的，所以其中不能有生僻的术语和拗口的表达。只有普通人看得懂、易实行、能坚持的教育方略才是他想创造的"教育土特产"。他作为扎根农村、心系一方的农村教师，可以很有同理心地与当地村民沟通。他们的交流是真诚无阻的，所以他能深刻地读懂当地百姓的教育需求，他所贡献出来的良方也会是带有浓郁地方特色的"教育土特产"。

（四）讨论与小结

从宏观层面的时代影响，到中观层面的校园文化，再到微观层面的人际

---

①　［美］曼纽尔·卡斯特：《网络社会的崛起》，55～90页，北京，社会科学文献出版社，2006。

②　Conway, P. F., "Anticipatory reflection while learning to teach: From a temporally truncated to a temporally distributed model of reflection in teacher education," *Teaching and Teacher Education*, 2001, 17(1), pp. 89-106.

关系，教师身份的建构和行为的意义赋予都和这些外在脉络息息相关。只有看到时代精神和主流的价值观、生活方式、思维方式等方面的影响，我们才能更好地理解 A 老师的变革行为中为什么会有那些创新灵感，这也为后面的意义赋予奠定了阐释性理解的基础。有学者强调外在脉络对身份建构的影响：社会空间与定位(social space and location)体现的是身处社会某个具体场域的人会在制度和权力中受到各种方式的限制和影响；① 社会结构和文化历史背景为教师的身份建构提供了"限制和可能"这一对张力，但微观脉络中的人际关系成为更加深刻的因素，因为教师的身份建构是关系性的(relational)。

A 老师是社会中的人，不同的角色会赋予他不同的期望值。他不仅仅是村里的知识分子，还是当地县委县政府眼中的公职人员。他需要承担的任务不仅仅局限在校园内，这也是农村教师较之于城市教师在工作内容上的些许差异。教师在学校的工作条件不论在文化上还是在结构上都是变动的，所以教师或多或少会在特定的人群和社区中对做好工作有基本的判断，也会根据具体情况判断什么是适宜的。②

现实世界里，教师总是处在外在脉络中的多个层面。从宏观到微观，很多因素都在影响着教师身份建构，大至国家政策、社会历史背景，小到人际关系、专业团体、社区邻里。教师在发展个人身份时需要平衡国家和社会对教师提出的要求，即为了实现个人发展和外来要求之间的平衡，教师需要用批判的眼光看待教育制度和外来指导。③ 农村教师在乡土社区中有着更加多元的角色，他们不仅是知识信息的传递者，更是优质文化的传播者，也是国家政策的推行者。

A 老师认同自己的多重角色，特别是作为文化人与知识分子，他看清楚了自己身上肩负的使命和责任，他认为自己是"教育土特产"的创造者。他为自己的很多想法命名，希望自己善于写作的优势能在教育中发挥出来。教育

---

① Coldron, J. & Smith, R., "Active location in construction of beginning teachers' professional identity," *Journal of Curriculum Studies*, 1999, 31(6), pp. 711-726.

② Kelchtermans, G., "Teachers' emotions in educational reforms: Self-understanding, vulnerable commitment and micropolitical literacy," *Teaching and Teacher Education*, 2005, 21(8), pp. 995-1006.

③ Samuel, M. & Stephens, D., "Critical dialogues with self: Developing teacher identities and roles-a case study of South African student teachers," *International Journal of Educational Research*, 2000, 33(5), pp. 475-491.

对学生的责任是他首先思考的问题，教育对一方风土人情的影响也成为他思考的问题，这样的认同感来自他对乡土社会的深厚感情。他将自己对一方乡土的挚爱转化为积极的行动，他表达着对生活其中的百姓的关切，同时也和一帮志同道合的拥有教育之心的好同事及好伙伴一起尽职尽责地工作着，互相鼓励和陪伴着。

外在脉络对他的教师身份产生了不同程度的影响，也赋予了他不同角色。笔者研究发现，特别是在微观层面，人际关系对 A 老师乡村中的文化人及"教育土特产"的创造者身份的形成有着深层次的影响。在与村里百姓的密切接触中，他知道每一个家庭都渴望过上好日子，知道孩子是家庭的希望，所以他必须要当一个村里的文化人，对百姓进行积极的影响，对孩子给予正面的情感关怀和道德上的身教示范。

A 老师在以农村学校为中心的生活和工作圈中，感受着外在脉络中不同层面张力的影响和作用，这也不断激发他将内在自我中的认知、情感、道德方面的特质加入身份建构。笔者将接着分析在 A 老师的教师身份建构中，内在自我是如何参与其中的。

六、有心的教师：内在自我中的坚守和付出

第五部分分析了 A 老师的身份建构处于外在脉络的影响中，他会在不同的层面和情境中不断与外部世界发生联系并互动交流。在农村社区与村民互动，在学校与同事、学生互动，在社会中与他人互动，这一过程是身份认同和阐释的过程，它要和教师个体的内在自我进行内外联结，才能在"我是什么样的教师"的问题中去反观自身，寻找到教师发展的内在源头。本部分将从内在自我中把握 A 老师的叙事，从认知、情感、道德等方面去理解他是怎么看待自己教师身份的构成的，是什么因素或者重要他人、重要经验造就了现在的教师身份，是哪些综合的内在自我因素在参与身份建构的互动中发挥了关键作用。

（一）不断去解决问题——认知参与

笔者在 X 小学做田野研究的 60 天时间里，听了 A 老师的几次日常课。A 老师每次都很真实地展现着自己的日常教学，没有因为有人听课而做特别的准备。据他自己回忆，在从教的 16 年里，他从来没有正式上成过一次公开课，唯一的一次机会也因为他突发咽喉炎无法出声而夭折了，但他在

推门听课中的表现受到了好评。

"我们不上竞赛性的公开课，我们乡镇在实施推门听课。有些老师来听过我的课，但我没有去其他地方上过公开课。上个学期有机会，但是那天我感冒了，发不出声音，没有上成公开课。有一次推门听课，老师们对我的评价很高，他们比较抬举我，但我觉得受之有愧。"

A老师会关注实实在在的日常教学，花心思去设计每天的课程，而不是上完一节对外展示课就没有下文了。他把课堂设计融进一节一节的课中，并形成一个连贯的脉络。比如，他关注学生的口语表达，就会在每一节课上都设计展示环节。他会给每一个学生机会，这一方面是因为班额小、学生少，另一方面也是因为他有心去改善学生的语文综合能力。

A老师对自我的认识是通过对教育问题的认知来阐释的。有学者认为，一个教师的自我形象是基于教师如何讲故事的。[①] A老师会讲他在教学中的小故事，会讲他如何激发学生对语言学习的兴趣。

A老师是一个有心人，在教学上有很多创新点。他在日常的校园生活中不断发现问题，采用多元的测评方式让学生的语文综合能力得到充分锻炼和展示。另外，他还会带学生到户外上课，从学校后山的小山林中发现教学资源，让学生在真实的生活中去贴近文本，从而理解文本。这些创新做法不仅源自他的观察能力，也源自他富有个性的思考能力。在同事眼中，A老师是一个另类的人。这些表述让他有了独特的魅力。C老师谈道："我觉得他的专业和我们不一样，他不是师范专业毕业的，他比较另类。我们天天在想办法让学生学到更多知识，而他在想办法如何让学生开心，想让学生玩什么。我和他的想法大多时候不太一样。"B老师说："首先，他是很有个性的人。大家都说他都有点怪，是个怪才，我也不得不承认这点。他有独特的想法。他为什么会出名？因为他有和常人不一样的地方。如果他和常人一样的话，在这方面他就不会有所作为……"

A老师愿意成为孩子王，他觉得自己心里永远住着一个小孩，自己在家里也会和儿子闹得"天翻地覆"，肆意开心地打闹，这不仅是放松身心的方式，也是一种融入孩子世界的方式。

---

① Kelchtermans，G.，"Getting the story，understanding the lives：From career stories to teachers' professional development," *Teaching and Teacher Education*，1993，9（5/6），pp. 443-456.

我自己觉得我天生有这种童心。如果我逗这些娃娃上课，我可以把他们逗得很热闹、很疯狂，让他们高兴得不得了，兴奋得不得了。

在家庭教育和学校教育的关系问题上，他从自身的家庭问题出发，从与儿子的相处之道出发去思考他和学生的教学关系。他不断强调家庭的重要性："我很感谢我的家庭，它让我知道家里还有一大堆琐事需要处理，但我们还有我们的梦想，所以要考虑琐事和梦想之间如何权衡。恰好我的工作跟教育孩子有关系，就是如何塑造一个孩子，如何把握一个孩子。我是教师，但我在学生当中了解的东西不全面，相反我在我家孩子身上了解的东西从目前来看可以占到60％以上。我从他身上总结，从我们之间的相处中总结，从家务中总结，得出了一个家庭真正的需求是什么，这是我的重要收获。这一收获最终使我和群众交流的时候，我一句话就可以说到他们的心里面。我站在他们的角度，就可以理解他们了。理解他们之后我就知道了我做什么能让他们接受，让他们欢迎。我是这样想的——教育必须要回归生活。"

回归生活，脚踏实地，把家庭和学校有机融合，是 A 老师最想做好的事情。"如果你回归生活的话，起初你会承受很大的压力，但是你不要让这些压力或者这些任务阻挡你前进，相反它是有促进作用的。"他不仅要把自己的家庭维护好、建设好，更要把自己的幸福体验和教育经验带给更多的家庭。正是在这样的初衷指引下，他开始了新的教育写作。

A 老师常常妙语连珠，喜欢用他的幽默让周围的人开心，这更多体现在他会用自己理解的方式去教学，会用寓教于乐的方式去吸引学生。他看重的是和谐师生关系中生成的教育。他不认为师生关系仅仅是教师关心学生，更是让学生感受到教师的关心并信任教师。他工作后就以无限的热情投入教学，对学习上需要帮助的学生进行义务课后辅导。到了饭点，他还会留他们吃饭；如果特别晚了，他就举着火把送他们回家。这些点滴的付出加深了他对教师的理解，使他更加包容和积极应对学生的学习困难。他给予学生的关心是多方面的。他最看重学生给予他的信任，认为那是维系师生良好关系最宝贵的纽带。

A 老师当了班主任后特别注意观察学生，他喜欢在别人不能理解的事情上深思，特别是在对比自己学生和其他学生的成长时，他会不断地换位思考。如何看待学生，是他常常思考和总结的问题。他认为自己要想成为孩子王，就需要真正放低身段，找回自己内在的童心，寻找每个人心中的"小王子"，只有这样才能成为孩子喜欢的老师。

(二)生命中的成长——情感维系

一个人的生活史能折射出他精神形塑的过程。按照弗洛伊德的观点,一个人未来的发展可以从过去生活,特别是从童年生活中找到蛛丝马迹,从历史的时间流中可以看到过去、现在、未来之间的联系,所以我们要让教师专业生活和个体生活融入完整的生命这个整体之中。这也是帕克·帕尔默所提出的,教师专业发展就是去过一种完整的、不分离的生活(undivided life),克服内心的恐惧,去寻找志同道合的教学共同体,让教学从寻找最本质的真我开始,继而引导学生去发现和探索。①

由于家庭困难,A 老师的求学之路非常坎坷,学生时代他曾经辍学 13次。他不愿意看到这种艰辛在学生身上重演,所以每次有学生由于经济困难无法读书时,他都会第一时间给予帮助,并且不求回报。他对学生能感同身受,特别是能理解留守儿童在课余时间进行田间劳作的辛苦。对学生时代的反思和回顾就是教师对自身经验的阐释,而这种对个人生活史的阐释和再阐释本身就和教师身份的建构有密不可分的关系,这也是在新教师培养中发展他们专业身份的一个好方法。②

如果一个人一生中能遇到一个好老师,他对生活的感受就会增加温暖的成分。朱小蔓认为,教师在学生时代感受过爱,对他们成为教师以后情感人格的培养有着重要的意义,因为教师个体的情感经验将通过反思、实践内化为情感人格。一个好老师给予的知识也许不能持久,但付出的情感却会很长久。教师带给学生的感受会传递到学生身上,使学生在师生关系中产生正面或者负面的情感体验③④,这些情感体验会伴随他们后来的生活。

A 老师在初三复读那年遇到了一个语文老师,那个老师虽然只教了他短

---

① [美]帕克·帕尔默:《教学勇气:漫步教师心灵》,162~181 页,上海,华东师范大学出版社,2010。

② Antonek, J. L., McCormick, D. E. & Donato, R., "The student teacher portfolio as autobiography: Developing a professional identity," *The Modern Language Journal*, 1997, 81(1), pp. 15-27.

③ Nias, J., "Thinking about feeling: The emotions in teaching," *Cambridge Journal of Education*, 1996, 26(3), pp. 293-306.

④ Hargreaves, A., "The emotional practice of teaching," *Teaching and Teacher Education*, 1998, 14(8), pp. 835-854.

短一年时间，但带给他的影响却是深远而持久的。这个老师对他的最大影响就是点燃了 A 老师的写作热情。当时他的学生习作得到了这个老师最美好的赞扬和鼓励。一个好老师影响人的一生也许有点夸张，但 A 老师体会到的这份伯乐之情，实实在在体现了老师作为精神导师的意义，这说明一次肯定和赞赏就足以点燃学生的激情。这个在初三补习班出现了一年的语文老师，深深地影响了现在当语文老师的 A 老师。

A 老师认为自己"性格勉勉强强算得上开朗，也幽默，爱逗大家"。乐观的个性让他在情感上能主动去接近学生，愿意当个孩子王。他想成为学生喜欢和尊重的老师。

"我一直建议老师上课的时候要把握学生的四个因素，它们都是关键因素，不能舍弃任何一个：第一个是情感因素，第二个是心理因素，第三个是非智力因素，第四个是智力因素。智力因素排在最后。非智力因素很重要，比如说性格阳光、积极、活跃，这些是非智力因素。情感因素是一个载体。我们实施教学，首先要有自己的沟通渠道，有情感、心理的平台进行心灵与心灵的对话，这样教学才能顺利进行。"

"例如，某个学生因为所处环境独特出了一些心理问题，于是教师的教学目的在他身上是不能实现的。所以心理因素也要放在前面，之后才是非智力因素，最后是智力因素。"

"最好的方法就是进行心灵的对话。心灵的对话，就像父母的陪伴，陪伴就是心灵的沟通和对话。我一直都坚信这一点，我在开家长会的时候，跟家长说不要认为你在孩子身边就是陪伴了，你还需要与孩子沟通和对话。"

教师在师生关系中注入尊重、理解，能让学生感受到这份来自教师的情感，从而使校园生活不断形成信任、关爱的氛围。只有鼓励和支持才能让教师的关心成为学生温暖的情感保护伞。内尔·诺丁斯的关怀伦理强调"关心是一种关系"，教师和学生之间必须超越单一的付出这个层面。只有学生感受到了教师的尊重和关爱，并在内心给予回应，这样才能说关心发生了。① 关心是一种情感表达，也是一种德育。只有教师践行关心，围绕关心去对话，才能对学生保持高度关注。A 老师在情感层面意识到了教师的核心意义，那就是学校关系中最重要的师生关系、家校关系都需要倾注教师的情感，而且爱

---

① ［美］内尔·诺丁斯：《关心：伦理和道德教育的女性路径》，62～103 页，北京，北京大学出版社，2014。

学生、爱乡土都不是外在强制的，而是内在生发的。

(三)恪守原则与底线——道德立身

A 老师对德育有着自己的理解和定位。他在自身的成长、对学生的家访和对自己孩子的抚养中不断总结，形成了一些基本的德育理念。"我们强调的是立身之魂，这个原则就是要做一个有信用、讲信用的人。其次，我们不能知法犯法，一定要遵纪守法。"他把这些理念在学生和家长中间进行渗透和分享。

一个教师的道德修养决定了他的育人理念。回顾自己的家庭教育和学校教育，A 老师很庆幸父亲的严厉让他从小有了底线意识。幼年时期体罚中的高压原则让 A 老师没有成为家里的害群之马，反而成为改变家庭生活条件的主要力量。"我一定要坚守原则，哪怕其他人觉得我做得不恰当。我小的时候，虽然受过严格的家庭教育，但后来我发现这对我非常好，让我一直保持着很强的底线意识。"家庭教育中的道德养成与学校教育中的品德培养如何结合起来一直是他思考的问题，也让他在日常教学中做了多次尝试。他不仅在小事上渗透这些理念，也在家长培训中传播这些理念。"原则就是底线，家长必须要有原则，老师也必须坚守原则。"

每次的家长会，A 老师作为学校的教务主任都非常重视。他不仅给全校家长分享学校问题，更传播安身立命的基本原则。

"我们在处理事情的时候一定要有原则，一定要有规则。没有规则，不成方圆。规则不对的时候，我们一定要纠正。没有规则的爱是不能要的，没有规则的爱一定是溺爱，这种爱会毁人一辈子。例如，家长一味地溺爱孩子，会导致孩子对别人的爱要求非常高，对自己的爱要求非常低，这样就毁了孩子。"

"原则是立身之魂，我们一定不能触犯法律，一定要说话算数。我们还要有立身的精神和行动力，不只会想，还要会做，能够做出来。否则的话，学生学习再好，也是枉然。所以我们建议家长们多安排你的孩子做些家务劳动，即使他做得不好也无所谓，可以要求他重新做。如果家长要表扬他这次比上次进步了，他就会做得越来越好。长大后他会是一个正常人，一个正常人就有机会做更好的事，他才容易成才。如果他不能做一个正常人，他就不可能成为一个优秀的人才。"

A 老师心目中的好老师，首先是有道德底线的。"我觉得好老师有不同的标准，我心中的好老师必须坚持原则，有超常的人格魅力，还有积极的能量。"其次，A老师不关心所谓知识和技能。在教书育人时，他更加看重的是人格的培养，是教师自身对学生基本品格的熏陶。"教书有两个因素，第一个是教，第二个是书。书是比较抽象的知识、技能，而教就含有人格的培养。如果没有原则，知识学得越多，就越容易坏事。"这样的思考和体悟被他浓缩成三个基本的道德原则，概括起来是尊重意识、诚信意识、文明意识。他认为学生如果能拥有这三点，就能成为正常人，就能打好未来发展的良好基础。

(四)讨论与小结

本部分内容由外向内地探讨了教师内在自我的各部分是如何整合进身份建构的大框架中的。将"教师怎么看待自己"放置于教师个人史中可以发现，他们的身份建构必然伴随着他们对个人的家庭背景、重要他人、职业生涯中的重大事件的反思，这一过程是生命足迹和内在心理的交换互动。人本主义取向的教师教育会向教师提出不一样的问题，比如"我是谁""我想做哪种类型的教师""我如何看待教师"，通过这类问题帮助教师发展专业身份[1]，同时也需要把个人与专业结合起来进行核心反思。

A老师的教师身份建构中内在自我的影响包括以下几个方面。

在认知层面，他把自己评价为"有心人"，始终从身边的学生和社会资源出发去发现问题、解决问题，在各种反馈中去思考教育良方。

在情感层面，他坚持从人文关怀出发去尊重每一个学生，在日常教学中坚持一种"心灵对话"，从来不把学业水平作为师生交往的基础。他看到的是一个个独立的个体，他用正面、积极的情感表达展示了一个孩子王的用心之处。在教育政策和教师标准中，教师角色中的关怀特质(caring nature)被极大地忽略了。有学者的研究表明，教师的关怀特质会影响教师的身份建构和专业行为。[2]

在道德层面，他从自身道德养成以及对社会现象的观察出发，总结了教师"育人"者的身份，把尊重、诚信、文明等价值观融入自己的身份感。教师在身份建构过程中会对日常生活中的意义源进行阐释，所以教师要增进自己

---

① Meijer, P., Korthagen, F. & Vasalos, A., "Supporting presence in teacher education: The connection between the personal and professional aspects of teaching," *Teaching and Teacher Education*, 2009, 25(2), pp. 297-308.

② O'Connor, K., "You choose to care: Teachers, emotions and professional identity," *Teaching and Teacher Education*, 2008, 24(1), pp. 117-126.

对于周围关系的理解和认识，因为虽然教师在与周围关系互动，但这并不意味着他们卷入了对话。对话是动态的、宝贵的和辩证的。① 教师需要在与自我对话中，在与他人对话中，特别是在与学生对话中反思教师行为，塑造专业身份。

在内在自我中，A 老师感知并表达的教师身份很丰富，从有心的教师、快乐的孩子王到原则意识的培养者，这些多面的教师身份建构出了一个回归兰活的乡村教师的鲜活形象。他有着质朴的教育思想，有着源于自身家庭背景和生活史的感受。"我说的这些东西，来自这种丰富的生活体验。我也不知道它是什么时候在哪儿产生的，可是它和这些体验分不开。"这同时也来源于他一直以来思考人生、反思教育的心得。

这样一个多维度的教师身份和他自身是什么样的人紧密地结合在了一起。在不同的生命状态下，教师身份在慢慢地、持久地、隐性地建构着。学生时代、职业生涯、家庭生活、校园活动、重要他人等，都让内在自我中的知、情、德三个方面与教师的身份和行动中的意义交融在一起。

七、研究结论

(一)积极变革行为背后的乡村教师身份

本研究从 A 老师的积极变革行为出发，研究他如何看待自己的乡村教师身份，什么因素能让他做出一些变革，为什么他能做一些其他教师没有做的事情，他如何看待这些变革行为以及他又是如何对这些行为赋予意义的。教师身份就是教师在面对外在他人和自身时定义自己的方式。②③④

在第四部分，A 老师呈现了一个内涵丰富的乡村教师的形象。紧接着，

---

① Hermans, H. & Gieser, T., "Introductory chapter: History, main tenets and core concepts of dialogical self theory,"In Hermans, H. M. & Gieser, T. (eds.), *Handbook of Dialogical Self Theory, Cambridge*, Cambridge University Press, 2011, pp. 1-22.

② Kerby, A. P., *Narrative and the Self*, Bloomington, Indiana University Press, 1991, pp. 13-54.

③ Lasky, S., "A sociocultural approach to understanding teacher identity, agency and professional vulnerability in a context of secondary school reform,"*Teaching and Teacher Education*, 2005, 21(8), pp. 899-916.

④ Lamote, C. & Engels, N., "The development of student teachers' professional identity,"*European Journal of Teacher Education*, 2010, 33(1), pp. 3-18.

笔者从第五部分和第六部分的分析中理出一个思路，即教师身份建构是一个在外在脉络和内在自我的不断相互影响和交互作用下持续发生的过程。A老师是一个有心的教师，也是"教育土特产"的创造者。他坚持回归生活去进行人文关怀，造福一方百姓。这样的身份构建通过认知、情感、道德三个通道，让外在脉络和内在自我有了交互的可能，从而影响了他的教师身份建构，也带出了他变革行为背后的意义源头。

首先，作为乡村教师，A老师除了拥有国家公职人员这样外在脉络赋予的角色外，他更把自己看成是乡村中的积极力量，一个文化人，一名知识分子，这就和内在使命感有了直接的联系。在外在身份和内在使命之间，他赋予了现实工作不一样的意义，为农村社区的变化和农村孩子的成长承担起了责任。教书不再仅仅是一个糊口的饭碗，更是一种实现自我价值、为社会提供能量的平台；教师这个身份不再仅仅是传道授业解惑者，更是一个文化传播者、课程开发者、道德榜样。以学校为基地，他可以从周围的社会环境和一方风土人情中获得宝贵的资源，他认为自己身边的学生和社会就是这些资源的集中体现。在叙事中运用隐喻工具可以引导教师用一种生动且富有洞见的表达去阐释自己的身份状态，帮助研究者在访谈中聚焦"谁"做了什么，而不是做了"什么"，实现从对活动的关注到对人本身的关注。[1]　A老师在描述自己时，就常常用隐喻来表达自己的教育观、学生观，以及自己是孩子王和"教育土特产"的创造者等身份感，这些能帮助我们更生动地理解他的积极教师身份。教师的反思意识、意向性、责任、承诺等都可以看作他们积极建构专业身份的表现。[2]　A老师就是一个反思意识极强的人，他愿意去发现问题、解决问题，更重要的是他借此成为"教育土特产"的创造者，这也让他的教师身份建构一直处于活跃的动态过程中。

其次，A老师职业生涯中的重要他人和关键事件都构成了他"成为教师"这一道路上的推动因素。学生时代遇到的王老师、工作后的出版物、成为最美乡村教师等，都是他不断反思和建构教师身份的个人叙事要素。教师作为个体，总是要把"社会层面"与"个人层面"的身份进行整合才能构成一个完整

---

① Thomas, L. & Beauchamp, C., "Understanding new teachers' professional identities through metaphor,"*Teaching and Teacher Education*, 2011, 27(4), pp. 762-769.

② Urzúa, A. & Vásquez, C., "Reflection and professional identity in teachers' future-oriented discourse,"*Teaching and Teacher Education*, 2008, 24(7), pp. 1935-1946.

的人①。从学校、社区到家庭、个人，A老师阐释着父亲、丈夫的角色对于教师身份的影响。他高度评价自己对儿子的那份教养体验和反思，把最近几年总结出来的大部分教育经验归功于自己的家庭，归功于自己与儿子、妻子的相处之道，试图从家庭的世俗生活中找到教育需要发力的地方，这也是他始终坚持回归生活的重要意义源头。

最后，作为原则意识的培养者，他认为教师应该有底线意识和道德坚守。帮助学生培养出立身之魂的原则底线，是他重要的"教育土特产"之一。这样的教师身份与学校教育立德树人的目的紧密地融为一体，也被A老师内化进自己乡村教师身份建构中的道德层面。自身行动背后的这些意义源让我们理解了是什么让农村教育中的积极变革者做出了别人没有做出的改变，成为不断尝试的勇敢者。他们的行动绝非偶然，而是基于对教师身份的自觉或非自觉的反思和理解的，这也是教师教育研究者理解他们的最佳路径。

如此回归生活的有心者能有那么多积极的变革行动，能有那么多在人本主义教育者内部引发强烈共鸣的情感表达，而且能在日常教育中推行教育公平，都源于他意义丰富的农村教师身份。这些或清晰或潜伏的意义感知让A老师始终在做着自己理解的积极教育，为农村孩子提供更多的发展机会，为一方乡民百姓贡献自己的教育智慧。

(二)乡村教师身份的建构

A老师的教师身份有着多层面、多维度的内涵。从有心的教师到"教育土特产"的创造者，从文化人到孩子王，这些身份汇聚到一个人身上，需要教师自身去整合和阐释它们。这些社会层面和个人层面身份的融合构成了一个完整、丰富、积极的乡村教师形象。这个形象的产生过程需要我们从外在脉络和内在自我的互动过程中去进行阐释。沃斯顿认为，身份建构是在叙述中出现的。人建构了叙述，与此同时，叙述也建构了人。研究者要做的就是理解教师用了什么故事和资源去建构自己的身份，用了哪些故事、哪些素材、哪些关键人物。② 在叙述探究中，语言被认为是身份建构的关键资源。话语分

---

① 卢乃桂、王夫艳：《当代中国教师教育改革与教师专业身份之重建》，载《教育研究》，2009(4)。

② Watson, C. , "Narratives of practice and the construction of identity," *Teachers and Teaching: Theory and Practice*, 2006, 12(5), pp. 509-526.

析和角色身份在社会学的视野下应该充分结合起来，从教师的日常互动中去理解他们声称的身份究竟表达了一个什么样的自己，以及教师通过话语如何定位自己与制度、他人、自我的关系。① 教师对自我身份的感知会来自多方面的叙事，这些叙事都在描绘同一个对象。教师在叙事中会反观自身经验，并通过叙事更好地理解自己和这个世界，这也是他们作为完整个体的生命体验。个人生活史、学校求学经历、职后工作状态对教师专业身份中的教育理念、教师情感都有深刻的影响，这同时是一个阐释和再阐释教师身份的过程。②③

通过本研究我们可以发现，外在脉络对 A 老师影响深远的是他在微观层面的人际关系，即他与学生、家长、村民、同事的人际关系影响着他身为教师的身份理解和变革行为。他在这些人际互动中，逐步塑造了有心的教师这样一个身份，这样的自我认同又推动着他外在的行为，让他成为"教育土特产"的创造者；内在自我中的 A 老师从情感和道德这两个维度进入身份叙述，这就形成了他快乐的孩子王和原则意识的培养者这另外两个重要身份。这个孩子王不仅有孩子的心态，还有孩子没有的原则坚守和道德判断。孩子王的赤子之心和良师的行为示范构成了一个更加丰富的教师形象。

研究教师是为了更懂教师，为了进一步支持教师的专业发展。人们对乡村教师身份进行研究是基于对个体生命的尊重，是从教师的个人叙事中获得了启示。教师在应对外部压力、改革困境、学生差异时是怎样思考和行动的，这都植根于"我是什么样的教师"这样一个本体性的问题。教师在不断发问和理答中一步步逼近自身的核心价值和生命意义。教师教育机构中学者的研究表明，那些对学生和职场有深切认识的教师能以一种接地气的、有意义的方式在教育教学过程中贡献更多，并能成为更好的自己。④ 从社会、历史、政

① Cohen，J. L.，"That's not treating you as a professional：Teachers constructing complex professional identities through talk，"*Teachers and Teaching：Theory and Practice*，2008，14(2)，pp. 79-93.

② Kerby，A. P.，*Narrative and the Self*，Bloomington，Indiana University Press，1991，pp. 13-54.

③ 宋萑、张文霄：《教师专业认同：从专业角色走向身份认同》，载《全球教育展望》，2012，(3)。

④ Robinson，M. & McMillan，W.，"Who teaches the teachers? Identity，discourse and policy in teacher education，"*Teaching and Teacher Education*，2006，22(3)，pp. 327-336.

治等宏观脉络中的交流互动，再到教师的认知、情感、道德等都在帮助教师认清自我，从而形成应对变化的行动策略。乡村教师的培养和培训需要关注教师身份，理解他们的所思所想。

如果说农村教育的改变从教师开始，那么教师的专业发展就需要从"认清自己"开始。教师只有基于对"我是怎样的教师"这个身份认同问题的思考，才能把握教师和外在脉络、内在自我的交互关系，才能在世界潮流和教育变革中找到那份定下来的可能。教师的定心源于他们对教师身份的认同和对自我的悦纳。

(三)研究反思

本研究是与贵州乡村教师的近距离接触。一次历时 60 天的全浸式田野调查让笔者吃住在 X 学校，体验了乡村学校一个工作日的日常活动。笔者边教学边研究，难免会出现兼顾不到的情况，不过还好笔者的课都安排在中午和下午。A 老师是语文老师，他的课基本都安排在上午，所以笔者就利用上午的时间去观课、听课，做参与式观察。由于老师们每天放学后都要开车半小时以上才能回到家，访谈时间都会视情况而定。笔者见缝插针地找机会就和 A 老师聊天。有时是在课间，有时是在 A 老师开车回家的路上，有时是在放学后的某个空闲时间。总之，笔者尽可能多地去收集信息。X 学校的老师们都很好相处，而且他们对教师这份职业有种自然之爱。在这样的校园文化中开展研究本身就是一件愉悦的事情，况且 A 老师在多方面给予了帮助和支持。但研究就是研究，笔者除了有情感的投入，还要有研究态度，把"局外人"这个角色把握好。反思自己在研究中的偏好，有时难免会因为欣赏 A 老师的变革行为而情不自禁地自我认同，从而干扰了对研究对象全面、理性的分析和判断。

教师身份研究是一个跨学科的研究，它的研究框架往往是从哲学、教育学、人类学、社会学、心理学的研究中整合而成的。教师身份研究是人本主义取向的研究，它聚焦于"我是谁"，把作为人的教师和作为教师的人放在研究的中心，避免工具理性只见事物不见人的现象，专注教师的内在力量和自我认识。[①] 笔者认为，这类研究的一个成果就是让教师在叙述教育故事时听

---

① McLean, S. V., "Becoming a teacher: The person in the process," In R. P. Lipka & T. M. Brinthaupt(eds.), *The Role of Self in Teacher Development*, Albany, NY, State University of New York Press, 1999, pp. 55-91.

到自己的声音，同时也能让自己的声音被他人听到，这些交往与对话需要更多研究者参与进来，特别是针对乡村教师的这类质的研究需要进一步深入。来自农村积极教师的个案研究不可能揭示所有与教师身份建构相关的因素，而且也不能确定哪些因素对初期的教师身份有直接影响。① 特别是对于非师范专业毕业或者非教育学背景的农村教师而言，他们的校园生活经历如何影响他们的教师身份以及哪些职后影响因素更具有主导作用等都有待探讨。虽然如此，但本研究至少提供了一个理由和机会，让乡村教师的声音得到倾听，让他们有机会卷入一次反思之旅，在对话中重新揭示那些潜藏于内心的意义感和身份感。

希望有更多的基于人本主义的研究出现，去探究更多的积极的乡村教师身份，让越来越多的积极声音被听到，这样外围能量才能更好地为乡村教师赋权，才能更好地支持和陪伴他们在专业发展道路上走下去，进而使他们过上一种幸福的教育生活。

---

① 　Ruohotie-Lyhty, M., "Struggling for a professional identity: Two newly qualified language teachers' identity narratives during the first years at work," *Teaching and Teacher Education*, 2013, 30(1), pp. 120-129.

第六章 农村小学教师复原力的个案研究

一、引言

教师复原力（teacher resilience，又译为教师心理韧性、教师抗逆力），是指教师在面临挑战和挫折等不利因素时，能够有效利用支持性资源迅速恢复健康和精神的能力，是由环境因素、工作因素和个体因素共同影响的一个动态过程。①教师复原力与压力直接相关。研究发现，东西方文化背景下的中小学教师都承受着很大的工作压力②③，其后果之一就是教师离职④。在我国，由于人口数量庞大和工作机会的限制，教师很难在教学以外的行业中谋求到工作，因此尽管教师对教学工作不满意，感受到很大的压力，有离职意向，但是他们还是留在学校任教。⑤ 尤其是农村教师，他们的工资

---

① Sammons, P., Day, C., Kington, A., et al., "Exploring variations in teachers' work, lives and their effects on pupils: Key findings and implications from a longitudinal mixed-method study,"*British Educational Research Journal*, 2007, 33(5), pp. 681-701.

② Chaplain, R. P., "Stress and psychological distress among trainee secondary teachers in england,"*Educational Psychology*, 2008, 28(2), pp. 195-209.

③ 徐富明：《中小学教师的工作压力现状及其与职业倦怠的关系》，载《中国临床心理学杂志》，2003(3)。

④ Darling-Hammond, L., "Keeping Good Teachers,"*Educational Leadership*, 2003, 60(8), p. 13.

⑤ Liu, S. & Teddlie, C., "Case studies of educational effectiveness in rural China," *Journal of Education for Students Placed at Risk*, 2009, 14(4), pp. 334-355.

待遇低、工作强度大，而且缺少升迁的机会。① 如此一来，尽管教师没有离职，但是情况更糟，因为教师的低满意度和高压力会对教师的工作热情和心理健康产生消极的影响，减少教师的工作产出②，影响学生的学习和发展③。因此，在中国文化背景下研究农村教师复原力是很有意义的，它能帮助我们探究哪些因素能够促进农村教师提升复原力，从而增强农村教师的教学动机和效能感。

从20世纪八九十年代开始，国际学术界对教师流失、教师离职做了大量研究，重点探讨了教师流失或离职的原因，例如，高负荷工作，缺乏支持，面临具有挑战性的学生行为，要迎合学生复杂的多样化需求和不高的职业社会地位。④ 但是对为什么有些教师选择离开教学岗位，而有些教师却选择继续留在教学岗位这个问题，学术界并没有给出明确解释。此外，这个研究领域的其他学者认为复原力不仅对新手教师重要，而且对所有的教师都重要，因为它可以增强教师的效能感和职业满足感，并且帮助教师更好地适应教育生活中千变万化的不利条件。⑤ 目前，更多的研究者开始关注教师复原力，例如，萨姆欣（Sumsion，J.）研究了幼儿教师为什么在多种不利条件的影响下仍然能够茁壮成长以及有哪些支持条件维持了他们的专业承诺等问题⑥，而且从教师流失的原因和如何促进教师复原力的思维的转变的角度为教师教育

---

① Liu，S. & Teddlie，C.，"Case studies of educational effectiveness in rural China，" *Journal of Education for Students Placed at Risk*，2009，14(4)，pp. 334-355.

② Tshannen-Moran，M.，Hoy，A. W. & Hoy，W. K.，"Teacher efficacy：Its meaning and measure，"*Review of Educational Research*，1998，68，pp. 202-248.

③ Sargent，T. & Hannum，E.，"Keeping teachers happy：Job satisfaction among primary school teachers in rural northwest China，"*Comparative Education Review*，2005，49，pp. 173-204.

④ Wilhelm，K.，Dewhurst Savellis，J. & Parker，G.，"Teacher stress？An analysis of why teachers leave and why they stay，"*Teachers and Teaching*，2000，6(3)，pp. 291-304.

⑤ Gu，Q. & Day，C.，"Teachers' resilience：A necessary condition for effectiveness，"*Teaching and Teacher Education*，2007，23(8)，pp. 1302-1316.

⑥ Sumsion，J.，"Bad days don't kill you；They just make you stronger：A case study of an early childhood educator's resilience，"*International Journal of Early Years Education*，2003，11(2)，pp. 141-154.

和教师专业领域有效干预项目的出现提供了可能性。① 选择继续留在教学岗位的教师的态度和行为成为学者的关注点，教师复原力的研究由此兴起。

近20年来，国际学术界对教师复原力的研究有两种取向——静态取向和动态取向。

静态取向的研究的主要内容：①教师复原力概念，把复原力视为个体心理和社会建构的过程；② ②教师复原力的多维度结构，例如教师复原力包括专业、情绪、动机、社交四个维度；③ ③教师复原力的影响因素，有学者从积极和消极两个方面来研究，发现了保护因子(学习和行政支持、师傅和同事支持、个性特征、自我效能感、应对技能、专业反馈和成长、自我关心等)和危险因子(消极的自我信念和信心④、寻求帮助时的困难⑤、复杂的个人、学校或者班级背景⑥等)。也有学者综合考虑，提出职业承诺、职业效能感、工作满意度、教学条件、教师专业发展阶段、工作场所的人际关系等影响教师的复原力⑦，并且从个人因素和环境因素之间的关系、教师不同生涯阶段最突出的影响因素、影响因素如何相互作用这三个方面，解释了保护因子和危险因子与心理复原力的发展关系。学者发现处于高危险中的个体在应对他们

---

① Sumsion, J., "Bad days don't kill you: They just make you stronger: A case study of an early childhood educator's resilience," *International Journal of Early Years Education*, 2003, 11(2), pp. 141-154.

② Day, C. & Gu, Q., "Variations in the conditions for teachers' professional learning and development: Sustaining commitment and effectiveness over a career," *Oxford Review of Education*, 2007, 33(4), pp. 423-443.

③ Mansfield, C. F., Beltman, S., Price, A. & McConney, A., "Don't sweat the small stuff: Understanding teacher resilience at the chalkface," *Teaching and Teacher Education*, 2012, (28), pp. 357-267.

④ Kitching, K., Morgan, M. & O'Leary, M., "It's the little things: Exploring the importance of commonplace events for early-career teachers' motivation," *Teachers and Teaching: Theory and Practice*, 2009, 15(1), pp. 43-58.

⑤ Fantilli, R. D. & McDougall, D. E., "A study of novice teachers: Challenges and supports in the first years," *Teaching and Teacher Education*, 2009, 25(6), pp. 814-825.

⑥ Beltman, S., Mansfield, C. & Price, A., "Thriving not just surviving: A review of research on teacher resilience," *Educational Research Review*, 2011, 6(3), pp. 185-207.

⑦ Gu, Q. & Li, Q., "Sustaining resilience in times of change: Stories from Chinese teachers," *Asia-Pacific Journal of Teacher Education*, 2013, 41(3), pp. 288-303.

所处的环境时所表现出来的个性特征是有很大区别的，且个性特征与环境的互动、不同的职业生涯发展阶段、为提升生活水平而表现出的复原行为甚至性别都不同程度地影响个体复原力。

动态取向的研究有两个方向。其一是研究不同生涯阶段教师复原力的特征及其异同，发现处于不同生涯阶段的教师如新手教师和高原期教师面对的压力和挑战不同，且他们提升复原力的策略也不尽相同。① 研究还发现，强复原力教师比普通教师能做出更积极的专业承诺。研究者由此构建出了教师专业生涯阶段、专业身份、幸福感、专业承诺、复原力和效能感之间的动态关系图，一方面解释了强复原力教师能够有更高的教学效率这一结果，另一方面也阐述了教师复原力发展是个人生活和教学交互作用的过程，并且受教师所处职业阶段和职业认同的影响。② 其二是关注教师复原过程，借鉴复原力模型来考察复原过程。例如，学者亨特（Hunter，J.）的复原力层次模型认为个体在遭受危机后的恢复是有层次的，且个体的心理恢复不仅是灵活地战胜逆境的过程，更是对特殊情境的抵御过程③。路特（Rutter，M.）的"环境—个体"策略模型，从环境与个体两个方面对保护性机制进行了分析，提出了更受认可的四种复原力发展的作用机制：危机因素冲击的减缓、负向连锁反应的减缓、增强个体自我效能感和自我尊重与机会的开发④。孔普弗（Kumpfer，K.L.）的"个人—过程—环境"互动模型建立在社会生态观、系统观的基础上，不仅包括了三个因素——外在环境中的危险因子和保护因子、个体内在的心理复原力因子（内在保护因子）以及个体的适应结果，而且包括了在环境、个体和适应结果之间起中介作用的动态机制，兼顾了环境、个体和适应结果各自所起的作用以及彼此之间发生的交互作用，并对复原力产生的起点、过程

---

① Bobek，B.L.，"Teacher resiliency：A key to career longevity，"*Clearing House*，2002，75(4)，pp. 202-205.

② Day，C. & Gu，Q.，*The new lives of teachers*，London，Routledge，2010，p. 159.

③ 转引自 Kaplan，H.B.，"Toward an understanding of resilience：A critical review of definitions and models，"In Glantz & Johnson Kluwer(eds.)，*Resilience and Development：Positive Life Adaptations*，New York，Academic/Plenum Publishers，1999，pp. 55-56.

④ Rutter，M.，"Psychological resilience and protective mechanisms，"*American Journal of Orthopsychiatry*，1987，57(3)，pp. 316-331.

和结果进行了完整的探讨，对复原力运作机制做出了详细分析①。理查森（Richardson，G. E.）的"身体—心理"动态平衡模型描述的是一个人的身体、心理、精神在某一个时间点上适应了外界环境时的暂时平衡状态。它受到来自个体内外的各种保护因子和危险因子的联合影响。当个体的身体、心理、精神的平衡状态被打破时，通过保护因子和危险因子的相互作用，个体具有重构平衡的可能性，而新的平衡是个体生命建构的标志。② 以上这些模型都是围绕复原的过程（复原力的起点、复原力的作用过程、复原力的作用结果）来阐述复原力的作用机制的，而且在一定程度上指出心理复原力的作用机制模型在系统发展观和生态发展观的影响下必然会越来越强调整合性。

由于教师复原过程的复杂性，单一的复原力模型的解释力稍显不足。本研究整合复原力的层次模型和动态平衡模型，将教师复原机制视为当教师面临压力事件时，保护因子和危险因子相互作用最终体现复原结果的过程。本研究借鉴此模型来研究一位中国北方农村小学教师 37 年职业生涯中的复原力。研究问题包括：个案教师在职业生涯中遇到的压力事件有哪些？面对不同的压力，个案教师在不同的职业生涯阶段经历了什么样的复原过程？个案教师复原的结果是什么？

二、研究方法

(一)样本

本研究采取目的性抽样的方法，选择符合研究条件并可提供深入的有丰富内涵的资料的样本进行观察与访谈。选择研究对象的标准为：①研究对象来自农村；②研究对象是小学教师；③研究对象具有较长的教龄；④研究对象应对环境能力较强，有较稳定的内在品质，有正向积极的发展结果。根据以上考量标准，本研究选择了河北省某农村地区一位小学全科女教师。张老师(化名)1956 年出生于河北省北部的一个小山村，1975 年高中毕业后开始做民办教师，一生以教书为业，一直到 2011 年开始坐休(在到法定退休年龄的

① Kumpfer, K. L. , "Factors and processes contributing to resilience: The resilience framework, "In Glantz, M. D. & Johnson, J. L. (eds.), *Resiliency and Development: Positive Life and Potations*, New York, Kluwer Academic, 1999, pp. 179-224.

② Richardson, G. E. , "The metatheory of resilience and resiliency, "*Journal of Clinical Psychology*, 2002, 58(3), pp. 307-321.

前一年就在家休息，不用履行在编教师的义务，但是仍然享受在编教师的待遇），2012 年正式退休，从教 37 年。

（二）数据收集与分析

本研究的数据通过访谈获得，就是通过让研究对象讲述自己的生活故事获得数据。本研究采取分阶段访谈的方式。第一阶段（2012 年 2 月 8 日）采取无结构、完全开放式的访谈，对张老师的教学生涯形成一个大致的轮廓。第二阶段采取半结构式的访谈（2013 年 4 月 29 日），主要了解张老师在不同的职业生涯阶段遇到的关键事件及其过程。在第三阶段（2013 年 6 月 10 日），研究者根据前面的数据画出张老师在不同的职业生涯阶段面对的压力事件图，向她进行核实，并进一步使她回忆当时经历，进而挑选研究者觉得有意义的事件。在第四阶段（2014 年 3 月 8 日），研究者将所有的数据整理好后，再次访谈以对部分数据进行查漏补缺。另外，本研究还收集了张老师的个人年终总结报告和各种荣誉证书。

数据的收集与分析是一个紧密相连的过程。每一阶段的访谈结束后，研究者会对数据做初步的分析，会发现一些有启发性的问题和一些没有预料到的问题，然后会在后续的访谈中特别关注。访谈录音被逐字转录成文字材料，经过编码归纳出类属。

三、研究结果

本研究根据和张老师的谈话内容，将张老师的个人专业发展历程划分为六个阶段。①职初期（1975 年至 1977 年）：从 1975 年高中毕业刚开始任教到 1977 年在本村（HTG 村）教书，本阶段是张老师在学校系统中的社会化时期，主要表现为为了使学生、校长和家长接受自己而努力，并且寻找处理日常事务的合适方式。②摸索期（1977 年至 1982 年上半年）：在本阶段，张老师在 DSQ 村担任初中物理、化学的教学工作。本阶段是张老师努力改进教学技能的时期，主要表现为寻求新的教学材料和教学策略，观摩和被观摩教学，把工作看作挑战。③熟练期（1982 年下半年至 1984 年）：在本阶段，张老师的教学能力已达到一定水平，充满教学热情，在专业上继续向前发展，主要表现为热爱工作，喜欢与学生交流，有较高的工作满意度和工作责任感。④低潮期（1984 年至 1987 年夏）：1984 年，张老师在本村担任小学三级复式的教学工作，1985 年在本村教小学五年级。在这个阶段，张老师在教学上遇到了挫折，工作满意度急剧降低。张老师开始质疑自己的专业选择，主要表现为张老师感到自己受困于一份难以胜任的工作，压力增大，面对学生也不知所措。⑤专业期（1987年秋至2009年）：从1986年开始一直到2009年，包括张老师在中师就读的两年，在这个阶段，张老师已经进入了职业生涯的稳定期（也可以理解为高原期），她在专业发展方面已经达到饱和，能够完全胜任当下的工作，很难有进一步的成长，但是教学成绩还是相当出色的。⑥离岗期（2009年至2010年）：从2009年教完最后一年到2010年开始坐休，这个阶段是张老师准备离开教学岗位的时期。这个时期可以让教师因为自己度过了收获丰富的职业生涯而产生积极的体验，也可能让教师因为失意的教学经历而产生消极的体验。张老师属于前者，主要表现为她度过了长达37年的教学生活，身心感到很疲惫，所以决定提前退休，结束自己的教学生涯，同时也为自己的长期投入和回报感到满意。离岗期的张老师没有明显的复原力的体现，故在本研究中没有详细展开。

（一）职初期的复原力（1975年至1977年）

1975年，张老师高中毕业，由于当时高考制度还没有恢复，张老师没有机会继续求学，只能参加工作。"文化大革命"时期是民办教师大幅度增加的时期。这时候，许多小学民办教师都由本公社农业中学的毕业生担任，村生产大队一直是实际决定是否录用民办教师的主体。张老师的高中学习成绩非常优秀，于是由学校和大队联合推荐成为本村的一位民办教师。张老师并没有任何教学经验，当时就凭着自己的年轻活力和热情，慢慢地开始了自己的教书生活。

刚开始教书两个多月，张老师就碰到了第一个压力事件：被一位家长大骂一顿。有一天，一个男生下课时打女生，于是张老师批评了他。放学回家后男生说张老师打他了，之后家长便找到学校破口大骂。年仅19岁的张老师认为，自己刚开始工作，工作热情很高，想教育好这个学生，可是家长没文化、不理解。张老师当时很生气，认为自己遭到了很大的打击，心情低落，觉得被骂了一顿还怎么教书?! 她有了一丝不想教书的念头。张老师说：

"碰上家长来闹事，我心里就很不平衡，刚教书就遇到这样的挫折，我就不想教了，当时就有些想不开。本来我就是想教育一下这个孩子，结果家长不理解我，我心里有点低落。本来刚开始工作我热情很高，结果上了两个多月课就遇到这件事，心里过不去，觉得受到了打击，还怎么教课？"

校长的开导与个人反思对张老师应对这个压力事件有积极的作用。生气之后张老师主动找校长谈心。校长告诉她，那位家长其实是因为大队录用了她而没有录用他亲戚，才借故来找她撒气。校长提醒张老师，往后再教育这个学生时注意点。当然校长也从正面引导张老师："你还年轻，刚工作，难免会遇到挫折，要注意教育的方式方法。你就安心教书吧。本来你就是刚开始教书，一生中还能不遇挫折吗?"面对这件事情，张老师并不是一味地抱怨和责怪家长的不理解，而是反思自己该如何和家长沟通，以赢得学生和家长的理解和支持。张老师说：

"通过这件事情，我反思了一下，觉得自己不应该一味地抱怨家长的不理解，反而应该和家长多沟通，把关系处理好，想通后我就更有信心了，这件事反而起了好的作用。在以后的教学过程中，我经常主动和家长沟通，不会再发生冲突了。"

这件事过后，张老师的情绪又高涨起来了。她不但自己注意与家长的交往，还经常帮助调解其他老师和家长的矛盾，从而赢得了家长和同事的尊重。此时张老师的社交性表现很好。张老师说：

"自从那件事情以后我就开始琢磨，毕竟家长的心也是肉长的，和家长说清楚以后一般不会发生什么冲突。再加上平时我对孩子们照顾有加，教学上也很有耐心，所以家长们都已经从心里认可我了，把孩子交给我他们也放心。我感觉到教师看上去挺平凡，但其实不平凡。"

张老师对此事件的反思使她对教学工作有了更深的理解，这更加激发了她在教学上的热情。例如，原来学校没有老师教音乐、美术、体育等"副科"，张老师就带头上这些课，还帮助其他老师。在张老师的带领下，其他老师也开始学习如何上"副科"。张老师在教学上的成绩还使她当上了教学领导，这增强了她的自我效能感。张老师实现了心理复原重组，即强化了内在的心理复原力，在能力、自我效能感、自尊、自信、社交等方面有了良好的表现。①

1977 年至 1978 年，农村公办教师的数量远远不能满足需要，而师范教育也不可能在短时间内培养出大量的师资，于是，民办教师便成了当时填补农

---

① Richardson, G. E., "The metatheory of resilience and resiliency," *Journal of Clinical Psychology*, 2002, 58(3), pp. 307-321.

村教师巨大缺口的重要力量。① 在国家宏观政策的指导下，县里开始对全县的民办教师进行质量考核，规定考核通过者才能留用。这次质量考核并没有成为张老师的压力事件，因为她凭着在教学和管理上的优异成绩顺利通过了考核。

(二)摸索期的复原力(1977 年至 1982 年上半年)

1977 年后期，张老师所在的 HTG 村合并到了 DSQ 村。因为民办教师的身份，张老师通过考试后到 DSQ 村任教。其他老师都选择教语文、数学，留下了物理、化学让张老师教。对于张老师来说，这是从教小学到教初中的学段的转变，是从教语文、数学、音乐、体育、美术到教物理、化学的学科的转变。此时的张老师已经有两年多没有学习物理、化学了，这对她来说无疑是一个巨大的压力事件。其实到最后，张老师教的不仅仅是物理、化学，在本校的语文老师和政治老师走了以后，张老师还担任了一年的语文老师和政治老师，这就无形给张老师增加了额外的负担。张老师说：

"物理、化学比语文、数学更抽象，所以我觉得压力大了。物理、化学我好几年都不学了，我在小学教的就是语文、数学，这一下转到中学压力有些大了。……一个老师只教一科肯定比较简单，因为就专注这一科，负担就小得多，如果要教好几科，哪一科都要想着，例如备课，教一科很快就备完了，但教很多科就需要备很多课。作业也要判，还要讲课，这样的话责任就大了，压力也就大了。后来中学里两个老师走了，没人教语文和政治，校长就让我担起来了。我每天都是一点多钟才能睡觉。一个老师对我说：'你承担了这么多，每天这么晚睡觉，你还要命吗?'"

面对如此大的教学压力，张老师还是以积极的态度、好强与勤奋的个性特征来对待。张老师重新捡起已经几年没有接触过的物理、化学，每天起早贪黑准备教案、上课、辅导。张老师把做好这份工作视为校长的信任和期望。她认为校长知道她能挑得动这副担子，才把这个重担交给了她。她说：

"DSQ 村竞争很激烈，所以我自己下定决心要好好努力。学校让我教哪科，我就好好教，好好备课、看书、研究、做实验等。当时校长要求每节课讲的内容要和教案一模一样，也就是说教案写成什么样，课就得讲成什么样。听课的时候，校长就在底下看着我的教案……我每天早上起来就背教案，讲课的时

① 周险峰等：《农村教师研究 30 年：回顾与反思》，102 页，武汉，华中科技大学出版社，2011。

候就不看了，就拿一本教材……经历了这四年多，我算被'逼'出来了。"

这个时期的张老师还是单身，并没有结婚生子，正好处于成人发展的无忧无虑时期，几乎没有任何牵挂，于是一心扑在教学上，并且有很好的实践机会，可以在所选专业中有效地发挥才能。张老师说："教学任务很重，但那时我年轻，没事，没孩子。"

此外，当时学校的听课、检查、指导、观课制度对张老师也有很大的帮助。校长对教学很重视，经常听老师们的课，检查他们的教学，检查之后还让教导主任进行指导。另外，学校还安排老师互相听课。张老师回忆起当时的经历感觉很欣慰，她认为这些活动让她很受启发。有了指导、观摩，再加上自己的摸索，慢慢地她就顺手了。张老师说：

"这四年半左右的时间就把我'逼'出来了。虽然一开始接手这两门课的时候自己还有些担心，担心自己无法胜任，但是通过自己的努力，最后的教学成绩还是很不错的。这次经历对我来说是一个不小的收获。"

张老师不仅没有被压力击垮，反而乐观地将这种压力看成是一种磨炼和收获。张老师回首当时的困难，说道：

"最后教了一年语文、政治、物理、化学，这一年任务比较重，但是我想的是这对我而言也是一种磨炼。之后我在教学、考试方面都受益了，尤其是第二次考师范学校的时候。如果没有这经历我能考上吗？不能。"

正当张老师在积极应对这个压力时，另外一个更大的压力出现了。这里有一个小小的插曲不得不提一下，那就是"文化大革命"结束以后，所有老师都可以参加高考，于是张老师也和其他老师一样参加了高考，可是当时由于未婚夫父亲的干涉没有上成大学。张老师以为自己不够努力，这事就过去了。后来，鉴于当时中小学教师学历不合格人员比例过大的现实，教育部采取了一定的措施，提出"凡是目前尚不具备国家规定学历的中小学教师，一般应通过考核，取得专业合格证书或者取得教材教法考试合格证书，并具备相应的教师职务任职条件，才能聘任或任命其担任相应的教师职务"。改革开放以后，不断有民办教师以报考中师和教师进修学校、参加中师函授班等形式提高学历和业务水平，同时教育行政部门也不断通过组织各类考试和检查、评比来督促民办教师提高业务能力。[1] 在政府鼓励民办教师报考中师政策的支

---

① 魏峰：《弹性与韧性——乡土社会民办教师政策运行的民族志》，42页，上海，上海三联书店，2009。

持下，1979 年，张老师参加了一次中师考试，结果因 0.5 分之差没有被录取，失去了接受正规师范教育的机会，也失去了转为公办教师身份的机会。张老师说：

"这次我很用心地复习，本来自己学习成绩也不错，可就差 0.5 分，所以我受了打击了……我不想吃饭，不想睡觉，难受得每天就看天，要不就早晨起来去庄稼地里待着，快上课的时候才回去……自己那个阶段教书的情绪可低了，整天昏昏沉沉的，几个月缓不过来，瘦了好几斤。"

其实张老师情绪极度低落还在于自己争强好胜的性格。张老师说，当时一个 H 同学和张老师是前后桌，人家考上了 Z 师范，而张老师仅仅因为 0.5 分之差就落榜了，心里就有点想不开。

在张老师萎靡不振的时候，校长和同宿舍的同事都很关心她。张老师说：

"当时一个和我一起住的老师是个小女孩，比我还小。我心情不好不睡觉，她就每天对我说几句让我开心的话，吃饭的时候还给我买些吃的。当时有个供销社，卖东西的老板也帮着开导我，就说：'考不上下次再考，凭你的能力和成绩能考上，不能不吃饭。'尤其是校长，也总是找我谈话，开导我。那个时候校长对我的检查有所放松，而且有时间就说：'小张，这段时间不能这样，你还很小呢，前途是光明的，不能因为这么点挫折就有什么想法。'意思就是你这么好的底子还怕啥？这次没过，下次还有机会。国家还是重视人才的，人才在哪个年代都是有用的。"

但是，真正让张老师重新振作起来的是去县里参加培训。为了让张老师换个环境、换个心情，校长派张老师去县里参加培训，学习物理和化学。别的乡派去学习的老师只能学一期一个科目，而校长安排张老师学习两期两个科目，历时近三个月。张老师跟着培训班一起学习关于物理和化学的几本书，还接受实验的培训。

这次培训对张老师应对第一个压力起到了积极的作用。学习回来，张老师带回一批实验仪器。学校以前没有这些实验仪器，也没有实验桌、实验室等，实验课就是老师在讲台上口头讲授。有了这些实验器材，张老师讲课更加直观了，学生也能够亲手参与实验过程。这让张老师对教学，尤其是对化学的教学信心倍增。同时，张老师还负责给其他四个大队学校的老师讲授培训中所学的知识，带动这些老师一起搞教研活动，引导他们共同学习。在这个过程中，张老师的教学领导力体现了出来。张老师的教学效果越来越好，她的学生还考过全县第三名，这大大提升了张老师的自我效能感。面对压力，张老师实现了心理复原重组。

这次培训对张老师应对第二个压力也起到了积极的作用。回来之后张老师把全部的精力放在工作上，放弃了再次考师范学校的念头。至此，张老师的复原出现了缺失性重组，即她在达到新的平衡状态时放弃了自己原有的一些动机、理想或信念。① 她说：

"从那以后自己也不考了，第二年就没报名，一直都没报，心里想考上考不上的就教书吧，把孩子们教出来就行，就一心又投入工作了，实际上这既是一种挫折又是一种动力。我就想好好教书，哪个孩子到了我班里我就脚踏实地地帮他们打好基础，一心一意就想教好这些孩子们，教好孩子们好像就是对自己的回报。慢慢自己也就想开了，不在乎它了。"

(三)熟练期的复原力(1982年下半年至1984年)

1982年，国家对民办教师进行了第二次质量大检查，其中《河北省关于整顿民办教师队伍经验的通知》提出对民办教师的工作态度、业务水平、教学效果、文化程度进行全面考核，以工作态度和教学效果为主，一般都采取听(课)、看(教案和学生作业)、查(学生近年成绩)、谈(开学生和家长座谈会)、测(文化测验)等方法对教师进行考核。② 这次检查规模比较大，县里全部停课检查，而且听课不提前通知老师，都是随机地选择听课对象。那年的检查不仅仅是听课，还要看历年的教学成绩、学生的评价、校长的评价和教育局的评价。张老师顺利通过了质量检查，获得了很高的评价。学校还给她带上了大红花，给她颁发了聘用证书，从此张老师被正式聘为一名民办教师。张老师进入了她职业生涯的熟练期。她的教学效果很好，她学生的成绩总是排全县第二，有时候排第一，还经常获奖。她的工资也被提高到全乡民办教师的最高水平(每月22元多)。

正当张老师的事业蒸蒸日上时，她遇到了另一个压力事件：孩子的牵绊。1983年，张老师所在的学校被撤销合并到YLG村，于是张老师被调到YLG村教学。YLG村离张老师居住的HTG村非常远，而张老师刚出生不久的孩

---

① Richardson, G. E., "The metatheory of resilience and resiliency," *Journal of Clinical Psychology*, 2002, 58(3), pp. 307-321.

② 刘英杰：《中国教育大事典(1949—1990)》，693页，杭州，浙江教育出版社，1993。

子还没有断奶，于是张老师只好在 YLG 村租了房子，带着孩子住在那儿，还请了自己的妹妹帮忙带。张老师每天很早就去学校，晚上 9 点多才下班，回到家还要备课、改作业，有时候晚上还要值班。张老师自己顾不上带孩子，租房又花掉了很多钱，生活过得特别艰辛。碰巧 HTG 村小学辞退了两个民办教师，而小学校长对张老师印象极好，希望她能回去。就这样张老师为了照顾孩子回到了 HTG 村小学。

面对生活上的压力，张老师不得不放弃了原来的教学环境，尤其是放弃了自己在教学上的成就以及未来的专业发展，此时她的复原是一种缺失性重组。

（四）低潮期的复原力（1984 年至 1987 年夏）

张老师教了九年的初中之后又回到了小学，这又是一次学段的跨越、学科的跨越，更有挑战性的是她接手的是一个兼有小学一、二、三年级的三级复试班。这种形式的班级令张老师手足无措。因为复式教学与单式教学相比，每一节课一般要减少三分之二的直接教学时间，所以张老师不可能像教单式班那样去指导和组织学生活动。因此，张老师需要花更多的时间和精力去思考如何组织复式班的课堂教学，这也是上好复式课的关键。张老师这样描述她接手小学三级复式班的情境：

"教完初中之后突然教三级复式班我感到不适应，加上孩子们底子差，我拿起这本教材放下那本教材，就是厘不清头绪。每天晚上常常是孩子坐在我腿上吃着奶，我抱着一堆作业判，经常是十一二点才睡觉。"

这期间张老师还要承担繁重的家务劳动。丈夫没有给予她支持，所以他们夫妻经常吵架。丈夫是陪伴一个女人度过一生的人，应该说是最亲的人，应该给予妻子更多的关怀和支持，但是张老师的丈夫要求做教师的妻子在完成要求的教学工作之外，还要承担所有的家庭职责。张老师丈夫的不支持也给张老师增加了很大的负担，于是吵架、打架都是家常便饭。张老师说：

"我丈夫不管我，不仅不管我还不配合我，例如我上班这么累了，回到家他也不洗碗。那时候我脾气还挺急，经常是我下班回家又饿又气，所以我们经常吵架、打架。"

因为压力过大，张老师开始生病，一病就是十几天或二十几天，这样一来张老师的身体素质也开始逐渐变差。

面对陌生的三级复式教学模式，张老师完全不适应，出现了缺失性重组。张老师说：

"那次打击很大，学校大会上，校长点名警告我了，说下次再教不好就辞退。我也没办法，学生成绩差，不能说是因为我没有下功夫……一至三年级的复式班，我不会教了，也教不会了，也摸索不了。"

第一年的三级复式成绩亮了黄灯。校长决定再给张老师一年时间教五年级全科，如果成绩还是不见起色就解雇张老师。就这样张老师接手了决定她命运的五年级毕业班，这也是张老师在职业生涯低潮期面临的第二个压力。张老师这样描述当时的情境：

"接上这个五年级，我出了数学和语文试卷考了考学生。结果，全班只有一个孩子数学考了43分，剩下的就考了17分、7分、8分……语文成绩更是低得不能说。最后我就辛苦教吧，晚上补课，补四年级落下的知识。我在想这书根本没法教，怎么教？"

张老师百感交集，为应对这个压力，主动寻求校长的帮助。校长向乡里申请派一个教导主任下来指导张老师。教导主任来后住在校内办公室，他先讲课，同时张老师就在下面听课学习，然后张老师再讲，由教导主任进行辅导。如此进行了半个月的时间，张老师就觉得有点信心了，于是张老师就开始给学生整体补课，天天晚上补，补小学一至四年级的内容。

经过一年的艰苦奋斗，张老师所教的五年级毕业班的成绩很好。校长还专门为她开了一个教学工作表扬会。张老师觉得自己又重新摸索到了小学教学的技巧，在教学上变得得心应手，教学热情也高涨起来。这次张老师的复原是回归性重组，即她的身体、心理、精神又恢复到原来的状态。①

送走一届毕业生后，校长又决定继续让张老师带新的毕业班，希望学生能考出更好的成绩。也就在这时，张老师又有了一次重新考师范学校的机会。校长鼓励张老师再考一次，希望她能够成为正式教师。校长帮张老师报名，还垫上了五元的报名费。如此一来，张老师又面临教毕业班和复习的双重压力。也就是在张老师再一次应考时，张老师知道了自己第一次高考"失败"的真正原因——被公公"做了手脚"。但是当时，张老师并不知道自己落榜的真实原因，所以张老师还是将全部精力放到了教学上，继续教书，成绩也挺好。张老师周末还和其他老师出去游玩。张老师这样描述当时的心情：

"第一次高考，我的分数可高了，想着自己应该能被录取，结果我丈夫的

---

① Richardson, G. E., "The metatheory of resilience and resiliency," *Journal of Clinical Psychology*, 2002, 58(3), pp. 307-321.

父亲不让我走。我丈夫的父亲是（村里的）书记，政审下来就不给我盖章，但是我一点也不知道。我体检完了就等着通知书下来，到最后也没等到，也不知道为什么，还以为我的分不够，当时也不懂得去县里查，就是等着。但是这对我的打击不是太厉害，因为我不了解（实情）。"

不过最后当张老师得知事情的真相以后，她更加努力了。在应对双重压力的过程中，张老师的教与学形成了良性互动。访谈时张老师的话语中洋溢着一种欣喜和激动，她这样说道：

"我有了经验，教得也清楚了，孩子们好像配合得也好，也变得爱学了。我把多难的题给孩子们，他们都能做出来。孩子们还和我比谁起床早呢。我早上三点多起来复习，他们也起来学习。孩子们说，不管他们起多早，等到了学校，发现老师还是比他们早……孩子们学习可积极了，所以我教得就很顺利。"

张老师在复习的时候十分刻苦，但是首先面临的是丈夫的反对。张老师的丈夫在得知张老师再次参加考试后，出于自己的私心，将张老师的复习资料全部扔掉，给张老师制造难题。不仅如此，他还故意不做任何家务劳动，经常和张老师发生冲突。张老师这样描述复习的时候遇到的困难：

"当时我考试的时候，我把复习资料都准备出来，把它们放到缝纫机上准备复习，等我下课回来，我丈夫已经把书扔到粪坑里了，一本都没有了。第二天我又去了趟中学，找到曾和我一起教书的老师帮忙。她帮我找了书，嘱咐我放到办公室，别往家里放。我就把这些书放到办公室不让我丈夫看见，这才开始学习了。学的过程中，我丈夫专门给我找难题。我三点多起来复习，等我复习完回去发现孩子还光着屁股在炕上坐着呢。我丈夫不管就走了，专门刁难我。"

为此，张老师经常和她的丈夫吵架。然而，张老师虽然艰辛，但还是很理解丈夫对自己继续深造的不支持。张老师告诉笔者她的丈夫之所以这样做，也有他自身的考虑：他怕家庭经济压力大，因为民办教师也需要通过在土地上劳作来提高收入水平，如果她考上师范，就意味着全家的经济负担全都落到了张老师的丈夫一个人身上。在乡土社会，民办教师在承担教学工作的同时还是一个农民。张老师天色未明即起，下地干活，然后一手拿饭一手拿书，一路小跑奔向学校，给学生上早课；天黑之后，还要在学校进行业务学习，或批改作业，回家之后还要做半夜农活或家务，扮演着"亦师亦农"的双重角色。尽管张老师没有得到丈夫的支持，但是张老师并没有因此放弃，而是更加努力学习，努力到张老师自己的孩子都开始心疼妈妈。说到这个话题，张老师激动地告诉笔者：

"我也不怕他，还是克服着困难学。孩子（3 岁）还说'妈妈你别看书了'，我笑了，因为我经常学到半夜一点多。"

张老师的复习时间只有 40 多天，每天她只能睡两三个小时，身体消瘦到 75 斤。张老师说她在这一年获得了"双丰收"。毕业考试后，学生的成绩下来了，除一个学生离分数线有 1.5 分外，其他所有的学生全部考上了初中。当第二届五年级毕业班的学生和张老师一样努力，最后取得了优异的成绩时，张老师更加坚定自己的选择，同时也看到了自己努力的成果。正当张老师和学生欢天喜地的时候，张老师的师范学校录取通知书也下来了，随后就转成了正式教师。张老师回到村里的小学后，校长还和张老师开玩笑说："没想到当年'留党察看'一年的老师最后考上了师范（学校）。"说到这里，张老师感慨道：

"走到这个地步不容易，那是一种压力也是一种动力，要不也发挥不出来我的潜力，这就是人生的一次大转折。"

张老师的复原呈现出心理复原重组。

（五）专业期的复原力（1987 年秋至 2009 年）

1987 年秋至 1989 年夏，张老师在某师范学校上学。她很珍惜这两年的学习机会，学习非常刻苦，成绩很好，年年领奖学金，还被评为"优秀毕业生"。毕业之后，张老师一直负责小学复式班的全科教学，不过张老师对教学有了新的思考。首先，毕业后她知道用教育学和心理学的理论来教学。优秀的教学成绩也归功于张老师不断自我反思。其次，张老师还采用了质性研究方法和量化研究方法。再次，张老师开始反思教学要适应不同年龄阶段的学生、不同学习风格的学生，还运用了因材施教的教育理论，针对每个学生的不同情况进行个别辅导。原来，张老师所有的这些思考都是有理论依据和科学价值的，只是由于自身学习机会的限制，没能早早接触到这些教育理论。最后，张老师还提及了她自己作为教师的一种信念，那就是多为村子培养一些人才。

从师范学校毕业回来的第一个冬天，张老师被评为小学一级教师，过了一段时间又被评为小学高级教师。此外，张老师还自学三年获得了省师范大学的毕业证书。2003 年，张老师还被评为"县模范教师"和"德育标兵"等。

其实，张老师当时明明可以选择继续留在城镇教书，这样张老师的专业发展也会有很大的空间，而且当时县里也想让张老师留在中学，但是张老师出于对自身情况的考虑，还是决定回到自己的村子教小学：首先是经济条件，张老师考虑到家庭由于这两年师范学习而担负的经济债务；其次是张老师考虑到自己当教师的一种信念。最终，张老师放弃了留在县城教书的机会，回到了老家的小学。

在张老师事业一帆风顺的时候，儿子的辍学又成了她的一大压力。张老师的儿子小时候学习特别好，还经常考全班第一名。上初一的某一天他被同学打了一顿，从此就不想学习了，要上武术学校。张老师不让他去，结果初二时儿子辍学了，外出给别人当小工。此事让张老师很焦虑。她整天都在想，觉得这样下去会毁了自己的孩子。一个学期后，张老师去外地把儿子找了回来，送他去附近的学校上初二。初中毕业后儿子没考上高中，读了中专。经历了儿子成长的过程，张老师疲惫不堪，用她的话来说就是"我一下子就老了"。追问起原因，张老师无奈地说："只顾教别人的孩子了。"这次压力事件后，她表现出缺失性重组。

四、讨论

(一)张老师在职业生涯中所面临的重大压力事件

梳理张老师 37 年的教学生涯发现，张老师经历的比较突出的压力来自职业方面，如职初期被家长训斥，从教小学全科转到教初中物理与化学，从教初中再转到教小学复式班，两次中师考试等。表面上看，这些压力都是因教学工作和教师发展而产生的，但是，究其根源，这些压力是农村的撤点并校、农村学校教师数量不足以及农村民办教师的身份引起的，是社会政治因素引起的。作为一个社会人，张老师生活在一个社会网络中，在职业生涯发展过程中又会有许多专业发展的需求。张老师比较关注自己的角色和身份，参加了由民办教师转为公办教师的考试，所以在考试失败后情绪低落到了极点，体会到了从民办教师转为公办教师带来的压力。相较而言，城市教师面临的职业压力主要源于工作负荷、学生学业、社会及学校评价、专业发展及学生问题等[①]，他们一般不会经历小学到中学教学学段上的多次转变、学科的多

---

① 李琼、张国礼、周钧：《中小学教师的职业压力源研究》，载《心理发展与教育》，2011(1)。

次转变、中学多科教学和小学全科及复式教学等压力。农村公办教师也不必承受转变身份的压力。

"养育孩子"是张老师所经历的重大生活压力事件。"哺乳和照看孩子"的压力从表面上看是所有女性教师都会经历的，但是，张老师所承受的这种压力主要是农村的撤点并校带来的。"儿子辍学"的生活压力事件也与张老师的教学工作有一定关系，用她的话来说就是"只顾教别人的孩子了"。

(二)张老师应对压力事件的复原过程及复原结果

职业生涯的职初期阶段是教师在学校系统中的社会化时期。职初期的张老师可以用"糊里糊涂"来形容。职初期的张老师，正好赶上"文化大革命"，不能参加高考继续深造学习。她由于表现突出得到了当地大队和校长的信任，这种氛围对于张老师的职业抉择与工作表现有着深刻的影响。由于职初期的张老师并没有师傅带领，而且对学校各方面了解很少，对职业角色的要求和规范所知有限，掌握的专业知识仅限于高中所学的学科知识，对和实际工作密切相关的管理技能掌握不多，因此，张老师在职初期碰到的困难主要表现为如何适应和完成班级的管理工作，也面临与学生家长之间的各种矛盾，面临身份转换后心理上的不适应和对职业的陌生感，因为她的能力要受到检验。这个时期的张老师还比较缺乏经验，很容易在难缠的家长和特殊利益团体面前变得脆弱。这个时候，张老师开始怀疑自己当初的选择，遇到困难时就会产生消极的自我信念。有人在对早期教师的研究中提到，最常见的个人遇到的挑战和困难是消极的自我信念。[1] 这一时期是张老师专业发展较为困难的时期，也是关键时期。职初期的教师通常有两种出路：一些教师进入了能力建构期，他们展示了一种开放、上进的心态，愿意更多地学习，从而越来越精通教学；另一些教师则故步自封，拒绝改变，对专业的持续发展缺乏热情。[2] 张老师属于第一种，不同之处在于表达的方式不同。张老师认为自己的第二个阶段应该称"摸索期"更合适一点，因为在这个时期，张老师对教学

---

① Kitching，K.，Morgan，M. & O'Leary，M.，"It's the little things：Exploring the importance of commonplace events for early-career teachers' motivation," *Teachers and Teaching：Theory and Practice*，2009，15(1)，pp.43-58.

② [美]Ralph Fesser & Judith C. Christensen：《教师职业生涯周期——教师专业发展指导》，82页，北京，中国轻工业出版社，2005。

积极，也开始慢慢地摸索自己的教学，可见个人的优势和特质也是和教师的复原力相关联的。① 约斯特（Yost，D. S.）对 10 位比较成功的年轻教师的个人和专业素养的调查表明，如果教师能够了解学生，有热情，有积极的态度，就能够满足学生的需要，就能够创造一种积极的课堂氛围，并且能够运用一系列的教学实践与批判思维来解决一些现实问题，而且还能够与家长和其他的相关人员成功合作，使得学生得到最优发展。② 同时，他们为学校做出的贡献也能被学校所认可。③ 因此，在这个过程中，张老师主动开设音体美课程，得到了学校领导、同事和学生的支持。同时，校长和同行对张老师的专业成长起到了重要的作用。

摸索期可以看成是教师整个职业生涯的"专业化发源地"。在这个阶段，张老师在刚刚对自己的教学工作有了一定的认识之后便面临由小学到中学的跨越。面对不同的环境、不同的领导、不同的学生，张老师遇到了很多困难：对学科知识不熟悉、对学生群体的不了解都阻碍着张老师的专业发展。于是张老师开始关注在教学方法和材料等的限制下，如何顺利地完成教学任务，以及如何正常地掌握相应的教学技能。也就是说，张老师从一个年级改换到另一个年级，或者调动到另一个学校或社区时，也可能产生职初期的感受。此时张老师也参加了由民办教师转为公办教师的考试，比较关注自己的角色和身份，所以在考试失败后情绪低落到了极点，但是凭借着自己坚强的个性和内在动力，同时在校长和同事的帮助下走出了阴影，又全身心地投入教学。安德森（Anderson，L.）等人的研究也提出，工作中的同事是希望和灵感的重要来源，能够帮助教师解决工作中的困难和维持他们的承诺。④ 特别是在非

---

① Gu，Q. & Day，C.，"Teachers' resilience：A necessary condition for effectiveness，"*Teaching and Teacher Education*，2007，23(8)，pp. 1302-1316.

② Yost，D. S.，"Reflection and self-efficacy：Enhancing the retention of qualified teachers from a teacher education perspective，"*Teacher Education Quarterly*，2006，33(4)，pp. 59-76.

③ Sumsion，J.，"Early childhood teachers' constructions of their resilience and thriving：A continuing investigation，"*International Journal of Early Years Education*，2004，12(3)，pp. 275-290.

④ Anderson，L. & Olsen，B.，"Investigating early career urban teachers' perspectives on and experiences in professional development，"*Journal of Teacher Education*，2006，57(4)，pp. 359-377.

常艰难的情况下，同事可以鼓舞士气。①②

　　熟练期的张老师已经从摸索期的现实冲击中"存活"下来，逐渐适应了自己的工作，开始形成简单的教育观念，并初步了解了实际的教学工作，还能比较自如地驾驭课堂教学，形成了自己的教学风格和教学模式。此外，张老师不断地改进和提高教学技能，其压力和不适已经逐渐消失，能够比较轻松自信地面对自己的工作了。这个阶段的张老师不仅在经历自己职业生涯的积极阶段，而且也在对学校氛围和其他教师产生积极的影响。卡斯特罗（Castro，A. J.）等人在研究教师需求量比较大的地区新手教师离职现象产生的原因的过程中发现，由于年龄的影响，小学教师需要努力实现工作和家庭生活之间的平衡。③ 张老师由于已经有了孩子，不得不顾忌很多因素，最终选择回到自己的村子教小学，但是这并不意味着张老师就不爱教育事业。此外，开放民主的行政管理环境和管理风格都能满足张老师的个人成长需求。

　　低潮期的特征是张老师遭遇了挫折。张老师面对措手不及的班级模式，缺乏教学的效能感，找不到能够推进教学的支持力量，从与学生相处中获得的肯定与付出不成正比。张老师面对三级复式班和五年级毕业班的教学，显得很措手不及。我国学者林丽也指出了中观层面学生和班级的特点，同时指出学生类型、成绩和班级性质等因素都影响教师复原力。④ 这个时期的挫折是引起张老师重新评价自己从事教学的理由，并给予了她退出教学领域的刺激。有学者提出，学校领导的决策方式对教师影响很大。校长使张老师重新审视教学，并再次肯定他选择教学的原因，激活他的教学热情。张老师在获取了校长和教导主任的帮助后重新点燃了教学的激情。

　　专业期的张老师表现出明显的稳定性特征。张老师凭借其丰富的工作经历、较高的教学水平和较为扎实的理论功底，在努力钻研业务和开展教研的过程中，结合自身特点和教育发展要求，逐步形成新的教学技能、教育思想

---

① 　Brunetti，G. J. ，"Resilience under fire：Perspectives on the work of experienced，inner city high school teachers in the United States，"*Teaching and Teacher Education*，2006，22(7)，pp. 812-825.

② 　Howard，S. & Johnson，B. ，"Resilient teachers：Resisting stress and burnout，"*Social Psychology of Education*，2004，7(4)，pp. 399-420.

③ 　Castro，A. J. ，Kelly，J. & Shih，M. ，"Resilience strategies for new teachers in high-needs areas，"*Teaching and Teacher Education*，2009，26(3)，pp. 622-629.

④ 　林丽：《教师工作倦怠问题研究综述》，载《比较教育研究》，2006(2)。

和独特的教育教学模式，在专业上达到了成熟状态。张老师的这一生活时期是在经历了挫折和倦怠之后出现的。这个时期的张老师个人或许已不再受到自己已成年的孩子的牵制，但她会再次反思工作意义、工作价值和工作回报，于是她在校长和同事的鼓励下又参加了中师考试。霍华德（Howard，S.）和约翰逊（Johnson，B.）采用质性研究方法选取薄弱学校中的10位经验丰富的教师为研究对象，指出薄弱学校中的教师更需要家庭和朋友的支持。① 然而在备考过程中，张老师面临的最大障碍就是丈夫的不支持。有的研究提出学校的学生也可以对教师的复原力提供支持，即积极的师生关系能够帮助教师克服困难。② 此次备考过程中，学生所起到的作用也是不可磨灭的，他们和张老师并肩作战，共同赢得"双丰收"。成熟的个体反映出的是一种"维持"的心态，维持原有的教学能力和稳定的教学义务。此外，生活在农村的张老师比城镇教师面临更多的农活。进入专业期的教师已经经历过其他的阶段，已经能接纳变化中的环境，并做出调整，以使自己在工作环境中感觉舒适。面对小学一至六年级的全科复式班，张老师已经变得游刃有余。摩根（Morgan，M.）等人在对700位爱尔兰小学新手教师的研究中证实了这个结果。③ 农村的小学教师更容易因为条件的限制而具有更强的教学应对能力。

纵观张老师的生命历程，校长的支持包括安慰、信任、鼓励等，是张老师走出多个压力事件的保护因子。虽然专业支持如参加培训、教导主任的辅导等对张老师应对教学压力起了重要的作用，也是保护因子，但是这些专业支持依然是由校长安排的。个体努力也是张老师应对各种压力事件的保护因子。低收入水平、教学负荷大、民办教师"亦师亦农"的身份等因素，都是张老师应对各种压力事件的危险因子。深入分析发现，这些危险因子实质上是由农村教师工资待遇制度、农村学校教师数量不足、民办教师制度等因素引发的，是农村教师个体无法突破的，于是它们成为农村教师复原的障碍。

---

① Howard, S. & Johnson, B., "Resilient teachers: Resisting stress and burnout," *Social Psychology of Education*, 2004, 7(4), pp. 399-420.

② Kitching, K., Morgan, M. & O'Leary, M., "It's the little things: Exploring the importance of commonplace events for early-career teachers' motivation," *Teachers and Teaching: Theory and Practice*, 2009, 15(1), pp. 43-58.

③ Morgan, M., Ludlow, L., Kitching, K., O'Leary, M. & Clarke, A., "What makes teachers tick? Sustaining events in new teachers' lives," *British Educational Research Association*, 2010, 36(2), pp. 191-208.

本研究发现，应对压力事件时，凭借校长的支持和专业支持以及个体努力等保护因子，张老师的复原结果呈现出心理复原重组或回归性重组。在这类情况下，由于保护因子的强大作用，尽管危险因子也存在，但是其消极影响被扼制了。在缺乏校长的支持和专业支持的情况下，只凭张老师个人的努力，复原结果呈现出缺失性重组。此时，由于保护因子不足，危险因子的消极影响体现了出来。

本研究还发现，农村教师在应对生活压力事件时，缺乏组织环境的保护因子，仅凭着个人的"吃苦耐劳"来应对，此时危险因子的消极影响变得强大起来，使复原结果呈现出缺失性重组。

另外，张老师的复原结果中没有出现机能不良重组。机能不良重组是一种危险的复原结果，主要表现是削弱了内在心理复原力因素，表现出暴力行为、反社会行为、情绪倒退等。①

五、研究结论

回顾张老师的教学生涯，张老师拥有教师发展的一般周期，也有国内外学者研究得出的共同复原因子，如校长的支持、有经验教师的指导、培训学习和个性特征等，尤其是校长的支持几乎贯穿张老师职业生涯的每一个阶段。本研究通过对张老师 37 年教学生涯中的压力事件进行分析，发现职业压力和生活压力是张老师面临的主要压力。农村小学教师与城市教师相比，承受着更特殊的职业压力，包括面临从小学到中学学段上的多次转变、学科的多次转变、中学多科教学、小学全科及复式教学、转变民办教师身份等压力事件，这些压力事件从实质上看是社会政治因素引发的。应对职业压力事件时，在校长的支持和专业支持以及个体努力等保护因子的作用下，张老师的复原结果呈现出心理复原重组或回归性重组；在缺乏校长的支持和专业支持的情况下，只凭张老师个人的努力，复原结果呈现出缺失性重组。对于出生于农村的张老师而言，来自家庭方面的影响也是非常显著的，比如家境的贫乏以及丈夫的不支持等。同样，在应对生活压力事件时，由于缺乏组织环境的保护因子，仅凭着个人的"吃苦耐劳"来应对，张老师的复原结果呈现出缺失性重组。

① Richardson, G. E., "The metatheory of resilience and resiliency," *Journal of Clinical Psychology*, 2002, 58(3), pp. 307-321.

第七章 基于课题研究的小学教师专业学习共同体的个案研究

一、引言

(一)研究意义

近些年教师专业发展的范式发生了转型，关注学校文化构建、强调教师群体发展的生态取向吸引了很多学者。例如，托马斯(Thomas，G.)等人指出，"教师专业发展思想的一个重要转向就是从'个人努力'转向'学习共同体'，且在学习共同体中，教师通过参与合作性实践来丰富自身的教学知识和实践智慧"①。国内也有学者指出，教师专业发展是一个组织学习的过程，让教师在组织中学习才能更加充分地发挥教师的个人和群体智慧。本文依据扎根理论对本研究中的个案"基于课题研究的小学教师专业学习共同体"，从教师专业共同体存在和发展的动力、组织特征、价值及其制约因素四个方面进行了深入剖析，一方面丰富了专业学习共同体(professional learning community，PLC)的相关理论研究，另一方面也可以为未来教师专业学习共同体的构建提供参考价值，具有非常现实的指导意义。

---

① Thomas，G.，Wineburg，S. Grossman，P. Hyhre，O. & Woolworth.，"In the company of colleagues：An interim report of the development of a community teacher learners,"*Teaching and Teacher Education*，1998，14(1)，pp. 21-32.

（二）文献综述

1. 专业学习共同体的研究历史

1966 年，联合国教科文组织与国际劳工组织在《关于教师地位的建议》中提出，应把教师职业作为专业来看待。1996 年，联合国教科文组织召开第 45届国际教育会议，明确提出："在提高教师地位的改革中，专业化是最有前途的中长期策略。"教师专业发展运动由此兴起，同时教师如何通过学习来建构专业知识、专业技能成为主要研究问题。

20 世纪 70 年代，美国学校教育逐渐暴露出种种问题，例如学生学业成绩差、基本技能低，于是"返回基础""卓越运动""学校重建运动"等学校改革相继展开，但都以失败告终。① 传统的教师孤立文化，包括孤立主义和山头主义等②，成为阻碍教育改革和学校教育发展的重要因素。

至此，学校与教师之间的关系逐渐引起研究者的关注。20 世纪 80 年代，"共同体"概念进入教育领域。布里克（Bryk，A. S.）等人最初从学校组织的角度提出"学校作为共同体"的说法。③ 20 世纪 90 年代，专业学习共同体的概念得以提出并引起一大批研究者的关注。最初，彼得·圣吉在《第五项修炼——学习型组织的艺术与实践》中提出了"学习型组织"（learning organization）的概念，至今仍被不少学者推崇。④ 1991 年，莱夫（Lave，J.）和温格（Wenger，E.）从人类学角度提出了"实践共同体"（community of practice）的概念。⑤1993 年，富兰在"学校作为学习型组织"（the school as a learning organization）

---

① ［美］杜富尔、埃克：《有效的学习型学校：提高学生成就的最佳实践》，1～10 页，北京，中国轻工业出版社，2005。

② 宋萑：《课程改革背景下的教师专业学习社群与教师发展：上海的个案研究》，博士学位论文，香港中文大学，2007。

③ Bryk，A. S. & Driscoll，M. E.，*The High School as Community：Contextual Influences，and Consequences for Students and Teachers*，Madison，University of Wisconsin Press，1988，pp. 1-5.

④ ［美］彼得·圣吉：《第五项修炼——学习型组织的艺术与实践》，1～13 页，北京，中信出版社，2009。

⑤ Lave，J. & Wenger，E.，*Situated Learning：Legitimate Peripheral Participation*，Cambridge，Cambridge University Press，1991，p. 89.

的基础上呼吁"应把学校从官僚机构转变为一个充满活力的学习者共同体（community of learners）"①。1997 年，霍德（Hord，S. M.）等人向学校提出并推广"持续探究及改善的共同体"（community of continuous inquiry and improvement）概念②，本着打破教师孤立状态，为教师创建合作学习环境的宗旨，提出"专业学习共同体"（professional learning community），由此专业学习共同体作为教师发展及学校改善的一种实践模式应运而生。

2. 专业学习共同体的含义与特征

"构成'专业学习共同体'这一概念的每个词都是有目的语义指向和选择的。"③如此，我们分别来看专业学习共同体每个词的语义指向，以对这一概念有更清楚的认识。

"共同体"最初由斐迪南·滕尼斯（Ferdinand Tönnies）提出，强调的是人际存在着的共通精神意识、强烈的归属感和认同感、个人与集体的互动。这是理解专业学习共同体的核心。④

"专业"的含义是丰富的：专门且专业的知识基础；满足学生需求的专业伦理；专业承诺下强烈的集体身份认同；对实践和专业标准实行同行管理的专业自主。⑤ 这与"共同体"自身所强调的归属感、认同感相吻合。

"学习"指引了教师学习共同体构建的过程与方法论。在很多学校，很多教师认为进入这一职业仿佛就不再需要学习了，而专业学习共同体则致力于不断研究和持续学习⑥，既强调学习环境的创设，也强调教师的集体反思与持续学习。

---

① Fullan，M. ，*Change Forces：Probing the Depths of Educational Reform*，London，Routledge Falmer Press，1993，p. 42.

② Hord，S. M. ，*Professional Learning Communities：Communities of Continuous*，Austin，Southwest Educational Development Laboratory，1997，pp. 3-34.

③ ［美］杜富尔、埃克：《有效的学习型学校：提高学生成就的最佳实践》，XVII 页，北京，中国轻工业出版社，2005。

④ ［德］斐迪南·滕尼斯：《共同体与社会——纯粹社会学的基本概念》，43～77 页，北京，北京大学出版社，2010。

⑤ Stoll，L. & Louis，K. S. ，*Professional Learning Communities：Divergence，Depth and Dilemmas*，Maidenhead，Open University Press，2007，p. 2.

⑥ ［美］杜富尔、埃克：《有效的学习型学校：提高学生成就的最佳实践》，XVII 页，北京，中国轻工业出版社，2005。

综上，通过对"共同体""专业""学习"的梳理，我们可以更深刻地理解专业学习共同体的含义。"共同体"为"专业"和"学习"提供了共享平台和价值认同，强调教师个体与集体互动的态势；"专业"不仅为专业学习共同体提供了知识基础，同时还强调专业承诺下的集体身份认同以及专业自主权；"学习"则成为专业学习共同体的动力源泉，这一点除了指创设主动的学习环境外，更有教师通过集体反思与对话持续学习与发展的含义。

在此基础上，我们认为，教师专业学习共同体是由具有共同理念、愿景的管理者与教师构成的团队，通过合作性、持续性、反思性学习，进而提出优良方法，不断发展，共同致力于知识的生产和消费，最终促进教师和学生的共同发展。

此外，霍德、杜富尔和埃克等学者对专业学习共同体的特征分别进行了论述。总结来看，专业学习共同体并非理所当然的存在，它是在一定人力和物力的共同努力下才形成的，并且要具备以下特征：①共享的使命、愿景、价值和目标（shared mission，vision，value，and goal）；②持续改善的承诺（commitment to continuous improvement）；③共享的实践与责任（shared practice and responsibility）；④反思性对话和集体探究（reflective dialogue and collective inquiry）；⑤支持和共享的领导（supportive and shared leadership）；⑥支持性条件（supportive condition）；⑦结果导向（result orientation）；⑧拓展的共同体（expanded community）。① 这些将共同体的边界进行了拓展，将学生、家长、小区、教育当局等纳入其中。

3. 专业学习共同体存在和发展的动力

有学者曾提出专业学习共同体的动力来自那种提高组织效率的不竭的需求。② 韦肖（Vescio，V.）等人提出，专业学习共同体中的教师在需求的驱动下会努力实现自己的目标，进而推动专业学习共同体持续不断发展，最终也带来教师的专业发展。③ 如此看来，教师个体与组织团体共享的需求与目标

---

① 宋萑：《课程改革背景下的教师专业学习社群与教师发展：上海的个案研究》，博士学位论文，香港中文大学，2007。

② 吉纳·E. 霍尔、雪莱·M. 霍德：《实施变革：模式、原则与困境》，251 页，杭州，浙江教育出版社，2004。

③ Vescio，V.，Ross，D. & Adams，A.，"A review of research on the impact of professional learning communities on teaching practice and student learning," *Teaching and Teacher education*，2008，24(1)，pp. 80-91.

成为专业学习共同体存在和持续发展的动力。此外，杜富尔和埃克提出了构建专业学习共同体的四大基石，即使命、愿景、价值观和目标。其中，"使命"可以回答"我们为什么存在，为什么在一起"，即专业学习共同体存在的原因；"愿景"回答"我们希望成为什么"，为专业学习共同体注入一种方向感，一个有效的愿景能激励成员为了紧迫的目标而共同工作，把愿景变成现实；"价值观"要求成员明确怎样才能把共同的愿景变为现实，这有助于培养强烈的个人成就感、对组织的忠诚度以及提供个人自主行动的方向；"目标"为成员提供了实现目标的具体步骤和整体时间安排。上述问题达成一致，方可为专业学习共同体的构建及发展奠定基础和提供动力。① 总体来说，专业学习共同体存在和发展的动力在于共享的使命、愿景、价值观和目标。

4. 专业学习共同体的价值

纵观文献，我们可以发现，专业学习共同体的价值主要集中在三个方面：一是对教师的影响，二是对学生的影响，三是对学校文化的影响。

（1）对教师的影响

第一，有利于教师接受新的教学理念，更新和完善专业知识，改善教学实践。克雷格（Craig，C. J.）通过一个新手教师成长的案例，发现专业学习共同体是使新手教师理解专业知识脉络的一个有效平台，新手教师在专业学习共同体中的经历有利于他们构建个人实践知识，从而成长为有经验的教师。② 除了对新手教师的积极影响外，格鲁斯曼（Grossman，P.）等人通过对一所城市高中学校的22名教师构成的教师共同体进行研究发现，教师共同体有助于教师知识的更新，为教师提供了持续学习的场所。③ 我国研究者通过关注国内有经验的教师在教研组中如何重构自己的教学知识与技能这一问题，最终发现专业学习共同体促进了老教师对新理念和新观点的接纳。为满足学校和专业学习共同体的需求，他们在团队和同事的支持下重构教学知识，进而促

---

① ［美］杜富尔、埃克：《有效的学习型学校：提高学生成就的最佳实践》，43～49页，北京，中国轻工业出版社，2005。

② Craig, C. J., "Knowledge communities: A way of making sense of how beginning teachers come to know in their professional knowledge contexts," *Curriculum Inquiry*, 1995, 25(2), pp. 151-175.

③ Grossman, P., Wineburg, S. & Woolworth, S., "Toward a theory of teacher community," *The Teachers College Record*, 2001, 103(6), pp. 942-1012.

进教学实践的改善。①

第二，有利于增强教师的责任感和领导能力，促进专业自主。格鲁斯曼等人的研究还发现专业学习共同体有助于培养教师的责任感与领导能力。② 同时，韦肖等人也发现让教师对专业学习共同体的发展做出决策并参与学校的管理，促进了教师的自主发展。③

第三，有利于培养同事之间的信任感，增强教师的集体效能感、归属感和认同感。香港地区研究者随机选择了香港的 33 所小学和初中，在每所学校随机挑选 20 名教师进行问卷调查。量化分析表明，专业学习共同体与同事信任感具有密切关系，它对增强教师的集体效能感和督促教师履行对学生的承诺起着重要作用。此外，王海燕以实践共同体理论（community of practice）为基础，采用问卷调查和个案研究的混合研究方法，探讨了研修活动中的个体参与、群体互动以及环境因素等对教师专业发展的影响。研究发现，研修活动形成的共同体加深了教师个体对教育的理解，刺激个体重新发现自我潜能，让教师找到归属感并发现彼此的差异，共同建立起同伴关系，更加关注学生的成长与学习，进而获得并丰富自身的实践性知识。④

（2）对学生的影响

专业学习共同体有利于改善学生的学习成绩和个体发展水平。威利（Wiley, S. D.）基于对专业学习共同体和变革型领导（transformational leadership）的综合测量，证明了美国高中教师共同体和学生成绩之间存在正相关关系，而变革型领导与教师共同体是相互依存的。⑤ 菲利普斯（Phillips, J.）对美国西南

---

① Wong, J. L., "What makes a professional learning community possible? A case study of a Mathematics department in a junior secondary school of China,"*Asia Pacific Education Review*, 2010, 11(2), pp. 131-139.

② Grossman, P., Wineburg, S. & Woolworth, S., "Toward a theory of teacher community,"*The Teachers College Record*, 2001, 103(6), pp. 942-1012.

③ Vescio, V., Ross, D. & Adams, A., "A review of research on the impact of professional learning communities on teaching practice and student learning," *Teaching and Teacher Education*, 2008, 24(1), pp. 80-91.

④ 王海燕：《实践共同体视野下的教师发展》，67～113 页，重庆，重庆大学出版社，2011。

⑤ Wiley, S. D., "Contextual effects on student achievement: School leadership and professional community,"*Journal of Educational Change*, 2001, 2(1), pp. 1-33.

部一所城市的伍德塞杰（Woodsedge）中学进行了研究。该学校管理者带着参加专业学习共同体的中学教师有利于提高学困生成绩的假设，开始加强教师学习。最终研究发现，在三年里，该学校学生的成绩显著提高，特别是阅读和数学方面的成绩显著提高。① 此外，艾伦（Allen，T. Y.）围绕专业学业共同体的教师合作是否影响学生三年级的数学学习这一问题进行了量化研究。研究发现，在 9 周一次的数学测验中，实验组的分数明显高于控制组，即专业学习共同体有助于提高学生的学习成绩。② 综上所述，教师加入专业学习共同体可以明显改善学生的学习状况。不过，这并不是一蹴而就的，而是需要经历一个构建有效专业学习共同体的持续过程。

（3）对学校文化的影响

除了对教师和学生有积极影响外，专业学习共同体还对学校文化的构建具有重要影响。韦肖等人通过对 11 项研究（10 个美国的相关研究以及 1 个英国研究）进行综述发现，建立专业学习共同体有助于教师工作的思维习惯发生根本的转变，使教师共同关注教学实践和学生学习，进而对重构学校教学文化产生积极影响。③

（三）研究问题

在上述背景下，研究者对 B 市 S 区教育场域中现实存在的基于课题研究的小学教师专业学习共同体产生了浓厚的兴趣，提出了以下研究问题：

其一，基于课题研究的小学教师专业学习共同体存在和发展的动力是什么？

其二，基于课题研究的小学教师专业学习共同体的组织形式有什么特征？

其三，基于课题研究的小学教师专业学习共同体的价值表现在哪几个方面？

---

① Phillips, J., "Powerful learning: Creating learning communities in urban school reform," *Journal of Curriculum and Supervision*, 2003, 18(3), pp. 240-258.

② Allen, T. Y., "The impact of professional learning communities on third-grade math scores," EhD diss., Union University, 2012.

③ Vescio, V., Ross, D. & Adams, A., "A review of research on the impact of professional learning communities on teaching practice and student learning," *Teaching and Teacher Education*, 2008, 24(1), pp. 80-91.

二、研究方法

(一)样本

在个案的选择上，本研究采用目的性抽样中的典型个案抽样。典型个案的研究不是将研究结果推论到样本的人群中，而是为了说明此类现象中一个典型的案例的形态，其研究的目的是展示和说明，而不是证实和推论。[①]

B市S区为了提高全区小学信息技术教师的教科研能力，将全区小学信息技术教师分成三组，由教师根据自己的需求自由组合，每组约由10位教师组成。其中第二组在2010年10月自主确定了研究课题"多角度地选择素材在小学信息技术课上的应用研究"。该课题经过审批，被纳入B市规划办立项课题。市级课题的立项极大地激发了小学信息技术教师的热情。除了第二组原有成员外，第一组和第三组的个别成员也加入第二组的课题研究。本文的"基于课题研究的小学教师专业学习共同体"就是在此背景下产生的。此专业学习共同体的核心成员有6位。笔者选择此个案的原因主要有两个：一是笔者和课题组负责人S老师比较熟悉，且S老师表示愿意配合研究者进行访谈，并提供相关的材料；二是此共同体的资料比较翔实，从2009年9月至今，它保存了所有相关研讨活动的视频、音频和文本材料，便于笔者开展研究。

(二)资料收集

2012年9月，笔者选定个案，经由朋友的联系和介绍正式进入研究现场。笔者与课题负责人S老师接触，建立了比较融洽的关系，这为后期资料的收集奠定了良好的基础。在正式访谈前，笔者先后三次对S老师进行了非正式访谈，在这个过程中收集了大量的第一手资料，后来对共同体内的三位教师进行了正式访谈。

本研究收集资料的主要方法是访谈法和实物分析法。关于访谈法，在访谈对象的选择上，笔者采用目的性抽样中的"强度抽样"策略。"强度抽样"是指抽取具有较高信息密度和强度的个案进行研究，其目的是为研究问题提供

[①] 陈向明：《质的研究方法与社会科学研究》，107页，北京，教育科学出版社，2000。

更加丰富的资料。① 在正式访谈之前，为了了解教师专业学习共同体个案的基本情况，笔者先后三次对 S 老师进行了非正式访谈，在此基础上制定了访谈提纲，并于 2012 年 12 月分三次对 S 老师、Y 老师、P 老师进行了正式访谈。访谈过程中，笔者在征得访谈对象同意的前提下进行录音，同时注意记录访谈对象的表情、动作等非言语信息，尽可能地保留访谈的细节。每次访谈持续的时间约为 2 小时。每次访谈结束后，笔者及时对访谈录音进行转录，以便进行材料分析。

表 7-1　访谈对象的基本情况

访谈对象	性别	教龄（年）	职称	学科	职务	单位
S 老师	男	30	小学一级	信息技术	课题负责人	J 小学
Y 老师	男	14	小学一级	信息技术	课题参与人	Y 小学
P 老师	女	18	小学高级	信息技术	课题参与人	P 小学

关于实物分析法，笔者收集到的文本材料主要有教研活动记录、QQ 聊天记录、课题研究成果图册、教学反思等。

主要研究资料库见表 7-2。

表 7-2　研究资料库

研究资料库	内容	编号
访谈资料库	S 老师访谈实录约 15000 字	F-S-121206
	Y 老师访谈实录约 10000 字	F-Y-121210
	P 老师访谈实录约 10000 字	F-P-121212
实物资料库	教研活动记录 40 份	J＋活动时间
	QQ 聊天记录约 100000 字	Q＋记录时间
	课题研究成果图册 2 本	T-1 T-2
	课题研究反思 9 份	FS＋序号
	S 教师的课题研究计划、反思等材料 25 份	S-K＋序号
	图片 20 余张	P＋序号
	教研活动录像 2 份	L-1 L-2

---

① 陈向明：《质的研究方法与社会科学研究》，107 页，北京，教育科学出版社，200C。

(三)资料分析

对资料的分析,笔者采用质性研究方法中的扎根理论方法。1967 年,格拉斯(Grass)和斯特劳斯(Strauss)提出了此理论。很多质性研究方法都只是对研究对象进行了简单描述,而扎根理论方法是一种从经验资料中建构理论的方法。扎根理论方法是一种自下而上建立理论的方法。研究者在系统收集资料的基础上,寻找能反映社会现象的核心概念,然后通过在这些概念之间建立起联系而形成理论。① 本研究主要采用程序化扎根理论的代表人斯特劳斯提出的三级编码方式,即开放式编码、主轴编码和选择性编码进行资料分析。

1. 开放式编码

笔者首先认真阅读了原始材料,对其内容有了基本了解后,开始通过"开放式登录"寻找有意义的词语、短句。在此过程中,笔者对一些"本土概念"给予了高度关注,并以此作为登录的码号,然后采用类属分析的方法将相同或相近的概念整合在一起,将相异的概念进行区分,最后再将归纳出的概念范畴化。具体过程参见表 7-3。

表 7-3　开放式编码示例

资料摘录	开放式编码		
	贴标签	概念化	范畴化
S 老师:这个组织得有一个共同目标($_{a1}$)啊。如果要组织活动,教师都有需求($_{a2}$)就能组织,物以类聚($_{a3}$)。有的人没有需求,今天来了明天不来了,偶尔来一次。但有需求的就有所谓。需求很多($_{a4}$),有的是名的需求$_{a5}$,有的是利的需求$_{a6}$,有的是我在这待会儿$_{a7}$这一时间的需求。你要搞活动,我就在这儿聊会儿天,这也是一种需求。需求虽然不一样,但只要能够统一就能组成一个共同体$_{a8}$。	$_{a1}$共同目标 $_{a2}$需求 $_{a3}$物以类聚 $_{a4}$需求多 $_{a5}$名的需求 $_{a6}$利的需求 $_{a7}$待会儿,聊会儿天 $_{a8}$共同体 $_{a9}$志同道合	$_{aa2}$共同目标 [a1 a3 a8 a9 a10] $_{aa1}$需求 (名的需求、利的需求、时间需求、业绩需求、成就感的需求) [a2 a4 a5 a6 a7 a11 a12]	A1 原动力 A11 目标 A12 物质需求、认知需求、自我实现的需求

---

① 陈向明:《质的研究方法与社会科学研究》,327 页,北京,教育科学出版社,2000。

续表

资料摘录	开放式编码		
	贴标签	概念化	范畴化
Y 老师：我们在一起研究一个学术问题，首先要志同道合（a9），就是你得愿意做这件事才能走到一起，一方面是愿意一起做事情、思考（a10），另一方面是想在自己的实际工作中有些业绩（a11）。两方面我都有，但在实施的过程中，我思考问题更多。 P 老师：课题申请下来后，教研组介绍说有这么一个课题，然后我就参与了进来。我原来不是教信息技术的，是教美术的，对教材的熟悉度不够，参加这个课题可以让我对教材有新的认识（a12）。本来学校也是想让我在美术和电脑美术之间进行实践（a13）。	a10 愿意一起做事情、思考 a11 业绩 a12 重新认识教材 a13 学校要求实践		

2. 主轴编码

主轴编码又称为二级编码，即关联登录，主要任务是连接一个范畴和它的副范畴，把收集的资料重新进行整合。[1] 它的其实质是发现和建立概念类属关系，表现材料之间的有机联系。主轴编码的过程参见表7-4。

表 7-4   主轴编码示例

"需求"（探索、琢磨点儿事、成就感、业绩需求）	原动力	"动力"：教师专业学习共同体存在、发展的基础与条件
"路标"（目标、转折、鼓励、收获）	推动力	
"草根队伍"（最底层的一群人、民间专业组织）	定位	"合作"：教师专业学习共同体的组织运行状况
"打旗的人"（组织活动、鼓励、帮助、提供平台）	领导者	
"自己认领的"（随叫随到，我来做，自己就来了）	分工方式	
"平等""自愿"（自由，自立，这里没有领导，没人把你当权威）	权力关系	
"碰撞""共享"（享受、激发思维、兴奋）	组织氛围	

① 潘慧玲：《教育研究的取径：概念与应用》，289 页，上海，华东师范大学出版社，2005。

续表

"领头兵"：亮点（对学科本质的思考，提升学科地位）	对于学科发展的价值	"上了一个台阶"：教师专业学习共同体的价值与作用
"附加意义"：学生的参与度提高了，调动了学生的兴趣，注意学生学习的衔接性	对于学生发展的价值	
"成长"："转变理念""上课不发怵了""燃起思想""成就感""精神家园""归属感"	对于教师发展的价值	

3. 选择性编码

斯特劳斯等人指出选择性编码是在材料分析基础上的更高层次的抽象，将归纳出的核心范畴和其他范畴更加系统地关联起来，寻找它们之间的关系，并将概念尚未发展完备的范畴补充完整。

三、研究结果

(一)基于课题研究的小学教师专业学习共同体存在、发展的动力

1."需求"：教师专业学习共同体的原动力

在访谈过程中，通过 S 老师、P 老师和 Y 老师的描述，笔者深刻感受到他们的课题组在研究过程中所体现出来的团队特征。在"多角度地选择素材在小学信息技术课上的应用研究"这个课题的引导下，教师通力合作、共享交流，形成了一个实质性教师专业学习共同体。这个共同体的组织是成功的，合作是真实有效的。那么，是什么让这样一个源于课题研究的教师专业学习共同体存在、发展并充满活力的呢？S 老师认为，这个共同体之所以能够组织起来，主要靠的是大家的需求，有外在的需求，也有内在的需求。外在的需求包括获得一些证书以及发表论文为评职称准备支撑材料等；内在的需求包括对探索本身的兴趣，体现自己的价值感、成就感，以及出于自身的责任感等。S 老师说："只要大家需求能够统一就能组成一个共同体。需求很多，有的是名的需求，有的是利的需求，还有的是时间的需求。教师的职业让你觉得应该做这些事情，这样才对得起你的职业。思考一些事，做一些事，对孩子们好，自己也觉得有意义，自己就会产生成就感。"(F-S-121206)

S 老师的观点在 Y 老师那里获得了证实："我认为我们这个团队之所以能够组织起来，主要有两大方面的原因，一是一些想做事情、想思考的人聚在一起，二是大家都想让自己有些业绩。"(F-Y-121210)Y 老师认为，最初他有

一些证书方面的考虑，但在实施过程中，他渐渐地被问题所吸引，开始更多地思考一些问题，琢磨一些事情，也能获得一些成就感。"我们研究的内容，会产生火花，可以应用在实际教学当中，而且还能引起别人的共鸣，因此我们很有成就感。"（F-Y-121210）此外，Y老师谈到部分参与的教师可能想要一些业绩的动机更强一些，但这是少数。多数教师真正想要弄清一些问题，澄清一些观念，学习一些新思想，在教学技能方面获得提高，并从课题研究中获得乐趣。

P老师已经是小学高级教师，她没有评职称的压力，但在整个研究过程中，她一直是课题的骨干力量。当笔者问及P老师为什么一直跟随这个课题时，她说自己原来是美术教师，后来转为信息技术教师，所以她想通过这个课题向其他教师学习，提高自己的业务水平。

由此可见，教师的实际需求是教师专业学习共同体构建的原动力，其主要特点表现在两个方面。

一是教师参与此共同体的需求呈现多样化的特征。基于生存的需求：由于当前我国教师职称制度直接和工资、福利等物质资料相联系，有教师利用这个共同体拥有市级课题的高平台，为自己评职称积累资本。基于认知的需求：有教师从个人的兴趣出发，把参与共同体的活动看成一种玩的过程，在玩的过程中提高自己的业务水平，对学科知识进行深入思考。基于社交的需求：在个案中S老师所指的时间的需求，其实是社交的需求。当前小学通常只有一位信息技术教师，他们长期孤军奋战，社交需求比较强烈。基于自我实现的需求：有的教师有一定的理想，希望发挥自己最大的潜能，使工作和生活更加有意义。有学者指出最后一类教师在教学工作中具有创新的欲望，不断地探索新的理论和新的方法以证明自己的存在。①

二是教师参与共同体的需求在不断变化，由表及里，由浅入深，表现出从物质需求到精神需求的动态的发展趋势。在教师专业学习共同体的发展过程中，成员的需求并不是一成不变的。随着共同体成员探讨内容的深入，其需求逐渐摆脱外在制度的束缚，引发教师自我意识的觉醒，激发教师学习的兴趣，转化为了教师内在的需求。因此，教师不断地提升自我、完善自我，是教师发展的原动力。这正体现了教师专业学习共同体具有实现自我管理、

---

① 马克中：《教师的需求特点及其有效激励的研究》，载《河南机电高等专科学校学报》，2001(9)。

自主学习和自我超越的价值。①

2."路标"：教师专业学习共同体的推动力

"路标"是 S 老师多次提到的一个本土概念。他认为"路标"在推动他们这个共同体持续发展的过程中起了至关重要的作用。在访谈过程与文本分析过程中，笔者尝试对"路标"这一本土概念加以多角度和深层次的分析。

S 老师认为，他所说的"路标"，不是目标，而是做事情的过程中，突然出现了一个成绩，这就是"路标"。"（事情）成功了就是路标，不成功就不算路标。有了路标后我再去鼓励他们，就会更起作用。"（F-S-121206）在一次交流研讨会上，S 老师归纳了推动课题研究或这个专业共同体持续发展的 9 个路标（见表 7-5）。S 老师这样写道："所有路标的出现都让我们很兴奋，而且成为我们的动力。"（S-K-3）

表 7-5　　"路标"示例

序号	路标
1	2004 年，S 老师刚刚成为信息技术教师，偶然看到了一组海淀区的信息技术教学材料，这让他有眼前一亮的感觉。这种感觉迫使他去做一些事情。B 小学张老师成为他的课题组的第一个成员。
2	2009 年，S 老师担任信息技术教研组第二组组长，结合前面的研究很快确定了"素材的合理选择在信息技术课上的应用"的主题，得到了组员的支持。
3	2009 年 11 月，在区教研员的支持下，S 老师组织了一次教研活动展示，上了两次公开课。
4	2010 年 3 月 30 日，B 市教委视导，肯定了 S 老师的教学模式和教学思想。
5	2010 年 3 月 31 日，在 L 小学进行的教学研讨让 S 老师对已有的研究思路进行整理，同时让 S 老师和他的团队有了申报课题的想法。
6	2010 年 10 月，课题成功立项。
7	2011 年 1 月 12 日，开题研讨会召开。
8	在文章发表后，S 老师在学校进行了关于说课获奖体会的发言。李老师的教学设计获奖。李老师虽然不是 S 老师课题组的成员，但是他在备课时大量应用了 S 老师课题组的理论以及教学思想。

---

① 冯君：《教师学习共同体的特质和价值》，载《成人教育》，2011(3)。

续表

序号	路标
9	2012年4月16日，立项课题的"带题授课"研讨活动在J小学进行。研讨活动以S小学F老师和F小学Z教师的"在文档中插入表格""图片的组合和层叠"教学展示为切入点。这两节课以"交通信息在小学信息技术课上的应用"为主题，应用PPT、WPS常规软件开展教学研究。这次的"路标"让他们清楚地看到画图以外课题思想的应用。

(S-K-3)

S老师认为，"路标"跟"目标"并不一样，"路标是我们在做研究的过程中出现的一个转机，就像走着走着，到一个拐弯处时，一处特别好的景致突然出现了，让人眼前一亮、精神振奋，还想接着走下去，发现更好的风景"。(F-S-121206)谈到这段时，S老师边说边做一些动作。他的表情是愉悦的，甚至略陶醉其中，可见路标的出现给S老师带来了精神上的享受。

关于"路标"的问题，笔者又专门访谈了Y老师。他的看法与S老师的基本一致，但更开放。

Y老师说："听S老师说过这个词。我理解的是，每到一个关键时期，有一个指示方向的事件发生，这就是他所说的'路标'。"

Y老师认为："我觉得有的'路标'是指向成功之后的，有的'路标'是指向成功之前的。有的'路标'起承上启下的作用，有的'路标'起铺垫作用，有的'路标'起指示作用。有的'路标'是机遇。如果一种探索成功了，那么它对我们继续向前探索就具有指示作用；如果失败了，它就会影响我们往前探索。路标是一种鼓励、一种转机，是隐含着目标的。"

(F-Y-121210)

从S老师和Y老师的话中，我们可以看到，"路标"在推动这个源于课题的教师专业学习共同体持续发展的过程中，实际上指的是一些关键事件。这些关键事件一般是一些成功事件。成功事件给教师带来了荣誉感和成就感，让教师感觉自己被认可，让教师获得了信心，并对下一次成功有了期待，同时也向教师提出了挑战，让教师有了新的目标和方向。有学者将教师的关键事件分为正向关键事件和负向关键事件、精心预设的关键事件和即时生成的关键事件等。① 从关键事件的角度看，S老师的所谓"路标"更多的是正向的和即时生成的关键事件。

---

① 汤立宏：《关注关键教育事件优化教师教育教学行为》，载《中小学管理》，2006(12)。

(二)基于课题研究的小学教师专业学习共同体的组织特征

1."草根队伍"：教师专业学习共同体的定位

在访谈过程中，笔者重点向三位教师询问了"如何定位他们所在的这个群体或组织"这一问题。这三位教师无一例外地都提到了"草根"这个概念。S老师使用的本土概念是"草根队伍""草根共同体"；Y老师使用的概念是"草根集团""草根组织""专业的民间组织"；P老师使用的概念是"草根式团队"。为什么大家同时都使用了"草根"这一概念？原来，早在2010年，他们聚在一起研讨时就谈论过组织的定位问题。当时Y老师最早提出了"草根"这个概念，用以指代组织的民间属性。后来，大家便常开玩笑说他们是个"草根组织"或使用其他类似的表述。

那么，教师如何理解"草根队伍"或"草根组织"等本土概念呢？为此，笔者访谈了Y老师。

研究者问："您怎样定位您所在的这个群体或组织？"

Y老师回答说："草根集团，我觉得应该是这样理解的。如果是行政（任务）的话，我们也不可能这么容易顺从。""大家相处得不错，有共同语言，也愿意一起做点事。另外，在这个组织里，大家都有话语权，没有说谁领导谁。""应该是一个合作的组织吧。"

Y老师继续说道："我觉得我们是一个草根组织，而不是一个官方组织。它更多地体现个人的意愿，而不是让人被迫地接受。我觉得组织本身的特点更能体现出它是一种人们自愿加入的组织。"

"大家不是因为某种目的，如得到什么利益，而是追求在这个过程中贡献更多力量。"

研究者又问道："课题结题后，没有了S老师所说的路标以后，您觉得这个组织会散吗？"

Y老师说："我们现在的工作特点是可以拥有双界面。我们的这个QQ群没有解散。如果谁想要研究什么问题的话，可以随时再提出来。虽然在形式上这个课题结束了，但是我们之间所形成的感觉是结束不了的，就是说我们是没法解散的，因为大家已经认识这么多年了，或者说在一起共事这么多年了，还有惯性驱使着你。如果说谁再提出一个话题，我们还是会有那种感觉的。"

（F-Y-121210）

在这段访谈中，Y老师对于这个基于课题研究的小学教师专业学习共同体的性质及特点做了较为深入的分析和探讨，认为这个组织是一个由教师自愿组成的非官方的组织。

2."打旗的人"：教师专业学习共同体的领导者

"旗帜""打旗的人"是本次访谈过程中，笔者多次听到的两个本土概念。通过访谈笔者了解到，这两个本土概念曾被 S 老师多次在各种课题介绍场合提到过。他认为课题就像一面旗帜，而自己就像那个打旗的人，扛着大旗，带着大家往前冲。

在访谈 Y 老师的过程中，他也主动提到 S 老师是"打旗的人"，在这个组织的合作过程中起到了非常重要的"统领"作用。以下是有关 S 老师在团队合作中作用的访谈记录。

"S 老师起到的应该是统领作用。一方面，他作为一个组织者、一个'统领'，符合他作为课题负责人的角色；另一方面，我们也可以从精神层面来理解这个'统领'。他在实际生活中一是有认真这股劲儿，二是真心做事，能够得到大家的认可，而且像他这么大年纪还这么勤奋的人现在真的不多。这种精神感染着大家。"(F-Y-121210)

"旗帜"本身就是一种精神的象征，具有激励人心的作用。S 老师的合作者们将他誉为"打旗的人"，其实也暗含了他们对于 S 老师精神作用的肯定。对于一个自发的非正式的研究组织而言，领导者个人的魅力与精神往往会在组织的合作过程中发挥决定性作用。P 老师谈到有些同事就是特别佩服、信任 S 老师，愿意追随 S 老师去做一些事情。同时，当问及如何组织、激励大家参与共同体，为共同体做贡献时，S 老师谈到自己常常会鼓励大家，如跟大家说："我们申请了一个市级课题，这是很重要的一件事，将来我们会在这面旗帜下做事。我就是打旗的人，你们做什么事就靠过来。以后我们会有很多成绩，包括发表文章、评职称。"(F-P-121212)从这段话中，我们可以发现，S 老师作为一个组织者和领导者，会用"路标"来激励大家，也会考虑到大家一些更为现实的需求，如评职称等外在需求，以激发教师的外在动机，将这个组织建立起来并维持下去。

除访谈外，笔者还收集了大量的文本资料，包括这个共同体的 QQ 群聊天记录、组织活动记录等。分析这些记录后，笔者发现，很多时候，S 老师会是 QQ 群聊天的发起者。除在群里进行一些课题任务的安排外，他还经常激励大家积极参与课题研究。很多时候是他先提出一个话题，或贴出一段从网上搜索的理论，然后引发大家讨论；同时，他还会尽可能地让大家多参与讨论。以下是在QQ聊天中，关于S老师的一些鼓励、支持、帮助大家的记录。

Z老师："S老师，还是您说一个内容让我想吧。"

S老师："我们的目的是利用这个平台最大限度地做出些东西来。"

S老师："开题会后我们聚一聚吧。"

S老师："我在前面给大家打旗。大家加油吧。"

（Q-101202）

S老师："计算机教师一般以计算机的学习和使用为主，把技术的学习作为主要学习目标。教学模式、教学方法也都紧紧围绕着计算机的学习和使用，这是唯技术论。"

S老师："这些理论是我们思考的源泉。大家有兴趣可以看看，并发表意见。"

（Q-101207）

除了鼓励大家积极参与课题外，S老师还努力为大家搭建各种展示的平台，例如，请教研员帮忙组织上区级公开课，参加区里带题授课活动，帮助青年教师备课等。S老师还特别表现出一种对共同体成员负责任的态度，如P老师为课题组做了很多贡献，但她职称评定已完成，没有主动要求上公开课等。在这种情况下，S老师总是鼓励P老师写论文，或者写新闻稿。然后他会亲自帮助P老师进行修改，努力为她做一些事情。

此外，在个人性格、处事风格方面，研究者还发现S老师具有以下几方面的特质。一是S老师具有开放包容的心态。在这个共同体中，面对新成员的加入，S老师表示随时欢迎，并给予回应；对于个别因为个人因素不能正常参与活动、承担课题任务的成员，S老师同样表示理解；对研究者这个"局外人"，S老师毫无保留地提供帮助，在某种程度上体现了其开放的特质。二是S老师谦虚且勇于接受批评。在课题研讨的过程中，共同体的成员如果对S老师提出的某些观点表示不认同，会直接提出来。S老师会认真地倾听、接纳。三是S老师自己是终身学习者。在访谈的过程中，他跟笔者谈到自己在申报这个课题之前就做过很多研究，比如教数学时自己编写过教材，做信息技术教师后曾研究过小学信息技术单元目标驱动模式。这个课题结题后他还想研究班主任对学生的品德教育问题。S老师还讲了他做每一项研究的缘由和背景，大部分是他对于当前小学教育中存在的问题的思考。我们从中可以发现他对教育事业、教师行业的热爱，以及想要通过研究、扩大影响力等来改变现状的精神。S老师现在已经50多岁了，他的这种教育情怀和钻研探索的精神，以及讲述课题、教育现象、自己想法时所迸发出的热情，深深感染了研究者。在访谈过程中，P 老师也跟笔者谈到了 S 老师对研究的执着和热情，谈到了这种精神对于他的鼓舞价值。

由此可见，作为教师专业学习共同体的领导者，S 老师具有良好的组织能力，能够激发成员投入并参与其中；具备开放的心态，善于倾听和接纳成员的不同意见，消除成员的顾虑；扮演学习的模范，自身就是终身学习者，不断地学习。这种不断探索的精神对成员而言就是巨大的吸引力。

3.“自己认领的”：教师专业学习共同体的分工方式

作为一个基于课题研究的非官方的教师专业学习共同体，它不存在上级对下属的权力关系。那么，在这种情况下，这个共同体的分工方式便成了一个最为重要也最为棘手的问题。就这个问题，笔者专门访谈了 Y 老师，以下是一些访谈记录。

S 老师：“关于团队的分工，首先是大家自己认领的。这些实际的工作摆在面前，由教师认领。教师认为自己适合做哪项工作就先提出来。我们没有委派工作任务。”

研究者：“随着研究的深入，新任务会不断出现，那新任务由谁承担？”

S 老师：“一般谁提出什么建议或想法，谁就负责这件事情。例如，是我建议建立素材库的，就由我去做这件事情。”

研究者：“如果一个新任务不是由某一个人提出来的，而是随着发展，大家觉得需要这么做的，这个时候怎么分工？”

S 老师：“一般都会有人主动承担。例如，课题开题后需要整理开题论证会录音，这时 P 老师就提出由她来整理，这是她主动承担的。我们的特点就是主动承担。这个组织里的人都互相体谅，都是加班加点干的……”

(F-S-121206)

在如何分工这件事上，S 老师这么说：“我不是行政领导，我哪里有权力给人家派活儿？没有什么分工不分工的，一般都是大家主动认领的。一个任务来了，就有人说‘这事儿我来做’，这任务就归他做了。”(F-S-121206)

以下是一段 QQ 群聊天记录，它真实记录了两次“任务认领”的过程。

S 老师：“各位谁能把 QQ 群聊天记录整理一下？”

Y 老师：“我可以，不过由于每个人的开机时间不同或者有私下聊天的，资料会不全。”

Y 老师：“也需要各位在聊天的时候有针对性。”

(Q-101014)

S老师："关于从有利于课堂教学的角度出发如何进行选材，谁能帮我做一个网上资料的整理(综述)？"

W老师："S老师，我可以试一下，从课堂教学有效性的角度做选材方面的分析。"

(Q-101115)

当问及为什么明明大家可以分工做，P老师却主动一个人将转录开题论证会录音的任务承担下来时，她是这样回答的："没什么，任务来了总得有人做吧。我没想那么多，觉得任务来了，那就做吧。我喜欢的工作，我会很投入地去做。"(F-P-121212)

从几位教师朴素的话语中，我们可以发现，作为一个非官方组织的教师合作研究共同体，自觉、主动是任务得以完成、组织得以延续下去的重要条件。其中，成员的个人品质，如奉献精神、责任感、团队精神等起了决定作用。如果成员之间对于任务互相推诿、扯皮，那么组织是很难真正做出东西来的。同时，组织的领导者和骨干力量是其中的关键人物，如S老师承担了大量的撰写任务，其他四位成员也分别做了大量工作。此外，除了个人品质和精神外，"热爱""喜欢"等也是教师愿意投入时间和精力的重要因素。喜爱这项研究，热爱这个团队，这些在很大程度上激发了教师的忠诚感和奉献精神，使之愿意并自觉为组织付出，并希望在大家的努力下将这项研究做得更好。

4."平等""自愿"：教师专业学习共同体的权力关系

很多基于学校或教研组组建的教师专业学习共同体，虽然也提倡建立一种平等、自愿的关系，但其行政性组织的性质，使得许多教师专业学习共同体实质上并没有真正实现自由平等，始终存在着上级对下级的权力关系。但通过研究这个基于课题研究的小学教师专业学习共同体，笔者发现，它可以称为一个真正的"平等""自愿"的组织。

例如，Y老师谈到这个共同体"自始至终都是很平等的。每个人愿意做就做，不愿意做就可以不做"(F-Y-121210)。S老师也谈到，他只负责组织大家，并没有权力给大家分工。他也从来没有强制大家做过什么。此外，这个共同体并不是固定的。大家自愿参加，有兴趣和时间就可以来，没有就可以走，完全自由。共同体中只有六位成员长期参与，完成任务最多。

从自由争论这个角度，我们也能看出这个共同体内平等的权力关系。Y老师谈到，虽然S老师是课题负责人，但大家照样跟他争论，没有人会去刻意附和他，也没有人会给他留面子。对于这个问题，S老师举了一个例子："我说这些数学素材可以用到那项技术上，他们却说肯定不行。然后，大家就争论起来。"笔者问道："您不是权威吗？大家也会和您争论吗？"S老师回答道："都一样，没有什么权威不权威的。"(F-S-121206)

从自主分工、自愿参加、自由争论这几个方面，我们可以看到，这个基于课题研究的小学教师专业学习共同体的成员之间是一种平等、自由的关系，而非上对下的权力关系。

5. "碰撞""共享"：教师专业学习共同体的组织氛围

一个组织的文化氛围在很大程度上决定了其对于成员的吸引力。如前文所述，本研究个案中的成员都表现出了对于组织的认同和奉献精神，那么，这个组织的文化氛围一定在某些地方具有吸引成员的魅力。这一观点通过访谈、观摩录像和分析QQ群聊天记录得到了证实。

首先，这个教师专业学习共同体整体上呈现出一种自由、争辩、充满思想碰撞和学术气息的氛围。当问及这个组织的氛围时，笔者听到最多的就是"碰撞"这个词。例如，Y老师谈道："在这个组织里，你可以毫无保留，想到什么就说什么。有时候我们对有些问题争论得很激烈，但是不影响个人感情。我们就是这么一种状态。""尤其是在初期，大家对一些认识的争议比较大。大家不停地争论，在思想上碰撞得很厉害，时常产生一些火花。"(F-Y-121210)同时，Y老师也指出，虽然学校里的小学科教师共同组成了一个教研组，但由于大家的话语不同，又从属于比较正式的官方组织，所以基本上处于一种上传下达、被迫学习的状态，几乎没有什么争论。每次教研组活动时，大家都很沉闷，和在课题组研讨时的氛围有着天壤之别。虽然区里也有教研活动，但由于人员众多，加之教研员又有教研任务需要完成，所以很多时候大家也是被动学习，很难激发起热情。对于这个组织的氛围，笔者访谈P老师时，她是这样回答的："如果我自己思考的话，就只有一个思路，但大家在一起交流讨，我会突然发现他这个思路我没有想到！这给我一种突然眼前一亮的感觉。"(说到"眼前一亮"时，P老师将手放到额前，做出豁然开朗状，表情非常愉悦。)"这个组织的老师都非常有个性，有自己的想法，而且大家都是本着做事情来讨论的，就是想定出一些策略。"(F-P-121212)从Y老师和P老师的话中，我们可以看到，这个共同体拥有着一种自由争辩、思想碰撞的氛围。大家研讨的内容完全是学术问题。通过分析QQ群聊天记录，我们也同样发现大家讨论的话题有很多是关于信息技术教育学科理论和实践问题的。此外，通过观摩视频，笔者发现这个共同体研讨的气氛相当活跃。他们基本上在微机房这个非正式会议室进行研讨。大家畅所欲言，有的教师干脆站起来向大家演说自己的想法。成员之间的争论是热烈的，问题是尖锐的，用 S 老师的话说就是"什么想法、观点都可以说，特别热闹"（F-S-121206）。

其次，这个教师专业学习共同体是一个真正合作与共享的团体。在访谈中，Y 老师认为这个组织的一大特点就是合作、优势互补。例如，S 老师是一个比较"大"的人，擅长把握方向，敢做，所以由 S 老师来组织大家；自己比较注重细节，在一些观念性问题和具体细节方面想得和做得比较多；P 老师比较低调，特别务实，做了很多实实在在的事情。大家在一起完全是一种自愿自觉的合作状态，发挥各自的特长，共同把一件事情做好。这个组织的另一个特点就是有一种共享的氛围，包括资源的共享、思想的共享。"在共享方面，一个人有一些想法时，先形成一些具体的素材，然后我们把它们汇集在素材库里。这些素材谁都可以用。但你用时，要说出你的想法。""我们课题组公开发表文章，一般都是由个人先思考，先形成一个东西，然后再拿到组里来讨论、修改、完善。"（F-S-121206）通过访谈我们发现，S 老师在这两年多的时间里，曾多次为组里教师修改文章，不求任何回报，这也是共享的一种体现。

（三）基于课题研究的小学教师专业学习共同体的价值

通过访谈、视频观摩和 QQ 群聊天记录文本分析，笔者归纳出了这个基于课题研究的小学教师专业学习共同体在学科、学生和教师发展方面的价值和作用。在阐述价值和作用时，笔者基本上采用的是教师在访谈过程中所使用的本土概念，如"上了一个台阶""领头兵""附加意义""成长""转变理念""上课不发怵了""燃起思想""成就感""精神家园""归属感"等。这些本土概念在访谈过程中多次被受访者使用，代表了受访者自身的意义表达，并被赋予了一些特殊的内涵，如一种发自内心的自豪感，一种对于自身组织的认同感等。

1."领头兵"：教师专业学习共同体对于学科发展的价值

当被问及课题研究的价值时，S 老师首先提到了它对于学科的价值。他认为他们这个研究提高了小学信息技术学科及教师的地位，"让不受重视的学科成了领头兵"。在小学阶段，信息技术学科属于小学科，用 S 老师的话说就是"这个学科根本没人重视，没人听你的课，没人关注你"（F-S-121206）。正是这种学科的地位尴尬，促使这个教师专业学习共同体团结一致、发奋研究。

以下是一些 QQ 群聊天记录。

　　P 老师："S 老师怎么还不回家呀？"

　　S 老师："学校说还有老师需要我的帮助。"

　　Z 老师："我们都是活雷锋。"

　　P 老师："大家说信息技术老师就是打杂的。"

　　S 老师："所以我们要改变这样的状况。"

　　S 老师："我们是 IT 人士。"

　　Z 老师："自己的命运自己去改变。"

(Q-101012)

　　正是这种提高学科地位的强烈愿望，促使着这个共同体不断研究和思考学科定位问题，不断提高自身教学能力，最终促使信息技术学科在小学里受到了学校领导的重视，使小学信息技术教师也得到了其他学科教师的认可和尊重。

　　自从有了这个课题后，随着其成果影响力的扩大，小学信息技术学科逐渐在学校有了一席之地。"让人不能够不重视你，不得不让你成为领头人"，S 老师的这番话更多指向的是参与课题研究的教师在学校里的状况。例如，当上级领导到校调研或视察时，学校往往会向上级展示本校的亮点或特色。这时，学校一般会让 S 老师上展示课或介绍课题的研究思路和研究内容，因为 S 老师的课题确实是从源头上思考小学信息技术学科的定位问题的，触及的是一个学科的本质和核心问题，这些想法往往能够让人耳目一新，促使人思考并对 S 老师产生敬意。因而，在各种展示活动中，学校都会将 S 老师请上"前台"，给学校带来荣誉，这在很大程度上提高了信息技术学科及教师在学校的地位和声望，"让一个根本不可能（受重视）的学科成了一个可能（受重视）的学科"(F-S-121206)。这项课题研究是在教师合作过程中进行的，是教师专业学习共同体集体研究的结果，因而，从这个意义上说，这个基于课题研究的小学教师专业学习共同体促进了小学信息技术学科地位的提高，进而促进了学科教学的发展。

　　2."附加意义"：教师专业学习共同体对于学生发展的价值

　　在访谈过程中，几位教师都提到了课题研究对于学生发展的价值，如 P 老师说道："以前我觉得孩子掌握一点儿技术就可以了，所以备课时我会分析教材，确定每部分内容要让孩子掌握什么技术。现在，参与课题后，我才知道不能纯讲技术，还要有素材的选择，后来又引申到通过小学信息技术学科让孩子形成一些附加的素养，从以前很窄的纯技术教学扩充到孩子能力的提升和各方面素养的发展。"(F-P-121212)P 老师说，现在，她每次备课时都会想想教学生这些技术时要选择什么样的素材，以求让学生既能很快地学会技术，又能获得更多附加的东西，从而带来一些附加的教育意义。

通过查阅 QQ 群聊天记录，笔者发现，"小学信息技术学科如何促进学生发展"是这个共同体的教师讨论的一个重要议题。下面是一些摘录的内容。

Y 老师："我们的课时是有限的，那么在有限的课堂教学空间里给学生更多的感受/学识，也是教师职责所在！"

Y 老师："如果说选择素材是为了吸引看客的眼球，那华而不实；如果再用'老师说、学生练'的模式，那就是花瓶效应了。"

Z 老师："所以我想看看中学要讲什么，我们在小学的教学中可以为学生上中学做准备。（我们要了解）如何选择素材能让学生的学习保持一致性和顺畅性。"

(Q-101014)

从上述聊天记录中，我们可以看到，在这个共同体中，教师就"如何促进学生发展"这一问题进行了深入而广泛的探讨。教师深刻意识到一切教育的出发点和终点都是为了学生的发展。他们探讨如何在有限的时空中让学生获得更多的感受或学识，探讨如何选择素材都能让学生的知识学习保持一致性和顺畅性，并对选择素材的目的问题进行了深刻反思。以上表明，教师的研究和思考紧扣学生发展，在探讨中澄清想法、深化认识、改变观念。观念在很大程度上决定了人的行为，所以教师认识的提升与观念的转变带来的是教学内容与方式的转变，进而直接影响到学生的学习与发展。通过观摩共同体教师的授课视频，笔者也发现教师确实较为关注学生的学习，关注素材选择给学生发展带来的价值。因而，本研究中的个案——基于课题研究的小学教师专业学习共同体，在探讨理念与方法的基础上，最终促进了学生的发展，让学生在信息技术课上获得了更多的价值。

3."成长"：教师专业学习共同体对于教师发展的价值

（1）"转变理念"

通过访谈、分析 QQ 群聊天记录和研讨录像观摩等，笔者发现这个基于课题研究的教师专业学习共同体给教师带来的最大变化是理念的转变。在访谈中，教师多次提到"观念""理念""认识""理论"等本土概念，因而在这一部分，笔者采用了"转变理念"这一本土概念。

访谈 Y 老师时，他谈到参加这个组织后，他最大的收获就是"对于信息技术学科的理念，就是根本性的东西，有了一定的认识"。他认为理念不同，课堂表现差别就会很大，不同的理解会带来不同的设计和课堂表现。例如上课时，信息、技术和应用这三方面如何相互调配就会带来很大差别。在笔者的请求下，Y 老师举了一个实例，他说他主要关注的是中华传统素材这方面，但如果过于强调京剧范畴的话，对于信息技术学科的认识就有了偏差，毕竟它是一个技术学科，主要是要用素材表达技术的应用，而不是表达素材本身的一些信息。

在这个共同体中，教师所称的"理念""观念""认识""理论"等概念，主要指的是小学信息技术学科性质及如何定位的问题，这是这个共同体探讨最多的内容。在访谈过程中，每位教师都谈了自己对这个问题的看法。Y 老师认为，小学信息技术学科主要教学生借助素材的信息来学习技术、使用技术和应用技术，但不能过于偏重素材，也不能光教技术没有素材；实际上素材和技术是相辅相成的，不能分开，但终点还是技术。P 老师认为："很多操作都是基于素材的，技术是需要依托素材的。如果脱离了素材，技术就是空的。"（三-P-121212)S 老师谈道："小学信息技术学科是教学生学会技术吗？在信息技术课上让学生学会复制、粘贴就可以了吗？我认为，我们应该从基础教育的角度来考虑这些问题。信息技术学科在小学属于基础教育学科，目标应该是培养学生的思维能力、实践能力、创造能力等，促进学生的全面发展。因此，我认为小学信息技术学科一定要让学生学会应用技术去处理信息，并让学生在学习技术的同时获得一些信息。"（F-S-121206)可以看到，三位教师对于素材、技术及应用问题的思考是非常深刻的，这涉及小学信息技术学科教学最本质的问题和思想，包括教学目的、培养目标等，属于观念、理念层面的问题。

分析这个教师专业学习共同体的 QQ 群聊天记录，笔者也同样发现，他们探讨最多的便是一些理念、观念层面的问题。在一次次理论学习与讨论中，教师深入交流、思想碰撞，探讨如下问题：小学信息技术学科究竟应该让学生获得什么？是素材重要还是技术重要？小学信息技术学科作为基础教育的一部分应该如何定位？新课改对小学信息技术学科提出了何种要求？小学信息技术学科的本质或本来面目应该是什么？……教师边讨论理念边实践，在实践中思考理念、验证理论，通过对教育理念的探讨，思考实践领域内教学行为的本质与意义；通过谈论与实践，逐渐深化对于理念的认识，形成对于理念的实践性解读，最终实现理念或观念的内化和根本转变。

(2)"上课不发怵了"

在访谈过程中，笔者向 S 老师问及加入这个共同体后，大家最大的收获是什么。S 老师认为应该是"上课不发怵了"。通过进一步沟通，笔者了解到 S 老师所称的"上课不发怵了"中的"课"，其实有两种含义。其一是日常教学中的"课"。在没有加入这个共同体之前，教师一般只教学生技术，而在素材或信息的选择上随意性较大，没有一定的主题，往往导致教学目标和教学思路不够清晰。自从加入这个共同体后，大部分教师能够依据自身的兴趣、特长以及技术的需要来选择一定的素材，并依托素材让学生学习技术。如此一来，教师上课的目标和思路一般就比较清晰了，所以他们"上课不发怵了"。其二是各种公开"课"、赛"课"。S 区经常会组织教研公开课、说课、微课、科研带题授课等。一方面，加入这个共同体后，教师对于小学信息技术学科的认识有了很大的转变，而认识直接影响行为，使得教师在上课时能够把握课堂教学的大方向，能够较为妥当地解决用技术处理素材、在素材基础上学习技术这些细节问题，在很大程度上使得教师的教学有了深度和亮点；另一方面，在一些赛课、公开课之前，共同体组织者 S 老师会对青年教师进行指导。在访谈中，S 老师这样描述他指导青年教师上研究课的情景："某某小学的李老师以前从没有上过公开的研究课，所以他非常紧张，说话直哆嗦。我告诉他，我依托这个课题给你上课的机会，你不用怕，我会告诉你怎么做。然后，我给了他非常具体的指导意见。我跟他说，这张幻灯片不行以及哪里不行、为什么不行……在正式上研究课之前，他的那堂课我整整指导了 5 次。"(F-S-121206)这在某种程度上也是教师"上课不发怵了"的一个原因。

Y 老师认为，如果谈他们这个共同体对于教师发展的价值的话，他认为一个重要的价值就是促进了青年教师的专业发展，即加入共同体对于青年教师的意义最大。"一个学科，它有专业性，所以一个教师对于如何驾驭课堂，一般经历至少三年课堂教学才有感觉。我们的教学特点是面授，就是集体教学。你理解知识是一回事，拥有知识是一回事，而你把知识传给学生又是另外一回事，这是很不容易的。作为青年老师，他入门需要引领，否则就像盲人摸象一样，但是，一般一所学校只有一个信息技术教师，所以新教师很难得到老教师的指导，特别是在专业方面。但是，如果加入这个群体，他可能就会成长得很快。"(F-Y-121210)Y 老师还谈到加入这个共同体，教师至少知道课应该怎么上了，从理性层面知道了如何安排学生的学习，这是一个认识问题。在这个共同体中，青年教师多是去听有经验教师的讨论，在听的过程中有所体悟。同时，这个群体中的骨干教师都会很热情地去帮助青年教师，因而青年教师基本上可以获得使他困惑的问题的答案，可以获得全方位的指导。从这种意义上来说，青年教师"上课不发怵了"。

（3）"燃起思想"

"燃起思想"是访谈过程中 Y 老师提到的一个本土概念。Y 老师认为："这个群体中，最宝贵的是思想的碰撞，因为有碰撞才有火花，有火花才能燃起思想，才能激发创造欲望。因为大家都这样做，你就会在这样的氛围中主动思考。如果是自己一个人做的话，就懒得想，懒得做。人都有这么一种惰性。"（F-Y-121210）从 Y 老师的这段话中，我们可以看到，这个基于课题研究的教师专业学习共同体的又一个重要价值就是提供一种群体研讨的氛围，燃起教师思想的火花，形成一种发人深思的情境，让教师在这种情境中主动地思考理论知识、挖掘自身的隐性知识、挑战思维、凝练语言和陈述观念。

从 QQ 群聊天记录中，我们可以发现，在教师专业学习共同体这种群体思考的氛围和情境中，教师生成了许多宝贵的思想，点燃了思维的火花，触及了很多有关教育教学本质的深层东西。以下是一些聊天记录摘要。

Y 老师："我们的教学过程不该是'冷冰冰的'，应该给学生呈现与生活息息相关的内容。"

S 老师："通过应用信息技术而学习信息技术。"

Y 老师："片面强调应用和整合，忽视基础性教育，在理论上讲不通，在实践上是有害的，也行不通。"

Z 老师："其实，我们这门课应该命名为现代信息技术。"

（Q-101014）

从上述聊天记录中，我们可以看到，在这种浓厚的研究氛围中，教师迸发出很多具有创新性的想法，将自己多年来积累的潜在的隐性知识和观念以精妙的语言和缜密的思维方式表达出来，这在一定程度激发了教师自身的潜能和创造力。上述聊天记录清楚地向我们展现了他们活跃的思维、深刻的思考，以及真知灼见。的确，现实中很多教师不反思，仿佛无知无觉。但是，设想一下，如果有这样一个共同体，这样一种研讨的氛围，教师能不思考吗？这个基于课题研究的教师专业学习共同体的研讨记录向我们真实展现了教师潜在的思考能力、判断能力。

在上述对于共同体教师"燃起思想"这一本土概念的解读中，笔者着重探讨的是教师在研讨情境之下产生的思想火花，除此之外，还可以引申为教师全身心投入思考后的状态。

美国人本主义心理学家马斯洛认为，每一个自我实现的人都献身于某一事业、号召、使命或他们所热爱的工作，也就是"奋不顾身"。一般说来，这种赤诚和献身精神的明显特征是对工作的深厚感情。通过访谈和分析 QQ 群聊天记录，笔者发现在这个共同体中，有些教师便进入了这种奋不顾身、自我实现的状态。共同体的 QQ 群里记录着这样几句话。

S 老师："你的话让我一夜没有睡着"。

Z 老师："太好了，只有这样真理才能越辩越明！"

W 老师："其实昨天回去我也想了想。"

这是在 Z 老师表达了一些自己对于小学信息技术学科的看法之后，第二天三位老师在群里的对话。可以看出，在研究过程中，他们倾注了自己的热情和心血，进入了一种全身心思考的状态。

在访谈过程中，S 老师说在课题研究的两年多里，他几乎把自己所有的课余时间和精力都花在了思考观念、琢磨课堂和如何推进课题方面了。有时候，遇到一个新的问题后，自己会整夜睡不着觉，大脑里会一直转着各种零碎的片段式想法，然后去验证，去和其他教师探讨。Y 老师在访谈过程中也谈到了类似的体验。他说，有时候，当一次讨论结束后，自己会感觉意犹未尽，或者感觉自己的某些观点还是没有被其他人认同或接受。这样，自己回去后会再打电话跟其他教师沟通，或者上网跟大家聊。有时候自己会在一段时间内一直琢磨一个问题。"现在想来，那种状态是痛苦的，但也是充实的、快乐的。"Y 老师说马斯洛的需要层次理论强调人的自我实现，"自我实现意味着充分、忘我、集中全力、全神贯注地体验生活"[①]。从 S 老师和 Y 老师的自我描述中，我们可以清楚地看到他们身上所体现出来的投入、忘我的精神状态，以及在这种状态下思想的点燃和自我超越的实现。

（4）"成就感"

在访谈过程中，教师多次提到的另一个重要本土概念是"成就感"。他们认为在这个课题研究过程中或在教师专业学习共同体活动的过程中，他们最大的收获是一种成就感的获得，这种成就感支撑着他们不断地探索和研究，支撑着他们付出极大的努力。

---

① 　秦龙：《马斯洛与健康心理学》，75 页，呼和浩特，内蒙古人民出版社，1998。

Y老师认为，他自己是一个喜欢挑战的人。每当他产生一个新的想法，然后去和共同体中其他教师交流，或将这个想法运用到实际课堂教学中被学生所认可和喜爱时，他都会觉得自己特别有成就感。人生是一个不断进取、不断超越的过程。在不断进取与超越的过程中，人感觉到自身蕴含的力量及价值，而成就感的获得便是个人不断超越自我的源泉。

当笔者问及在一个新的想法成功后他们是一种怎样的感觉，S老师的话简单又朴实："会兴奋两分钟，很兴奋，有种狂喜的感觉。"马斯洛理论中一个重要的观点便是自我实现。他提出人在自我实现的状态下会产生一种高峰体验："自我实现或创造潜能的发挥本身就是奖赏，它是一种'高峰体验'，是一种极度欢乐状态。""这种体验可能是瞬间产生的、压倒一切的敬畏情绪，也可能是转眼即逝的极度强烈的幸福感，甚至是欣喜若狂、如痴如醉、欢乐之极的感觉。"①笔者认为，S老师在付出努力后获得成功的那一瞬间，是经历了这种高峰体验的，而正是这种高峰体验不断激励S老师持续向前探索。

精神生命是人的本质的一部分，没有这一部分，人的本质就不完满。然而，在当前学校教育中，很多教师把自身的职业看作日复一日的重复性工作。在这种观念的影响下，教师没有了激情，失去了精神，没有了梦想，出现了职业倦怠现象。反观本研究个案中教师展现出的那种积极进取的精神状态，在如何有效避免或克服教师职业倦怠问题上，本研究也具有启发意义。

(5)"精神家园""归属感"

对于小学信息技术教师而言，教师专业学习共同体的更大价值指向了人的精神层面，即它为信息技术教师营造了一个精神家园，使他们在某种程度上获得了归属感。

在访谈过程中，Y老师介绍说，在他所任教的学校，由于信息技术是小学科，学校只有他一个信息技术教师，有时他想跟人讨论都没有机会；大家是跨学科的，教的东西跟自己所谈的事情风马牛不相及，也没有人理解自己的舌所代表的意义。因而，他觉得有这么一个组织让大家一起争论、一起交流，特别难能可贵。

研究者问："你们这个共同体，除了对于教师专业发展具有价值外，还有没有对于个人精神方面的价值？"

Y老师说："这肯定有，因为它会让你有一种归属感。这是你的精神生活

---

① ［美］马斯洛等：《人的潜能和价值》，4页，北京，华夏出版社，1987。

所需要的。"

研究者继续问："归属感？什么意思？"

Y老师说："就是你需要有地方说出你的想法。这在自己单位是实现不了的。"

研究者追问："为什么？"

Y老师回答："因为我觉得一个信息技术教师在自己学校，就是信息的孤岛。学校就是一个孤岛，在信息方面是匮乏的。人需要交流，没有交流就是孤岛，就会限制你在专业上的积极性和创造性。而这种跨学校交流的方式就打破了这种状况。信息技术教师就不再是一个孤岛了，至少可以有定期'航班'了。"

研究者还问："哦，是这样。那么，在这个共同体中，除了专业方面的交流外，你们还有其他的交流吗？"

Y老师说："在我看来，这个组织就像一个朋友圈一样，如果谁有个人问题需要帮助的话也可以得到关注。"

（F-Y-121210）

在以往的教师专业学习共同体研究中，很少有学者关注到共同体对于教师精神、情感方面（如教师的成就感和归属感）的价值。小学信息技术学科在学校属于小学科，学科地位被边缘化；同时，学科教师很少，缺少最基本的专业交流环境，内心感觉孤立无援。因此，这些教师更迫切地渴望一种成就感和归属感。在这种情况下，基于课题研究的教师专业学习共同体在很大程度上满足了教师的精神需求，让教师的精神生命得以发展，所以这个共同体显得尤为珍贵。

四、讨论

（一）关于教师专业学习共同体存在和发展动力的研究

通过案例分析，本研究认为"需求"是基于课题研究的小学教师专业学习共同体存在和发展的原动力，"路标"是基于课题研究的小学教师专业学习共同体的推动力。关于教师专业学习共同体的构建，国外很多学者都强调成员具有共同的愿景、价值观和目标的重要性。例如，霍德提出"共同的价值观和愿景"[1]，麦

---

① Hord，S. M.，*Professional Learning Communities：Communities of Continuous Inquiry and Improvement*，Austin，Southwest Educational Development Laboratory，1997，pp. 19-20.

克劳林（Mclaughlin，M. W.）强调"清晰而共同的目标"①。国内很多学者也建议教师专业学习共同体需要首先形成共同愿景。本研究虽然认同共同目标的价值，但认为"口号式"的目标、愿景等很难对教师起到推动作用，正如 S 老师所说，"目标对于我们这种合作来说没有用，主要还是源于大家的需求。大家有需求，才想做"。另外，"看得见的对大家有用，看不见的对大家没有用"（F-S-121206）。S 老师所谓"看得见的"就是他所说的"路标"。"路标"的出现，能够给教师带来成就感与信心，激发教师内在的动力、探索的兴趣，推动教师持续研究与行动。"路标"对共同体的教师而言，具有自我体验性、情境依赖性和创生性等特点。

(二)关于教师专业学习共同体组织特征的研究

谈及基于课题研究的小学教师专业学习共同体的组织特征，本研究首先得出了"草根队伍"的组织定位。这也恰恰印证了许多学者的研究结论：教师专业学习共同体在学校组织中是一种非正式的团体，是成员自发成立的团体，其发展依赖于共同体成员的共同努力。② 例如，萨乔万尼（Sergiovanni，T. J.）曾指出："为了建立教师专业学习共同体，学校领导者要由管理者和激励者转变为发展者（developer）和共同体建立者（community builder）。管理者强调控制，命令是其主要手段；激励者重视奖惩，诱因是其主要手段；发展者重视赋权，教师能力建立（capacity building）是其主要手段；共同体建立者强调共享价值和目标，草根式的民主参与（democratic participation）是其主要手段。"③

关于共同体领导者的论述最早源于彼得·圣吉。他在《第五项修炼》一书中指出，在学习型组织中领导者需要扮演三种角色：设计师、仆人和教师。他们负责建立一个组织，让他人能够不断增进对复杂度的了解、厘清愿景和

---

① McLaughlin, M. W. & Zarrow, J., "Teachers engaged in evidence-based reform: Trajectories of teacher's inquiry, analysis, and action,"In A. Lieberman & L. Miller(eds.), *Teachers Caught in the Action: Professional Development That Matters*, New York, Teachers College, Columbia University, 2001, pp. 79-101.

② 高博铨：《学校学习社群的发展与挑战》，载《中等教育》，2008(4)。

③ Sergiovanni, T. J., "Collaborative cultures and communities of practice,"*Principle Leadership*, 2004, 5(1), p. 49.

提升改变心智模型的能力，也就是说领导者需要对组织的学习负责。① 本研究也充分印证了这个观点。S 老师在这个共同体中充分地扮演了这三种角色。笔者也认为教师专业学习共同体的建立需要一个卓越的领导者。作为这个共同体的负责人，S 老师是一个组织者；作为一个共同体的领导者，S 老师是一个"打旗的人"，是一位精神领袖。他的勤奋、认真、无私等人格魅力对参与者起到了鼓舞的作用。同时，S 老师特别善于采用各种方式激发大家的研究热情，尽自己所能为教师创造各种展示的机会，并对每一位付出努力的教师负责。

基于课题研究的小学教师专业学习共同体还具有以下三个特征："自己认领"的分工方式，"平等""自愿"的权力关系，"碰撞""共享"的组织氛围。这也符合国内外学者关于教师专业学习共同体特征的描述。例如，有学者指出教师专业学习共同体具有"反思性对话""去个人化的实践""合作"等组织特征，即专业共同体内的教师兼具建议者、专家和学习者的身份，既为同事提供支持，也从同事那里获得帮助，共同分享实践经验。② 还有学者也提出形成教师专业学习共同体最重要的一点就是推动互惠性的互动，即促进成员之间交流个人故事，分享教学资源和教学经验，运用头脑风暴的方法反思教学，产生新的思想和问题解决的方法，互相激励和帮助等。③

本研究关于教师专业学习共同体组织特征的相关结论也回应了霍德对教师专业学习共同体性质的界定。他认为，教师专业充分展现了新型的教师领导（分散式领导）实践。④ 本研究也支持这个观点。近些年关于是否应该为教师赋权的讨论异常激烈：反对者质疑教师是否具有足够能力运用被赋予的权利，而本研究案例在某种程度上展现了教师的领导力。本研究中的这个

---

① ［美］彼得・圣吉：《第五项修炼——学习型组织的艺术与实务》，397～407 页，北京，中信出版社，1997。

② Louis，K. S.，Kruse，S. D. & Raywid，M. A.，"Putting teachers at the center of reform：Learning schools and professional communities，"*NASSP Bulletin*，1996，80(580)，p. 9.

③ Glazer，L. M. & Hannafin，M. J.，"The collaborative apprenticeship model：Situated professional development within school setting，"*Teaching and Teacher Education*，2006，22(2)，p. 181.

④ Hord，S. M.，"Professional learning communities：An overview，"In Hord，S. M. (ed.)，*Learning Together*，*Leading Together：Changing Schools Through Professional Learning Communities*，New York，Teachers College Press，2004，pp. 5-14.

共同体完全是一个大家主动承担任务的团体，没有强制，有的只是主动与自觉。在不存在行政组织框架的情况下，这个团体如此出色地完成了研究任务，如将 QQ 群聊天记录完整地保存下来，将每次的研讨活动内容记录下来，将重要会议的录音进行文字转录，将素材整理成素材库，完成结题报告的撰写等。这是令人难以想象的，但这一切是真实发生的，而且是教师自觉自愿的。

（三）关于教师专业学习共同体价值的研究

以往关于教师专业学习共同体价值的相关研究认为，教师专业学习共同体有利于推动学校转型，促进教师专业发展，提高学生学习水平等。例如，有学者指出教师专业学习共同体是学校改革的动力。[1] 也有学者发现参与教师专业学习共同体不仅能够丰富教师知识而且能够改善课堂教学效果。本研究也支持这些观点。

本研究还发现，在促进教师专业发展方面，教师专业学习共同体的两个作用比较明显。一是促使教师转变了对于小学信息技术学科本质及特点的认识。正如 Y 老师所说，"思想是统帅"。教师对于信息技术学科理念和认识的根本转变，带来了课堂实践领域的根本变化。传统教师培训中，很多关于学科本质的东西都是以讲授的方式直接灌输给教师的，这样的灌输往往是外在的、表面的，导致教师的理解往往只停在文字层面，并没有实现对理论的实质性理解。而在这个课题研究引领的教师专业学习共同体中，教师经常在同一情境下或在同一场域中进行即时性的交流与对话，包括质疑、辩驳与问难等。在思想、思维的碰撞中，教师才能够真正主动地去思考、理解理念，而非被动地接受理念；在反复的实践与思考中，教师才能够真正认同与内化理念，并形成对理念的个人实践性理解。二是提升了教师的精神境界。"燃起思想""精神家园""成就感""归属感"都是案例中教师反馈的关于教师专业学习共同体对其发展的价值。这些研究结果论证了国外学者萨乔万尼的观点。他曾明确指出："归属感是教师专业学习共同体的情感特征。"正如他所言："共同体会使一群个体的'我'转型为集体的'我们'。在教师专业学习共同体中，成

---

① Little，J. W.，"Locating learning in teachers' communities of practice：Opening up problems of analysis in records of everyday work，"*Teaching and Teacher Education*，2002，18(8)，pp. 917-946.

员具有共同的兴趣、喜好、专长与目标，对共同体高度认同。对于他们来说，在共同体中有一种在家一样的感觉，教师之间不再是'相识的同事'，而是'友好的伙伴'。他们彼此信任，互相尊重，平等相待，密切合作，共同追求共同体的目标。"我国学者钟启泉也曾指出，理想的共同体中充满了"关怀""关心""关联"和"相互一体感"（mutuality）。成员相互信赖和尊重，能发表不同的见解，采取合作的行动，实现共同的理想。这样的"学习共同体"是"心里感动的、知性参与的、道德丰富的。"①

（四）本研究的不足之处

通过本研究，笔者深深感到基于课题研究的小学信息技术教师所构建的专业学习共同体是适合当今教师专业发展需要的，并且教师专业学习共同体在我国教育实践的场域中是真实存在的。此外，笔者也被个案中小学信息技术教师的热情和执着所打动。笔者切实认识到我国一线教师的潜力，那就是，倘若给教师一种恰当的引领和一个宽松的环境，他们就有足够的能力走向合作，创建出有利于教师自身发展的专业共同体。

但本研究还存在很多不足，有许多方面值得进一步研究和探索。首先，本研究涉及社会学、心理学、教育学等多学科的知识，加之笔者个人能力有限，理论功底还非常薄弱，导致本研究的研究问题比较宽泛，对具体研究问题的理论建构不够。因此，加强学术阅读和理论积累依然是笔者努力的重要方向。其次，虽然本研究从教师专业学习共同体存在的基础、共同体的运行状况、共同体的价值及其定位四个方面对个案进行了全面的描述，但在教师专业学习共同体构建的实践策略和实现途径方面未能给出具体的可操作的措施。再次，由于本研究选取了个案，研究结论的普遍性还有待实践的检验，只能给后续研究者提供一些有益的启示。笔者建议在未来的研究中，研究者一方面可以聚焦本研究中的一个子问题进行深度挖掘，例如抓住教师专业学习共同体的运行方式进行细致阐述；另一方面可以考虑把教师专业学习共同体带入实践，在实践中检验和完善。

五、研究结论

第一，基于课题研究的小学教师专业学习共同体是在教师内在需求和"路

---

① 　钟启泉：《现代课程论》，436 页，上海，上海教育出版社，2003。

标"的推动下逐渐发展起来的。

基于课题研究的小学教师专业学习共同体的原动力是需求，包括教师内在的兴趣和需求以及外在的名利需求等。

作为推动力的"路标"内涵丰富，不仅具有"目标"的引领价值，还具有"关键事件"的转折递进效应。

第二，基于课题研究的小学教师专业学习共同体是一个在领导者的"民主"引领下，以平等和自愿为原则，通过协商式分工，在共享的组织氛围中运行的非官方组织。

基于课题研究的小学教师专业学习共同体是一个平等、自愿、合作与共享的组织。课题像一面旗帜，同时共同体的组织者和领导者就像一个"打旗的人"，他以自身的人格、品行及影响力激励教师积极参与、甘于奉献、合作共享。这种非官方的性质保证了这个组织的存在和发展。

基于课题研究的小学教师专业学习共同体是一个专业化的组织，其运行完全由内部教师控制。在此过程中，共同体领导者的角色在于服务与促进教师共同体的发展，并没有运用权威来强制推动教师共同体运行；成员在共同体中享有高度的自由，彼此保持平等的关系；分工是通过领导者的提议和鼓励，教师自发进行的；运行更多依赖共享组织文化中教师的自主性规划。

第三，基于课题研究的小学教师专业学习共同体的价值在于促进了信息技术学科、学生和教师的共同发展。

基于课题研究的小学教师专业学习共同体促使教师转变了观念。在教师专业学习共同体中，教师就小学信息技术学科的定位问题，即素材、技术与应用之间的关系进行了广泛深入的探讨。在思想的碰撞中，教师主动思考理念，并在实践中反思、验证与理解理念，逐渐形成了对学科较为系统的认识。观念的转变带来了行动的转变。在澄清观念的基础上，教师教学技能不断提高，进而改善了学生的学习成效，促进了学生的发展。教师专业学习共同体的价值还体现为促使教师获得了成就感与归属感。小学信息技术学科属于小学科，学科地位被边缘化；同时，学科教师很少且缺少最基本的专业交流环境，内心感觉孤立无援。因此，这些教师更渴望一种成就感和归属感。在这种情况下，基于课题研究的教师专业学习共同体中的教师真诚以待，这种信任、尊重的互动模式在很大程度上满足了教师的精神需求，使教师的精神生命获得发展。

第八章 伙伴合作下的教师专业发展的个案研究

一、引言

2014 年 9 月 9 日，正值教师节前夕，国家主席习近平走进了北京师范大学，在与师生座谈时发表了重要讲话。习主席强调："百年大计，教育为本。教育大计，教师为本。努力培养造就一大批一流教师，不断提高教师队伍整体素质，是当前和今后一段时间我国教育事业发展的紧迫任务。各级党委和政府要从战略高度来认识教师工作的极端重要性……把加强教师队伍建设作为基础工作来抓……"他在讲话中把教师教育提到了战略高度，可见教师教育在整个国民教育当中的重要性和紧迫性。

诚然，教师素质是教育质量的关键因素。教师素质关乎国家的教育，也关乎国家的未来，因此，提升教师的专业素质，促进教师的专业发展就显得尤为重要。教师专业发展的途径有很多。近年来，大学与中小学合作实现共同发展给中小学的发展提供了很多支持，也给教师专业发展提供了专业的平台。学者肯定了伙伴合作对于教师专业发展的促进作用。正如卢乃桂等学者所言，大学与中小学伙伴合作模式有利于打破学校及教师固有的平衡状态，并在以平等、民主为价值诉求的协作环境中，改善教师面对改革创新的保守态度及可能出现的负面情绪，使教师在"高挑战、高支持"的理想情境中获得积极的心理和情绪体验，进而增强其专业能力和自主意识。①

随着大学与中小学合作的逐渐增多，学者对于伙伴合作的概念及内涵、类型与模式、特征及条件、功能与目的以及策略与经验方面都做了深入的研究，所以伙伴合作下的教师专业发展有很多研究成果。学者大多关注了伙伴合作中不同的影响因素对于教师专业发展的影响，但是鲜从教师的角色体验切入深层解释和挖掘教师在伙伴合作过程中真实的体验和情绪感受。因此，笔者决定采用质性研究的方法对伙伴合作的个案进行研究，通过了解教师对于伙伴合作过程的观感以及伙伴合作过程中教师的实质转变和局限，进一步探究伙伴合作对于教师专业发展的意义。

基于以上讨论，本文的研究问题如下。

其一，教师对于 U-A-S 伙伴合作的具体观感是什么？

其二，在伙伴合作过程中，教师发生了哪些专业方面的转变？影响这些转变的原因有哪些？

其三，在伙伴合作的场域中，教师专业发展面临哪些具体的困难？

二、文献综述

(一)伙伴合作

从 19 世纪末杜威创办实验学校为师范生提供实习场所开始，大学与中小学合作的思想便开始在西方社会萌芽。19 世纪末 20 世纪初，美国的大学和教育行政机构都在大学和中小学合作中开展了一系列的活动，为伙伴合作提供了很多有益的经验。我国的大学与中小学的伙伴合作开始于 20 世纪 80 年代。时至今日，伙伴合作呈现出快速的增长态势，相关的研究也取得了长足的发展。笔者从伙伴合作的概念、取向和意义等方面对国内外的相关文献进行了综述。

1. 伙伴合作的概念

关于伙伴合作，教育界有很多近义词。在搜索文献的过程中，笔者通过很多关键词都可以检索到与伙伴合作相关的文章，如协作(collaboration)、合作(cooperation)、联盟(consortiums)等。"合作"一词在中文里有名词和动词两种不同的解释：名词侧重于对静态特征的描述；动词则侧重于对过程的描

---

① 卢乃桂、钟亚妮：《国际视野中的教师专业发展》，载《比较教育研究》，2006(2)。

述。同样，通过梳理国内外的相关文献，笔者发现，学者关于伙伴合作的概念论述，也存在静态和动态两种不同的理解取向。

（1）静态观

在伙伴合作中，很多学者从特征这一静态观点切入，阐述了伙伴合作不同维度下的主要特征。

有学者认为伙伴合作的主要特征是合作双方建立了一种关系。古德拉德（Goodlad，J. I.）认为，"U-S"（大学与中小学）的伙伴关系是两个不同性质的机构走到一起，为自己的利益和追求解决共同问题而建立的关系。① 施莱蒂（Schlechty，P. C.）等人也提出，大学与中小学的伙伴合作的特征在于它是一种机构性的合作关系，且合作各方在合作过程中形成一种共同的关系，并共同满足各自的需要。②

也有学者把伙伴合作中平等互惠的文化和机制看作伙伴合作主要的特征。奥廷格（Oettinger，L. M.）就认为，大学与中小学之间的伙伴合作由两个或以上在结构、文化、奖励机制等方面均显示差异的机构组成，这些机构秉持共同的目标，力图解决共同关注的问题，在合作的过程中发挥各自的特长。③古德拉德则用"共生"的特征来描述伙伴合作：伙伴合作各方具有一定程度的差异性；共同满足合作各方的需求；无私地帮助他人实现愿望。④

国内学者王建军在综合了多位学者的观点后认为，合作双方对于合作目标和愿景的共识、价值观念的交流与磨合、角色与权力关系的重构等，不仅是合作的组成部分，也是保证合作得以成功的关键特质。⑤

综合以上学者的观点我们可以看出，存在差异的各方为了共同的愿景，在平等互惠的文化和机制中建立一种合作关系是伙伴合作概念的主要特征，

---

① Goodlad, J. I. , "School-university partnerships for educational renewal: Rationale and concepts," In K. A. Sirotnik & J. I. Goodlad(eds.), *School-University Partnerships in Action: Concepts, Cases, and Concerns*, New York, Teacher College Press, 1988, pp. 3-31.

② 转引自朱嘉颖：《伙伴合作对教师学习的影响》，博士学位论文，香港中文大学，2005。

③ Oettinger, L. M. , "A case study of an emerging school-university partnership," PhD diss. , Ohio Unversity, 1988.

④ Goodlad, J. I. , "School-University partnerships for educational renewal: Rationale and concepts," In K. A. Sirotnik & J. I. Goodlad(eds.), *School-University Partnerships in Action: Concepts, Cases, and Concerns*, New York, Teacher College Press, 1988, pp. 3-31.

⑤ 王建军：《课程变革与教师专业发展》，217 页，成都，四川教育出版社，2004。

而这样的特征描述可以看作伙伴合作概念的静态观。

（2）动态观

与上述的静态观对应的观点是伙伴合作是一个动态的过程。克拉克（Clark，R. W.）指出，合作是一个逐步出现、发展的过程，且合作的规划应该是循序渐进的，而不是一蹴而就的，更不是预先设定的。① 其他学者也提出了类似的观点，他们普遍认为伙伴合作是双方相互依靠、持续给予和付出的过程，是一个逐步出现、发展的过程。② 综合以上学者的观点，伙伴合作是一个渐进发展的过程，是动态呈现的。

虽然不同的学者对于伙伴合作的概念有不同的理解，但从他们关于合作的概念可以看出，学者要么从伙伴合作的目的出发对其内涵进行阐释，要么从合作中参与各方之间的关系机制以及合作文化等方面切入，或者两个方面兼而有之。综合来看，伙伴合作的概念包括合作的缘由、合作的主体、合作的架构、合作的过程、合作的结果、合作的性质等。③ 随着伙伴合作在全球范围内的广泛开展，合作的形式和内容越来越丰富，因此，格罗地（Grobe，T.）等人指出，伙伴合作活动形式多样，内容变化多端，所以寻求一种简单的定义来界定和划分所有的伙伴合作活动可能是不切实际的。④

纵观学者的概念，我们可以基本达成一个共识，即伙伴合作需要良好的合作文化和机制的支撑。在不同的文化和机制之下，合作的取向会不同。因此，在伙伴合作整体的发展过程中，伙伴合作的取向也是学者研究和探讨的焦点。

2. 伙伴合作的取向

大学与中小学的伙伴合作已有一百多年的历史。从早期合作以一方为主导到寻求合作各方的平等合作再到追求合作的文化融合，学者慢慢将关注点

---

① 转引自朱嘉颖：《伙伴合作对教师学习的影响》，博士学位论文，香港中文大学，2005。

② Gray，B. & Wood，D.，"Collaborative alliances：Moving from practice to theory,"*Journal of Applied Behavioral Science*，1991，27(1)，pp. 3-22.

③ 杨朝晖：《"U-S"伙伴合作关系问题研究述评》，载《首都师范大学学报（社会科学版）》，2009(3)。

④ Grobe，T.，et al.，"Synthesis of existing knowledge and practice in the field of educational partnerships,"Washington，DC，Office of Educational Research and Improvement，1993.

聚焦在了伙伴合作的取向研究上。尽管各方在表述上存在差别，但通过对伙伴合作取向观点的汇总我们可以看出，伙伴合作取向的内涵存在着深层次的一致性，分别是伙伴合作的技术、政治和文化三个取向（见表8-1）。

表 8-1　伙伴合作的技术、政治和文化取向

作者＼取向	技术	政治	文化
波·达林（Per Dalin）①	技术	政治	文化
戴（Day，C.）②	意识形态型 研究知识生产型	改革建造能力型	
比奥特（Biiott，C.）③	实施性伙伴关系	发展性伙伴关系	
吴康宁④	利益联合型	智慧补合型	文化融合型
古德拉德⑤		共生模式	
施莱蒂等人⑥		有机关系模式	
古德森（Goodson，I.）等人⑦		公平交易模式	

---

① ［挪威］波·达林：《理论与战略：国际视野中的学校发展》，113～118页，北京，教育科学出版社，2002。

② 转引自杨朝：《"U-S"伙伴合作关系问题研究述评》，载《首都师范大学学报（社会科学版）》，2009(3)。

③ Biiott，C.，"Imposed support for teachers learning：Implementation or development partnerships?"In Biiott，C. & Nias，J.（eds.），*Working and Learning Together for Change*，Buckinggham，Open University Press，1992，pp.3-18.

④ 吴康宁：《从利益联合到文化融合：走向大学与中小学的深度合作》，载《南京师大学报（社会科学版）》，2010(3)。

⑤ Goodlad，J. I.，"School-university partnerships for educational renewal：Rationale and concepts,"In Sirotnik，K. A. & Goodlad，J. I.（eds.），*School-University Partnerships in Action：Concepts，Cases，and Concerns*，New York，Teacher College Press，1988，pp.3-31.

⑥ 转引自朱嘉颖：《伙伴合作对教师学习的影响》，博士学位论文，香港中文大学，2005。

⑦ Goodson，I.，Fliesser，C.，"Negotiating fair trade：Towards collaborative relationships between researchers and teachers in college settings,"*Peabody Journal of Education*，1995，70(3)，pp.5-17.

学者对于伙伴合作取向的研究是随着合作的逐渐增多和深入而不断聚焦的。最初，学者对伙伴合作的关注点在技术理性方面，即如何把大学理论工作者的研究成果应用到具体的实践当中是技术理性最为关心的问题。这种取向把教学和变革过程视为一种技术，通过教材和教法的改革以及新技术的引进来提高教学效果。在变革过程中，技术取向强调以"研究、发展、传播、采纳"为方式，把研究成果转化为应用技术，由教师贯彻执行。在这样单向的合作形式中，大学教师是服务于中小学的，并非和中小学进行平等的合作。①在技术取向中，伙伴合作就是利用技术解决教育变革与教育问题的工具，且技术是伙伴合作参与者关注的焦点。

随着伙伴合作的逐步深入，合作方由大学、中小学两方扩展到了大学、政府、区域、中小学等多方，合作组织内部也形成了由参与各方构成的微政治环境。波·达林认为，政治取向以权力、权威和竞争的利益等概念去理解教育变革。②大学学者在理论研究方面有天然的优势，而教师则拥有更多的实践经验。伙伴合作伊始，理论工作者就以指导者的身份出现，而教师群体基本处于失语的状态。这就导致双方的权力是不对等的：理论工作者处于优势地位，而教师则处于劣势地位。因此，很多学者从伙伴合作形成的微政治环境的视角出发，提倡合作各方平等互惠、权力均等。

达·波林有关伙伴合作的文化取向观点认为，合作过程中出现冲突和矛盾的原因是大学和中小学所拥有的文化不同，大学和中小学的文化融合是合作成功的关键。③从一定意义上说，U-S合作既不是短期利益的交换，也不仅仅是技术层面的交流，而是合作双方为了实现共同发展而进行的文化交往，其核心是两种既有区别又有联系的文化之间的相互影响和相互促进。④大学文化与中小学文化具有异质性，在合作中必然会涉及与带来一定的文化冲突，

---

① ［挪威］波·达林：《理论与战略：国际视野中的学校发展》，113～114页，北京，教育科学出版社，2002。

② ［挪威］波·达林：《理论与战略：国际视野中的学校发展》，114～115页，北京，教育科学出版社，2002。

③ ［挪威］波·达林：《理论与战略：国际视野中的学校发展》，115～118页，北京，教育科学出版社，2002。

④ 李虎林：《文化差异与融合：U-S合作的基础与追求》，载《当代教育与文化》，2011(3)。

具体表现为大学"理论性和研究性文化"与中小学"实践性和日常性文化"的冲突、大学教师文化"霸权"与中小学教师文化"缺位"的冲突及大学合作主义教师文化与中小学个人主义教师文化的冲突。①

有学者认为，伙伴合作最理想的形式是有机合伙，即合作双方组成了一个有机的整体。大学与中小学经过文化上的碰撞和交流，最终创生出一种能够高效率推动双方合作、高质量促进双方发展的新文化。② 大学与中小学文化的异质性使得伙伴合作的文化取向有了更深远的意义，于是"各美其美，美美与共"成为伙伴合作的理想追求。

尽管伙伴合作的方式存在三种不同取向，但我们也必须看到，大学与中小学的伙伴合作处在复杂的社会关系网络中，而教育改革涉及的因素也是相互影响的。虽然不同取向凸显了不同的侧重点，但伙伴合作过程中的不同取向仍然各有其重要的意义。因此，李子建和卢乃桂指出，要全面发展伙伴计划，宜采取一个综合的取向，从技术、政治和文化等多层面去启动变革。③ 从这个角度来讲，伙伴合作的技术、政治和文化取向是合作的不同层面，而合作的成功是各个层面整体的变革，不是某一个方面的割裂式合作。

3. 伙伴合作的意义

自 20 世纪 90 年代末起，世界各地因应社会的转变而掀起翻天覆地的教育改革，而伴随着改革浪潮经常会出现"中小学校与大学伙伴协作"（School-University Partnership）这个名词。④ 大学与中小学合作的背景是应对教育变革带来的挑战，提高教师教育和学校教育的质量。因此，学者大多从大学、中小学和教师三个方面阐述伙伴合作的意义。而随着伙伴合作的持续发展和深入，如何优化伙伴合作本身的合作生态也引起了部分学者的关注。

表 8-2 是有关伙伴合作意义的汇总。

---

① 肖正德：《冲突与共融：大学与中小学伙伴合作的文化理路》，载《社会科学战线》，2011(07)。

② 吴康宁：《从利益联合到文化融合：走向大学与中小学的深度合作》，载《南京师大学报(社会科学版)》，2010(03)。

③ 李子建、卢乃桂：《教育变革中的学校——大学伙伴关系：范式的观点》，见李子建：《课程、教学与学校改革——新世纪的教育发展》，215 页，香港，香港中文大学出版社，2002。

④ 黄晶榕、林智中：《学校与大学伙伴协作推动教师专业发展的反思》，载《教育发展研究》，2012(22)。

表 8-2 有关伙伴合作意义的汇总

维度　　作者	大学	中小学	教师	合作生态
古德拉德①		改进学校课程		
杨颖东②		学校改进	中小学教师专业发展	
卢乃桂、张佳伟③		提升学校教育质量		
挪瑞斯（Norris, C. A.）④	获取资料，发展研究，改进培训课程等	为学校制订教学计划，鉴别学校需改进的方面	提升教师专业形象	
富兰⑤			促进教师专业发展	
操太圣、卢乃桂⑥		促进学校变革	促进教师专业发展	为教师发展与学校变革营造一种支持性环境

从表 8-2 中可以看出，众多学者都认为伙伴合作的意义主要是促进学校改进以及教师的专业发展；大学参与学校改革，通过协作提升学校教育质量已

---

① Goodlad, J. I., "School-university partnerships for educational renewal: Rationale and concepts," In Sirotnik, K. A. & Goodlad, J. I. (eds.), *School-University Partnerships in Action: Concepts, Cases, and Concerns*, New York, Teacher College Press, 1988, pp. 3-31.

② 杨颖东:《大学与中小学伙伴合作现象的文化学解释》，载《教育发展研究》，2012(Z2)。

③ 卢乃桂、张佳伟:《院校协作下学校改进原因与功能探析》，载《中国教育学刊》，2009(1)。

④ Norris, C. A., Starrifield, S. L. & Hartwell, L. K., "Old adversaries united: Benefits of collaborative research," *NASSP Bulletin*, 1984, pp. 143-147.

⑤ Fullan. M., "The limits and the potential of professional development," In Guskey, T. R. & Huberman, M. (eds.), *Professional development in education: New paradigms and practices*, New York, Teachers College Press, 1995, p. 265.

⑥ 操太圣、卢乃桂:《院校协作脉络下的教师专业发展：赋权与规训的争拗》，载《高等教育研究》，2002(6)。

经成为院校协作的重要方向；① 教育研究者走入教育现场，与教育实践者一起亲历教育发生的过程，观察教育现象，分析现象产生的原因，思考现象所反映问题的实质，探讨问题解决的方法，解决实践问题。②

伙伴合作能够为学校拟订崭新的教学计划，能根据研究结果去发展学生及家长服务计划；能够鉴别学校需要改善的地方；能够修改教学计划；能够利用教育研究结果去做决策；能够使教师投入课堂经验研究等。教师通过伙伴合作学习如何改善教学的策略及如何解决在教学中遇到的困难，并且学习如何有效沟通和如何在公共场合发表自己的专业意见，从而提升教师的专业形象，并在与专业人员的交往中发展人际智慧等。③

综合以上学者的观点，我们可以看出，伙伴合作主要的着力点是促进学校改进和教师专业发展两个层面：从促进学校改进的层面来看，主要聚焦在提升学校的教育质量、帮助学校拟订教学计划方面；从促进教师专业发展的层面来看，主要是利用教学策略帮助教师解决教学中的困难，使教师成为一个研究者，从而提升教师的专业形象。也有学者从更高的层面看待学校改进的过程，认为中小学改进是一项系统工程，发生在更大的社会系统之中，需要相关主体（学校、政府、社区、家长等）广泛合作，发挥各自的优势，相互激励，相互支持。大学与中小学合作是其中重要的一部分。④ 诚然，伙伴合作的目标需要在社会系统的大环境支持下才能实现。伙伴合作作为一个共同体，其内部的文化和机制也为学校改进和教师专业发展提供了良好的生态环境。

纵览以上综述，伙伴合作的价值追求有多方面的内容：发挥大学的专业优势，促进双方的持续发展，促进教育的持续改进，促进教育变革的发生以及教育知识的不断积累和创新等。⑤ 已有的文献对于伙伴合作促进学校改进

---

① 卢乃桂、张佳伟：《院校协作下学校改进原因与功能探析》，载《中国教育学刊》，2009(1)。

② 张景斌：《大学与中小学的伙伴协作：动因、经验与反思》，载《教育研究》，2008(3)。

③ Norris, C. A., Starrifield, S. L. & Hartwell, L. K., "Old adversaries united: Benefits of collaborative research," *NASSP Bulletin*, 1984, pp. 143-147.

④ 鞠玉翠：《大学与中小学伙伴合作要点分析——基于学校改进的目的》，载《中国教育学刊》，2012(4)。

⑤ 杨朝晖：《"U-S"伙伴合作关系问题研究述评》，载《首都师范大学学报（社会科学版）》，2009(3)。

和教师专业发展方面的研究较多，对促进大学发展、改善培训课程等方面的研究较少，而对于伙伴合作本身的制度改革、优化教师专业发展的生态环境的研究更少。而且在已有的研究中，理论研究多于实证研究。因此，伙伴合作的内部运作是怎样进行的，以及大学和中小学不同的文化和机制如何影响伙伴合作的效果，需要更多实证研究的跟进。

（二）教师专业发展

教师专业发展是当前教育研究的重要领域，20 世纪七八十年代在欧美各国获得蓬勃发展。目前，我国对教师专业发展的研究也不断深入，并形成了两大主题：一是教师专业化研究，二是教师专业发展研究。前者主要强调教师群体的、外在的专业提升，而后者主要强调教师个体的、内在的专业提升。① 笔者从这两个方面，就教师专业发展的基本概念、维度和途径等进行了综述。

1. 教师专业发展的概念

教师专业发展的研究始于 20 世纪 60 年代末的美国，兴盛于 20 世纪七八十年代的欧美。这是由于随着教育改革浪潮的兴起，人们逐渐认识到教师在教育教学中起着至关重要的作用。20 世纪 90 年代以来，欧美在教育研究与教育管理中逐渐以专业发展或员工发展代替了教师教育与培训。有学者依据教师专业发展的动力来源于外力还是教师自身来定义教师专业发展的概念，因此，笔者将教师专业发展的概念分为外生性和内生性两个取向。②

（1）外生性取向

外生性教师专业发展的概念认为，教师专业发展是指在复杂多变的环境中以及在一种具有强迫性的学习氛围中，教师所经历的正式和非正式的学习。③ 教师专业发展就是通过系统的努力来改变教师的专业实践、专业信念以及教师对学校和学生的理解。

① 朱旭东：《教师专业发展理论研究》，1页，北京，北京师范大学出版社，2011。
② 肖丽萍：《国内外教师专业发展研究述评》，载《中国教育学刊》，2002(5)。
③ Griffin, Q. , "Introduction: The work of staff development ," In Griffin, G. (ed.), *Staff Development: Eighty-Second Yearbook of the National Society for the Study of Education*, Chicago, The University of Chicago Press, 1983, p. 2.

外生性教师专业发展的概念认为，教师的发展来源于外在力量的改变，而外在力量是一个复杂的多种力量交织的系统，教师在这个外在系统的强迫下促进自身的专业发展。对于外生性教师专业发展的概念，陈向明提出了不同的观点。他在说到我国的教师专业发展概念时说，"教师专业发展"这一概念遵循的是一种"缺陷模式"，即似乎教师属于"第三世界"，需要被"第一世界"和"第二世界"的专家学者和行政管理人员"发展"。① 尽管教师专业发展并非只受外在力量的影响，但在当下的教师专业发展中，培训等外在力量仍然是教师专业发展的重要途径。笔者赞同学者的观点：虽然外在力量的促进和激励功能是不可忽视的，但教师自身是专业发展的根本，因此，外在力量需要在合力的作用下才能产生预期的效果。

（2）内生性取向

与外生性取向相对的是教师专业发展的内生性取向。持内生性取向的学者认为，教师专业发展归根结底是教师自身在起着决定性作用，认为教师是专业发展的主体，强调教师自身意识的觉醒以及自身的批判性和反思性。

教师专业发展意味着教师个人在教师专业生活中成长，包括信心的增强、技能的提高、所任学科知识的不断更新以及自己在课堂上为何那样做的原因意识的强化。② 教师专业发展是指在职业生涯的每一阶段，教师掌握必备的知识与技能的过程。③ 因此，在这个过程中，教师独自或与他人一起检查、更新和拓展教学的道德目的，不断学习和发展优质的专业思想、专业知识、专业技能和专业情感。他们的学习和发展具有批判性，因为教师不是知识和技能的容器，而是强大的变革力量。④

---

① 陈向明、张玉荣：《教师专业发展和学习为何要走向"校本"》，载《清华大学教育研究》，2014（1）。

② Perry, P. "Professional development: The inspectorate in England and Wales," In Eric Hoyle & Jacquetta Meggary(eds.), *World Yearbook of Education: Professional Development of Teachers*, London, Kogan Page, 1980, p. 143.

③ Hoyle, P., "Professionalization and deprofessionalization in education," In Eric Hoyle & Jacquetta Meggary(eds.), *World Yearbook of Education: Professional Development of Teachers*, London, Kogan Page, 1980, p. 42.

④ Day, C., *Developing Teachers: The Challenge of Lifelong Learning*, London, Falmer Press, 1999, p. 9.

国内学者卢乃桂也强调了教师自身在专业发展中的重要性，认为教师专业发展是教师不断成长、不断接受新知识、不断增强专业性的过程。在这个过程中，教师通过不断学习、反思和探究来拓宽专业内涵、提高专业水平，从而达至专业成熟的境界。①

我国台湾地区学者罗清水认为，教师专业发展乃是教师为提升专业水准与专业表现而经自我抉择所进行的各项活动的历程，以期促进专业成长，改进教学效果，提高学习效能。

内生性取向的教师专业发展注重教师的主体性。朱旭东指出，教师专业发展是自主的专业建构的过程，它体现出自在、自为、自觉、自控等内容。基于此他提出了用"前经验主体""经验主体""认识主体""价值主体"和"审美主体"来构建教师专业发展的层次，并指出了这五个层次可能呈现的教师类型，包括准经验型教师、经验型教师、研究型教师、学术型教师和学者型教师。②

在内生性取向的教师专业发展概念中，教师是一切活动的主体，而外在的力量通过主体的内在动力发挥作用，且教师在这个过程中拥有不可争辩的自主权，主要通过自我反思、学习和探究等途径实现自身的专业发展。

2. 教师专业发展的维度

教师专业发展是教师的学习过程，它应该是连续的、伴随着工作而进行的、贯穿职业生涯的。③ 在这个过程中，教师应提升哪些专业素养？这些素养对教师专业发展有哪些重要的作用？学者对教师专业发展的维度研究在多元论述中体现着一致性，即他们大多从技术维度、理念维度、情感维度、能力维度和行为维度五个方面进行论述（见表 8-3）。其中，技术维度包括知识（通识知识、学科知识和教育学知识等）和技能（教学技巧、班级管理、教学设计和实施、学生评价等）；情感维度包括对于教育事业和学生的热爱、专业的理想情操等；能力维度包括科研能力、管理能力、与人交往的能力等。

---

① 卢乃桂、钟亚妮：《国际视野中的教师专业发展》，载《比较教育研究》，2006(2)。
② 朱旭东：《论教师专业发展的理论模型建构》，载《教育研究》，2014(6)。
③ Collinson, V. & Yumiko Ono., "The professional development of teachers in the United States and Japan,"*European Journal of Teacher Education*, 2001, 24(2), pp. 223-248.

表 8-3　教师专业发展的维度

维度 作者	技术	理念	情感	能力	行为
莱西(Lacey，C.)①	认知		情感		行为
肖川②	知识		情感		行动
叶澜③	知识	理念		能力	
张大均、江琦④	知识和技能		职业意识	教育能力	
教育部师范教育司⑤	专业知识		专业情意	专业能力	
褚宏启⑥	知识	理念、视野		能力	行为
林崇德、申继亮、辛涛⑦	知识	观念	理想	能力	行为
哈格里夫斯 (Hargreaves，A.)⑧	知识	政治	道德、情感	技能	

　　从已有研究来看，学者对于教师专业发展的关注已经涉及教师的知识、能力、情感、理念、行为、伦理等各个层面。"虽然有些学者将专业技能与专业能力混淆，对专业精神与专业情意、专业态度、专业伦理等概念界定不清，

---

　　①　Lacey，C.，"Professional socialization of teachers,"In Dunkin，M. J.（ed.），*The International Encyclopedia of Teaching and Teacher Education*，Oxford，Pergamon Press，1987，p. 634.

　　②　肖川：《教师：与新课程共成长》，163 页，上海，上海教育出版社，2004。

　　③　叶澜：《教师角色与教师发展新探：新世纪教师角色形象的再思考》，2～27 页，北京，教育科学出版社，2001。

　　④　张大均、江琦：《教师心理素质与专业性发展》，6 页，北京，人民教育出版社，2005。

　　⑤　教育部师范教育司：《教师专业化的理论与实践》，54 页，北京，人民教育出版社，2003。2012 年师范教育司更名为教师工作司。

　　⑥　褚宏启：《关于教育价值与教育价值观问题的讨论》，载《北京师范大学学报（社科版）》，1996(3)。

　　⑦　林崇德、申继亮、辛涛：《教师素质的构成及其培养途径》，载《中国教育学刊》，1996。

　　⑧　Hargreaves，A.，"Development and desire：A postmodern perspective,"In Guskey，T. R. & Huberman，M.（eds.），*Professional Development in Education：New Paradigms and Practices*，New York，Teachers College Press，1955，pp. 9-34.

但总体框架趋于一致。"①

3. 多元化的教师专业发展途径

在教师专业化的浪潮下，如何有效培养教师在多个维度下的专业素养也成为学者研究的领域之一。博尔科（Borko，H.）提出了教师专业发展的研究框架：①以学习个体为单位，考察教师知识和行为的改变；②以学习团体为单位，考察专业共同体对教师学习的影响；③以学习个体和学习团体为单位，考察这两方面共同作用于教师学习的情况。② 基于此观点，笔者的综述从个体和群体两个脉络出发梳理教师专业发展的途径。

（1）通过个体的自我理解实现教师专业发展

哈格里夫斯指出，承认教师发展是个人发展的过程，是我们向前迈出的重要一步。③ 将教师看作专业发展的主体，正越来越成为学者的共识。教师专业发展的过程，尤其强调教师对自我的理解，其中反思是重要途径之一。现代教师反思能力与教师专业发展的内在关联性具体表现在两方面：第一，现代教师反思能力是教师专业发展的必要条件；第二，现代教师反思能力使现代教师专业发展具有可持续性。④ 教师在实践中形成了反思的专业习惯，达到了批判性反思的水平，并以行动研究的方式去解决日常教学问题，使研究与教学整合起来；同时，行动研究能够促进合作式、学习型的教师文化的形成。⑤

教师的反思具有五个方面的特征：实践性、反观性、反省性、自我性和过程性。⑥ 有学者提出教师的反思有三种内容成分：认知的部分、批判的部

---

① 蔡京玉：《行动研究对中小学教师专业发展的助推作用研究——基于长春汽车经济技术开发区区域推行案例》，硕士学位论文，东北师范大学，2013。

② Borko，H.，"Professional development and teacher learning：Mapping the terrain,"*Educational Researcher*，2004，33(8)，pp. 1-15.

③ Hargreaves，A.，"Development and desire：A postmodern perspective,"In Guskey，T. R. & Huberman，M.（eds.），*Professional Development in Education：New Paradigms and Practices*，New York，Teachers College Press，1955，pp. 9-34.

④ 吴晓玲：《区域联动式学校内涵发展的整体探索——以南京市栖霞区 U-A-S 合作研究为个案》，载《教育发展研究》，2012(24)。

⑤ 周钧：《行动研究促进教师专业发展——一位中学教师的案例研究》，载《教师教育研究》，2014(4)。

⑥ 宋明钧：《反思：教师专业发展的应有之举》，载《课程·教材·教法》，2006(7)。

分和教师叙事。① 关于教师叙事，除了通过博客以外，通过电子教学档案、日记等记录教学过程也被认为是实现教师专业发展的有效途径。在以日记形式记录教学方面，国外的研究已相当成熟，而国内对日记的研究并不流行，实施起来需要毅力和方法。但是，日记研究作为重要的教学和科研手段，是促进教师自身专业发展、提高教学质量的最有效的途径之一。②

在教师的自我理解中，知识管理促进教师专业发展是一种有效的方式，且教师进行个人知识管理的过程就是对自身的经验、经历不断地反思、实践、提升的过程。③ 教师是知识工作者，而学校是知识管理的典型应用领域，所以知识管理思想在教育中的应用，将会促进教师专业发展。④

从学者对于教师专业发展之个体发展的研究可以看出，教师的主体性越来越受到学者的关注，且学者强调了教师在发展过程中的主体地位。尽管已有的文献从教师反思、教师叙事等不同的角度论述了教师自我理解下的专业发展，但缺乏系统和全景式的论述。

（2）在传统或虚拟的学习共同体中推进教师专业发展

学习共同体是指一个由学习者共同构成的团体，他们在学习过程中沟通、交流，分享各种学习资源，共同完成一定的任务，在成员之间形成了相互影响、相互促进的人际关系，最终促进个体的成长。⑤ 诚然，只要社会安排保持重要的社会性，或充满活力能被大家所共享，对那些这个社会中的人来说，都是有教育意义的。⑥

有学者认为，教师专业发展的实施主要有三种策略：①以学校为本的教师专业发展，把学校视为教师探究和发展的场所；②伙伴协作；③建立教师和学校之间的网络，借此改变教师的封闭和保守。网络可以分布于学校内部，也可延伸至其他地区甚至全国。这个观点论述了共同体下教师专业发展的三

---

① 刘岸英：《反思型教师与教师专业发展——对反思发展教师专业功能的思考》，载《教育科学》，2003(4)。

② 杨党玲、李彤：《日记研究在英语教师专业发展中的作用》，载《陕西师范大学学报(哲学社会科学版)》，2003(S2)。

③ 肖敏：《运用知识管理策略促进教师专业发展研究》，载《全球教育展望》，2007(S1)。

④ 王继新、贾成净：《促进教师专业发展的教育知识管理策略》，载《科技进步与对策》，2005(12)。

⑤ 徐丽华、吴文胜：《教师的专业成长组织：教师协作学习共同体》，载《教师教育研究》，2005(5)。

⑥ ［美］约翰·杜威：《民主主义与教育》，11页，北京，人民教育出版社，2001。

种渠道。下文将采用这样的维度对文献进行综述。

首先要论述的是教师专业发展的网络。对于国内教师而言最大的网络就是规模浩大、覆盖面广的"国培计划"了。"国培计划"是《国家中长期教育改革和发展规划纲要(2010—2020年)》启动后的第一个重大教育发展项目，旨在建设高素质的专业化中小学教师队伍。走向专业发展的教师职后教育已经成为我国教师教育改革和发展的方向。① 这个全国性的教师培训为项目广大中小学教师的专业发展搭建了一个平台，为中小学教师尤其是为边远及农村地区的教师创造了提升专业能力的机会。在"国培计划"项目的带动下，"省培计划""区培计划"等项目也陆续开展起来。

尽管各式各样的教师培训给了教师更多的专业发展机会，但理论与实践之间的鸿沟仍然是最难跨越的。对此，顾泠沅等人指出，教师的在职教育有多种形式，而所有这些形式都要面对理论到实践的转移问题。实际上，大部分教师在参与了这类培训后，依然很难把学到的知识和技能运用到日常的课堂上，这已成为不易治愈的"顽症"。②

随着互联网的发展，虚拟实践共同体也为教师的专业成长提供了新的选择。在数字时代，我们生活和学习的环境注定越来越信息化、数字化和网络化。促进教师专业发展的网络共同体的创建，突破了传统共同体的局限，形成了一个衔接互动、多维度贯通、面向全体的学习新时空。③ 有学者认为，虚拟实践共同体作为教师专业发展的新途径，有四个方面的特征：①形成一种教师共享文化；②促进教师间的合作；③持续提供支持；④促进个性化的教师发展。④

相对于专业网络共同体跨越时间和空间的优势，校内的合作教研则是惯行的传统方式。在对相关的个案进行研究后，有学者提出了校本教研的三个特点：①以课例为载体能促成教师与研究者的实质性合作；②以课例为载体

---

① 邓红莲：《"国培工程"有效促进小学教师专业发展——湖北科技学院小学教师培训三结合》，载《科教文汇(下旬刊)》，2013(9)。

② 顾泠沅、王洁：《促进教师专业发展的校本教学研修》，载《上海教育科研》，2004(2)。

③ 胡小勇：《促进教师专业发展的网络学习共同体创建研究》，载《开放教育研究》，2009(2)。

④ 周跃良、曾苗苗：《生态取向下促进教师专业发展的新途径——构建教师虚拟实践共同体》，载《教育信息化》，2006(17)。

的"行动教育"模式有利于教师成为研究者；③校本教研需要有整体性的制度保证。① 校本教研是最方便也是最常态的教研形式，但也存在着很多的问题。基于此，胡惠闵提出了对校内的教研组进行多元化组织的建议：学校除保留原有的年级组与教研组之外，新增一些专业组织，如青年教师专业发展小组、教育研究志愿者组合、学科代表群体、级组长组织等。② 也有学者指出，要实现校本教研的改善，教师专业发展应依托校本课程开发这一途径与平台，并以构建教师专业学习社群为导向，最终将学校建设成为学习型组织。③

教师专业发展的网络共同体和校本教研各有优劣势。关于如何让这两种方式共同为教师专业发展提供有力的支持，有学者指出，应打破现实和虚拟的网络屏障，实现知识共享。教师知识共享网络就是以教师知识互动为载体的社会参与网络，而教师的知识共享是社会参与网络中的社会行动。④

教师在共同体中学习已成为其专业发展的重要途径，因此，内部合作文化和机制的创设就显得尤为重要。在学习社群中，教师拥有言说和学习的机会，共同探讨学科知识、学生与教学，在交流与对话中重新认识和理解实践、持续学习并改善实践。教师专业学习社群的建构也能让学校成员产生信任感和归属感，有助于在学校中形成协作的文化、共享的愿景和价值。⑤

从已有的研究来看，学习共同体中的教师专业发展研究大都偏重理论性，且基于实践的研究也多是短期项目，缺少对合作共同体中教师专业发展历程的持续深入的研究。因此，结合实践项目，深入教师学习共同体内部对教师的学习现象进行深描，形成共同体下教师专业发展的系统化研究具有重要的理论意义。

（3）生态转变促进教师专业发展

教师的生态环境在本文的综述中被界定为教师所处的政策、制度或机制以及文化等环境。本部分讨论了在已有的教师专业发展研究中，生态转变是如何影响教师专业发展的。教师专业发展的生态环境是由宏观、中观和微观三个维

---

① 顾泠沅、王洁：《促进教师专业发展的校本教学研修》，载《上海教育科研》，2004(2)。

② 胡惠闵：《教师专业发展背景下的学校教研组》，载《全球教育展望》，2005(7)。

③ 宋萑：《校本学校改善与教师专业发展——为了教育质量提升之教师专业发展》，载《教育发展研究》，2006(14)。

④ 石艳：《在知识共享网络中促进教师专业发展》，载《教育发展研究》，2013(20)。

⑤ 卢乃桂、钟亚妮：《国际视野中的教师专业发展》，载《比较教育研究》，2006(2)。

度构成的复杂的有机系统,具有整体性、动态性和情境性的特点。①

教师培养和发展系统中的许多因子都会影响教师的专业成长。缺乏生态观的培养模式,不可能从根本上促进教师专业发展。美国哥伦比亚大学教育学院前院长克雷明(Cremin,L.)最早提出了"教育生态学"的概念,认为教育生态学可以应用生态学的原理,特别是运用生态系统、生态平衡等原理来研究教育的种种现象、成因,掌握教育发展的规律,揭示教育发展的趋势和方向。② 教师专业发展的生态转变有利于教师关注自我意向、反思教学实践,还能够营造教师文化,整合各种资源形成教学共同体等。③ 关于如何建立理想的生态系统以促进教师的专业发展,刘莹认为,应构筑自我管理成长机制、建立共享型权力机制、形成协同竞争机制,并践行发展性评价机制。④

哈格里夫斯说,如果发展的种子种在石质的土地上,它不会生长;如果既没有时间也没有相应的激励,批判性的反思不会发生;如果因为外部的强权而发生改变,创新教学实验和改进也不可能实现。⑤ 然而,反观当下的教师教育,理查森等学者尖锐地指出,整个教师专业发展呈现出权力—强制取向。⑥ 陈向明表达了类似观点。霍姆(Holme,M.)也认为,大多数的专业发展活动是强加的,服务于某项改革或组织的目的,可以看作某种形式的控制。⑦ 关于国内的教师专业发展,卢乃桂等学者也指出,教师专业发展的一

---

① 王坤:《教师专业发展的社会生态环境及其构成》,载《贵州社会科学》,2014(6)。

② 关文信:《西方教育生态学理论对课堂教学监控的启示》,载《外国教育研究》,2003(11)。

③ 任其平:《论教师专业发展的生态化培养模式》,载《教育研究》,2010(8)。

④ 刘莹:《文化生态视域下的中小学教师专业发展研究》,硕士学位论文,西南大学,2014。

⑤ Hargreaves,A.,"Development and desire:A postmodern perspective,"In Guskey,T.R.& Huberman,M.(eds.),*Professional Development in Education:New Paradigms and Practices*,New York,Teachers College Press,1955,pp.9-34.

⑥ Richardson,V.& Placier P.,"Teacher change,"In Richardson,V.(ed.),*Handbook of Research on Teaching*(4th ed.),Washington,D C,American Education Association,2001,pp.905-946.

⑦ Holmes,M.,"Bring about change in teachers:Rationistic technology and therapeutic human relation in the subversion of education,"The International Conference on Teacher Development,Toronto,1989.

个本质特征，就是强烈的行政主导。①

可见，强权下的社会生态对于教师专业发展的阻碍作用已经是学者的共识。构建适合教师专业发展的社会生态环境是一项迫切而又艰巨的任务，因此，很多学者从不同的角度提出了建议。吴卫兵从比较宏观的角度提出要提供三维护卫，为教师专业发展提供保障：制度保障、管理保障和服务保障。②马焕灵则从教师所处的中观环境出发，认为教师所处学校的中观环境中校长的领导力与教师专业发展关系密切。③

很多学者认为改变评价机制可有效促进教师专业发展。欧本谷提出，教师评价要促进教师专业发展，除了更新观念、创新制度外，还应建立和完善评价机制。④ 侯定凯等学者则从更加具体的评价指导思想的确立、评价指标的设置、评价方法的选择和评价结果的使用四个方面给出了具体的建议。⑤

卢乃桂等学者⑥从教师自身角度出发，提出了只有赋权予教师，留给教师自主发展的空间，并提供更多选择，才能促成教师持续而有效的发展。也有学者提出了同样的观点，认为培养教师领导者，为教师提供领导角色，使他们在发挥领导作用的过程中获得与学校管理者、学生家长及学校中其他成员建立良好关系的机会，可以有效地促进教师专业发展。⑦

在教师专业发展的生态转变研究中，有的学者关注到了制度、管理和服务等各个方面，有的学者关注到了宏观的社会生态，有的学者偏重于中观的社会生态，也有学者从教师自身改变生态出发开展研究。不足的是，学者的研究呈现的都是碎片化的研究结果。然而，社会生态是一个系统，且教师专

---

① 卢乃桂、陈峥：《赋权予教师：教师专业发展中的教师领导》，载《教师教育研究》，2007(4)。

② 吴卫兵：《浅谈促进教师专业发展的领导策略》，载《上海教育科研》，2013(6)。

③ 马焕灵：《校长领导力促进教师专业发展的机理与策略》，载《中国教育学刊》，2011(3)。

④ 欧本谷：《论促进教师专业发展的评价机制》，载《中国教育学刊》，2004(7)。

⑤ 侯定凯、万金雷：《中小学教师评价现状的个案调查——从促进教师专业发展的角度》，载《教师教育研究》，2005(5)。

⑥ 卢乃桂、陈峥：《赋权予教师：教师专业发展中的教师领导》，载《教师教育研究》，2007(4)。

⑦ 任学印、吕胜男：《培养教师领导者：促进教师专业发展的有效途径》，载《外国教育研究》，2011(3)。

业发展受到宏观、中观和微观各个复杂的社会生态的交织影响，所以如何从实践出发构建适合教师专业发展的生态环境有待学者进一步探究。

三、研究方法

（一）样本

笔者在 2013—2016 年参与了 U-A-S 伙伴合作某小学的课堂改革项目，在近三年的时间里，往返项目所在地数十次，亲身参与了伙伴合作过程中的讲座、研讨会、课例研讨等活动，在此过程中收集了很多的研讨纪要、教师教研活动记录以及教师的反思等。在项目中，当地教师谦虚好学的态度让专家感触很深。教师缘何有这样的外在表现？在伙伴合作过程中，这样一种自上而下的对专家的热情是否会对教师带来一定的压力？这样的压力是否有利于教师自身的专业发展？这样的思考让笔者决定对一线教师在伙伴合作过程中的自身体验开展研究工作。

本研究选取了伙伴合作项目中三所项目学校的七位教师作为研究对象。他们的教龄都在十年左右，所以他们属于校内教师的中坚力量，也是学校的种子教师，参加了伙伴合作中的讲座、课例研讨等活动。亲自参与磨课的经历使得他们对于活动中的体验最有发言权，因此，他们的专业发展历程进入了笔者的研究视野。为了全面了解教师在伙伴合作中的心路历程，笔者还访谈了项目学校的三位校长，以全面了解教师在学校的日常工作状态。同时，笔者收集了教师参加合作组织活动的反思以及课例研讨活动中的教学设计等文件。另外，在收集田野资料的过程中，笔者也收集了教师具体的研讨活动记录。这些资料为笔者分析伙伴合作下教师专业发展中教师的角色体验提供了扎实的田野依据。

（二）数据收集与分析

本研究主要以访谈法、观察法和实物收集法为主要方法进行田野资料的收集。在伙伴合作过程中，参与项目的教师很多。笔者主要选取了参与课例研讨的七位教师作为研究对象进行访谈，其间还访谈了当地教育行政部门领导、小学领导和大学学者等人，并对展示课及日常教育教学工作进行了观察和记录。具体的访谈对象见表 8-4。

表 8-4 访谈对象基本情况

序号	访谈对象	性别	任教科目	备注
1	G 校长	女	英语	Y 小学抓学校全面工作的校长
2	Z 校长	女	语文	Y 小学主抓教育教学工作的副校长
3	J 校长	女	数学	G 小学主抓教育教学工作的副校长
4	ZN 老师	女	语文	Y 小学语文教师及教导处主任
5	L 老师	女	数学	Y 小学数学教师
6	M 老师	女	英语	G 小学英语教师及年级主任
7	Y 老师	女	英语	J 小学英语教师
8	Z 老师	女	语文	Y 小学语文教师
9	R 老师	女	语文	Y 小学语文教师
10	H 老师	女	数学	G 小学数学教师及数学学科主任
11	A 学者	男		某高校教师
12	B 学者	男		香港某高校教师
13	C 学者	女		某高校教师
14	W 局长	女		教育行政部门领导
15	T 主任	男		教育行政部门领导

本研究对于一线教师的访谈一般选择在教师参加完项目组的活动之后进行，将教师参加活动的过程及体验作为主要内容，在访谈过程中着重了解教师磨课的过程及切身的观感体验。所有访谈都是在征得被访者的同意后进行的录音，并进行了逐字转录。基于研究的需要，笔者还收集了课例研讨过程中的展示课活动纪要、校内教研记录等田野资料，见表 8-5。

表 8-5 研究资料

项目	具体内容及数量	备注
访谈资料	校长访谈资料 3 份	访谈共转录 135167 字
	教师访谈资料 7 份	
	大学学者访谈资料 3 份	
	教育行政部门领导访谈资料 2 份	

续表

项目	具体内容及数量	备注
观察资料	项目展示课活动观察记录 4 份	
	项目组读书沙龙活动观察记录 2 份	
	校内教研组教研活动记录 5 份	
	教师日常工作观察记录 3 份	
实物资料	教师展示课活动教案 36 份	
	教师教学反思 7 份	
	活动简报 2 份	
	项目活动照片若干	
活动记录资料	研讨会议纪要 3 份	这些资料由参与伙伴合作的学校整理提供
	专家评课及校内教研记录 23 份	
田野札记	研究者田野札记 11 篇	

本研究采用的是质性研究中的扎根理论的方法。对于在田野中收集到的资料，笔者根据开放式登录—关联式登录—选择式登录方式进行三级编码，对材料进行整理和分析，以获得田野资料背后深层次的内在联系，为解释和回应研究问题寻找依据。

四、研究结果

20 世纪 90 年代，伴随大学与中小学伙伴合作的不断深入，人们对于伙伴合作的很多问题进行了反思和追问：首先是怎样协调大学与中小学之间的文化冲突；其次是如何为伙伴合作创设更好的支持性环境；再者是如何客观评价伙伴合作的具体实效，并使之具备一定的"合法性"。[1] 在这样的问题情境下，政府部门进入伙伴合作的组织，一方面可以缓解伙伴合作内部的文化冲突，另一方面也为伙伴合作提供了外部的支持环境。U-A-S 伙伴合作组成了一个新的学习共同体，合力促进学校改进及教师专业发展。

政府部门参与下的伙伴合作是否能规避大学与中小学之间的文化冲突并

---

① Parsons, B. A., "Questions raised by contrasting school-university partnerships with community-university partnerships," The Annual Meeting of the American Educational Research Association, 1999.

为合作创设更好的情境，从而更好地促进学校改进及教师专业发展呢？笔者以某市的小学课堂改革项目为研究课题，通过田野资料的收集对伙伴合作下的教师专业发展进行了深度调研。本研究主要从教师的角度切入，通过教师对伙伴合作项目的切身观感，探究伙伴合作下影响教师专业发展的积极因素和消极因素。

在历时近三年的伙伴合作过程中，项目组织了多种形式的活动，推动区域内各合作学校特色课程的建设以及教师专业发展：从座谈会到讲座，再到评课、议课活动；从请进来一线专家和名师为教师传经送宝到发挥大学学者的资源优势将项目校的教师带到名校进行参观和跟岗学习。在此基础上，专家学者为语数外各科教师推荐了经典书目，并适时开展读书分享活动。为了给教师一个更高的展示平台，项目组连续两年组织了教学研讨活动，让项目组培养出的种子教师和香港、台湾的一线名师同台开展课堂教学展示活动。多元活动的组织一方面让教师在理论和实践两个维度上开展学习，另一方面也为教师的专业提升提供了自我展示的机会和平台，增强了教师的自信心。在项目的实施过程中，每月一度的课例研讨是教师参与率最高的活动。相对于讲座和读书会来说，展示课需要教师投入更多的时间和精力，因为亲身参与教育改革的实践是教师提高自己的最有效的途径，不过同时这样的参与也给教师带来了前所未有的压力。

（一）伙伴合作下教师专业能力的实质性提升

U-A-S伙伴合作的意义在于实现学校改进，促进教师专业发展，并为教师自身的专业发展营造一定的生态环境。本研究的个案项目也正是以推动教师专业发展作为合作的主要愿景的，因此，教师专业能力在伙伴合作中的提升就成为研究关注的重点。从本研究来看，教师专业素质的提升基本囊括了专业发展的各个维度。从理念到行为，从知识到技能再到专业发展生态等，教师的转变体现在了教育教学工作的方方面面。

1.“主要看学生”——教师教学理念的转变

教师的理念是主导教师教学的深层次因素。大学学者对教师的指导也时时浸润着这样的思想。例如，在一次点评教师课堂教学时，专家首先肯定的是教师从学生经验出发的环节设计：“这节课的亮点是学生经验的关照。教师从二年级学生的经验入手，把我们想当然的知识当成一种新知，在一些细节上关注学生的体验”。在田野观察中，笔者发现，教师的教学理念在专家的引领过程中正悄然发生着改变——教师开始意识到学生才应该站在教室的正中央："专家也说了他们观察的不是教师，他们主要观察的是学生的表现。"

在访谈中，几乎每一位教师都反思了自己传统课堂教学的弊端，他们开始在实践中尝试追求更开放、更新颖的课堂。这些反思的出发点都是学生，包括怎样促进学生的学习，如何让学生在课堂上有所收获等。这样的思考充分表明"以生为本"的教学理念已逐渐渗透到了教师日常的教学工作中，从理论慢慢走向了实践。

2."跟着学生走"——教师对教学的再理解

在课堂上，教师是引导者、启发者，这样的道理几乎所有的教师都理解，但知晓一个理论和实践一个理论，实在是相差甚远的两个问题。在收集田野资料的过程中，笔者不止一次听到这样的话语："学生很棒，我想要的点一下就有了"。"课很顺，学生都答到我想要的点上了。"在教师的观念中，尤其是在展示课上，学生几乎成了教师课堂教学的配合者，是在帮着教师完成一份既定的教案。"如果教师总是想着教案的条条框框，教师就听不到学生在说什么了；如果教师注意听学生发言，教师就会忘了教案。有的时候我会犯大错误，这个必须得改。有的时候自己一紧张，可能就听不清楚学生说的话了。"但慢慢地，笔者发现了教师的改变："抛开教案，跟着学生走""学生说到哪儿，我就讲到哪儿"等话语不时地进入笔者的耳朵，这说明教师开始艰难地迈开了自我改变的脚步。正如一位教师说的那样："可以说，我和自己做了一次斗争，因为我有了一个新的理念，但是自己原来固有的那个方式也在，就像自己在斗争一样。""我觉得以前在我的课上，我很少很少给孩子这样的机会，例如，先让孩子说，先让孩子谈他的理解，然后我再根据他们的想法适时地去改动自己的教案。我从来没有尝试过。"这种基于实践又反作用于实践的反思让教师能很快地优化和改进自己的教学，而学生的进步又给了教师更大的学习动力，形成了良性循环。"我最喜悦的时候是我会发现好多好多孩子在举手，在发言。甚至有些单词是我忽视了的，但孩子们能说出来。这个时候，我真的觉得新教学方法没有白试。""以前我上课时没有让学生写，只让学生读，或者我带着学生读一遍。最近，我学了一些方法，让学生自己去画，自己去写，自己去悟，全是自己去做。在学生写的时候，我在下面看，我发现学生比我想象中的要好。"

教师将生本课堂和启发式教学逐渐地融入了日常的教学，并在实践中更加深入地理解这些教学理念的真谛，于是教与学在课堂上同时发生了，高效课堂在实践中回应了理论的应然效果。

3."知道抓什么了"——教师对教学内容的再认识

"怎样教"考验了教师的教学观，而"教什么"则是教师需要把握的另一个重要内容。虽然参与课例研讨的教师教龄都在十年左右，但他们对于"教什么"还只是停留在有限的认知水平。有的教师认为"没啥好讲的""就那么点内容"。有的教师则是眉毛胡子一把抓，"什么都想讲"，结果他们累，学生也累，教学效果也不尽如人意。这些问题在项目进行中逐渐得到了解决：教师对于教学内容的把握逐渐清晰："一课一得""挖掘教材"等方法开始渗透到教师的日常教学中；教师"讲课知道抓什么了"，之前做教学设计"离不开教学参考书"，现在懂得了如何挖掘教材，有意识地在教学当中教给学生一定的学习方法等。

（1）从"不知道讲什么"到"知道抓什么"

教师的主要工作就是课堂教学，但是固化的日常教学模式让教师很少反思自己的教学常态。教师日常设计教学的依据一般是三个：教材、教学参考书和教案（学校发的）。"我先看书，看文章内容，自己先有个印象，了解文章的重点是什么，难点是什么。然后看教学参考书，再看学校发的教案，看别人是怎么设计教学环节的。"一位教师说。在合作学校进行田野资料收集时，笔者曾经在教师的办公室进行过观察，发现大多数教师的办公桌上除了学生的各类作业以及教科书和教学参考书外，没有其他的教学类书籍。讲课参照教学参考书和教案是教师备课时的常态。这样的日常教学让教师在创新教学实践时遇到了困难。另外，专业发展机会有限导致的专业素质缺乏也是一个重要原因。"我们经常在本区内听听课，有时候跟别的老师说一说，实际上我们真的见的特别少。你要是真的想创新的话，也不是特别容易。"因此，由授课教师独立出一份教案时，他们普遍有一个困惑——这节课的教学内容挺简单，没啥讲的。

当学科主任请授课教师先说出自己对教学的想法时，Z老师说道："我的想法比较传统，还是按照课文的内容讲，这是第二课时。第一课时是讲词之类的，（这样）课文的基本知识（学生）就知道了，然后主要讲那三幅图，即清晨采茶图、月夜制茶图和品茶图，还有茶乡人们的生活和茶文化。我的想法还是非常传统的。"

在访谈中，Z老师更为清晰地表达了自己的想法："以前，我的思路根本打不开，好像还是离不开教学参考书……一旦完成教学参考书的目标了，我就觉得完成任务了。"

教研组集体教研时教师集思广益，学校内的学科权威也参与了教研。教师在这个过程中群策群力，开始挖掘教材，从文本中找到隐藏的具有学科价值的知识。教师自身的专业能力在这个过程中得到了实质上的提升。一位教师说："一开始，我在班里讲这节课的时候，在孩子们（都）明白了这三幅图之后，我要搜集一些碧螺春的资料，让孩子们知道茶文化在我国历史上很悠久，其余的我没有再深挖。像这个静态描写、动态描写，真是后面挖出来的。"（笑）"关于苏轼，我们就认为他是一个文学家，一个诗人，后来才知道原来他竟然有这么多的故事。我们其实做了很多很多这样的研究，然后就一点一点地发掘。这个很有趣。Z校长甚至最后还要设计西施的美图。这里面注入了太多的新元素。"

在磨课过程中跳出自己日常的教学设计思维模式，不以教学参考书为纲，不直接从网上的教案中找教学环节，教师在自己的努力下，一点一点地在文本中挖掘。在这样亲身参与的学习过程中，教师才能真切地感受到自己的成长和进步。访谈中，Z老师骄傲地说："这几个人一起挖掘教材，在挖掘教材之后，我们把从网上下载的东西都扔掉了，包括我们的教案。我们设计出的教案和网上的教案都不一样。"

从简单到不简单，用教师的话说，他们"思路清楚了"，明白了教学应该给学生怎样的课堂体验，而不只是"讲书"。教学内容是藏在文本背后需要教师去探究，并在课堂上给学生以支持的。挖掘文本的探讨活动背后是教师对课堂教学的深度思考，而这样的思考又会反馈到课堂上，给学生更多的启发。

（2）从"什么都想讲"到"知道抓什么"

教师在日常教学中很容易形成固定的教学模式，也就是教师自己所说的传统课堂。前面一部分提到了教师囿于教学参考书的束缚，认为教学没有什么内容，与此相对的是另外一种情况：教师在备课过程中想把所有的内容都教给学生，从字词句段到段落大意、中心思想，总想着在课堂上把教材的所有内容都一股脑儿地教给学生，而这就导致了课堂上教师累，学生也累，往往达不到预期的教学目标。富兰和哈格里夫斯指出，真正的教师专业发展必须启动教师对自己教学实践进行反思的机制。在本案例中，教师在磨课的课堂实践中，通过教研组内同侪间的学习和交流，逐渐厘清教学思路和重难点，并在此基础上反思了自己的日常教学："这些课的内容确实很多，我不知道抓什么……我讲前几节课的时候感觉很累，学生也累，目标完成得也不好。刚开始我是这也讲，那也讲，就是想着全都讲了，什么语言特点、表达方法、思想感情，想全都讲了。后来有同事说，不能讲太碎。我就感觉很累，不知道该怎么整合。我思路很乱，一会儿讲到这儿，一会儿讲到那儿。"

展示课上，教师一般会追求完美，想着把文本中的教学内容都讲到，就像 R 老师说的那样，这是很多教师普遍的心理。设计教学时希望尽量做到面面俱到，展示课上把每一个环节都讲好，并且在规定时间内把内容完整呈现出来是很多教师在认识上的误区。但是，在校内教研组的集体中，教师集思广益，共同打磨教案、优化教学内容，并通过课堂展示改进教案。一轮轮磨课的过程是教师自我发展和提升的过程。在这个过程中，教学内容逐渐清晰和明朗起来。"我觉得我讲课比以前要清楚多了。在思路、流程方面，我感觉都比以前要好。关于这节课，当时我们定的就是让学生学会作者这种用具体的事例描写小动物特点的方法。刚开始我备课的时候，想讲这个方法，还想讲比较阅读，后来发现太多了，感觉一堂课完成不了，所以就去掉了比较阅读。"

教师在磨课过程中逐渐对教学内容进行了再认识，根据课堂和学生设定教学内容，使教学环节越来越清楚，越来越有层次。课例研讨中的改进使得教学逻辑合理、框架明晰。教师通过自己的实践对"教什么"进行了取舍和选择，在实践中真切地感到了专业能力的提升。"我上课那天没有带扩音器，就大声喊，声音听着可尖了，总之是一塌糊涂。我第一次讲的时候，因为内容多没有讲完。听课的同事说我这样讲不行，要改！第一次讲完课后，我确定了两个目标。我第二次讲的时候，就清楚多了。"

在访谈中，很多教师都欣喜地告诉笔者，他们的教学有了思路，"最起码知道往哪儿靠了"。可见，对于教学内容的再认识是教师在磨课过程中一个很积极的收获。教学内容作为教师在课堂上最主要的着力点，可以彰显教师的教学理念、教学目标，以及教师对于教材和学生的整体把握，是考验教师学科专业能力的一个重要的标尺。

4."一课一得""支架式教学"——教师知识的更新

伙伴合作中，大学学者和一线教师之间最大的鸿沟来自理论和实践之间的距离。而大学与中小学之间的合作让专家有更多的时间和机会走进中小学，走进课堂，走进教育教学真正发生的地方，从而为教师提供更加切合教学实际的帮助和指导；教师则在和大学学者的接触中，慢慢地接受理论知识，把这些理论知识内化并应用到了课堂上。这些可以从笔者对教师的访谈中看出来。"我们的目标是'一课一得',当时我们定的就是让学生学会作者这种用具体的事例描写小动物特点的方法。""我备课时就想到了支架式的方法。我给学生搭个梯子,就是教师先给学生解释一下,之后学生就容易理解了。"

一线教师以实践为主,所以有教师也坦言"我觉得我不是研究型教师",但是以实践为基础的理论学习是教师可持续发展的源泉和根基。教师只有将理论知识内化,才能在自己的课堂上进行实践,并在实践的成功和失败中继续学习,最终成为一名学习型教师。

5. 从孤军奋战到合作——教师教研模式的改善

从学校领导到教师,大家都赞叹校内教研模式的改变。每逢教研组开展研讨活动,每一位组内的教师都会积极参加,并在研讨过程中分享自己的教学经验和观点。教师对教学的研究从孤军奋战转向了合作,同时教研共同体的形成为教师研究课例提供了强大的支持。"我觉得伙伴合作项目带给我们最大的变化是,学校内部形成了教研常态。"

从个体的自我发展到教研共同体的集体教研,一方面让做课教师消除了孤军作战的无助感,另一方面也让全体教师参与到磨课的过程中,在集体教学设计时通过同侪学习提高自己的专业素质,反思自身教学。最重要的是,在参加展示课活动时,所有参与课例研讨的教师都对教材的文本进行了一定的挖掘和思考。他们是在自己团队挖掘教材的基础上去听课的。思考的过程让教师的听课效果和以往泛泛地听有很大不同。"其实我觉得还是(通过)这样一起磨课学的东西多,因为这样有对比,以前我只是在听同事讲,自己不做,感触不深。这样一起磨课的话就能比较了,因为这一课我自己挖掘了很长时间,然后再看人家挖掘得怎么样,跟自己对比。我觉得还是(通过)同事合作学的东西比自己一个人单独做要多。"

哈格里夫斯在《理解教师发展》一书中阐释了教师专业发展的三个范式:一是从知识、内容来讲,指的是教师作为一个专业人的发展;二是教师通过反思、叙事等提升自身的专业发展,这也是教师作为一个人整体的提升;三是教师周围生态的转变,包括文化、环境、群体等的转变。从本研究选取的项目案例来看,教师专业发展的范式包含了以上三种:在伙伴合作的过程中,教师通过与专家学者的沟通和互动,更新了知识,接触并内化了教学理论,并应用到了课堂上;同时,教师还在课例反思和实践中逐渐厘清自我的专业成长过程;最重要的是,伙伴合作给学校带来的是教师教研生态的改变,使教师从个人的无所适从转变为促进教师群体的共同发展,并且专业发展共同体的辐射面在不断扩大，教师内部的教研能力尤其是校内学科权威的力量逐渐显现出来。

(二)伙伴合作下教师承受的重重压力

1."这个事情一天不过，心里就一直牵挂着"——压力大

在本研究的项目案例中，课例研讨是推进教师专业发展的重要活动。在此过程中，几乎所有展示课教师都有一种相同的紧张状态——"这个事情一天不过，心里就一直牵挂着这个事儿。"一位普通教师，要在专家和领导面前开展课堂教学，心情紧张是正常的反应，但项目学校教师的压力导致的紧张情绪甚至已经影响到了正常的教学：学校所有工作都为这样的课例研讨让路；做课教师"心思好像也不全在学生那儿了"，其工作常态就是磨课，一遍一遍地修改教学设计，然后进行试讲。多则七八轮少则四五轮的磨课，使得教师的生活常态就是"备课""背课"。不少教师在访谈中提到"压力大""焦虑，担心自己讲不好""总算讲完了"等。还有的教师坦言："到最后那几天，真的是每天都是背着课睡觉的。定四点半的闹钟，四点半起来以后过一遍，然后再睡觉。五点半的时候起来，洗个脸，到六点就彻底地清醒了，就开始从六点一直背到七点。"伙伴合作充斥在教师脑海中的印象是磨课时的辛苦、无所适从和讲课时的紧张。当笔者问到教师在这个过程中有没有一些快乐的体验时，有教师直言："快乐，我觉得是讲完课的那种解脱。"

教师要在一轮轮的教案修改中一次次地试讲，在实践中发现问题、修改问题。从教学设计到教师的行为、语言，从教具的准备到学生的课堂生成，教师在这个过程中打磨着课堂，也打磨着自身的专业素质，个中滋味只有亲身经历才能深切体会。那一篇篇一改再改的教案和一个个背着教案入眠的夜晚记录了教师在这其中付出的辛劳和汗水。

2."你看人家那么重视"——U-A-S 场域中无形的压力源

伙伴合作的主要愿景是促进教师专业发展。从这个角度来讲，它旨在突出教师的主体地位，重视教师的实践性知识，希望在研究者与实践者之间建立起临床伙伴式尤其是共同学习式的合作研究模式，最终拉近甚至消除长期形成的研究者与实践者之间的距离。[①]　在本案例中，尽管大学学者屡次强调

---

① 操太圣、卢乃桂：《院校协作脉络下的教师专业发展：赋权与规训的争拗》，载《高等教育研究》，2002(6)。

自己是学习者，希望和项目组的教师一起学习、共同成长，并希望以此缩短大学学者与教师之间的距离，使大学学者去权威化，从而舒缓教师在项目活动中的紧张心态，但由大学、教育行政部门和中小学共同组成的场域本身成为教师精神紧张的无形压力源。访谈中，教师坦言："学校不会给压力，专家来了也说就是听常态课。但是，（大笑）常态课真的是这样上的吗？肯定不是。"

压力的来源之一首先是大学学者和行政领导的在场。教师在展示课上面对专家和领导时普遍有一种"丑媳妇见公婆"的感觉。"您想想吧，后面坐着的又是教授，又是局长，我怎么不紧张啊，肯定紧张……"

项目的参与一方教育行政部门除了承担推进项目的工作，承担的另一项工作就是沟通、联络，以及活动计划的下达和部署。因此，各学校开展项目组活动不仅是在完成伙伴合作的项目任务，更是在完成行政性的任务，于是行政的压力一级级从学校传递到了一线教师身上，这是压力产生的重要因素。

压力的另一个来源是校内各管理层的重视。从教研组长到学科主任、骨干教师，再到教学副校长，这些人组成的教研团队构成了做课教师的坚强后盾。校内各个层面的帮助，让教师备感温暖的同时也承受了无形的压力。"这就是学校给的任务，大家都想完成好。学校重视，同事重视，我们也就重视了。我看到大家如此重视，我作为当事人如果拖拖沓沓的，就不合适。"

第三个压力来自校际微妙的竞争关系。本案例中，参与伙伴合作的学校共有四所。同课异构的磨课形式让竞争关系更为明显。校际微妙的对比压力让教师感觉自己的课堂教学并非"一个人的事儿"。"老师还是比较重视出去上课的"也是顺理成章的事情。访谈中，教师坦言："总而言之，四所学校都是不错的学校，如果我自己讲得不是很好，不是代表我个人，而是代表的团队。""我不能给学校丢人啊。虽说不比，但是四所学校这么多人在听，明面上不比，暗地里谁不比啊！"

其实，关于教师在展示课上感受到的压力，主抓教学的学校领导感同身受："我们和上课的老师一样紧张，甚至比他们还紧张。"这样一个互相交织、互相影响的场域压力链，最终都落在了做课教师的身上。

卢乃桂等学者认为，要增强教师在变革中的正面情绪，需要同时关注教师的认知需要和情感需要。① 前者可以通过专业挑战促进教师的自我反思；后者则可以为教师创建一个安全的工作环境，使其减少负面的情绪体验。教

---

① 卢乃桂、钟亚妮：《国际视野中的教师专业发展》，载《比较教育研究》，2006(2)。

师专业素质的提升需要内力和外力的双向支持。在本案例中，教师群体都有专业发展的愿望，用教师自己的话说就是"谁都想教好"，这在一定程度上可以说教师是有发展的内在动力的。但从本研究的田野资料分析出发，推动教师专业发展的伙伴合作本身给教师带来了很大的压力。当这样的压力大过了教师自身专业发展的内在动力时，外在的压力就变成了教师专业发展的阻碍力量。

（三）伙伴合作下教师面临的现实困境

在伙伴合作中，做课教师通过专家学者及名师的指导、校内教研共同体的互动等活动提高自身的专业素质，实现了教师群体的专业发展。但不得不说，在这个过程中，教师所处的现实情境中仍然有限制其专业发展的障碍，正如一位校领导所言："基层跟上面想得不太一样，很多事情需要去协调，需要去做。"

1."萝卜炒萝卜"——校内教研的局限

在伙伴合作的课例研讨活动中，虽然有专家学者的参与，但碍于时间和空间，展示课的教学设计基本都是由校内教师研讨的。这一方面释放了学校内部的教研能力，让校内某学科的优秀教师在此契机下给普通教师以指导，但另一方面也暴露了校内教研的局限——"萝卜炒萝卜"的研讨使得教研深度有了瓶颈。教师做出的一些教学设计往往经验化、碎片化，而富有建设性的教学设计难以呈现。

笔者在参与Y学校语文学科的磨课过程中，见证了该学校内部教研"管家式"的指导方式。一板一眼的课堂教学指导，让Y学校的教师形成了高度一致的风格。有教师笑言："我们都属于Y模式，而且有的时候，人家就说，Y小学的人上去都是那个范儿。"同时，教师在学科权威的指导下进行机械地模仿，基本未涉及高层次的教学理念和反思。更为重要的是，在种种的压力之下，教师把做课当成了行政任务，并没有把这样的活动和自身的专业发展联系在一起，做课结束后就觉得"立马一座山倒了"。教师专业发展的持续性得不到保障。

2."所有的债都要还"——教师工作量的负担

"一个萝卜一个坑"是基础教育阶段学校的现状。"我们学校确实是人员有限。我们主任都在上课，我们还能说什么，我们没办法。"参加项目组活动的教师需要一遍一遍地在平行班试讲，这种压力加之比日常工作多出几倍的工作量让教师多了一个退却的理由："所有磨课的时间都是占用的自己的上课时间。下周磨课结束，这些落下的课都该去补了。"

做课教师不仅要面对高强度的备课、教研、试讲模式，还要在展示课后把落下的课都补上，这样的工作量让教师颇有微词。有教师直言："今天我到这里来上展示课，我学校里的课安排其他老师替我上了！（为难地说）我回去以后还得还。"

班容量大（少的有 50 多人，多的有 70 多人），课时多，让教师在面对专业发展机会时多了一些顾虑。地方上的闲适文化也让教师对于满负荷的工作量有不小的抵触心理。

3. "就是一种过往，连痕迹都没有"——相应认可机制的缺乏

关于如何提高教师参与伙伴合作研讨活动的积极性，内在动力和外在动力都具有积极的作用。除了尽可能地减少教师的压力之外，给予教师一定的物质和精神上的奖励也是伙伴合作各方应该考虑的问题。项目活动期间，教育行政部门打算给做课教师发一个证书，以示表彰。笔者以为这样的表彰对于教师来说只是形式，不会有实质性的激励效果。之前做过课的教师向笔者提议："我们之前也很辛苦，可是没有奖励，太不公平，（希望）您帮我们反映一下。"带着这样的期许，笔者和教育行政部门的领导沟通了此事，得到的答复是"其一，只能给这轮做课的教师；其二，这样的证书是区教研室盖章的，如果评职称不能加分，只能做辅助材料，拿到意义也不大"。至此，这样的表彰又成了一纸空文。

访谈过程中，学校领导和教师都曾提出类似的建议："其实很多老师都说，这种研讨课讲完了有什么呀，什么也没有，就是一种过往，连痕迹都没有。""不一定就是争名夺利，但是老师付出了。他有多少个不眠之夜？他对自己的家人也该有个交代吧。"

教师在行政力量的压力下，在 U-A-S 合作的场域压力下会不遗余力地准备误例，因此，面对这样的付出，教师更需要得到认可和鼓励。

4. "一般都是年轻人上"——教师专业发展群体的局限

在一定意义上，教师不愿改变恰恰是因为他们担心过去的知识和经验变得无效，面对新的东西又一无所知或知之甚少。这种对未知的担忧致使教师选择保守的立场。① 在磨课过程中，老教师一定是最为保守的教师群体。在

---

① 操太圣、卢乃桂：《院校协作脉络下的教师专业发展：赋权与规训的争拗》，载《高等教育研究》，2002(6)。

田野观察的过程中，年龄是学校领导和教师经常提到的话题。在磨课过程中，参与做课的大部分教师都是年轻教师。学校领导在访谈中提到"得到专业发展的教师仅仅是少数教师，而多数教师的专业发展没有任何变化"。这些得以发展的少数教师几乎都是年轻教师。然而同时，学校领导也在为学校缺乏年轻教师而着急："我们现在没有年轻教师，比如说即使给我类似一张白纸的年轻教师，我也可以打造出来。（可是）巧妇难为无米之炊啊，学校里面年轻教师太少。"在收集田野资料的过程中，笔者发现，教师群体也普遍认同让年轻教师参与公开课、展示课等活动："一般都是年轻人做，因为年轻人做事快。""现在的年轻人都是大学生，他们接受能力强，各方面能力都强。""我是我们教研组最年轻的。我们学校数学老师岁数都大。我在数学老师里面算是年轻的，所以 T 老师有事都找我。""好多岁数大的老师就说，熬吧，熬成我这样就不用干活了。"（笑）

在这样优先发展年轻教师的文化当中，专家学者也表现出了自己的担忧："（我）很担心一点，年轻的优秀教师脱颖而出是好是坏？脱颖而出了是好事，但可能会带来文化的割裂。校长曾说过，优秀教师需要什么，我们都会支持他。这样就会出现'木秀于林，风必摧之'的情况，他很容易在群体中被孤立。"

其实，课例研讨的形式本身也是很多老教师排斥的。一位教龄较长的老教师在访谈中说："我确实是年龄大了，我感觉我这么大年纪不适合参加这些活动了……"其实，在校内教研中，老教师丰富的教学经验和多年积淀的教学智慧是非常可贵和重要的，因此，适当改变伙伴合作的组织形式，将校内经验丰富的老教师的能量充分地发挥出来，并给他们创造上升的空间和机会，是提升全体教师专业能力的途径之一。

五、讨论

（一）"研究课"变"竞争课"——技术、政治、文化的多重作用

带给教师巨大压力的课例研讨活动本质是"研究课"。大学学者旨在通过与一线教师共同对课例进行挖掘和研讨，对教材进行深入分析和理解，并在课堂的展示过程中发现问题、解决问题。但随着项目合作学校增加到四所，"研究课"慢慢转向了同课异构模式，最终变成了跨校的同课异构模式。随着这样的转变，"研究课"的性质也逐渐转变成了"竞争课"。

从技术层面分析,大学学者所提供的一些教学技术还不足以解决中小学教学中的实际问题。教师在"竞争课"的压力下,为了上课而上课,被动参与到跨校的同课异构的展示课中,于是常态的大班额教学变成了展示课上的小班额教学,班级中部分优秀的学生同时被带到多媒体教室配合教师开展教学活动,而实际教学中后进生的转化、大班额教学的诸多现实困难并没有在磨课过程中得到解决。随着时间的流逝,展示课的痕迹也会慢慢变淡,直至消失。虽然教师的改变最终是为了学生学习的改变,但学生的改变是教师改变最重要的动力。教师在课堂上遇到的真实的教学问题得不到解决,其真正的改变就无从谈起。

客观来看,几所学校的展示课放在一起比较在所难免。但探究深层次的原因后我们就会发现,从政治层面来讲,在"U-A-S"伙伴合作中,教育行政部门是合作的发起方,而作为"S"的学校附属于教育行政部门,在教育行政部门的支持和协调下从两所增加到四所。此外,各学校在主管部门的领导下开展活动,使校际面临的竞争压力更加不言而喻。在这样的由教育行政部门主持的多学校参与的伙伴合作中,竞争性的生态被自然而然地带入合作的情境中,所以多重政治性因素的交织对于"研究课"到"竞争课"的转变起到了客观的催化作用。

文化的强大影响也是"研究课"转变为"竞争课"的重要原因之一。一方面,大家都很在意面子文化。访谈中,很多教师提到"不能丢人""不能给学校讲砸了"等。这样的面子文化让"研究课"的性质变了味道。另一方面,公开展示课就是做课的文化也是"研究课"转变为"竞争课"的一个原因。即便在活动之初,"研究课"只在某一个学校内部开展,但做课教师依然觉得压力很大。大学学者提倡的"常态研究课"并没有真正落实,同时数次打磨的"常态课"依然"无法回归真正的常态"。

(二)"机会"变"任务"——政治、文化的潜在影响

做课本来应该是一个难得的机会与平台,但从研究结果来看,这样的机会于教师来讲变成了"任务"。这样的转变是学校内部科层管理文化下的产物。

首先,做课教师的参与基本属于任务下达式。访谈中,很多教师说"学校让上那就上呗""年轻人就这几个,都得上"。其次,在研究课例的选择方面,尽管同课异构的课例由教师自主挑选,但是这样的选择权是由教育行政部门下放给教师的。而且囿于教学进度的影响,教师选择课例的余地其实并不是

很大。很多教师坦言，选择这样的课例也是没有办法，况且教学进度到了这个地方，也没有其他的选择。再次，课例研讨也是以"管家式"指导的方式进行的，即校内的学科教学权威对教学的每个环节都把控到位，确保"万无一失"。在笔者参与观察的校内教研活动中，校内的学科骨干教师以及学科主任等组成的精英教研组对做课教师进行的是一字一句式的指导，从提问方式到课堂互动，从教学环节到教态。在校内教学权威的指导下，教师基本完全处于被动接受的状态。专家在访谈时指出："他们这种磨课实际就是一种操练，谁这样被操练一个月都会受不了。我们作为专家，每次都会强调，课例研讨就相当于练习一样，是研究课，不是一种示范课，是为了提供一个案例，让大家一起来看。"

然而，专家组织活动的初衷一旦从教育行政部门传到小学再传到一线教师，其本意几乎已经消失殆尽。校际微妙的对比以及行政工作安排让这样的学习机会于教师个体而言变成了单纯的工作任务。此外，工作量的增加是促成"任务"式机会的另一个直接因素。小学内部调动一切力量为教师的磨课活动提供帮助。教研组全员、校内骨干教师、学科主任甚至校长都会参与到磨课过程当中。但所有的这些支持非但没有减少教师的工作量，反而在增加工作量的同时更加重了精神负担。教师除了要完成自己的日常教学工作之外，还要利用大部分的时间投入磨课和试课的流程中。如此异于平常的工作量让多数教师对于这样的"学习机会"退避三舍。大学学者一针见血地指出："因为他的这份工作很稳定，你额外地多给他一些任务，他都会觉得压力很大。"

尽管专业发展的机会在某种程度上被异化成了"任务"，但是还是有很多优秀的年轻教师在这样的契机下快速地成长起来。但是这样的成长在一定程度上造成了教师群体内部的割裂。成长最快的年轻教师很快成为学科内的领袖教师，其教学技巧、教学理念和教学能力都远远优于普通教师。然而，这样的领袖教师不是学科组长，而年长的学科组长又不是学科内的优秀教师。教师群体内微妙的关系也对教师专业成长带来一定的影响。"最后就造成学校里面教师的教学能力差距太大，这对于教学能力高的教师而言未必是一个很健康的环境，而且如果她感觉到不舒服的话，我觉得她会离开这个环境，这也是我们观察到的……我们极其担心这样的情况发生。"这样的影响又间接影响到了伙伴合作的有效开展。"领袖教师的流失对于项目组、学校、区域内的教育教学都是很大的损失。"

（三）伙伴合作下的教师专业发展——技术、政治、文化三元一体的交互作用

从笔者的个案研究来看，教师专业发展的三个范式都与伙伴合作下的技术、政治和文化因素的交互作用息息相关。

从教师作为一个专业人的知识方面来讲，伙伴合作在技术层面提供了有效的支持。项目组通过专题讲座、课例研讨以及外出参访、跟岗交流等活动为教师专业发展提供了丰富的教育资源和学习机会。教师在理论学习和实践过程中逐步丰富自身的专业知识，实现自身作为一个专业人的发展。

在教师专业发展的第二个范式中，教师通过反思和叙事促进自身的专业发展。这一阶段的教师注重自我理解，在反思和叙事中提升专业能力和专业素养。在伙伴合作的项目活动中，大学学者也时时关注教师自我理解的专业发展方面，从读书分享会到展示课反思以及听课反思，力求使教师在外力的推动下向内追寻自身的专业成长，通过读书以及教学反思等契机逐步实现教师作为一个专业人的自我理解。尽管这样的自我理解大部分是外力的作用，但我们也惊喜地看到，有一些教师已经在这样的指导和点拨下有了自我发展的意识和状态。他们主动反思和优化自己的课堂教学，在与学生的互动中更加积极地投入自我的专业发展中，呈现出了独立自主的专业成长态势。由此可见，个体差异也会带来教师专业发展的不同效果。但个体的成长差异还是置身在了伙伴合作的大背景之下，因此，文化和环境的改变是教师改变的最终范式。

文化、环境和群体的改变即生态的转变是教师专业发展的第三个范式。在项目个案中，这样的转变还在悄然发生着。参与伙伴合作的大学学者已经在项目活动的开展中关注到了教师群体以及文化对于教师专业发展的深远影响。教师群体的整体改变是文化和环境改变的结果，正如大学学者在访谈中提到的那样，最终参与伙伴合作的学校要建立自己的"专业发展社群"，制定区域内的教研制度，形成一种常态的专业发展文化。

不可否认的是，伙伴合作中的技术、政治和文化因素之间的关系并不是割裂的，它们是三个相互交错影响的层面，共同作用于伙伴合作下的教师专业发展。技术是伙伴合作不可缺少的因素，且教师专业发展的内容需要技术性支持。U-A-S伙伴合作的发起一方是教育行政部门，同时伙伴合作本身又带有"研究—推广—应用"的原始模式，所以自上而下的政治关系是伙伴合作无法避开的客观因素。伙伴合作文化与区域文化以及大学文化等纵横交织形

成了伙伴合作复杂的生态环境。技术支持的不完善可能导致政治关系的不平衡，且文化的影响有可能带来学者权威至上的技术型合作模式，同时又警醒合作双方平衡各自的政治关系以实现技术支持下教师的专业成长。由此可见，技术、政治和文化的交互作用共同影响着教师在三个范式下的专业发展。

(四)研究反思

大学与中小学伙伴合作共同推进学校发展和教师成长已成常态，其内部的合作文化和机制也在逐步完善，这对于教师专业发展是很好的机遇。但笔者在整理田野资料的时候，依然能够感受到教师作为个体在伙伴合作中所承受的压力。专业发展的挑战对于教师相对稳定的工作状态是巨大的冲击。笔者对在田野中收集的资料进行层层分析和归纳，让读者走近教师，看到他们的所思、所说、所感、所悟，从教师对于伙伴合作的观感出发去理解教师在专业成长中遇到的困难、需要的支持等，并且尝试从案例出发给出一些合理的优化建议，让一线教师在专业成长的过程中切实实现想要的发展，更重要的是惠及学生群体。

由于笔者自身理论的欠缺以及分析资料的经验不足，尽管笔者对收集到的田野资料进行了细致整理和分析，但研究中还是存在很多不足。

首先，笔者在教师的选取上不能做到质性研究提倡的选择具有丰富经历的个案对象。各个学校在选取教师参加磨课的过程中，一方面想要辐射到更大的教师群体，另一方面却面临学校教师老龄化严重的问题。因此，做课教师大都是学校较为年轻的教师，这就影响了笔者在选取访谈对象时的丰富性：访谈的教师同质性较强；老教师和新教师的个案不够丰富。

其次，在分析教师在伙伴合作场域承受的压力以及压力来源时，局内人和局外人的身份转换让笔者有些无所适从。从伙伴合作方来看，笔者是大学专家团队的成员，是局内人，但对于教师而言是局外人。笔者本着对合作项目负责的态度，对于教师在项目中应完成的一些"作业"，如"教案提交""教学反思"等都抱着认真的心态"秉公办事"。在这样的情感支配下，笔者认为教师所谓磨课的辛苦过程似乎并没有那么夸张。但是当笔者的身份由专家团队成员转换为一位教师(笔者曾经的角色身份，这样的身份容易引起教师的认同)时，笔者又成了局内人。这样的身份又让笔者深深地同情教师，对于教师在合作中承受的压力深表认同。这样纠结的局内人和局外人的身份让笔者在分析田野资料时不时提醒自己要不断跳出自己的身份，冷静、客观地分析田野观察中的资料，尽量降低主观判断对于资料分析的影响。同时，因为笔者自身理论储备有限，功底欠缺，对田野资料的分析难免偏颇和片面，而且教育场景本身就是复杂多变的，教师所处的课堂小情境以及大的伙伴合作的情境都涉及场域中的很多方面。在分析资料时，笔者总是时时感受到庞大的数据资料和自己有限的分析能力之间的距离。因此，伙伴合作的研究尽管已经相当丰富，但笔者坚信，其中一定还有很多未知的问题等待学者去研究和探讨。

第九章 影响小学教师专业发展的因素研究

一、引言

中小学教师专业发展对学生、教师、学校和社会都有重要意义。例如，西方学者的研究发现，教师专业发展程度高，能够丰富学生的学业成就[1]，能够促进教师在认知、信念以及实践方面的成长[2]，还对学校改进等方面有着积极的作用[3]。我国学者的研究也证明，教师参加教育理论和专业技能培训、校本教研活动等，有利于教师在课堂上灵活应用以学生发展为本、注重学生个体需求的教学方法，从而促进学生更加积极地参与各类课堂活动。该研究还发现，学历高的教师群体比学历低的教师群体，对自己的教学有更高的评价，即教学效能感高。[4]

在我国，自 20 世纪 90 年代以来，由于教师队伍规模的不断扩大，教师质量逐渐成为中小学校的核心问题，因此教

---

[1] Vescio，V.，Ross，D. & Adams，A.，"A review of research on the impact of professional learning communities on teaching practice and student learning," *Teaching and Teacher Education*，2008，24(1)，pp. 80-91.

[2] Avalos，B.，"Teacher professional development in Teaching and Teacher Education over ten years,"*Teaching and Teacher Education*，2011，27(1)，pp. 10-20.

[3] Poekert，P. E.，"Teacher leadership and professional development：Examining links between two concepts central to school improvement,"*Professional Development in Education*，2012；38(2)，pp. 169-188.

[4] 丁钢：《中国中小学教师专业发展状况调查与政策分析报告》，51、64、134 页，上海，华东师范大学出版社，2010。

师专业发展问题受到关注。①

传统的教师生涯发展阶段理论把教师专业发展的过程定义为线性过程，即从新手水平到高级初学者水平、胜任水平、熟练水平，最后达到专家水平。② 但是，与此不同的是，教师专业生涯理论的动态模型重新将教师专业发展的过程定义为动态过程。③ 例如，一项在我国香港地区实施的研究发现，有的小学教师能够不断地改进教学能力，更新教育观念，从新手逐渐成长为专家，而有的教师只能发展成为有经验的非专家型教师。④ 一项在我国内地实施的研究发现，有的教龄短的小学教师能凸显出其教学风格和个人教育理论，但是，有的教龄长的小学教师依然停留在模仿他人和重复教学的阶段，这说明教师专业发展的路径是动态的。⑤ 以上研究证实，经验并不必然产生专长。⑥

从现实中我们也发现了类似的情况：一些教师能够发展成为优秀教师，而一些教师则表现平平。例如，有的教师始终采用灌输式教学方式，导致师生关系不和谐、教师教学效能感不高。因此，本研究关注的是，哪些因素促进了小学教师的专业发展？哪些因素阻碍了小学教师的专业发展？

二、文献综述

学者从内在因素和外在因素两个方面探讨了影响教师专业发展的因素。

(一)影响教师专业发展的内在因素

从教师个体来看，专业承诺(commitment)是教师教学与发展的必要条件，

---

① Zhou Jun & Reed, L. , "Chinese government documents on teacher education since 1980's," *Journal of Education for Teaching*, 2005, 31(3), pp. 201-213.

② Dreyfus, H. L. & Dreyfus, S. E. , *Mind over Machine: The Power of Human Intuition and Expertise in the Era of the Computer*, New York, The Free Press, 1986, p. 28.

③ Day, C. & Gu, Q. , *The New Lives of Teachers*, London, Routledge, 2010, pp. 45-49.

④ Tsui, A. B. M. , "Distinctive qualities of expert teachers," *Teachers and Teachinging: Theory and Practice*, 2009, 15(4), pp. 421-439.

⑤ 李琼、王恒：《小学教师的专业生涯发展类型：一项聚类分析》，载《教师教育研究》，2012(3)。

⑥ Bereiter, C. & Scardamalia, M. , *Surpassing Ourselves: An Inquiry into the Nature and Implications of Expertise*, La Salle, IL, Open Court, 1993, p. 111.

它直接影响教师的信念、态度、效能感、身份认同以及教学行为。① 教师的知识、信念与态度都会影响教师的发展。② 教师的效能感也会影响教师的发展。研究发现，效能感较高的教师比效能感低的教师更愿意去改变教学实践。③ 学者还从教师复原力（resilience）的角度来探究哪些保护因子（protective factors）使得教师不断自我激励，保持效能感，高质量地在教学岗位上工作。④ 相反，教师缺乏专业承诺，直接对教师的信念、态度、效能感、身份认同以及教学行为产生负面影响。⑤

反思对教师专业发展有积极影响。在对传统的教师生涯发展的线性模型进行质疑的基础上，学者认为，教师专业发展虽然与教学经验相关，但是，促进教师发展的关键因素不是教学经验，而是教师参与合作、反思性探究活动的程度。⑥ 例如，学者研究了教师在专业发展活动中的投入程度以及这种投入与教师课堂行为的关系，进而发现，高投入会产生高度影响或中度影响，而低投入只能带来低度影响。⑦

我国学者从动机等方面进行了研究。他们发现，以动机为核心的教师情意发展，与教师的认知、行为发展相互作用，这既是教师专业发展的核心成分和内在驱动力，又是影响教师教学效能的重要因素。⑧ 类似的研究也发现，具有从业的动机和积极的态度，具有专业发展的需要与意识，能够主动阅读、

---

① Day，C. & Gu，Q.，*The New Lives of Teachers*，London，Routledge，2010，p. 129.

② Clarke，D. & Hollingsworth，H.，"Elaborating a model of teacher professional growth,"*Teaching and Teacher Education*，2002，18，pp. 947-967.

③ Ashton，P.，"Teacher efficacy: A motivational paradigm for effective teacher education,"*Journal of Teacher Education*，1984，35(5)，pp. 28-32.

④ Gu，Q. & Day，C.，"Teachers' resilience: A necessary for effectiveness,"*Teaching and Teacher Education*，2007，23(8)，pp. 1302-1316.

⑤ Day，C. & Gu，Q.，*The New Lives of Teachers*，London，Routledge，2010，p. 129.

⑥ Schnellert，L. M.，Butler，D. L.，& Higginson，S. K.，"Co-constructors of data, co-constructors of meaning: Teacher professional development in an age of accountability,"*Teaching and Teacher Education*，2008，24(3)，pp. 725-750.

⑦ Marks，S. U. & Gersten，R.，"Engagement and disengagement between special and general educators: An application of Miles and Huberman's cross-case analysis,"*Learning Disabilities Quarterly*，1998，21(1)，pp. 34-56.

⑧ 韩佶颖、尹弘飚：《教师动机：教师专业发展新议题》，载《外国教育研究》，2014(10)。

写作与反思等，也是促进教师专业发展的内在因素。①

与此同时，我国学者还研究了阻碍小学教师专业发展的内在因素，包括教育理想与信念薄弱、职业幸福感低、成长缺乏核心动力、专业学习意识淡漠、自主发展能力欠缺，等等。

（二）影响教师专业发展的外在因素

政府的宏观政策、学校文化、教师之间的合作以及校长的影响、教师专业发展模式、时间和经费支持、专业引领、研究氛围、关键事件、重要他人、家庭环境等被学者视为影响教师专业发展的外在因素。

一方面，政府的宏观政策对教师专业发展会产生积极的影响。以美国为例，尽管学者认为政府的改革对教师专业发展没有提供足够的支持②，但是有实证研究发现，州政府为学校提供资源，帮助学校和教师个体发展，从而更好地实施教育改革。③ 另一方面，政府的宏观政策也会对教师专业发展产生不利影响。例如，美国学者对政府的标准化改革、问责制、高风险评估进行了批评，认为这些政策把教师专业发展的结果简化为教师考试成绩，同时这些政策还不断地控制和管制着教师专业发展。④

学校文化对教师专业发展的影响一直受到学者的关注。学校延续着的传统仪式和社会习俗、学校中层领导组织的各种专业发展活动，以及学校形成的紧密的学习共同体（learning community）和鼓励合作学习的教师文化等因素，对教师专业发展产生了积极的影响。⑤ 我国学者的研究也认为，学校氛围，教师之间的合作，领导的关心、帮助和引领是促进教师专业发展的外在

---

① 张家辉、占秀芳、沈妃敏：《优秀地理教师专业发展的影响因素——基于优秀地理教师成长经历的内容分析》，载《天津师范大学学报（基础教育版）》，2017(3)。

② Sykes, G., "Reform of and as professional development," *Phi Delta Kappan*, 1996, 77, pp. 465-467.

③ Borko, H., Elliott, R. & Uchiyama, K., "Professional development: A key to Kentucky's educational reform effort," *Teaching and Teacher Education*, 2002, 18(8), pp. 969-987.

④ Boardman, A. G. & Woodruff, A. L., "Teacher change and 'high-stakes' assessment: What happens to professional development?" *Teaching and Teacher Education*, 2004, 20(6), pp. 545-557.

⑤ Jurasaite-Harbison, E., & Rex, L. A., "School cultures as contexts for informal teacher learning," *Teaching and Teacher Education*, 2010, 26(2), pp. 267-277.

因素。① 有学者从学习共同体的角度进行研究，指出在学习共同体中，所有成员互相关心、彼此依赖，通过合作实现促进教师专业成长的目标。② 教师专业发展的环境最主要的不是让教师学习某些学科知识或教育知识，也不是个别教师独自反思，而是根据共事、开放、信任的原则，构建一种合作的教师文化。③ 但是，学校文化也会对教师专业发展产生负面的影响。学校缺乏相应的传统仪式和社会习俗、采取集权式的教师专业发展管理模式、学校领导不参与组织和引导教师专业发展活动等因素，对教师专业发展产生了负面的影响。④ 教师文化对教师专业发展的影响更为重要。非学习型的教师技术文化忽视教师之间的交流与合作，以考试为导向，影响教师的信念、实践和互动，最终影响教师和学校的发展。⑤

有学者将教师专业发展模式分为两类：组织间的伙伴关系模式与小组或个人模式。该学者认为不同的模式对教师专业发展有不同的促进作用。⑥ 给教师发展活动提供的时间越多，教师的教学效果越好。⑦ 我国的研究发现，教师可以借助参加课题研究和网络教研的机会，获得带教师傅、教研员、名师工作室负责人等重要他人的引领和指导，从而促进自身的专业发展。⑧ 特别是对初任教师成长的研究发现，师徒制能够促进初任教师教学活动组织能

---

① 张家辉、占秀芳、沈妃敏：《优秀地理教师专业发展的影响因素——基于优秀地理教师成长经历的内容分析》，载《天津师范大学学报（基础教育版）》，2017(3)。

② 周成海：《教师专业的非连续性——基于博尔诺夫"非连续性教育"思想的分析》，载《教育理论与实践》，2015(28)。

③ 赵昌木、徐继存：《教师成长的环境因素考察——基于部分中小学实地调查和访谈的思考》，载《湖南师范大学教育科学学报》，2005(3)。

④ Jurasaite-Harbison, E. & Rex, L. A., "School cultures as contexts for informal teacher learning," *Teaching and Teacher Education*, 2010, 26(2), pp. 267-277.

⑤ Satoa, K. & Kleinsasser, R. C., "Beliefs, practices, and interactions of teachers in a Japanese high school English department," *Teaching and Teacher Education*, 2004, 20(8), pp. 797-816.

⑥ Villegas-Reimers, E., *Teacher professional development: An international review of the literature*, UNESCO, International Institute for Educational Planning, 2003, p. 18.

⑦ Darling-Hammond, L., "Target time toward teachers," *Journal of Staff Development*, 1999, 20(2), pp. 31-36.

⑧ 张家辉、占秀芳、沈妃敏：《优秀地理教师专业发展的影响因素——基于优秀地理教师成长经历的内容分析》，载《天津师范大学学报（基础教育版）》，2017(3)。

力、课堂管理能力的提高，有助于初任教师更好地适应职业关系。① 但是，也有研究发现，师徒制会在一定程度上阻碍初任教师独立思考和解决问题能力的提高，阻碍初任教师创造性思维的形成。②

另外，研究者也关注到了关键事件对教师成长的意义，认为教师在专业成长过程中会经历一些对自己影响深远的事件。教师必须为应对这一事件做出关键决策。它促使教师通过自我澄清对自己的专业知识与能力进行解构和重构，同时教师赋予这一件事以重大意义。③ 教学中的挫折和冲突等关键事件对优秀教师成长起着重要作用。④ 对关键事件的进一步研究发现，成功型事件往往能使教师获得专业认同感，增强专业信心，有利于教师发现自我潜力，增强教师的自我效能感，并进一步激发教师专业成长的内在动力，强化教师的成就动机，使教师进入"获得成功—高成就动机—再次获得成功"的良性循环。挫折型事件具有较强的两面性，如果引导不好，往往容易使教师陷入专业发展的低潮期。启发型事件能激发教师的学习动力，增长教师的专业知识，更新其教育观念。感人型事件则满足了教师爱的需要，其中学生的爱是教师爱的需要的重要来源。⑤

重要他人的影响也被学者所关注。研究认为，影响幼儿园教师专业成长的关键人物主要有：同事，主要是园长和有经验的老教师；亲人，主要是父母、爱人；专家，主要是教学领域的先进分子或理论工作者。初任教师总是自觉或不自觉地选择某一位教师作为认同的对象和教学行为的基本参照。⑥

另外，我国的研究也指出，教师的付出与回报失衡，教师无暇顾及其专业

---

① 陈琳：《师徒制对初任教师专业成长影响研究——以大连市××小学为个案》，30页，长春，东北师范大学，2011。

② 陈琳：《师徒制对初任教师专业成长影响研究——以大连市××小学为个案》，31页，长春，东北师范大学，2011。

③ 周成海：《教师成长的非连续性——基于博尔诺夫"非连续性教育"思想的分析》，载《教育理论与实践》，2015(28)。

④ 胡定荣：《影响优秀教师成长的因素——对特级教师人生经历的样本分析》，载《教师教育研究》，2006(4)。

⑤ 彭兵、谢苗苗：《影响幼儿教师专业成长的关键因素调查》，载《学前教育研究》，2009(10)。

⑥ 彭兵、谢苗苗：《影响幼儿教师专业成长的关键因素调查》，载《学前教育研究》，2009(10)。

发展，教师评价及管理制度不科学，教师非教学性事务过于繁重①，校园文化封闭等，也不利于教师专业成长，更不能有效促进教师专业成长。

以上研究显示，影响教师专业发展的内在因素和外在因素是多样的、复杂的，而且是与情境相关的。在我国，有关影响教师专业发展因素的质性研究还不多见。因此，本研究的目的在于从一个具体的学校情境出发，考察哪些因素促进了教师的发展，哪些因素阻碍了教师的发展。

三、研究方法

(一)样本

本研究选取北京市某小学二年级语文教研组的全部教师共 10 位作为研究对象。她们均为女性，都担任班主任。她们的学历分别是：本科毕业的有 3 人，大专毕业续本科的有 3 人，中师毕业续本科的有 3 人，中师毕业续大专的有 1 人。她们的教龄分别是：23～24 年的有 2 人，12～16 年的有 4 人，8～10 年的有 3 人，1 年的有 1 人。

(二)数据收集

从 2011 年 9 月初开始，我每周都到该小学待一天，持续 4 个月。这 10 位教师在同一间办公室。学校支持我的研究工作，也为我在这间办公室安排了一席之地。在中午以及下午的时候，我在办公室观察她们，同时与她们一起交流、聊天，还经常分享她们带来的美食。每次在学校食堂吃午饭，我都和她们其中的几个人或个别人一起，其间的聊天让我更加了解她们。

我主要进行非参与式课堂观察、课后交流，总计共听了 28 节课。除了课堂观察之外，我还进行了办公室参与式观察和交流等。我参加了两次她们的教研活动，观摩了校内的教学大赛。每次我都观察学校的放学过程，观察班主任如何与家长交流。经过 4 个月的交流，我与这 10 位教师建立了信任关系，然后对 9 位教师进行了访谈。由于另外一位教师家人病故，我没有去打扰她。此外，我还访谈了一位校领导。

---

① 金学成、王建军：《小学教师专业发展的阻碍因素研究》，载《教育发展研究》，2006。

（三）数据分析

数据的收集与分析是一个紧密相连的过程。每一天的田野工作后，我会对观察内容和跟教师对话交流的内容做一个初步的分析，会发现一些有启发性的问题和一些没有预料到的问题，在后续的观察和对话交流中会特别关注。

访谈录音被逐字转录成文字材料。在编码的过程中，我以影响教师专业发展的"外在因素—内在因素"为分析思路，以文献综述梳理的 3 类外在因素（宏观政策、学校文化、教师专业发展模式），以及 7 类内在因素（专业承诺、知识、信念、效能感、反思、复原力、主动投入程度）为分析框架，对文本进行阅读、编码、归类，并用本土概念对归类的类属进行命名。

为保证研究效度，在数据的诠释过程中，我把非参与式课堂观察、办公室参与式观察、访谈、与教师的交流等资料放在一起做反复的印证。

（四）研究中的伦理道德

我清楚地意识到，田野工作中不能形成"大学研究者"和"研究对象"的关系，而应该让大学研究者与这 10 位教师建立起朋友式的信任关系。除此之外，我尽量避免让教师产生自己是研究对象、"被剥夺"的印象。我希望她们能从参与本项研究中有所收益，所以我经常与她们分享教学思想，一起讨论特别儿童的教育问题，为教师提供书籍等资料。其中一位教师在做行动研究，于是我给予了她一些特殊的指导。在数据收集工作完成后，我依然保持与教师的联系，帮 5 位教师查找文献资料，指导他们做教学研究。研究中，我通过匿名化来保护教师以及学校。

四、研究结果

（一）促进小学教师专业发展的内在因素

1. 爱与责任

在学校做调查时，我与梅老师有过多次交流。她谈到她做的一些事情。例如，她组织学生写"循环日记"，以提高学生的写作能力；组织学生和家长参加阅读活动，培养学生的阅读兴趣，提高学生的阅读水平。此外，她还在做培养学生个人公民修养的行动研究以及提升学生口语交际能力的行动研究，等等。梅老师做的这些研究都是她根据学生的学习需求增加的，为此她付出了很多时间和精力。访谈时梅老师谈道：

"我觉得我是（因为）爱孩子，喜欢这个工作，有责任心，才会不断地动脑子去琢磨如何教课、带班。"

访谈时教师反复提到教师工作是一个良心活，所以她们都强调自觉、自律和责任心。用任老师的话来说：

"教学是一个良心活，因为教师要管一个班，而领导不会天天跟着教师，全凭教师的责任心。教师做的事情可多可少，多的时候就是事无巨细地去指导、关心孩子，就很累，而少的时候就可以很轻松。所以做教师的要自觉、自律。我一直觉得，教师就是关起门来自己做事，就看你怎么去想这个工作，其实就是一个人的良心的体现。"

阮老师也认为，让自己成长起来的重要因素是自己的主观愿望。既然自己选择了这个职业，就要对得起良心，对得起孩子们，所以她希望能够踏踏实实地做好每一件事。尚老师认为，如果自身对工作有热情，喜欢教学，就会注意不断学习，希望把工作做得更专业一点。

2. 内在动机与个人努力

有一次我在学校与方老师一起吃午饭时，她谈到了自己刚入职时的情况。那时方老师特别努力、好学。校长每周都来听她的课，然后提出改进建议。方老师遇到不懂的问题就去请教校长，遇到校长在开会时，她就等着。不管校长开会开到多晚，她都一直等着。校长被这个年轻教师的努力上进感动了。方老师认为，自己成长起来，除了靠优秀老教师的引领外，关键还要靠自我成长的动机和努力。

访谈时阮老师谈到，来到这所学校后，她发现周围的教师都是那么优秀。她们不论做课、展示，还是带班等，都有自己的特点。阮老师每次和她们交流都会发现有新的东西值得学习。阮老师说，身处这样一个优秀教师的团队会逼着自己去学习，否则就会落伍。尤其是看到周围的教师都各有所长，自己也就想着要在某些方面做出一点成绩，否则自己就觉得没有立足之地。

在刚入职一年的高老师的课堂里，我们发现她的教学很有创意，学生都积极地学习。高老师谈到，教学这份工作，关起门来是自己一个人的工作，如果个人不注重发展，不去向他人学习的话，进步的速度会很慢。高老师说：

"上大学的时候，我没有认识到学习的重要性。工作以后，我迫切地需要去学习，最近还报了一些班，例如现代文学、心理咨询的班。我还在学英语。我教一位外教学汉语，他教我学英语。我还找了一位教师学习书法，同时我毛在我的班里教书法……有新的东西后，我才可以给学生讲更多的东西，不至于总在那里重复。这些学习活动充实了我的业余生活，让我觉得自己的精神状态也变好了。"

3. 与同事一起探讨和学习

访谈时何老师回顾了她的发展经历。在教学的前五年，何老师更多的是模仿他人，总觉得很多东西模仿得不好。在教学的第六至第十年，何老师参与了学校的一个教学研究课题，经常跟着同事一起探讨、学习。在这个过程中，她有了飞跃性的提升，用她的话来说就是"悟到了"。之后，何老师的发展慢慢停滞了。近期，当她得知梅老师在做提升学生口语交际能力的行动研究之后，她自愿参与了这项研究，与梅老师、文老师组成了研究小组。她们经常一起交流、学习。同时我也为她们提供了一些文献和指导。何老师说：

"与同事一起探讨和学习，（自己）收获很大，而且觉得很有意义，希望能把这项研究做下去，这样也就能督促着我向前走。"

教研活动是教师交流、学习的好机会。在一次教研活动中，卫老师向其他9位教师展示了她的学生的写字本。大家觉得学生的字写得漂亮、舒展、干净，就请卫老师介绍如何指导学生写字。梅老师也向其他教师介绍了一些笔画难、容易写错的字的书写指导策略。

办公室是教师交流、学习的重要场所。我们的观察发现，教师经常会在办公室聊班里发生的事情，聊自己是如何处理的，还会问其他教师有没有什么更好的处理方法。其他教师会把自己的经验介绍给她，还会叮嘱她要注意哪些事情。这类交流活动可以使教师之间互相学习实践知识，有利于促进教师尤其是经验不足的教师的成长。

（二）促进小学教师专业发展的外在因素

1. 重要他人的引领

一次在学校与方老师交流时，她谈到，在她职业生涯的初期，最关键的是有老教师的引领，其中一位就是校长。当时校长每星期都来听方老师的课，听完课后，一点一点地指导她什么地方需要改进、如何改进，等等。等到下次听完课后，校长针对她做的改进提出反馈意见。用方老师的话来说就是，"校长就这样一步一步地带着我"。方老师认为自己比较幸运，刚工作的第二年就进入了区教研组，由一位经验丰富的教研员带教。这位教研员帮她磨课，介绍一些先进的理论等，使得她在教学上迅速成长起来。在方老师工作的第三年，学校就派她去参加教学大赛。对于还算是"新手"教师的她而言，这无疑是巨大的挑战。校长一方面从精神上鼓励她，说她具有当老师的天赋，一方面利用国庆节长假帮她备课，与她一起观看别人的教学录像，从中学习他人的优点，等等。结果，方老师的教案获一等奖，教学展示获二等奖，并且现场的教师对她的评价都非常高。这一次付出与回报的体验，使方老师有了成就感，也使她坚定了当老师的信念。

尚老师也说，她刚工作时，是所在小学的第二个大专毕业生，于是学校就派她进了区教研室。她跟着区里最优秀的语文老师一起学习，吸取了很多经验，用尚老师的话来说就是"从摸不到门到渐渐地知道如何备课、教课了"。

我们的研究发现，重要他人的引领对有经验的教师的成长同样重要。文老师谈到，她来到这所学校与梅老师做同事后，被梅老师爱学生的精神所打动。她以梅老师为榜样，备课时遇到难点如作文、写话练习的指导，会去问梅老师。在发班级博客之前，她要先看梅老师写的博客，每天都看。文老师说，她这段时间跟着梅老师学习，在心灵上和专业上都获得了成长，心灵上的成长更多一些。

2. 良好的人际关系

一次在办公室与方老师交流时，她说，好的人际关系能够促进教师的成长。方老师感受最深的是做课，她说：

"因为是学科带头人，我经常要做课。每次做课时，我周围的教师就帮我做课件，帮我带班。我去试讲的时候，她们就提前把第一课时讲完，让我顺利地讲下面的课时。等我正式讲课的时候，她们就去给我捧场。没有其他教师的帮助，我肯定是做不下去的。"

尚老师认为，这所学校不强调教师个人之间的竞争，很少表扬个人，更多的是表扬集体，强调集体合作。因此，大家比较和谐，相互请教、学习，分享资源，不会感觉到同事的排挤。校领导也说，和谐是学校倡导的工作理念之一，因为大家工作都很辛苦，每天开心是很重要的。

我在学校办公室观察发现，10位教师之间的关系很和谐。她们经常交流一些生活经验，分享美食，互相开玩笑，相互搭顺风车，节假日带着家属一起外出度假，等等。教师之间的合作也很多，尤其是当她们面临相同的工作时。例如，有一天我在办公室看到的情景是，学校要求班主任给家长写有关学生加入少先队的通知，于是卫老师写好一份后发给阮老师，然后阮老师修改后发给大家。此时，梅老师正在给家长写有关视力保护的文件，写完后发给其他教师。大家开心地称此为"资源共享"。

3. 高质量的在职培训

访谈时尚老师谈到，好的培训对她的成长意义重大。她说：

"在我刚工作的时候，学校派我去参加某个师范大学举办的青少年心理健康成长研究生进修班，为期三年，利用周末的时间授课。虽然我最后没有得到正式文凭，但是这个培训对我的成长太有用了。在我还没有接触到一些不对的做法之前，我就学到了正确的东西。当时，小学教师的素质普遍不高，很多教师教育学生不讲究方式，一味采用严厉的方法来震住学生。这些策略可能很管用，但是从学生的心理健康角度来讲，不一定是对的。如果我没有参加这次培训，我也许走的也是这条老路。"

梅老师也谈到她当年进修的"唐诗宋词"那门课非常好，有些东西靠自己是体会不出来的。

4. 校长的服务式与关怀式领导风格

谈到校长对教师发展的意义，任老师感受颇深。在这所学校里，她感受到领导和教师之间没有严格的界限。当教师遇到一些棘手的问题时，校长、主任、大队辅导员等都一起来帮助教师解决，而不是把教师"推出去"单独承担责任，这让教师感受到有一个坚强的后盾在支持着她们。任老师还谈到校领导替教师想的特别多，在给教师布置工作的时候，帮教师提前想了很多事情。她认为，教师在为学生服务，而校领导在为教师服务。任老师谈到她的一个小故事：

"我原来在另外一所学校。有一次听同事说，某所学校的老师有一天正在为运动会排练，看到校长来了，他们站成两队鼓掌欢迎校长。同事认为这些老师太假了。当时我听了也觉得这是一个笑话，校长来了还鼓掌？我转到现在这所学校以后，慢慢地我的观念变了，我觉得校领导总是在考虑能为老师做些什么，所以我见到校长和书记会感到很亲切。我这才理解了那些列队鼓掌的老师的感受，那不是笑话。"

尚老师也谈到她的感受：

"在这所学校，校长不是高高在上的，他们经常会到各个办公室去问大家有什么需要帮助的。我们接手一年级时，校长知道新生入学会有很多问题，让我们提要求和困难，然后一起想办法解决。我感觉到校长跟我们是一条心，他们不是指挥我们，而是为我们服务的。"

有一次在学校吃午饭时与一位体育老师交流，他说他很喜欢这所学校的氛围，尤其是校长很关心教师，为教师着想。他说学校与几所幼儿园、中学建立了共建关系，帮助教师解决了孩子上学的问题，消除了教师的后顾之忧。

5. 外来研究者的支持

在学校的时候，梅老师跟我们谈起她正在做的提升学生口语交际能力的研究。听她讲述完后，我向她解释说这就是一个行动研究，需要收集数据来判断每个学生的进步情况。之后，梅老师根据经验和课程标准的有关要求设计了一个判断学生口语交际能力水平的表格并开始收集数据。学期结束后，在寒假期间，我专门向梅老师介绍了如何写行动研究报告。通过几次修改，梅老师终于完成了《提升小学低年级学生口语交际能力的行动研究报告》。在报告中，梅老师总结了学生的进步情况，也发现了行动研究存在的一些问题，并提出了下阶段的改进意见。新学期开始后，梅老师继续开展第二轮行动研究。又一个学期过后，在秋季学期开始时，文老师、何老师加入了梅老师的行动研究队伍。我特意为她们查询了一些资料，向她们介绍了学者提出的小学生口语交际能力结构框架和评价建议。以此为理论基础，她们修改了实施方案，开始了新一轮行动研究。我们也一直在进行交流。

方老师根据指导低年级学生书写汉字的经验，提出了"五点定位法"。通过学习这种方法，学生进步很大。在我们交流时，方老师一再强调，"五点定位法"是她总结出来的小经验，不成体系，也没有什么理论，但是在全区的多次教研会上介绍后，其他教师都觉得好，并尝试着使用。我向她介绍，有学者研究了幼儿书写动作的发展。研究发现，空间结构是幼儿学习书写汉字的一个难题，而"五点定位法"正好解决了这个难题。我鼓励方老师把"五点定位法"写出来，并向她推荐了《发展心理学》，还为她下载了几篇从发展心理学的角度对儿童的书写能力、写字准备能力等方面进行研究的文献。方老师非常高兴，决心利用假期学习这些文献，然后把论文写出来。方老师感慨地说，自己作为学科带头人、教研组长，如果想再发展的话，只有走研究这条路了。

(三)阻碍小学教师专业发展的内在因素

1. 教师个人没有形成学习习惯，教师群体没有形成学习型文化

我在学校做调查的 4 个月里，除了看到一位教师以外，几乎很少见到其他几位教师在办公室里读书、学习。她们在办公室里多是判作业，改卷子，把学生的表现和作业要求写在班级博客里，与家长联系，上网做一些休闲的事等。卫老师曾经跟我谈起班上的"个别生"的问题。她觉得指导"个别生"学习非常吃力，不知道如何做才好。我就从大学图书馆给她借了两本与这个主题相关的书。两个月过去后，图书馆催还书时，她从办公桌的某个抽屉里把书翻出来，带着一脸的歉意说："对不起，周老师，我还没有顾上看。"一次，我带了8本适合教师阅读的期刊去办公室，放在她们一进门就能看到的桌上。她们进进出出，没有一位教师拿一本去阅读。只有几位教师拿起来看看封面就放下了。她们回到家里也很少读书、学习，用梅老师的话说：

"老师们在学校忙了一整天，累得精疲力竭，回到家里还要做家务、照顾老人和孩子，根本没有时间读书，连小说都看不下去。"

老师们日复一日的工作状态，使得她们没有养成学习习惯。另外，10位教师之间的关系很和谐。她们经常交流一些生活经验，互相开玩笑，分享美食，等等。但是，这种和谐的文化并不是学习型文化。因为教师个体没有学习习惯，所以由她们组成的群体也缺乏学习的文化。这对于教师的持续发展非常不利。

2. 教师凭着经验和惯例教学，缺乏对经验和惯例的反思

一次在任老师的课上，在学习生词和词组的环节，她请学生上讲台带领全班同学一起学习，于是学生的积极性很高。课后跟任老师交流，当我提到这个环节时，她马上说："这样做不好，是吗?"脸上露出不安的表情。我安慰她说，这个方法很好。上讲台的同学先自己学会了，才能够带领其他同学学习。这样既鼓励学生自主学习，又能锻炼学生的组织能力和胆量。任老师听到这里，松了一口气说："这下我就放心了，以后我还继续用这个方法。"

从这个案例来看，任老师在课堂上采用了"学生教学生"的策略，但是自己并没有去反思这个策略的优点，只是觉得学生喜欢，就凭着经验一直采用这个策略。在任老师的课堂上，我还发现她很少用问题来引导学生学习课文，而且她班上的学生也很少主动提问。任老师自己并没有意识到这个问题，依然凭着经验在上课，而且形成了惯例。阮老师的课虽然用问题来引导学生学习课文，但是她一直要求学生通过读课文中的句子来回答问题，所以整节课上学生都以读课文的方式来回答问题，没有机会练习用自己的语言来表达。一次，班上的一个女生试着用自己的话来回答问题，但是，结结巴巴地说了几个字，不通顺，然后就赶紧照着课文念。而在高老师的课上，学生在理解课文的基础上，都用自己的话来回答问题。相比之下，高老师班上学生的表达能力要强于前者。阮老师自己也没有意识到这个问题，依然按照惯例来教学。

3. 教师反思处于低层次

在学校做调查时，有一次与尚老师交流，她谈到想做"个别生转化"的探索。当问到"个别生"存在哪些问题、她想如何解决这些问题时，她说的都是一些课堂上发生的具体事件，没有对这些事件进行归纳和概念化，更没有把自己已经做的尝试及其效果记录下来。方老师也存在类似的问题。她班上的一个"个别生"不能控制自己的情绪，攻击倾向很强，只听方老师的话。每当在课堂上做练习的时候，方老师就把他叫到身边，这样他才能认真地做。方老师自己也说不清楚为什么"这一招"很管用，觉得自己摸索出这样的策略就一直用了。访谈时任老师说她有反思的习惯：

"每天晚上我躺在床上，要回顾我一天做的事。例如，今天我的学生有些什么事？每件事我做得怎么样？今天我是不是又发脾气了？明天有哪些事要做？我应该怎么去做？……"

4. 教师凭着直觉做科研，缺乏理论和研究方法的指导

在学校做调查时，有一次与阮老师交流，她谈到学生对读书不感兴趣，她想通过一些读书活动来改变这种现状，在她带的二年级班上做了"通过家校合作提高小学低年级学生阅读兴趣的行动研究"。实施了一年以后，我再次去跟她交流时问她如何理解"阅读兴趣"，她说："我没有看书上关于阅读兴趣的定义，感觉就是喜不喜欢吧。"我再问她："实施了一年，学生的阅读兴趣是否提高了？有哪些证据能说明学生的阅读兴趣提高了？"她回答说："我觉得学生有一些改变。第一，班里的阅读氛围好了；第二，学生通过阅读增长了很多课外知识；第三，学生写作文时有话说了，原来总是不知道写什么。"我追问："后面的两点是阅读兴趣吗？"她说自己也不清楚。

越来越多的教师开始做科研，但是，研究发现，教师仅凭着直觉做，没有理论指导和研究方法的指导。其他研究也发现，师范教育过程存在着理论与实践脱节的情况，同时师范教育中研究方法课程的缺失，使得教师在做科研的过程中缺乏理论指导，在研究方法上"先天不足"。[①]

我做了一点小的尝试。我后来给阮老师找了朱智贤主编的《心理学大辞典》和其他的研究文献，特别标明建议她阅读的页码。之后她跟我说：

"我读了这些内容，不仅明白了兴趣、阅读兴趣的概念，也对判断学生是

---

① Zhou Jun, "Problems teachers face when they do action research and possible solutions: Three cases," *Chinese Education and Society*, 2012, 45(4), pp. 68-80.

否具有阅读兴趣有了初步的认识，即从阅读的主动性和阅读的持续时间来判断，这是兴趣的两个重要品质——效能和稳定性。下个学期，我要根据这些理论来重新设计课题。"

5."年轻的老教师"发展动力不足

在访谈时，我问方老师，作为学科带头人、教研组长，她继续发展的动力是什么。她反复强调，自己已经36岁了，在这个行业工作了18年，已经老了，在周围的同事中年龄比较大，所以不如年轻的时候有冲劲儿了。梅老师也多次跟我提到，她说自己40岁了。学校不再要求40岁以上的老教师参加赛课、做课，也不安排她们带新手教师。根据笔者的了解，学校也不选派她们参加一些重要的培训活动。

在小学教师这个行业，许多从业者都像方老师、梅老师这样，中师毕业后，十七八岁就进入教学岗位。当工作20年后，虽然他们生理年龄还没有到40岁，但是他们从心理上都认为自己太老了，提前把自己划入职业生涯的"晚期"，成为"年轻的老教师"。学校的某些制度，也将这些人划入了"老教师"的行列，使他们或多或少失去了继续发展的机会。

"年轻的老教师"缺乏继续发展的动力。访谈时何老师谈道：

"在我工作的第五至第十年，我在专业上的提升是如飞跃一般，提升之后就感觉到够了，慢慢地失去了向上的动力，然后感觉到在教学方面就停滞不前了……"

(四)阻碍小学教师专业发展的外在因素

1. 教师工作负担重，工作琐碎

我在学校做调查时发现，由于教师负有保障安全、育人与教书的责任，她们每天在学校要投入大量的时间工作，除了教学以及做与教学相关的事以外，每天还要应对一些繁杂、琐碎的工作，例如学生体检的事、板报的事、学校楼道里展览学生作品的事、学生入少先队的事、秋游的事、各种收费的事，还要应付各种名目的检查，等等。这些工作消耗了教师的时间和精力，如尚老师所说：

"我们语文教学本来就是负担很重的教学，而学校又安排语文老师做最繁杂、琐碎的班主任工作，所以我们每天除了教学以外，被大量事务性工作缠身，缺少专业学习的时间。我们有心学习，但是上班时间疲于应付各种事务，下班回到家已经筋疲力尽。日复一日，年复一年，繁杂、琐碎的工作消磨了我们……所以我们自身的成长是非常慢的。"

2. 校长的科层制领导风格

访谈时尚老师谈到她先后换了几所学校，在其中一所学校有着特别的经历。那所学校"等级"森严，校长下面的事务由各组组长负责，而组长同时又担任学校的其他重要职务。校长基本不下基层，基层教师的所作所为都由组长汇报给校长。对于组长的汇报，校长深信不疑。这样的领导制度和领导风格，营造出一种要跟组长搞好关系、所作所为要迎合组长个人喜好的文化氛围，让大家把时间和精力都用在了维持人际关系上。尚老师回忆起当年刚进入那所学校的情形。她年纪轻轻，干活特别卖力但是不善言辞。一位资深教师曾提醒她："你可别把组长不当官。"尚老师说她当初不明白这话是什么意思，悟性太差，导致五年后她带着"心灵之伤"离开了那所学校。在她的发展道路上，这五年里她没有接受过培训，只有一次在学校范围里做课的机会，没有获任何奖。

科层制领导制度和风格，使得学校运用类似工厂的管理方式管理学校。尚老师说：

"在那所学校里，老师们一直处于被监督之下。月查、期中查、期末查、评比，老师们应付这些事都应付不完。因为学校比较有钱，就用月效益来制裁老师，稍微有什么问题就扣钱……"

没有校长的支持和关心，教师的工作和发展都会受到影响。任老师也谈到她在另外一所学校的"遭遇"。当年任老师所在的学校采用包班制。有一天上午她上完四节课后，把学生安顿好了就去打午饭。就在她打饭期间，两个孩子打闹起来，其中一个孩子的牙被磕了。家长后来就不断地找任老师交涉，要求赔偿还要起诉她。任老师找到校长寻求帮助。校长却质问她：你当时干什么去了？打饭这么一会儿的工夫能出事吗？任老师的同事也遇到了类似的麻烦：一个孩子经常被另外一个孩子打，而被打孩子的家长就认为是老师不会管理，经常到学校跟这位老师吵闹。一次正好被校长看到，校长却视而不见，走开了。校长的态度让她们感到这样工作下去太没有意思，所以她们先后都离开了这所学校。

五、讨论与结论

(一)影响小学教师专业发展的内在因素

研究发现，爱与责任、内在动机与个人努力、与同事一起探讨和学习，是促进小学教师专业发展的内在因素。阻碍小学教师专业发展的内在因素包括：教师个人没有形成学习习惯，教师群体没有形成学习型文化；教师凭着经验和惯例教学，缺乏对经验和惯例的反思；教师反思处于低层次；教师凭着直觉做科研，缺乏理论和研究方法的指导；"年轻的老教师"发展动力不足。

另外一个平行研究发现，小学教师工作的特征之一是人格化的职业道德要求。教师把自己的工作视为良心活，强调自觉、自律和责任心。因此，个人的努力、付出是一种内在成长的动力。也有研究证实，教师参与专业发展活动的动机更多的是内在动机，如提升个人素质与能力、解决教学实践中的问题、开阔视野、增加阅历等。内在动机要强于外在动机（学历达标、职务晋升、成为业务骨干或学科带头人等）。① 西方学者用专业承诺来解释教师成长的内在动力。专业承诺体现为教师对学校、对教育的热情，体现为教师对教育工作的投入。做出专业承诺的教师会将自己的行为与学校的目标结合在一起，在工作中积极与他人合作，不断提升教学质量。② 科萨根用洋葱模型来回答"一个好教师的本质特征"是深层次的信念、专业身份和使命感。③ 心理学研究认为，有内在动机的人，会拥有更多的兴趣爱好和信心，由此能改进个体的行为表现、毅力和创造力，同时能提升个体的生命活力、自尊水平和幸福感。④ 经济合作与发展组织（OECD）也提出通过增强教师的内在动机来激发教师的工作热情，促进教师发展。⑤

西方学者的研究发现，有的学校是学习型的（learning-enriched），而有的学校是非学习型的（learning-impoverished）。在后者中，教师的学习观是终结性的（terminal view of learning），即教师对学习的理解仅限于掌握日常教学程

---

① 丁钢：《中国中小学教师专业发展状况调查与政策分析报告》，51、64、134 页，上海，华东师范大学出版社，2010。

② Ebmeier，H. & Nicklaus，J.，"The impact of peer and principal collaborative supervision on teachers' trust commitment，desire for collaboration，and efficacy，"*Journal of Curriculum and Supervision*，1999，14(4)，pp. 351-378.

③ Korthagen，F.，"In search of the essence of a good teacher：Towards a more holistic approach in teacher education，"*Teaching and Teacher Education*，2004，20(1)，pp. 77-97.

④ Ryan，R. M. & Deci，E. L.，"Self-determination theory and the facilitation of intrinsic motivation，social development，and well-being，"*American Psychologist*，2000，55(1)，pp. 68-78.

⑤ 周钧：《OECD 关于发达国家的教师政策分析》，载《外国教育研究》，2010(9)。

序而已。① 学者指出，教学是一种学习型专业，它要求从业者只有不断学习，才能丰富知识基础，改进教学实践，提升教学效能感和专业承诺。② 从教师专业发展的定义来看，教师专业发展的核心是教师学习，因此，教师专业发展既是教师不断学习的过程，也是学习的结果。③ 在研究案例中，教师对日常教学已经很熟练了，她们中的大部分人的学习也就终结了，如此下去，教师就单凭着经验和惯例教学了。

尽管经验对于教师专业发展而言是重要的，但是经验对于教师专业发展而言是不够的。④ 研究发现，如果教师不对经验和惯例进行反思，就无法确认这些经验和惯例的优缺点。如果教师所凭借的经验和惯例是好的，她们就能成长为经验型教师；如果教师所凭借的经验和惯例不理想，那么学生的学习和教师的成长都会受到不利影响。

在研究案例中，教师的反思处于低层次。如果用翰达尔（Handal，G.）、劳瓦斯（Lauvas，P.）的三层次反思结构⑤来看，教师的反思仅处于第一层次，即对行动的反思（reflection on action），还没有达到理论反思、道德伦理反思的层次。如果参照科萨根的反思的"五步循环论"⑥，绝大多数教师的反思仅处于第一步和第二步，即实践、对实践进行审视，远没有到达抓住事物的关键、确立选择性的行动方案、通过行动验证新方案等步骤。我国的调查也发现，有98.3%的教师在日常工作中会对自己的教学行为进行反思，但教师反思方式主要集中为写教学日记、教师间的讨论及学生作业分析，反思的深度

---

① Rosenholtz，S. J.，*Teachers' workplace*，New York，Longman，1989，p. 103.

② Hargreaves，A. & Goodson，I.，"Teachers' professional lives：Aspirations and actualitities,"In Goodson，I. & Hargreaves，A.（eds.），*Teachers' professional lives*，London，Falmer Press，1996，p. 7.

③ Avalos，B.，"Teacher professional development in Teaching and Teacher Education over ten years,"*Teaching and Teacher Education*，2011，27(1)，pp. 10-20.

④ Richards，J. C. & Lockhart，C.，*Reflective Teaching in Second Language Classrooms*，Cambridge，Cambridge University Press，1994，pp. 3-4.

⑤ 转引自 Ponte，P.，Ax，J.，Beijaard，D. & Wubbels，T.，"Teachers' development of professional knowledge through action research and the facilitation of this by teacher educators,"*Teaching and Teacher Education*，2004，20(2)，pp. 572-588.

⑥ 周钧：《评科萨根的现实主义教师教育理论》，载《比较教育研究》，2012(10)。

和广度都明显不足。①

在研究案例中，"年轻的老教师"发展动力不足。从教师生涯发展理论来看，如果依据线性发展模式，教师从新手开始，通过能力建构成长起来，走向稳定期，然后逐渐衰退、离职。② 但是，如果从动态发展的角度看，处于相同生涯阶段的教师，有的是模仿或被动应付型，有的是经验积累或重复型，有的是发展教学风格型，也有的是发展教学思想型。③ 因此，教师专业发展不是简单地由教学年龄和经验决定的。愿意应对专业挑战、不断自我研究、发展智力知识和实践知识、具有改变的诉求和提高效能感的专业意识等因素，都会影响教师的发展。④ 也就是说，教师专业发展的关键在于教师的内在动力。

(二)影响小学教师专业发展的外在因素

研究发现，促进小学教师专业发展的外在因素包括重要他人的引领、良好的人际关系、高质量的在职培训、校长的服务式与关怀式领导风格、外来研究者的支持等。教师工作负担重、工作琐碎以及校长的科层制领导风格等外在因素阻碍了小学教师的专业发展。

重要他人的引领作用是诸多研究都发现的结论。例如，有研究发现，各类教育主体对教师专业发展的影响力从大到小排序依次是：经验丰富的教师、学科组同事、年级组同事、学生、学校领导、校外专家、校外同事。该研究指出，校内主体对教师专业发展的影响要大于校外主体。⑤

学校文化、教师文化对教师专业发展的作用也是许多研究者所关注的。社会学者早期的研究指出，学校教室的"分格式结构"(cellular form)造成教师

---

① "全国中小学教师专业发展状况调查"项目组：《中国中小学教师专业发展状况调查与政策分析报告》，载《教育研究》，2011(3)。

② Super，D. E.，"A life-span, life space approach to career development,"*Journal of Vocational Behavior*，1980，16(3)，pp. 282-298.

③ 李琼、王恒：《小学教师的专业生涯发展类型：一项聚类分析》，载《教师教育研究》，2012(3)。

④ Maskit，D.，"Teachers' attitudes toward pedagogical changes during various stages of professional development,"*Teaching and Teacher Education*，2010，27(4)，pp. 851-860.

⑤ 丁钢：《中国中小学教师专业发展状况调查与政策分析报告》，51、64、134 页，上海，华东师范大学出版社，2010。

之间交流甚少，使得教师的社会化带上了"个人主义"的特征。① 这样会形成个人主义的、隔离的教师文化，这种文化会导致教师之间互相竞争，使教师产生不安全感、不愿意分享教学经验等。② 为避免这种"教室隔离"所带来的"专业隔离"，学者倡导构建合作的教师文化。③ 在我国，中小学的教研组通过一系列的教研活动打破了"教室隔离"和"专业隔离"。例如，教研组组织教材分析、教学重点和难点分析、学生考试错题分析以及集体备课、同课异构、互相观摩与指导等活动，这些活动对教师成长有很大帮助。④ 我们的研究案例表明，教师办公室的设置为教师提供了交流的空间，可以使教师之间增进理解，形成良好的人际关系，为教师发展营造了积极的文化氛围。对于教师之间的合作学习、分享及同伴指导的重要性，学者已达成共识。例如，西方学者的研究发现，教师之间进行合作学习、反馈等有利于教师改进教学、提升效能感，使教师建立起通过教学影响学生的信念，有利于教师之间形成合作式、探究式文化。⑤ 在我国，教师之间通过合作学习和研讨改进教学的实践也很多，例如上海闵行区的教师专业发展活动等。⑥

西方学者的研究发现，可持续的、深入的教师专业发展项目对教师改变教学实践有很大的影响，而短期的项目则不然。⑦ 有研究指出，现有教师专业发展项目存在的一个共同问题是，它们与教师的教学实践缺乏联系。⑧ 这个问题在我国也存在。我国教师专业发展项目（更多的称为教师培训项目）与

---

① Lortie, D. C. , *Schoolteacher*: *A Sociological Study*, Chicago, The University of Chicago Press, 1975, p. 192.

② Puchner, L. D. & Taylor, A. R. , "Lesson study, collaboration and teacher efficacy: Stories from two school-based math lesson study groups," *Teaching and Teacher Education*, 2006, 22(7), pp. 922-934.

③ 周钧:《美国教师专业发展范式的变迁》,载《比较教育研究》,2010(2)。

④ 徐莉莉:《一校两区：新教师留城培养模式探索》,载《中国教育学刊》,2010(3)。

⑤ Puchner, L. D. & Taylor, A. R. , "Lesson study, collaboration and teacher efficacy: Stories from two school-based math lesson study groups," *Teaching and Teacher Education*, 2006, 22(7), pp. 922-934.

⑥ 金中等:《"伙伴合作"实践中专业引领与教师合作》,载《上海教育科研》,2011(2)。

⑦ Collinson, V. & Cook, T. F. , "I don't have enough time: Teachers' interpretations of time as a key to learning and school change," *Journal of Educational Administration*, 2001, 39(3), pp. 266-281.

⑧ Femian-nemser, S. , "From preparation to practice: Designing a continuum to strengthen and sustain teaching," *Teacher College Record*, 2001, 103(6), pp. 1013-1055.

教师的教学实践联系不紧密。专题培训如信息技术培训也以教师掌握信息技术为目的，没有以教师的教学实践为基础。即便是参与式培训也集中于展示培训过程，而在内容上没有联系教师的教学实际。这个问题带来的结果是教师专业发展活动的有效性不够。① 有研究发现，教师愿意去学习符合他们需求的课程②，本研究也证实了此观点。

校长的领导风格能促进教师发展，也能阻碍教师发展。在研究案例中，校长的服务式与关怀式领导风格有利于教师发展，而校长的科层制领导风格阻碍了教师发展。澳大利亚、加拿大、丹麦、英国、挪威、瑞典和美国的研究表明，尊重、关怀、理解、信任、开放式交流、分布式领导、创造安全的教与学的环境、创造合作文化，等等，是成功的中小学校长的特征。③ 斯坦福大学著名学者利伯曼早年也有类似的经历：

"我们学校的校长，每天下午当所有的老师还在工作的时候，他第一个离开学校，去山里骑自行车。老师们都有被抛弃的感觉，感到没有人关心我们在做什么、我们遇到了什么问题、我们应该如何互相学习。每天开车回家的路上，我的心里总充满着不被需要、不被爱的感受。"④

因此，OECD 提出了提高校长领导力的建议，认为学校校长和领导能帮助学校形成一种具有激励性和支持性的组织文化，帮助教师培养主人翁意识，让教师热爱自己的工作，为教师提供专业自治的空间，帮助教师获得工作满足感，并持续推动教师专业发展。⑤

另外一个平行研究发现，小学教师工作的特征之一是事务性工作的无边界性，这导致了教师工作的高投入，包括时间、精力的高投入以及情感的高投入。这些直接阻碍了教师专业发展。其他的研究也证实了教师工作量大的

---

① 周钧：《对设计教师专业发展项目的思考》，载《天津师范大学学报（基础教育版）》，2009（4）。

② Armour，K. M. & Makopoulou，K.，"Great expectations：Teacher learning in a national professional development programme," *Teaching and Teacher Education*，2012，28(3)，pp. 336-346.

③ Leithwood，K. & Day，C.，"What we learned：A borad view,"In Day，C. & Leithood，K.（eds.），*Successful School Leadership in Times of Change*，Toronto，Springer，2007，p. 17.

④ Day，C. & Gu，Q. *The New Lives of Teachers*，London，Routledge，2010.

⑤ 史静寰、范文曜：《教育政策分析 2005—2006——聚焦高等教育》，83 页，北京，教育科学出版社，2008。

事实。例如对我国香港、澳门、北京、上海四地教师工作量的调查表明，教师工作负荷重，每日工作时间接近 10 小时。① 有研究也发现，我国小学教师的平均周教学工作量为 13 节，将常规的备课、上课和作业批改时间按 1∶1∶1 计算，小学教师纯教学活动的时间平均每周是 26.01 小时。除此之外，教师还承担了过多的非教学工作，如学生管理、撰写各种计划与总结、应对各种检查、参加各种会议等。② 教师工作量大，工作时间长，尤其是学生问题如安全问题、行为问题带给小学教师比较大的压力。③ 这对于教师专业发展而言是一个极为不利的因素。

中外学者的研究都发现，研究者的支持对中小学教师做研究是非常有利的。在我国，在大学学者的指导下，许多中小学教师开始从事行动研究。④ 例如，我国某小学曾经建立了"博士工作站"，邀请博士生长期驻扎学校。博士生一方面指导教师做研究，另一方面为自己的博士论文收集资料，形成合作伙伴关系。⑤ 荷兰的研究也发现，在研究者的指导下，教师通过行动研究能够丰富专业知识。⑥

总之，从研究案例来看，促进小学教师专业发展的因素更多是外在的，如重要他人的引领、良好的人际关系、高质量的在职培训、校长的服务式与关怀式领导风格、外来研究者的支持等。相反，阻碍小学教师专业发展的因素更多是内在的，例如，教师个人没有形成学习习惯，教师群体没有形成学习型文化，教师凭着经验和惯例教学而没有对经验和惯例进行反思，教师反思处于低层次，教师凭着直觉做科研而缺乏理论和研究方法的指导，"年轻的

---

① 吴国珍、过伟瑜：《为教师专业化争取时间和创造时间——港澳京沪四地教师活动时间及特点比较研究》，载《教育学报（香港版）》，2003(1)。

② 丁钢：《中国中小学教师专业发展状况调查与政策分析报告》，51、64、134 页，上海，华东师范大学出版社，2010。

③ 李琼、张国礼、周钧：《中小学教师的职业压力源研究》，载《心理发展与教育》，2011(1)。

④ Zhou, Jun & Liu, K. Y., "Development of action research in China: Review and reflection,"*Asia Pacific Educational Review*, 2011, 12(2), pp. 271-277.

⑤ Zhou Jun, "Problems teachers face when they do action research and possible solutions: Three cases,"*Chinese Education and Society*, 2012, 45(4), pp. 68-80.

⑥ Ponte, P., Ax, J., Beijaard, D. & Wubbels, T., "Teachers' development of professional knowledge through action research and the facilitation of this by teacher educators,"*Teaching and Teacher Education*, 2004, 20(2), pp. 572-588.

老教师"发展动力不足。因此，本文建议政府和学校从激励内在因素的角度出发制定政策，包括帮助教师形成学习习惯、鼓励教师对教学经验和惯例进行反思、从理论和方法上引导教师做科研、支持"年轻的老教师"继续发展。OΞCD 也从增强教师内在动机的角度出发，提出促进教师发展的政策：将教学变成知识型职业，为教师职业的多样性和多元化提供更多机会，将专业发展贯穿于教师职业生涯全过程，通过评估来认可教师有效的教学工作等。①

---

① 周钧：《OECD 关于发达国家的教师政策分析》，载《外国教育研究》，2010(9)。

第十章 政策干预对学校教研组转型影响的个案研究

一、引言

在实施新课改的近二十年时间里，为了不断提高教育教学质量，学校在关注学生学业成绩的同时更加注重学生的全面发展，对教师教学反思与教学研究提出了更高的要求。为适应新形势，各方对教学研究的关注热度不断攀升，特别是校本教研的提出，使得之前一直以上级教研室政策作为导向的学校教研组面临巨大的机遇与挑战。校本教研的开展旨在赋予学校教研组更多教研自主权，以促进教师向研究型教师转变，同时将研究作为推动教师专业发展的重要路径。无论是教师作为研究者的兴起还是校本教研的发展，都需要教研组不断通过对教研活动内容和形式的创新去促进教师专业发展。

新课改为传统的学校教研组的发展提出了诸多要求，迫切要求教研组转变现有职能。教研组的变化主要体现为三点：第一，学校规模的急速膨胀和教师专业发展的需求使得教研组开展集体备课和教学研究的作用越发明显；第二，学校行政体系由原来的校长、教导主任两级行政管理体制逐步向校长、教导主任和年级组长及教研组长三级管理发展，且教研组长在这个过程中也具有了部分管理层的权力；第三，随着诸如教学研讨、教学活动评议等非教学任务的增加，教研组承担的职责越来越大。① 因此，这种职能转变的特征具体概括为两个方面。首先，新课改要求教研组具备开展教学与课题研究的能力。在教研组转型过程中，教师成为研究者是大势所趋。②③④ 梁威等人提出，新课改使得教研组职能由教学管理和教学研究转变为以新课改为中心的教学研究与教学指导，从而促进教师专业发展。⑤ 从教研组的实践工作中可以看出，其研究领域不仅又停留在对自身实践性知识的探索方面，更涉及以课题形式展开的对系统理论性知识的研究。有学者指出，这种转变表明教研组不再是基层管理组织，而是转型为学校层面的教学研究组织及基于教学研究的教师实践共同体。⑥ 教师作为教研主体，在教学与教研逐渐形成张力的过程中缺乏经验。尤其是近年来，在基础教育领域中，教育科研盛行，写论文与做课题成为教师日常工作的重要组成部分。⑦ 这种基于外部政策干预形成的"科研潮流"正在不断改变教研组内部以及各学校组织之间的权力关系。其次，教研组逐渐脱离行政管理职能。虽然教研组作为学校的教学研究组织，并未具备具体的行政职能，但从长期的运行过程中不难看出，教研组始终行使着教师管理和学校行政事务职能。⑧ 随着专业管理理念的发展和学校管理情况的日趋复杂，学校管理团队逐渐趋于专业化⑨，于是作为教学研究部门的教研组的管理职能不断被弱化。年级组作为学校行政组织，承担起学校管理任务，取代了教研组原本具有的职能。⑩ 这将教研组从管理层面推入研究层面。行政职能与专业

① 陈桂生、刘群英、胡惠闵：《关于"教研组问题"的对话》，载《上海教育科研》，2014(3)。

② 胡惠闵、刘群英：《我国中小学教学研究组织的发展及其困境》，载《教育发展研究》，2012(2)。

③ 胡艳：《专业学习共同体视角下的教研组建设——以北京市某区中学教研组为例》，载《教育研究》，2013(10)。

④ 张广斌：《教学情境研究：反思与评价》，载《当代教育科学》，2011(20)。

⑤ 梁威、卢立涛、黄冬芳：《中国特色基础教育教学研究制度的发展》，载《教育研究》，2010(12)。

⑥ 伍红林：《当代学校转型变革中的教研组建设》，载《教育发展研究》，2014(24)。

⑦ 丛立新：《教研组织的"一枝独秀"及其"职能转变"》，载《教育学报》，2011(3)。

⑧ 伍红林：《当代学校转型变革中的教研组建设》，载《教育发展研究》，2014(24)。

⑨ 操太圣、乔雪峰：《理想与现实：教研组作为专业学习社群的批判反思》，载《全球教育展望》，2013(12)。

⑩ 胡惠闵、刘群英：《我国中小学教学研究组织的发展及其困境》，载《教育发展研究》，2012(2)。

职能并存成为教研组的"新常态"。在这种情况下，探讨教研组内部活动中的微观政治，讨论教研组如何回应外部政策干预，对于理解教研组的内部运行机制及其对教师专业发展的影响有重要意义。以上述思考为基础，本研究最终确定了以下研究问题：第一，新课改背景下，政策干预是如何影响学校教研组转型的？第二，如何通过转变教研组的权力关系促进教师专业自主？

二、文献综述

（一）多元理论视角下的教研组研究分析

1. 专业主义视角下的教研组

教师专业发展理念推动了 20 世纪末各国的教育改革浪潮，使教学逐步由教师为中心转向以学生为中心，需要教师基于课堂实践及学生自身经历建构课堂与教学。可以说，教育改革又反过来推动了教师专业化发展范式的形成。周钧指出，随着专业发展组织结构的变迁，教师组织的特点逐步向系统化、体系化、多样化和主动化发展。[①] 从以往的研究与实践中不难看出，在教师专业发展过程中，专业共同体作为一种基于教师人际关系的合作学习组织的建立，对打破教师孤立发展的状态，实现民主合作，促进教师专业水平提升有重要作用。

专业共同体作为教师专业发展的有效学习平台，得到了社会各界的广泛关注。专业共同体为教师提供了良好的教学实践环境，比如，共同体成员共享关于教学实践的观点和知识，帮助教师进行专业反思，与同事一起不断更新、重构自己的专业知识，更好地满足学生的学习需要等。在专业共同体建构的进程中，国内外学者对它的职能和作用也进行了广泛而深入的探讨。这种职能可以概括为三个方面：促进教师进行基于实践的反思；通过基于共同愿景的合作学习满足教师需求；更好地关注学生个体的学习需求，转变以教学为中心的传统理念。

伴随着我国基础教育课程改革政策的出台，诸多学者选择将构建教研共同体作为教研组未来发展的最佳途径，通过基于教师自身需要的共同学习、集体备课以及开展基于教学的反思研究，提升教师专业水平，更好地为学生

---

① 周钧：《美国教师专业发展范式的变迁》，载《比较教育研究》，2010(2)。

学习服务。因此，我国学者多选择从专业主义视角出发，去分析教研组运行的现状及其成为真正意义上的专业学习共同体的可能性。胡艳通过对北京市某区中学教研组的个案研究发现，教研组具备学习共同体的基本特征及功能，包括共享的价值观及愿景、可持续的学习制度及氛围等。① 但是，教研组属于具备行政属性的组织，且缺乏专业领导者，使得教研组和学习共同体仍有一定差距。张广斌认为，实现教研系统的时代转型，关键在于构建教研共同体，构建具有共同使命及愿景的国家、地方及学校教研共同体。② 综合教研组的活动与发展现状，与学习共同体相比，专业学习共同体更加民主平等，有利于教师自主参与其中，发挥主体性作用；专业学习共同体的组织结构更加自主开放，有利于教师基于自身需要展开教研活动，并有外部专家学者加入，而非基于政策等外在因素；专业学习共同体的目标更加多元，旨在关注学生个体学习及教师专业成长，而非以外在强制性命令作为约束力量。多项研究指出，教研共同体存在的意义在于提升基础教育质量和教师队伍的专业发展水平。教研组转型为共同体，一方面可以脱离原有科层制的行政管理体制，使得教研组摆脱烦琐的日常行政事务；另一方面有助于促进教师研究与反思，进而提升教师的专业发展能力，更好地为学生学习服务。可见，若要实现教研组向共同体的转变，现有的组织管理架构必须有所改变，但这种变动并非一朝一夕之举。与教研组实际运行蕴含的政治性相比，专业学习共同体更多地强调自主与平等，所以教研组实现转变唯一的可能性便是向着组织结构扁平化的方向发展。传统科层制组织的根本特征在于制度化的管理及成熟的组织结构，而共同体则更多强调共同的价值与愿景。③ 韦肖等人认为，只有受到自我利益满足的驱使，成员才会加入共同体。④

2. 组织理论视角下的教研组

现代组织理论兴起于 20 世纪 60 年代。弗洛姆的决策规范理论、卡斯特

---

① 胡艳：《专业学习共同体视角下的教研组建设——以北京市某区中学教研组为例》，载《教育研究》，2013(10)。

② 张广斌：《教学情境研究：反思与评价》，载《当代教育科学》，2011(20)。

③ Sergiovanni, T. J., "Organizations or communities? Changing the metaphor changes the theory,"*Educational Administration Quarterly*, 1994, 30(2), pp. 214-226.

④ Vescio, V., Ross, D. & Adams, A., "A review of research on the impact of professional learning communities on teaching practice and student learning," *Teaching and Teacher Education*, 2008, 24(1), pp. 80-91.

罗的系统与权变组织理论以及彼得·圣吉的学习型组织理论等随着时代变迁蓬勃发展，涉及决策、系统科学、文化等诸多领域，并受到后现代主义哲学的影响，认为组织不仅是科层的，而且是扁平的，具备非等级性、权力分散等特征。① 现代组织理论在学校组织中的运用主要以学校管理为主题展开，强调学校管理的人性化与个性化发展。根据组织理论，诸多学者对学校组织的属性进行了分类。罗伯特·G.欧文斯指出这一时期关于教育组织有两种观点。一种是传统意义上的科层组织观点，这种观点强调控制与协调，即通过严格的等级监督、制度保障和行政干预来约束组织中人的行为。在一系列国家主导的教育改革中，这一组织形式得到官方的广泛认可。官方通过等级体系中高层的立法机构或地方行政部门进行决策，自上而下传递给学校、教师的运行模式，能够促进国家和地方在课程、教材等方面对公立学校的控制和影响。另一种是人力资源开发观点，与科层制相比，人力资源开发观点突出强调个人对组织价值的认同，通过个人认同将组织目标与个人目标紧密结合，通过组织文化形成紧密的联系。② 苏君阳认为，学校中扁平组织的一大特征在于成员有平等自主的参与权力，即摆脱权威化、行政化干预。③

在三级教研组织结构中，教研组作为最基层的教研组织，接受来自上级教研部门及学校上级领导部门的管理，具备很强的行政性。同时，教研组作为教学研究组织，其活动以教学研究和集体备课为主。教师通过合作和讨论，解决教学过程中存在的诸多问题。这种内部组织形式又具有相对平等的扁平组织特征。在这种情境下，组织理论的教研组的组织性质引起学者的广泛讨论。郑玉飞认为，受到制度及政策的束缚，作为基层组织的学校教研组为了获得组织结构合法性，严格遵守各项制度，以至于活动千篇一律，校本教研逐步趋同。因此，学校应该从技术层面入手，通过环境与制度改进，构建共同体式的教研组。④ 胡惠闵指出，从"经济人"和"自利"动机考虑，为了更好

---

① 刘晓善：《后现代组织理论研究综述》，载《云南财贸学院学报（社会科学版）》，2007(4)。

② ［美］罗伯特·G.欧文斯：《教育组织行为学：适应型领导与学校改革》，90～94页，北京，中国人民大学出版社，2007。

③ 苏君阳：《我国学校内部组织管理：科层化与扁平化的冲突和协调》，载《北京师范大学学报（社会科学版）》，2010(1)。

④ 郑玉飞：《学校教研组织与制度的变革：兼顾技术环境与制度环境的改善》，载《教育学报》，2014(6)。

地促进教师专业发展，教研组需要强有力的组织管理制度，并将制度与教师需求相结合，约束教师按照专业的要求不断提升自己。① 组织理论下人们研究教研组的一大特点便是将教师需求与组织制度建设相结合，通过二者达成的共识实现教研组的转型。

3. 微观政治学视角下的教研组

早在 20 世纪 60 年代，微观政治学就开始受到西方学者的关注。伯恩斯（Burns，T.）指出，政治冲突不仅产生在国家层面，组织运行过程中同样蕴含着个体与群体的冲突。这些活动基于个人想获取更多资源的目的而产生。② 微观政治学将隐藏在组织结构内部的个人权力关系的变化与冲突提升到组织决策的重要层面。早期微观政治学领域的研究为微观政治学在学校组织中的发展起到了奠基作用。对学校组织开展微观政治学研究的热潮起源于 20 世纪 70 年代。1975 年，亚那科内（Iannaccone）提出了学校组织具备政治属性，即学校成员运用政治策略去满足自身利益，为学校组织的微观政治学发展打下了基础。20 世纪 90 年代，伴随着各个国家教育改革运动的开展，微观政治学领域的研究成果得以不断发展壮大。可以说，西方微观政治学研究的兴起源于人们对传统学校组织理论的批判与反思。与传统组织理论过于关注组织的框架结构相比，微观政治学更强调人在组织决策中的主体性地位。波尔（Ball，S. J.）在《学校组织的微观政治学研究》中提出，组织这一概念不是单一抽象的，而是由个体以及个体之间的权力关系共同构成的。③ 纵观英美等国的教育改革过程，用微观政治学进行学校组织研究的学者不胜枚举，并产生了诸多经典案例研究可以为后人所借鉴，其中最具代表性的人物便是英国学者波尔和美国学者布莱斯。

与此相比，我国国内相关领域的研究较为薄弱。在改革的大背景下，许多学者虽然没有直接运用微观政治学的概念及框架对学校微观组织进行研究，但也或多或少地涉及对宏观政策和学校微观政治环境的综合探讨。宋萑在上海课改背景下，对上海四所不同风格的小学进行了比较研究，基于校长的管理

---

① 胡惠闵：《教师专业发展背景下的学校教研组》，载《全球教育展望》，2005(7)。

② Burns，T.，"Micropolitics: Mechanisms of institutional change," *Administrative Science Quarterly*，1961，6(3)，pp. 257-281.

③ Ball，S. J.，*The Micro-Politics of the School: Towards a Theory of School Organization*，London，Routledge，2012，pp. 1-27.

风格、学校文化、教研氛围等方面的不同，探讨教师专业共同体的本土化概念及意义，对相关研究影响深远。① 此研究以专业学习共同体为研究对象，将变革过程中的制度政策和教师利益、领导风格等因素纳入共同体建立的文化背景和制度建构中，而非关注文化制度背后的权力关系问题，但不难看出，国内研究对此类问题的重视程度正不断加深。建立一种微观政治学的分析视角，有助于人们更加全面地对此类问题展开研究。

通过对中西方学者微观政治学研究成果的梳理，我们可以看出，国内外现有的运用微观政治学对学校组织研究的重点可以归纳为三类：权力冲突、策略运用与政策冲突。

对权力冲突问题的研究以波尔为代表。波尔在他的著作《学校微观政治学：迈向一种学校组织理论》一书中，运用微观政治学理论，通过对英国四所学校的综合化改革进行研究，对学校组织的环境、治理以及教师专业发展进行了探讨，深入地将英国教育改革的宏观政策背景与教师个人利益及学校组织的变革相连接。波尔认为，在学校综合化改革中，地方与学校之间以及学校组织内部原有的权力关系被打破，并通过不同群体教师的利益冲突、校长新的管理风格的形成、专业化管理团队的发展以及工会与管理层之间的斗争与妥协表现出来，于是教师、管理者运用不同的策略维护自身利益。

为了深入体现权力关系的变动及冲突背后不同的个体与群体，波尔对学校组织中不同群体或同一群体的不同利益进行了灵活又严格的分类。他认为教师利益分为三种：既得利益（vested interests）、自我利益（self-interests）以及教学观念利益（ideology interests）。既得利益包含教师的物质条件、工作环境、对学校资源的掌控等，影响着人与人之间、个人与团体之间的关系，尤其是在资源不够充足和晋升名额有限的情况下，更容易带来冲突；自我利益指教师的个人感觉和身份认定，包含了教师的信念与理想；教学观念利益则体现在个人的价值观和思想认同方面，这层利益通常与基本政治学问题相联系。三种利益分别对应教师工作的物质条件、教师实践教学场域及教师的身份认同和职业满意度这三个在改革背景下极其敏感又不容忽视的方面。改革中的教师工作围绕以上利益诉求展开。

---

① 宋萑：《教师专业共同体研究》，286～294页，北京，北京师范大学出版社，2015。

策略运用研究以中国教育科学研究院研究员杨颖东的研究为代表。此类研究认为，学校微观政治学在学校组织中的研究应该以策略运用为研究重点，侧重于不同群体基于自身利益而实施的策略及其影响。杨颖东认为，学校微观政治行为具有双重作用。积极的微观政治行为有助于增强教师参与决策的意识，拓宽参政渠道，也有助于校长更全面地认识到自身在教育改革中的作用。而在消极的微观政治行为中，教师的个人利益追求的极端方式也会对改革起到阻碍作用。同时，校长的管理风格也会造成诸如"故意放权失败"等策略的运用，阻碍教师参与决策。① 拉德诺（Radnor）通过对英国一所学校综合化改革过程的探究也得到类似结论。他指出，校长在结合学校特点推行教育改革政策的过程中，为了实现政策普及，要求教师按照学校规定执行教学策略，这就带来了一种独裁的行政管理模式，从而加速了学校组织的科层化发展，使教师的决策权力受到极大冲击。不难看出，策略运用往往是以自身利益为基础产生的权力冲突。通过不同群体采取的不同策略，我们可以清晰地看出不同群体在学校组织中所处的现实情况，如教师决策权与改革之间的张力等。聚焦到学校教研组织上，通过对教研组采取的策略及不同群体教师采取的策略的分析，我们也可以看出教师在教研组运行过程中的实际权力关系运行情况，进而探究教师专业自主及专业学习方式的有效性。

仅有对学校组织内部权力冲突及不同群体间策略的博弈，显然不能涵盖微观政治学存在的全部环境，因此，以布莱斯为代表的微观政治学研究者们，将研究重点放到政策层面。尤其是 20 世纪 80 年代至今，美国的学校组织处于改革的时代，公立学校在改革浪潮中如浮萍般漂泊不定。在改革背景下，各项政策相继出台，微观政治学对政策冲突的研究越来越多。布莱斯于 1991 年出版了《学校生活的政治学：权力、冲突与合作》论文集。该书以九所学校作为个案，对组织日常生活的正式与非正式的管理模式进行研究，从领导关系、学校文化、学校外部环境等方面展开，分析不同群体在宏观政策背景及学校管理政策下的利益冲突与权力关系。布莱斯提出，微观政治学在学校组织中的应用就是指个人或团队使用正式或非正式的权力，在组织环境中实现

---

① 杨颖东：《微观政治学：西方学校变革研究的新视野》，载《比较教育研究》，2015(5)。

自己的目标，并基于此带来合作与冲突。① 与波尔相比，布莱斯更关注宏观政治与学校组织内微观政治的结合，强调宏观与微观层面的交互对学校组织产生的作用，重点聚焦了学校组织基于政策的冲突，从一定侧面弥补了波尔对政策本身关注不足的缺憾。严强②、翟桔红③等人均提出微观政治学研究有助于抓住更多社会主体，更好地为决策提供依据，使得政策研究更加科学、民主。此类研究为我们将新课改的政策背景、学校所处的社会环境、学校组织内部作用相结合对教研组展开分析提供了很大的帮助。

(二)已有文献对本研究的启示

1. 政策干预对教研组转型的影响

政策作为国家、组织日常运行的保障，获得教研组教师的支持，保障基本的合法性是其顺利实施的关键。政策作为一种维持学校组织乃至整个国家生存发展的必要因素，其重要性是不容忽视的。因此，学校作为开放的具备政治属性的组织，也是政治合法性建构的重要场域。教研组能顺利转型及教师利益能通过有效渠道进行表达，不仅对教师专业地位的提升，对政策本身的合法性及必要性建构也有重大意义。

新课改对教研要求的提高及学校现代管理架构的形成使得教研组不得不面临转型的问题。已有研究表明，专业学习共同体的组织形式和文化背景对教研组来说是一个行之有效的转型方向④，这种转型不仅能够提高教师基于实践的教学研究能力，使教研组成为真正意义上的教学研究小组，也有利于解决教研组行政权力饱受诟病的问题。然而，从宏观政策背景来看，受教研组政治属性的影响，这种转型也存在着不可忽视的政策问题。在三级教研系统和学校行政管理自上而下的作用下，教研组被固定在科层制管理架构之上，一定程度上束缚了教研组的专业能力和权力。这种权力的束缚对教师在决策中所处的地位有何影响？是否足以构成阻碍共同体形成的必要条件，进而阻

---

① Blase, J., *The Politics of Life in Schools: Power, Conflict, and Cooperation*, Thousand Oaks, Corwin Press, 1991, pp. 1-18.

② 严强：《微观政治学缺失的原因与构建的意义》，载《阅江学刊》，2010(1)。

③ 翟桔红：《发展本土化的微观政治学》，载《中国社会科学报》，2013(6)。

④ 宋萑：《教师专业共同体研究》，236～259 页，北京，北京师范大学出版社，2015。

碍教研组履行职能？从微观角度来看，受传统科层制管理结构的影响，组内教师地位及关系的不同造成了教师权力关系的变动，不同利益群体基于自身利益产生了冲突。受到权力及资源掌握程度的影响，教研组内部形成的权力关系是否还能够形成共享的合作氛围，加之政策本身能否达到预期的理想效果亟待探讨。

2. 三级教研系统的反思与重构

波尔运用福柯的"权力分析理论"对教师工作进行了剖析。在他看来，教育政策背后的权力关系及种种参与因素使得教师工作被一个严密的权力矩阵所约束。这张看不见的大网使得教师和学校管理者不再屈从于某一个领导者或政策本身，而是在绩效、评价等一系列政策下被日趋标准化。[①] 专业自主也因此受到全方位的约束和限制。

在我国，新课改作为一种自上而下的教育变革方式，对课程标准、课程管理及课程评价都提出了标准化要求。同时，为了应对基础教育发展的复杂性，教研二字被新课改赋予了更高要求。因此，承担一线教研任务的三级教研系统的结构和职能也需要不断变化与创新，以适应时代发展的需要。与此同时，教研系统与教育行政部门之间的张力由来已久，其管理和运行模式依然是科层制的行政管理模式，既非基于专业主义建构的共同体模式，又缺乏维护教师专业权威和利益的必要权力。因此，从变革方式上看，学校教研组存在的共同体建构与科层制矛盾本身并非学校一个层面的问题，而涉及整个教研系统提供的支持。富兰指出推动变革的动力有四个方面：个人愿景、探索能力、控制能力和协作能力。基于此，宋萑认为我国教研组转型应该具备四个条件：分享决策与目标、关注学生、协作活动与个体化实践、教职员的支持与合作。[②] 随着我国基础教育水平的提高和教师专业化程度的不断深化，教研系统成为指导教师专业学习、保障教师专业权利、提升教师地位的组织，这一目标的实现需要内外部友善的环境，即充足的专业支持。同时，教研系统是否能够在政策干预中独立承担起参与决策的责任，进而从专业支持和政治参与两个角度保障教师自身作为专业人的权益和利益？这些都是教研组转型需要解决的问题。

---

① Bryant, A., "Re-grounding grounded theory,"*Journal of Information Technology Theory and Application*, 2002, 4(1), p. 25.

② 宋萑：《教师专业共同体研究》，290页，北京，北京师范大学出版社，2015。

3. 研究的理论框架

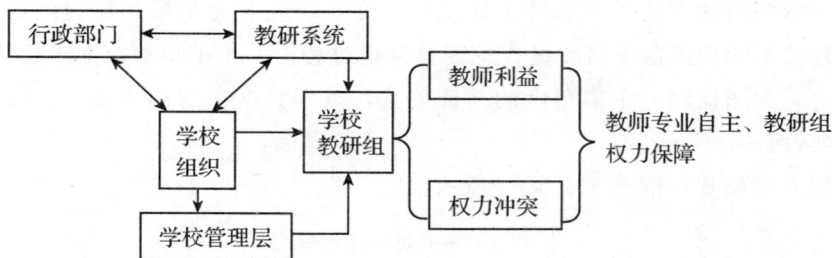

图 10-1 研究的理论框架

三、研究方法

本研究选取质性研究方法，通过选取个案，对特定群体进行长期的观察和访谈，并在此基础上形成研究框架。本研究选取该方法的原因有二。一是本研究的理论基础来源于福柯的微观政治学理论。作为一种跨学科的理论视角，微观政治学对社会的考察涉及政治学、历史学、心理学、社会学等诸多领域①，通过利用跨学科知识实现对社会权力边缘群体的研究，且带有批判理论取向，而质性研究作为一种"精神科学"中有关学科运用的研究方法②，能够最大限度地满足研究的需要。二是通过对比国外相关的研究成果③④⑤发现，和本研究相关的研究均采用质性研究方法，通过选取个案，对变革背景下学校微观组织如何打破原有平衡权力关系进行系统分析。

在具体研究策略上，本研究选取扎根理论作为分析方法，从教师层面入手解释教研组转型研究的复杂性，同时也借鉴了客观扎根理论对观察案例客观性的要求，即尽量避免研究者由于解释能力有限带来的对数据解释的偶然

---

① 衣俊卿：《历史唯物主义与当代社会历史现实》，载《中国社会科学》，2011(3)。

② 陈向明：《质的研究方法与社会科学研究》，37～38 页，北京，教育科学出版社，2000。

③ Ball，S. J.，*The Micro-Politics of the School：Towards a Theory of School Organization*，London，Routledge，2012，pp. 28-59.

④ Blase，J.，*The Politics of Life in Schools：Power，Conflict，and Cooperation*，Thou sand Oaks，Corwin Press，1991，pp. 1-18.

⑤ Hargreaves，A.，*Contrived Collegiality：The Micropolitics of Teacher Collaboration*，London，Open University，1992，pp. 80-94.

性。在进入观察场域前，研究者未带有前经验与问题。在两年的观察时间内，随着观察资料的不断丰富和理论知识的扩充，研究者逐步聚焦研究问题，使研究理论的建构来源于研究过程及资料分析过程①，并在此基础上进行访谈、听课等，力图构建一个多角度的互证关系，减少数据中的偶然性，保障结论的真实性。

研究对象基本情况如表 10-1 所示。

表 10-1 研究对象基本情况

序号	研究对象	教龄（年）	备注
1	W 老师	20	老教研组长，于 2016 年秋季学期升为教研主任
2	A 老师	24	现任教研组长
3	B 老师	23	老教师
4	C 老师	24	老教师
5	D 老师	25	老教师，年级组长
6	E 老师	26	老教师
7	F 老师	19	老教师
8	G 老师	4	新教师，W 老师徒弟
9	H 老师	3	新教师，于 2016 年秋季学期继续留任一年级，未升入二年级，W 老师徒弟
10	I 教师	1	新教师，于 2016 年春季学期进入教研组，A 老师徒弟
11	J 教师	4	新教师，没有明确的师傅，由 W 老师主要负责

注：该年级语文学科教研组教师全部为女教师，故不考虑学科及性别因素。

（一）观察法

观察法作为本研究最基本的研究方法，是寻找研究问题的基本构成资料、从互动中认知研究对象的方法。② 观察法有助于研究者更深入地了解教研组的运行情况和教师的实际工作状态。本研究的观察对象为 X 小学语文教研组教研活动中的全部教师。在观察内容上，研究者要参加每周的教研活动和全

---

① 陈向明：《质性研究的新发展及其对社会科学研究的意义》，载《教育研究与实验》，2008(2)。

② 陈向明：《质的研究方法与社会科学研究》，227 页，北京，教育科学出版社，2000。

校大型教研活动，观摩跨校合作备课、全区赛课，旁听组内不同教师授课等。在观察形式上，为了确保观察结果真实有效，避免偶然性及主观性因素的影响及参与式观察容易造成的简单知识堆积等问题①，本研究以参与式观察为主，在诸如全校大型活动、全区赛课及旁听授课等环节采用非参与式观察，通过对不同活动的观察对数据进行反复比较。

（二）访谈法

访谈法作为一种具有研究性的谈话过程可以对具体问题进行深入探究。在长期观察的基础上，问题本身被不断具体化。在这个基础上，研究者在不同的教师群体中选出几名教师进行访谈，既有助于对问题进行深入探讨，同时也是对观察到的事物进行验证的过程。凯西（Kathy）指出，研究者应用扎根理论时应设计一些开放的、非判决式的问题。因此，本研究主要采用开放式和半结构化的访谈问题，将非正式的开放式访谈作为与教师建立感情和进一步沟通的基础，对教师进行松散的引导性探究，随后利用半结构化访谈就某些具体问题对教师进行追问②，并给教师提供充足的回答空间。在访谈对象上，本研究根据活动表现及教龄等因素，将访谈教师分为四类，即教研组长、新入职教师、活跃老教师、沉默老教师，并根据不同群体设定不同的访谈问题，然后进行针对个体的一对一访谈，从而更加全面地得到不同群体对政策干预进行不同回应的原因、教师自我角色认知、专业活动参与程度及自身利益维护渠道等信息，进而分析在政策干预之下组内不同教师在教研组中的权力关系、利益诉求及冲突形式。

（三）个案研究法

个案研究法在国内得到了广泛应用。研究者将个案研究法划分为规范性和实证性两种。③ 基于质性研究的特点及开展的条件，本研究借鉴了个案研究法的实证性观点，在长期研究的基础上生成知识，并通过采用典型个案抽

---

① 马翀炜、张帆：《人类学田野调查的理论反思》，载《思想战线》，2005(3)。
② 陈向明：《质性研究的新发展及其对社会科学研究的意义》，载《教育研究与实验》，2008(2)。
③ 孙海法、朱莹楚：《案例研究法的理论与应用》，载《科学管理研究》，2004(1)。

样策略①，建立宏观与微观的联系②。本研究选取的 X 小学是一所拥有 60 个教学班、2200 多名学生、155 名教职员工的学校。学校共有高级教师 5 名，中级教师 74 名，区级学科带头人、骨干教师 36 名，是所在辖区社会声望较高的一所小学。本研究选取该小学语文教研组作为研究对象，并重点研究了语文教研组的活动情况。新课改后，X 小学提出"课堂建设是发展的第一要务，教师队伍建设是发展的第一资源，教育科研是发展的第一生产力"的发展理念，对教育科研和教师专业发展提出了较高要求。与此同时，该校的教师文化氛围却相对较为保守。与其他个案相比，该校教研组承担了行政管理的部分职能，其活动形式及组织架构的科层制特征明显：受组内教师教龄、亲疏关系等因素影响，权力关系分化严重；教师间基于利益的冲突时有发生。以上情况与本研究的研究问题密切相关。因此，本研究选取 X 小学语文教研组作为个案，能够更加清晰地反映教研组教师的利益诉求及权力关系，并有助于建立教研组与政策干预之间的关系，从而对研究问题展开分析。

政策干预这一相对宏观的问题，在本研究中涉及不同级别政府、三级教研系统等。在进行个案研究的同时，本研究也借鉴了其他相关项目获得的资料，如教研主任培训、专业学习社区建设等项目的访谈资料，结合对新课改及北京地区课改相关政策文本资料的分析，力争确保对个案进行全面的分析。

四、研究结果

政府通过政策对国家公共管理领域进行治理。作为变革的保障，政策在各个层面对变革的顺利实施发挥关键作用。从一般意义上讲，颁布教育政策是政府在教育领域行使权力的主要方式。在后结构主义者看来，政策主要包含作为文本的政策及作为话语的政策。③ 话语作为系统形成的人们所谈论的实践活动的资料，与文本政策一样在规定人们说话内容、身份、时间等诸多要素上具有权威性。因此，在本研究中，政策既包括各类与教研组产生直接

---

① 陈向明：《质的研究方法与社会科学研究》，107 页，北京，教育科学出版社，2000。

② 卢晖临、李雪：《如何走出个案——从个案研究到扩展个案研究》，载《中国社会科学》，2007(1)。

③ Ball, D. L. & Cohen, D., "Developing practice, developing practitioners: Toward a practice-based theory of professional education,"In *Teaching as the Learning Profession: Handbook of Policy and Practice*, San Diego, CA, Jossey-Bass Publishers, 2012, pp. 3-32.

或间接约束关系的政策文本，也包括政府职能部门、教研部门及学校内部由于权力分层产生的具备权力性质的话语体系。以上二者构成本研究政策因素的两个基本维度。

在政策干预过程中，政策产生的权力受到政府本身的形式和实质的"合法性"身份限制。这种限制要求政策本身对相关群体的利益及话语权进行平衡与再分配，从而实现民众对政策制定者"自下而上"的认可与服从。① 与公共政策的合法性约束相一致，课程改革作为一项教育政策，其合法性体现为教育的个体单位（校长、教师、学生等）及其他利益团体对课程改革的服从及认同。②

已有研究表明，教育变革的主体包括利益、决策和行为三大类多元主体。因此，基于政策合法性原则，决策的性质也应该从单一行政权力的行使转变为多元参与性质的研究与选择过程。③ 这要求决策行为包含行政部门和该领域的专业团体等多个决策主体，也就意味着传统意义上单纯的自上而下的政策性指令在此过程中极易产生政策冲突。从新课改的六大目标中可以看到，课程改革从以往单一的国家主导向多元主体参与倾斜，如改变单一的国家课程，形成三级课程管理结构等。在这一过程中，教师角色发生了转变，即从知识传递的被动执行者转变为改革的主动参与者。根据新课改要求，教师扮演着日常教学执行者、研究者等多个角色，并通过以教学研究为主要任务的专业人身份参与到决策环节当中，这也就确定了教研组在新课改中的重要性以及教师与行政部门在教育专业领域共同决策的主体地位。④

（一）"强化管理"——政策执行过程的层层加码

在教育行政体系中，政策本身可以被视为教育领域价值或资源的权威性分配⑤，这种权威性离不开政策合法性，而多元主体的决策参与及利益群体

---

① 杨丽丽：《公共政策合法性危机的产生及其消解——基于协商民主的视角》，载《行政论坛》，2015(1)。

② 曾东平、曾志忠：《教师利益与课程改革合法性的探讨》，载《教育发展研究》，2007(12)。

③ 叶澜：《当代中国教育变革的主体及其相互关系》，载《教育研究》，2006(8)。

④ 吴永军、徐华丽：《新课改中教师主体地位的社会学审视》，载《教育发展研究》，2009(6)。

⑤ 褚宏启：《论教育发展方式的转变》，载《教育研究》，2011(10)。

的利益诉求正是衡量政策合法性的标准。教师作为教育改革的主体之一，应拥有决策参与和利益表达的渠道。因此，通过对行政机构政策文件的分析和编码，结合本研究中教研组活动的实际情况，笔者提炼出政策干预对教师参与决策的四个方面的影响范畴，分别是课程标准、教学模式、教学评价和教学资源，并从以上四个方面入手探讨教研组在决策中的地位及作用。

课程标准作为教学活动开展的基本标准，对课程性质、课程内容及课程目标进行限定，并给出教学内容、教学评价及教材编写方面的相关建议。《义务教育语文课程标准》作为语文教师教学的实际参照手册，由前言、课程目标与内容和实施建议组成。《义务教育语文课程标准》在对语文教学进行限定的同时，也给予了教师一定的自主空间。然而，在政策干预下，自主空间并非全部被给予教师，而是与其他政策共同作用，为政策的强化及解读提供了机会。通过政策比较发现，这套标准并非课程领域唯一的纲领性文件，也就是说，政策干预过程中还存在中央到地方的课程标准的强化。《基础教育课程改革纲要（试行）》（以下简称"纲要"）从培养目标入手对课程标准进行了阐述：

制定国家课程标准要依据各门课程的特点，结合具体内容，加强德育的针对性、实效性和主动性，对学生进行爱国主义、集体主义和社会主义教育……要倡导科学精神、科学态度和科学方法，引导学生创新与实践。

具体到北京市，《北京市中小学语文学科教学改进意见》在明确要求"严格按照课程标准组织教学"的同时，对课程标准中实施建议等层面的内容也进行了严格的限定，对国家的课程标准要求也进一步具体化和细化，如在阅读教学部分，将来自学科专业领域的建议在阅读形式、阅读内容和阅读时间方面进行了具体的限定。

小学一、二年级精选适宜的启蒙读物，采用诵读、讲述和背诵等形式进行学习。三、四年级推荐不同文体的单篇短文、优秀传统文化读物。五、六年级推荐并配备中、长篇文章及适宜的多体裁文学名著。小学阶段每天安排一定时间组织学生独立阅读，着力培养阅读习惯。

受政策层层强化的影响，学校在具体教学活动的开展中依据相关政策对教师教学进行了严格限定，例如，2016 年校本教研公开课必须以阅读课形式进行，并以具体考核指标进行考核等。这种具体要求使得教师缺乏实践自身想法的空间。随着课程标准被政策进一步强化，与之密切相关的教学评价及教学模式也"遇到了"类似的情况。

通常意义上，教学评价是指评价主体依据教学目标对教学效果进行描述和确定的价值判断活动。① 《国家中长期教育改革和发展规划纲要（2010—2020年）》在教学评价方面要求针对不同学生建构"全面发展的评价体系，以实现评价的教育功能"。同时，《义务教育语文课程标准》，也针对考试提出了五个方面的建议，强调保护学生的自主性与积极性，鼓励测评的多元化，但未给出具体的强制措施。这一理念落实到市一级教育行政机构后被进一步强化。《北京市教育委员会关于印发北京市基础教育部分学科教学改进意见的通知》，针对教学评价明确指出"小学阶段禁止统考、统测，只记录学习习惯的养成以及参与社会活动、文体活动等学生成长情况"，对教师的具体教学评价方式进行了限制。该文件对不同学段的教学评价方式和内容都做出了详细规定。例如，小学阶段以学生个性化动态记录的方式实行生成性评价，高中设置"可选择性"作文命题等，均是对课程标准和相关政策的进一步强化。这种强化在量化各项指标的同时，也带来宏观层面与微观层面的权力冲突。在 X 小学内部，长期以来的传统考试被视作一种行之有效的测评手段。在此基础上，学校管理层为顺应政策要求不得不根据自身实际情况在狭小的空间内对政策进行二次解读，这种解读压缩了教师对政策的解读空间。

D 老师强调："我们学校其实还是有考试的。校长要求考试，就是上级要求不能叫测试了，所以我们就改称练习。其实这也是对学生各方面能力的一次检测。当然我们也进行形成性评价。"（FT-D-170317）

将测试改为练习只是名称上的变化，学校强调对教学和学生的评价还是存在的。在这一方面，X 小学并非独立存在的个案。

B 老师说："基本上全区一半以上学校还是会出一张卷子进行考试。我不知道记不记分，因为谁都不会往外说，我们也不会往外说。我问学生，他们也不明白。我问他们考试了吗，他们说没考试。再问他们最后那张卷子做了吗，他们就会说做了。最后问怎么算分，他们说不知道。"（FT-B-170317）

此外，对于政策要求的关注学生日常表现的形成性评价，学校和教师的理解也有所欠缺，具体开展起来并不顺利。

研究者问："在学生读二年级的时候，我们调整了检测标准，不考试了，开始实施形成性评价。您认为这种评价对教学有影响吗？"

B 老师说："如果学校在学期开始前就把标准定好的话，对学生和家长都有好处。这种评价不看结果，看过程，但我们学校快期末了才说要提供形成

---

① 陈振华：《教学评价中存在的问题及反思》，载《教育发展研究》，2009(18)。

性评价的材料,然后大家就开始凑。可能上面的想法是好的,但是没有传达到基层,所以老师们就按原来的模式继续做,最后就是什么也没做好。"

(FT-B-170317)

学校要求开展形成性评价的通知在期末才开始下达。当教师对具体的考核指标展开讨论时,诸多涉及学生日常表现的资料早已无处可寻,所以大家只能应付了事。不仅如此,政策的制定和执行过程也缺乏教师的主动参与。也正因为如此,教师在教研活动中对教学评价的探讨成为组长下达指令、组员执行的过程。这种单纯的指令下达也容易使教师对政策本身产生依赖性,对教学反思产生惰性。各项政策指标如条条框框,明确了教师的每一步任务。这种依赖性和惰性容易使教师失去主动建构教学的意识。

研究者问:"标准是学校定吗?"

B老师回答说:"区里说是学校定,学校说是年级组定。我更喜欢标准出来后照着做。比如,学生写读后感、读书,你给几分?做手抄报你给几分?有的学生可能什么都没做,老师也给五分。谁会跟学生在考试外的平时成绩较劲?"

(FT-B-170317)

按照新课改的要求,为促进教育发展,教师应具备专业人员的水平。作为专业人员,教师理应拥有评价环节的权威。[①] 然而,从B老师口中的"暗箱操作"可以看出,与新课改的要求相比,《北京市中小学语文学科教学改进意见》对课程标准和教学评价进行了更加严格的限定。在课程标准方面,这种强化扩大了行政权力的干预领域,牢牢限定了教师开展教学的具体内容,使得建议本身演变为命令,约束了教师在专业领域的权力。新课改基于素质教育的需要,对教学模式提出了两点要求:一是采用以学生为主体的课堂教学模式,要求"教师应尊重学生的人格,关注个体差异,满足不同学生的学习需要";二是通过"信息技术与学科课程的整合"来提供更加有效的学习工具。这种对学生差异和不同教学情境的关注,也是教师赋权的体现。在此基础上,北京市课改在学生为主体的课堂建构层面提出了"促进语文和其他学科教学的衔接"和"将不低于10%的课时用于以语文应用为主的综合实践活动"两点意见;在信息技术应用层面更是强调"利用网络系统记录的方式建立学生的综合评价档案",对具体操作流程进行限定。这一限定给予了语文教师更多的职能

---

① 刘云杉:《"人类灵魂工程师"考辨》,载《北京大学教育评论》,2006(1)。

和任务，如组织综合实践活动等。虽然 X 小学语文教研组教师多次表达了对语文教师作为班主任和授课教师还须承担综合课程教学任务的不满，但政策作为具备约束效力的文本，是教师必须贯彻执行的依据，这为政策在微观领域的进一步强化埋下了伏笔。在教学资源的供给方面，政策通过资源供给的形式作用于教研组内部。从微观政治学角度来看，资源作为一种投资，其使用必然伴随着绩效指标的产生及行政权力的介入。新课改的资源供给体现在两个方面：一是持续的师资培养和培训，二是建立健全课程改革的保障机制。然而，地方在提供教学资源的同时，也存在将政策话语加入资源从而达到政策强化目的的现象。在向教师提供资源的过程中，政策要求各类教学资源不是基于教师利益诉求的补充，而是自上而下的附带诸多条件的供给。这限制了教学资源的使用范围，使得教学资源本身也成为绩效考核的一部分。例如，北京市在学科改革中要求丰富阅读资源，培养学生的阅读习惯。而西城区在教育综合改革中，在鼓励教师开展教育研究的同时对干部教师著书立说提供经费支持，明确限定了课改保障机制和教师专业发展的具体任务。在这类政策的影响下，X 小学教研组校本教研成果一律以阅读课的形式呈现。同时，教师在授课过程中也受到诸如书目题材、教研主题等的限制。

（二）"摸底"——行政机构的直接干预

为了厘清相关行政机构的职能和干预方式，掌握行政机构对教研组转型的直接影响，研究者对不同行政机构的职能进行了梳理，可以看出，行政机构的直接干预主要来自各级督导室及教委。作为政府的行政机构，督导室及教委依照严格的科层制设置机构。通过对相关职能进行分析发现，行政机构对教研组的直接干预主要包括课程监督和评价监督两大方面。课程监督主要通过听评课、阅读教案等方式评价教师的专业能力和学校的教学质量。评价监督则通过对学生的测试、排名等手段对辖区学校的基本情况进行了解和掌握。除此之外，行政机构的干预还体现为对学校管理的指导和监管，如对经费落实情况、学生安全及学校基础设施建设等方面的指导和监管。由于这类学校管理事务与教研组关系不大，本研究不对此部分进行过多讨论。

虽然同为教育领域的行政职能部门，督导室和教委并不存在隶属关系。根据我国的机构设置情况，督导室隶属于人民政府，其最高中央机构为国务院教育督导委员会。我国《教育督导条例》要求，督导的职责在于"保证教育法律、法规、规章和国家教育方针、政策的贯彻执行，实施素质教育，提高教育质量，促进教育公平"。督导制度现已成为我国依法治教、提高教育治理能力的重要手段，对学校和教师起到了监督、测评的作用。

与督导制度的监督职责相比，教委的职责倾向于政策的执行，如制定并组织实施地区教育发展规划、贯彻国家相关法律的精神。

在2016年春季学期，研究者有幸经历了北京市人民政府教育督导组进驻X小学开展督导工作。此督导组由教委、督学、西城区教研室等来自行政及专业领域的成员共同构成，对资源落实情况、教育教学质量各方面展开督导检查。

研究者问："督导组是每年都来吗？"

A老师说："不是，督导组每三年或者每五年来一次，每次来都是督导全面工作的，不只督导教学，还督导管理等各个方面。"

G老师问："督导组和教委还是有关系的吧？"

A老师说："督导组里有教委的人，因为教委对学校提供经济支持，就要看钱有没有落到实处，看看教学质量怎么样。"

研究者问："督导组会指导我们的教研活动吗？督学应该属于老教师了吧？"

G老师回答："不会。有些人不是教师。"

A老师回答："大部分人是教师和退休的老校长，所以他们对教学方向和理念的把握比较到位。"

A老师继续说："他们一般不会指导教学活动，他们只是听，例如听完教师的课后打个分，然后对我们整体的教学情况有一个基本的了解。某教研组的教师也来听课，听课后通过把握教师的整体情况判断X小学教学的层次。"

（FT-A/G-160708）

比较督导室和教委二者的职能可以看出，督导室的职能在于监测政府对学校教育投入的落实情况，这种职能与教委在教学评价、质量监控等方面存在一定程度的重叠。这种重叠使得二者在工作中相互配合，对教学质量、课程标准落实、教学评价、资源提供等方面实现政策对教研组的干预，进一步明确了二者对学校组织的行政管理职责。在这种重叠影响下，北京市政府将督导室交由市教委代管，这也为二者合作开展工作奠定了基础。

根据A、G两位老师的描述，行政机构参照行政指标执行绩效考核直接干预的"摸底"行为是一种对学校的考核，而教师的教学情况作为考核评价的一部分存在。从政策中可以看出，虽然督导组的工作重点在于保证"国家有关教育的方针、政策、法规的贯彻执行和教育目标的实现",但也具备导向、激励、调控、诊断和服务的功能①,即对教师教育教学有指导作用。在教研组教师看来,在督学联合教研员深入课堂听课的过程中,作为专家型教师,他们对一线教师提出的建议往往具有一定针对性。

W老师说:"今天督学跟我说有的老师不放心孩子,总'牵'着孩子走。我们要给孩子一个放手的空间,课堂上一定要有孩子写的环节,还要看看教学目标是否合适。这个听课的教研员一看就是专家型的,提的意见很中肯。"(GC-JYZ-160517)

遗憾的是,无论是督学作为专家教师还是教研员作为行政督查的协助者,侧重点都在于督查学校的教学情况及管理情况,而并非为教学活动提供专业支持。因此,鉴于各项行政绩效指标的约束力,教研组对督学持有"防御"态度,对他们的到来一直处于严阵以待的状态,这种应付使教师关注的是如何满足督学对授课的要求,而非展示自己实际的教学情况以获得专业支持。

根据W老师与督学交流的经验,比起完整性,督学更在意每节课的每个环节是否扎实(GC-JYZ-160517)。但是关于督学对课程的要求和想法,教师无从知晓,只能在揣摩和担心中形成更多困惑。在观察中,研究者发现在整整半个学期的教研活动中,教师都停下了以往的教研活动中的理论学习,将更多精力集中在应对督学检查的备课环节上。然而,对检查标准的陌生也使得教师一直处在"揣摩"的状态中,后续的访谈也验证了这一点。

研究者问:"既然是检查,他们(督学)用什么做依据呢?"

B老师说:"应该有专门的评价标准吧,我没见过他们所说的评价依据。我们学校有标准,但我没见过他们(督学)的。"

研究者问:"就直接拿着本子给您打分吗?"

B老师回答:"应该是的,我不太清楚他们拿到的是什么标准,可能有吧,我不知道是什么内容。课后督学会反馈,但不会告诉我们分是怎么打的,只会反馈给学校和督导组。"

(FT-B-170317)

因此,当督学带着打分表进入课堂时,教师开始揣测督学对课程的喜好和要求,并试图隐藏自己教学中的问题与困惑,为督学展示一场多次磨合的

---

① 北京市政府:《北京市督学管理暂行办法》,http://www.bjjydd.gov.cn,2017-02-26。

"公开课"。这样的督导模式大大影响了教师对教学的实际理解和教师提前准备的课，使得教研活动变为以应付督导而存在的单纯备课活动。

(三)教研系统的干预

相比教育行政部门，在新课改背景下，教研系统更多承担着教师培训、教科书辅导、校本课程开发与指导等工作。① 本研究中，与 X 小学相关的教研系统包括北京市教育科学研究院及区一级的教育研修学院。从职能划分来看，以上两级教研系统主要承担组织教师培训和开展教学研究的任务，其主要职能体现为组织全市（区）教育系统的课题申报、开展学术年会、组织跨校和跨领域研讨等，并为教师研修提供大量学习资源。因此，与行政力量相比，教研系统更类似于教育发展领域的专业支持力量，应该以提供专业支持的形式，在课程、教学和评价测量等方面给予教师专业指导和技术支持，如在课程发展研究、教师专业发展活动、教学研究及测评等方面。② 教研系统在促进教师专业发展的同时，及时向教师传递新课改的最新成果，从而以这种资源供给的形式，在政策和教师之间搭建桥梁。然而，在教师看来，教研系统提供学习资源并不是使他们获得专业能力的有效途径。

G 老师说："区教研室组织的学习活动其实本来应该是很有意义的，但是对于我们学校的大部分老师来说实效性不强，一是因为我们没有时间去，再一个原因就是去了也是匆匆去匆匆回，特别赶时间。还有就是参加活动的过程中，我静不下心来，刚好好听一会儿，就会有老师给我发短信，告诉我班上的某位学生又捣乱了，那我还能听下去吗？所以说外出学习不具备相对安静的环境，也就是说少后备支持。可能数学老师好一点。这就是班主任外出学习的矛盾。例如，如果我走了我们班基本上就是无组织状态，配班老师控制不住，班上纪律特别乱。所以我就没有时间去学习。之后领导就会找我商量，我就尽量少出去。"（FT-G-160707）

结合观察发现，G 老师所反映的现象在日常班级管理中普遍存在。用 D 老师的话说就是，全区活动每学期至少有六次，而班里学生"亲妈不在肯定不

---

① 丛立新：《教研组织的"一枝独秀"及其"职能转变"》，载《教育学报》，2011(3)。
② 宋萑：《论中国教研员作为专业领导者的新角色理论建构》，载《教师教育研究》，2012(1)。

听后妈话"的状况使得班主任每次出去都提心吊胆。曾东平指出，鉴于教师掌握资源的有限性，当教师参与变革所投入的资源多于其参与其他活动所获得的等量收益时，变革往往得不到教师认同。虽然教研系统也为教师准备了诸多网络研修课程，看似解决了这一矛盾①，但B老师认为这种方法的实效性同样不强。

B老师说："像我们教龄有20多年的老师，基本都是中师毕业的，虽然上过夜大，但我们一边工作一边学习的效果不好。今年我们的信息技术培训规定我们假期上网学习一定的学时，要交作业，还要考核。我们很多内容都听不明白，写作业的时候我们不得不反复听。我觉得这样的学习方式不如坐下来一起探讨问题收获大。"（FT-B-170317）

也正是由于这种不认同，学校和教师基于自身利益，对这种专业资源的供给产生了消极态度，即G老师口中的"实效性不强"和领导口中的"尽量少出去"。

除此之外，X小学所在辖区的教研室也开展了各种校本学习项目，这种以学校教师为主体的教研活动因为经常选派各学校少数教师作为代表参与，所以被部分教师视作"针对少数人的活动"，与自身关系不大。

教师口中教研活动"实效性不强"，本质上是现有教研制度偏离教师专业发展方向、忽视教师利益的体现。区级教研活动的组织形式使教师面临"难以抽身"的限制因素，在活动设计方面没有针对性，反而变为对教师专业实践的消极影响因素，与教师实际需求形成对立状态。

因此，教研系统提供的专业指导对教师而言缺乏认同感。对行政机构而言，作为学科专业机构，教研系统应具备为决策提供专业理论支持的作用。②在这一意义上，教研部门是区别于行政机构的专业决策主体，但这种专业性定位并未形成行政—专业相区别的二元干预结构。虽然教研系统为教育行政发展的规划提供了专业的指导意见，但作为专业领域的研究主体，教研系统承担着配合行政部门对学校进行测评、监督的工作。就职能而言，教研系统并非提供理论支持的机构。在一定程度上，他们自身也是作为行政组织的一部分而存在的。

首先，教研系统对组内教师具有行政约束力，如课题申报、召开有行政

---

① 曾东平、曾志忠：《教师利益与课程改革合法性的探讨》，载《教育发展研究》，2007(12)。

② 叶澜：《当代中国教育变革的主体及其相互关系》，载《教育研究》，2006(8)。

性质的会议等，都以严格的科层制方式进行，以行政命令的形式对专业领域内容进行限定。

A老师说："区教研室每次有大型教研活动，都要求老师全部参加。我们有一些骨干老师被要求每周都参加。区教研室的老师每周会向我们介绍一些教学改革的方向、研究的方向。"(FT-A-20160708)

其次，专业权力与行政权力之间存在冲突。作为拥有专业权力的教研员与行政人员配合完成行政任务的情况屡见不鲜，例如，对学校的具体督导往往由督学、教委行政人员、教研员共同组成的队伍来执行。在互相配合的过程中，专业权力和行政权力的冲突与妥协不断出现，这种矛盾以政策的形式强加于学校及学校教研组之上，并通过专业领域的控制权和诸如教师职称评定、考试命题等绩效指标对学校教师的专业自主及决策参与等行为产生影响，使得教师不得不以"应付"的态度在这种权力冲突中生存。

有老师说："一方面，依据北京市素质教育评价方案的要求，北京市政府派出的督学禁止X小学学生使用课程标准规定以外的任何教辅资料；另一方面，北京市某区教研室印发的《学探诊》作为区教研系统提供的教辅资料却在督学禁止的教辅范围以内。此教辅资料本身是教研室检测学校教学质量的依据，所以学校会被定期抽查其使用情况。因此，我们教研组经过商量，决定将该教辅资料中上课需要的部分复印出来单独作为一个课堂环节的材料使用，从而使我们可以在应付督学的随堂抽查的同时完成区教研室布置的任务。"(GC-JYZ-160426)

(四)校长的管理策略

校长是学校组织高级管理层的代表，作为教育教学和学校管理专家，兼具管理与教学的双重专业人身份。根据《义务教育学校校长专业标准》的要求，在管理领域，校长需要"实施科学管理、民主管理"。在教学层面，校长的职能在于"引领学校和教师发展，促进学生全面发展与个性发展"。在微观政治学语境中，校长与教师之间存在基于权力关系和价值冲突的正式和非正式的持续互动关系，这种关系存在行政角色的冲突，也体现出共同利益的维护。①

---

① Marshall, C., "The cultural chasm between administrator and teacher cultures: A micropolitical puzzle," In *The Politics of Life in Schools: Power, Conflict, and Cooperation*, 1991, pp. 139-160.

因此，作为政策在微观领域渗透的枢纽和关键环节，校长的管理策略直接影响到政策干预在微观领域的作用结果。波尔介绍了校长的三大类管理策略：①人际关系型管理策略，强调校长与教师之间的私人沟通，是一种非正式的协商和妥协；②现代管理理念型策略，运用现代工业组织管理技术，通过专业化的管理团队及层级组织架构的充分运用，实现"去人格化"管理；③政治管理型策略，通过对抗辩论实现个人利益的表达或利用部分放权实现总体上自身对决策的控制。①

在研究者对教研组进行观察的两年时间里，校本教研活动的主题均由校长布置。其中，2015年的主题为"学科教育心理学"，要求教师围绕心理机制，以个人与小组结合的方式进行讨论研究，最终将研究结果以教研公开课的形式向全校展示，并要体现出北京市课改要求的在细节中渗透德育的理念，要与新课改的德育培养目标相一致；2016年的主题为"开展有效教学活动，提升学生综合素养"，要求以新教师开展教研公开课和阅读课的形式展现，让语文学科牵头，要体现新课改和北京市学科改革提出的综合课程思想。从这些校本教研主题中可以看出，主题的提出与上级政策的要求相契合，但缺少对广大教师意见和困惑的征询，这种任务委派式的教研方式逐步演变为教师口中的"校长的想法"。因此，为了达到教研目标，校长须在教师开展校本教研的过程中进行一定的约束、限定以及说明。校长的三种管理策略也在这个过程中完整地体现了出来。

1. 人际关系型管理策略

在 X 小学，校长的人际关系型管理策略通过在组内培养"代理人"和定期亲自参与教研活动两种方式实施。

所谓"代理人"，是指组内校长命令的坚定执行者。W 老师作为学校的专家型教师和前任教研组长，在学科领域享有较高的地位，因此，日常教研活动的决策性意见几乎均出自 W 老师提出的专业建议。在管理理念上，W 老师对校长的管理理念并非完全认同。在担任教研组长期间，W 老师表示自己对校长的要求不会不折不扣地执行，而是有自己的思考和理解，但这些想法往往得不到领导的认可（FT-W-150212）。由此可见，W 老师还是会坚决执行校长的命令。2016年，W 老师被提升为年级主任。

---

① Ball, S. J., *The Micro-Politics of the School: Towards a Theory of School Organization*, London, Routledge, 2012, p. 124.

观察发现，W 老师虽然是全组反思能力最强的教师，但无论作为教研组长还是年级主任，她曾多次在教研活动中针对组内教师提出的问题为校长辩护，且她的建议几乎全部被采纳并被教研组付诸行动。在阅读课备课的教研活动中，W 老师否定了新任教研组长 A 老师的观点。

A 老师说："我从网上找到的推荐书单，建议学生在阅读课上看《了不起的狐狸爸爸》，这是很有教育意义的一本书。"

W 老师说："我直接把读书任务布置下去可能会引起家长不满，所以我建议根据教材选书。我要找到充足依据说明为什么选这本书，给学校和家长一个交代。"

A 老师说："如果学生不读同一本书教师怎么指导？如果按照学校这个要求，很多活动就无法开展了。教研组长一点自主权都没有。没有指导性的阅读是没有意义的。"

W 老师继续说："我们不能限制具体书目，而是要给学生一个大框架，推荐一些书目给他们，让他们选择，但是不能要求他们把书买了带到学校来。我们要尊重学生的个性，不能限制学生。"

（GC-JYZ-160329）

此类关于教学观点的争论作为教师在专业领域的不同见解，若能够在教研活动中被展开讨论，有助于提高教师对阅读教学的理解力，也是教研组发挥职能的体现。然而，W 老师作为组内的权力核心，以用学校管理理念否定 A 老师意见的做法终止了问题的讨论。虽然 A 老师进行了妥协，但从后续交谈中可以看出，A 老师多次表达用一本书指导学生的教学理念是正确的（FT-A-160706），却没有在教研组内与其他教师进行过讨论。

W 老师作为校长倚重的教师代表，并非校长唯一的"代理人"。除 W 老师外，教研组长 A 老师、年级组长 D 老师等在不同程度上都受到校长人际关系的影响，在行动上贯彻校长对政策的解释。

作为经验丰富的专家型教师，校长亲自参与教研活动，能够对新教师成长起到推动作用，也可以亲自为教师解释学校做出决策的意义，拉近与教师的距离，这也是落实新课改要求的体现。针对"开展有效教学活动，提升学生综合素养"的校本教研主题，校长依据北京市学科改革要求，提倡打破传统课程，开展综合课程，并将这个任务交给语文学科组。在一次教研公开课后，组内新教师 I 按照要求完成了校本教研主题的授课。校长团队参与到教研活动中来。在校长参与听评课的教研活动中，教研氛围十分严肃。尽管校长要求教师主持，自己却坐在讲台前正对着教师的中心位置。整个教研活动中，教师完全在校长的问询中回答与课程相关的各类问题，并没有进行讨论。

副校长说："我们的主题是什么？是有效的课堂教学。你这节课从头到尾都在讲教学，没有关注常规，没有关注到一些孩子，例如那些积极好动的孩子需要注意。我们的目标是要从细节入手渗透德育。"

W老师说："感觉教师I对学生的关注面更大了，理解程度也比以往深了。老师们讲课不要单纯教知识，还要让孩子们探索知识，要了解作者的写作意图。"

校长点评说："教师I很好把握了教学方式。她的成长离不开你们教研组的帮助，说明你们的教研活动质量很高。好的教学应该是教师对课文有深刻理解，对学生有深刻认识，能带动学生产生美好的感觉。教师要定准教学目标，还要让学生把字学会。"(教师纷纷认真做笔记)

A老师继续说："校长认为课要走出传统，这个要求很有难度，同时育人理念要求也较高，所以我们还在不断摸索。"

(GC-JYZ-160308)

校长在参与过程中一再强调让教师发表自己的感想，但整个过程中，授课教师I并没有表明自己的观点，其他教师也在顺应校长的思路对教学进行阐释，氛围沉闷。大家一直低头记着笔记，只有处于权力中心的W、A两位老师偶尔与校长互动，代表教师发表一些看法。对于教师说到的开展综合课程的困难，校长始终在按照自己的理念指导和鼓励教师，却忽视了教师本身在专业领域的创造力，取而代之的是使教师坚定贯彻校长的想法。

2. 现代管理理念型策略

现代管理理念是学校日常运行科学化、高效化的必然保障。在教研领域，现代管理理念通过全方面建构教学评价的绩效体系等实现"去人格化"管理。在X小学，校长鼓励教师以竞争的方式获得荣誉、职称等，这种绩效指标通常是宏观政策在微观领域的延伸，如承担各级教学研究课、完成各级要求的课题等。

B老师说："在校长看来，这些荣誉、职称你都要去争，要去积极申报，不能后退。你争取到就给你，你如果不申报就什么都没有了。"(FT-B-170317)

竞争性绩效考核形式严格规定了教研组开展教学研究的主题、内容和形式，将教师活动限定在一定范围之内。这种限定源于大纲及课改的要求，在此基础上也形成了冲突与张力，具体体现为校长每学期对教研组研究选题、教研主题和教研形式的布置和检测。

在研究选题布置层面，校长的选题并非来源于教师的实际需求，而是自上而下为教师派遣的任务。

W 老师："校长提出下学期要以'学科教育心理学'为基础开展研究，要求教师三人一组共同讨论，准备一个片段课，由最年轻的教师做公开课，由教研组长指导。但我认为教学是多个心理机制共同发挥作用的，围绕一个心理机制设计片段课并不现实。"(FT-W-150212)

此类研究选题通常与宏观政策（包括课改和上级教研部门布置的课题任务）的要求相吻合，如开展学科整合、实行表现性评价、细节渗透德育等理念和要求，与北京市课改要求相一致。这在将政策付诸研究实践的同时，忽略了教师的意见。因此，教师对于研究主题的理解显得非常困难。在每学期的课题开展过程中，教研组收集资料和定义研究的关键概念环节就要占用近半个学期，最终以全校教研大组公开课形式的成果展现也仅仅局限于授课形式上的创新，而教师的教学观念很难发生变化。

在教研形式层面，学校也通过下发各类正式的行政指令对教研组内的教师进行约束。2017 年春季学期伊始，学校便发布了"教学研究总体要求"，对教师听课、研究课流程、研究课类型等方面进行了限定，严格规范不同教师的上课主题、听课要求和具体的研究课实施流程，这其中不乏各类具体的绩效指标。例如，听课要求规定"教研组内教师互相听课率应达到 80%，其他部门成员听课达 20 节"。研究课流程指出"听课时使用活动评价进行打分，听课后一天内交学科主管；展示课教师课后进行 5 分钟内的教学研究部分反思"等。成果均要通过网络平台共享和备案。管理层下达的这类管理指标的目的在于通过规范教研组教学研究，提高教研质量。然而，这些要求实施起来却将教师层层束缚了起来。为了满足学校要求，部分教师通过抄录网上资源来完成学校布置的任务。同时，教研组内原本自发的各种听课备课活动逐渐被约束的活动所取代。教师不得不通过与其他学科"倒课"的方式旁听特定时间内特定教师群体的课程，并多次在组内抱怨"倒课"的困难。这种情形与组内传统的自愿结组进行听评课的氛围形成鲜明对比。

现代管理理念策略本应通过绩效管理等具体手段保障管理的科学性，然而实际情况却流于形式，这种"去人格化"的管理策略将教师变为纪律的执行者和服从者，使教师被排斥在管理团队以外。

3. 政治管理型策略

政治管理型策略也是校长常用的策略。校长会通过召开校长会议，与教师针对决策问题展开协商等，鼓励教师对不同观点进行辩论以及对学校管理提出自己的意见和想法。

在协商环节，X 小学校长采用了部分放权的策略来加强自身领导。在每学期组织的教研活动考核环节，校长将教师参与考核评价指标制定作为考核民主化的方式。此类评价指标的一级指标和二级指标由学校制定，具体评价标准要征求教师的意见。这种意见征集的形式在具体执行中存在两方面问题。一方面，研究题目并非源于教师的具体实践，且教师对于研究题目本身缺乏深入理解且没有过多热情，很难提出针对性建议；另一方面，评价指标涉及的诸多维度，对教师而言专业性过强，且考核内容晦涩难懂。教师甚至对征集指标意见的目标都不清楚。在这种情况下，教师做出的选择有两种：统一参考模板，或者由教研组长集中安排填写内容或直接在网上查找课程标准、区教研标准等作为标准。

A 老师建议："我看他们四年级写的关于评价指标的意见很好，我们也应该全组讨论然后制定一项内容。"

W 老师回应说："我们应该自己写自己的想法，不能都一样。"

B 老师说："我都没看明白这些评价指标，什么是教学反思的标准？这个怎么衡量？"

C 老师说："没事，我估计反馈意见交上去也只是给学校参考一下。"

W 老师说："我们写出来也没用。"

A 老师说："那这样，我把他们写的意见念一下，你们愿意照着写就写，愿意自己写也可以。"

（GC-JYZ-160524）

意见征集本是学校民主管理的体现，然而实际执行起来却并没有达到这种效果。校长通过这种部分放权的方式，使教师名义上作为决策主体参与到了决策中，实则是校长实现了对教师参与评价权力的回收。不仅各类指标的制定如此，在定期召开的校长工作会议上，校长也实现了教师对他的管理理念的认同。校长工作会议作为校长与教师协商的形式和教师利益反馈的渠道，却没有引起 X 小学教师太多关注。教师常常以"调课困难"等为由抱怨校长工作会议占用时间。

例如，D 老师对此发表看法："我们教研组的一个任务是让老师们贯彻校长的教学理念。不管是在教研组会还是在大会上，校长都反复宣传学校理念，如知识对接心灵。老师们开始很难理解这些理念，校长就用一些深入浅出的

例子针对听课中的问题进行指导。我觉得几年下来，大家的观念还是有很大转变的。"(FT-D-170317)

由此可见，通过部分放权，校长加强了理念的灌输。虽然教师表示校长的理念"很难理解"，但久而久之开始认同这种模式。

(五)学校组织运行的权力冲突

《国家中长期教育改革和发展规划纲要（2010—2020 年）》指出，要将教师培养为"学术带头人和学科领军人物"，对教师赋予了研究者身份。

研究表明，作为实践场域内的研究者，教师应该通过开展教学实践研究实现自身专业发展。[1]

新课改作为一次教师赋权增能的制度变迁，通过赋予教师专业自主权来实现教师对自身，特别是对自身教研领域的身份的重构，进而满足新课改对教师的专业要求，这就要求教师具备基于教学实践的研究能力和研究水平。[2]

教研组作为开展教学研究的组织，承担起这种身份的转变责任，通过自身职能的改变和进一步明确满足教师专业能力的发展要求。在日常的学校组织运行中，这种教研组职能的转变势必牵动原有权力关系的变动，带来学校组织运行的权力冲突问题。

1. 学科教师和班主任的身份冲突

在波尔看来，学科不仅是特定教师身份认同的来源，也是特殊利益竞争的基础，涉及资源的分配对教师利益的影响。[3] 在小学阶段，语文学科作为主要学科之一，承担着德育的责任，更容易引起政策领域的重视和关注。[4] 除此之外，在 X 小学，班主任一般由语文教师担任，因此，语文教研组中所

---

① Ball，D. L. & Cohen，D.，"Developing practice，developing practitioners：Toward a practice-based theory of professional education."In *Teaching as the Learning Profession：Handbook of Policy and Practice*，San Diego，CA，Jossey-Bass Publishers，2012，pp. 3-32.

② 尹弘飚、操太圣：《课程改革中教师的身份认同》，载《教育研究与评论（中学教育教学版）》，2009（2）。

③ Ball，S. J.，*The Micro-Politics of the School：Towards a Theory of School Organization*，London，Routledge，2012，pp. 221-237.

④ 北京市教委：《北京市中小学语文学科教学改进意见》，http：//www. bjedu. gov. cn/xxgk/zxxxgk/201602/t20160222 _ 6991. html，2016-06-27。

有的教师都拥有班主任身份。

B老师说："以我的经验来说，一个老师到学校里有两条路要走：一条路是德育、班主任，另一条路是教学。如果两条路都要走，老师就太辛苦了。所以有的老师来了就觉得班主任工作适合自己，就往这方面走；有的老师就觉得应该上课，那就上课。我们带班时间长了，就可能更加愿意往班主任这条路上走。"(FT-B-170317)

这种身份的多元化极易加深政策在这一领域的冲突。结合B老师的介绍可以看出，这种冲突具体体现在语文教师身份及班主任德育管理人员身份之间。在班主任的班级事务性管理和教师专业能力提升层面，这种双重身份也大大制约了教研组的发展。

每次学习活动中，除年级组长D老师利用教研活动宣布学校德育工作的管理要求外，大家对于班级事务管理的探讨始终占用着教研活动的大部分时间，这约束了教师参与学科专业发展项目的机会和学习质量。

语文教师，除负责日常班级管理事务外，还需要承担学校安排的部分行政事务，这使得班主任的学校行政管理者与语文教师的双重身份在教研教学专业化与管理专业化之间形成了张力。从管理层面看，在学校这样一种自上而下的科层体系中，教研组处于最底层，使得教研组缺乏学校管理领域的话语权。受这一因素影响，教研组在开展教学研究和学习过程中的专业自主权屈从于行政权威，使专业活动不得不为管理工作让路，从而带来教师专业学习时间、反思力度不足等问题。即便教研系统和学校实施了提升教师专业能力的项目，也由于实际情况而无法满足语文教研组的需要。

从学科内容及教学模式来看，X小学在2016年开展的校本教研要求开展综合课程。受北京市政策要求的影响，校长将牵头综合课程及相关实践活动的重任压在了语文教研组肩上。在教师看来，校长这种行为是对语文学科的误解。对综合课程以及与其相关的诸如学科素养、综合素养等专业性概念的理解存在不足，加之此类活动的开展缺乏相关指导，使语文教师难以从其他学科角度综合看待问题。这些情况无疑使原本就处于忙碌紧张工作中的教师陷入更加繁忙与迷茫的状态。

从教学资源提供来看，在确定好的教研主题下，校长为教师提供的资源全部针对自己的理念，如提供的在学校制定的阅读书单基础上的阅读资料和综合课程培训等。这种资源的提供仅限于满足课题研究开展的需要，而非教师自身需要。从福柯的权力观来看，资源本身即蕴含着权力的渗透。校长通过定向化提供资源对组内教师的身份实现重构，将语文教师的教研更多约束在开展综合课程和实践活动等德育场域内，这对教研活动内容无疑是一种限定，使得教研活动的出发点在于全力满足学校要求，而不是教师的实际需要，在时间、空间等层面对教师开展自主教研进行了约束及限制。

通过对比两个学期开学时的全校语文质量分析教研活动可以看出，与2014—2015学年单纯的试卷分析不同，2015—2016学年的大组活动在试卷分析的基础上增加了研究主题汇报。原本应该基于教学实际问题汇报的教研活动在实际汇报中却以综合课程和综合素养为主题，不断强调在细节中渗透德育的理念。不同年级教师所述内容多来自文献，近乎千篇一律，这也在一定程度上揭示了当下校本教研趋同的原因。

2. 年级间的冲突

年级间的冲突具体体现在不同学段的教师之间。受考试命题和学段衔接等问题的影响，不同学段教研组之间的冲突普遍存在。

在 X 小学，学段循环的工作主要由学校领导层安排。从教师的角度看，这种安排并没有一个明确的标准，主要由管理层自己商议决定，并且教师没有机会参与其中。在老教师 B 看来，学校主要依据年级内教师的配置结构进行划分。

"老师的学段配置主要由学校决定。学校要考虑的因素很多，例如要有老、中、青教师的搭配。因为现在我们学校外调老师比较多，所以年级组内也有来学校时间长的和时间短的教师的搭配。"(FT-B-1704317)

由于缺乏对学段划分的了解，不同教师对划分方式的解读也存在差异：B老师从人员构成角度给出解释，而新教师 G 则认为学校选择升入中段的教师遵循的是"掐头去尾"原则，即选择部分教学能力强的教师升入中段，而像她这样能力较弱的新教师要重新回到一年级教学。这种不同在一定程度上体现出教师对学校决策参与和关注的不足。同时，这种教师对政策的不同解读本身也容易使得教师之间产生误解。

在教学评价层面，根据 X 小学要求，低年级语文期末考核由高一年级的语文教研组负责出题。虽然从教师既得利益层面来看，低年级语文教师作为拥有学校平均绩效的群体，与学生成绩的关系不大，但从教学观念和自我利益两方面看，这种考核方式加剧了年级间的冲突。由于教学观念不同，不同年级组常常围绕考试命题进行争论：低年级教师在教研活动中对一些测试中错误率较高的题目本身持否定态度，认为这是高年级出题的问题；对于每次考试都存在此类题目，教师选择以课程标准为标准进行抵抗。这种模式也在一定程度上加剧了教师对课程标准的依赖与顺从，从而在冲突中加深了课程标准和课程评价对教师的影响。

不仅如此，此类冲突还涉及与知识衔接相关的各类教学活动。高年级教师常常把跨学段知识衔接等责任推到低年级教师身上，其中就包括校本教研层面的竞争关系。

在"学科教育心理学"之心理机制主题研究的公开课备课过程中，W老师提到在活动中各年级存在激烈竞争。对此，A老师鼓励组员："我们借此机会做给高年级看看，我们的基础打得很好。高年级老师如果教不好是他们自己的问题，与我们无关。"（GC-JYZ-150601）

这种竞争是全方位的，包括年级间的知识衔接、教学研究领域的观念差异等。A老师的"做给高年级看看"的想法正是这种竞争关系的体现。

D老师谈道："虽然我们老师之间是相互理解的，但通过与老师们交流可以感受到，其他学段的老师认为低年级老师渗透不够，中段老师还好，更多是高年级老师不满，他们对我们的教育方法和教学上的渗透都有一些意见。"（FT-D-170317）

在这种年级间的冲突中，低年级为了进一步迈向权力中心，在专业能力和外部支持有限的情况下，将教学的侧重点放到标准化教学评价之上。从观察中可以看出，对于学段衔接和知识传授等问题，低年级组教师通常以课程标准和教学评价等政策要求为依据对自己的教学行为进行辩护。例如，D老师在对待这种来自高年级的"意见"时视课程标准为教学的"指挥棒"，使得教师自身认可了政策的限制，进而加深了政策对教师专业领域的束缚。这种依赖的加强带来的结果是课程标准作为规范和参考性文本的重要性胜了教师自身在教学过程中的经验和判断。在这一层面上，政策成为低年级教师维护自身利益的有效武器，而年级间的知识衔接问题本身对教师的专业性要求则容易被不同年级的教师所忽略。

（六）教师间的利益冲突

政策自上而下对教研组产生了影响。这种影响本身不仅以科层形式自上而下传导，还会在组内教师与活动中的伙伴团体之间衍生出诸多影响，这种影响因教师利益的不同带来组内教师"互相规训"及"自我规训"的现象。这便是波尔强调的学校组织不同于其他科层组织和专业组织的复杂性体现。①

在接受参与式观察的两年中，该教研组历任组长有两位。虽然在活动内容上有所不同，但两位组长作为组内"领导者"的地位及风格没有变化。教研组自始至终处于组长组织、引导、决策的模式中，这种权力关系造成了组内科层制的延伸。受个案影响，本研究并没有涉及跨学科、跨性别、跨民族等受宏观政策影响明显的复杂因素，而主要探讨了组内教师的教龄关系、专业地位关系和师徒关系三个方面的影响。

1. 教龄关系

在教龄方面，从对新教师 G 的访谈中，我们可以得到老教师、中年教师和新教师三个维度的划分。

G 老师说："老教师、新入职的教师定位是不一样的。老教师一般在教研组中做决策。中年教师既具有一定理论，实干性又强，所以他们建言献策更有说服力。三年之内的或者刚入职的青年教师还处于认识新环境的阶段，也就是学习阶段。因此，我觉得教师肯定是要分类的。"（FT-G-20160707）

长期观察可以验证 G 老师的划分存在一定合理性，即组内确实存在决策、献策和学习三个教师群体。同时，对比教龄结构发现，教研组内只存在教龄20 年左右的老教师和 5 年以下的新教师两个群体。可以看出，G 老师对老教师和中年教师的划分实质上是一种权力关系的划分。因此在教研组中，基于教龄，我们可以依据教师的主要职责进行划分：决策层——拥有权力核心地位的老教师群体；献策层——拥有权力相对边缘地位的老教师群体；学习层——拥有权力边缘地位的新教师群体。老教师担任着教研组长、年级组长等职务。组内教研活动长期处于教研组长的领导与主持之下，最终决策也由教研组长做出。整个过程中，老教师更具话语权，教研活动类似以组长为代表的老教师"核心"团队管理下科层组织的延伸。中年教师有权针对某些方面提出自己的意见，但最终解释权和采纳权依然为老教师所有。但作为组织构成的重要部分，中年教师的利益通常会被决策者考虑，且中年教师自身具备相对成熟的教育理念，并熟悉和认可学校组织文化，因此很少会针对某些问题与老教师针锋相对。相比较而言，在根据年龄划分的权力关系中，利益冲突最明显地存在于新教师与老教师之间。在教研活动中，新教师本身具备以

---

① Ball, S. J., *The Micro-Politics of the School: Towards a Theory of School Organization*, London, Routledge, 2012, p. 3.

下几个特征：①对课程标准的要求把握不准；②与学校文化和老教师的教学理念存在冲突；③授课中急于得到自己想要的"标准答案"；④授课表现拘谨，严重依赖教学表现与评价标准，关注教学本身多于课题①，难以抓住课堂生成性问题。

简言之，一方面，作为学习者，新教师本身的教学水平和专业能力不足，这一点在针对不同教龄教师的听课过程中体现明显。从听课和每次教研活动协助新教师备课的效果来看，课堂把控不到位使得新教师严重依赖老教师的经验传授。即便老教师一字一句对新教师的课程进行反复打磨，新教师也无法在短时间内顺利达到老教师的期望值。

A 老师说："你的课（新教师 I 的视频公开课）留给学生思考的时间太少，一直跟着教案赶进度。几个学生的发言环节可以放开点。你可以把丑小鸭描述得生动些，让学生多说点自己的想法。本来两课时的设计你 35 分钟不到就讲完了。"(GC-I-20160426)

另一方面，作为组内新人，新教师承担了更多组内委派的任务，如代表教研组做课、听课、发言，在教研活动中查找学习资料，组织学习内容等。新教师承担任务能够帮助他们尽快适应环境，提高专业能力，但研究者经过近两年的研究发现组内新教师成长速度较慢，其原因有以下几点。

首先，新教师带来的新奇观点和新思路难以被持传统观点的老教师接受，所以新老教师的教学观念会产生冲突。这一点在教研活动中表现得非常明显：当新教师与老教师的想法产生冲突时，老教师会忽略或用课程标准等对新教师进行纠正。

其次，各类新教师活动并没有为新教师提供充足的学习条件。对于区教研系统提供的集中学习，新教师由于承担过多任务而在时间和精力上均难以保证参加。学校组织的教研活动，更多是针对校本教研主题或上级要求展开的，导致新教师往往处于一种被动参与的状态。在每次教研活动的教师点评环节，新教师经常被要求作为代表发言，并且缺乏老教师对发言的反馈。在围绕校本教研主题开展的阅读课上，组长在点评环节对新教师提出了要求。

"我们可能按照固定的套路在这里点评，所以我想听听年轻教师的想法和

---

① Desimone, L. M., Hochberg, E. D. & Porter, A. C., et al., "Formal and informal mentoring complementary, compensatory, or consistent?" *Journal of Teacher Education*, 2014, 65(2), pp. 88-110.

建议。这样，从一年级开始，每组教研组长就会推荐一名新教师来说一下。"（GC-JYZ-160329）

不仅语文学科如此，研究者在旁听数学大组教研活动的过程中发现数学学科也存在同样问题。这样的方式对新教师的帮助有限，因为它更多关注研究主题而非新教师的成长。

最后，在组内现有的备课模式中，备课更多局限于师徒二人之间，且师傅作为老教师，经常对新教师的教案逐字逐句修改。师傅指导得过于详细使得新教师对师傅的依赖性过强，对自身的身份和成长关注不足，使自我利益受到冲击。这与组内文化氛围密不可分。处于专业权威地位的 W 老师风格如此，引得其他"师傅们"纷纷效仿。同时，教研组集体指导意识薄弱：在组内集体帮助新教师备课这一环节，超过半数的老教师以不参与的沉默态度对待，很少积极为新教师提供帮助。

由此可见，对于新教师的成长，教研组一直在关注，也付出很多，但这种教育方式常常忽略年轻教师的想法和观点，反而产生了老教师与新教师的利益冲突。年轻教师发言更类似于一种例行公事，他们发言机会虽多，但自身的想法和声音却难以引起重视。在这种权力结构下，新教师面对教研热情不高，更多局限于完成学校或教研组安排的任务层面，并没有真正的基于教学实践的反思行为，反而认为教学研究任务与自己关系不大，只需要在组长的传达下执行任务即可，从入职起就被培养成被动的执行者。

2. 专业地位关系

教研组内的专业地位并不是单纯地根据教龄进行划分的。A 老师作为教研组长，虽然只是刚刚迈入老教师行列的中年教师，却拥有核心的权力地位。因此，除新教师由于专业水平限制处于较为边缘的地位外，老教师内部也会有基于专业水平的地位划分。

研究者通过长期对教研活动进行观察发现，真正对决策起推动作用的仅局限于以 W 老师、A 老师为核心的小范围团体。诸如 D 老师、E 老师、F 老师几位教师虽然教龄都较长，且教学经验丰富，但在教研活动中几乎不参与讨论，通常选择沉默与服从，多数时间甚至在判作业。D 老师作为年级组长，E 老师作为学校从其他学校引进的经验丰富的老教师，本应在教研活动中发挥更大作用，然而这种保持沉默的态度使得几位教师成为话语主导者的附庸，使他们将自身利益交由核心成员负责，同时也使老教师内部形成了权力的分层。结果是，集体的教研活动成为以组长为核心的四位教师内部的讨论与安排。每次活动由组长 A 老师主持、W 老师与 A 老师共同决策、B 老师与 C 老师献策的局面，使得教研组长成为专业决策者和实际上教师利益的代表。在专业能力方面，在以 W 老师为核心的"一超多强"的老教师群体中，话语权并非由教师意愿决定，而是遵从中心—边缘式的指令发布模式。从 X 小学的教研活动中不难看出，组长作为活动的主持者和决策者，在缺少同伴支持的情况下安排教研活动，使教研活动成为少数人决策的"独角戏"，缺乏共同的愿景与同伴的支持。

3."想法奇葩"——走向封闭的师徒关系

在教研活动中，教师与徒弟之间也会形成较为固定的关系。在教研组中，G 老师、H 老师、I 老师、J 老师作为 W 老师、A 老师的徒弟，得到了组内教师的关照。两位老教师在备课、赛课等环节手把手灌输学校理念和自身教育方法，这一方面弥补了学校及教研系统对新教师支持不足的情况，同时也使得新教师更依赖和顺从师傅。

研究者问："当您在教研组里遇到了问题，一般会更倾向于跟哪个老师探讨？"

G 老师说："我肯定更倾向于跟自己思路一样的人交流，刚开始的时候我就直接找师傅，直接找 W 老师。我们学校新入职老师一般都会有一个师傅。你出师以后一般就没师傅了。"

研究者又问："您现在属于什么状态？"

G 老师说："我现在处于无组织状态（笑），但我总是习惯了去找那几个人。我们习惯了就不会有师徒关系的局限。一般我有什么事还是找 W 老师，因为她给出的建议一针见血。"

师徒关系为新教师提供学习资源的同时，也为新教师和其他老教师的交流设置了障碍。虽然 B 老师在访谈中强调组内新教师无论问哪位教师，都可以得到他们的帮助，但实际结果确是另一种景象：即使是出师后的新教师，依然会选择 A、W 等几位固定的教师或师傅寻求帮助，而非组内任意教师。受这层关系影响，D、E、F 几位本来就选择沉默的老教师在组内的地位更加边缘化，他们在组内参加活动的表现也愈发冷漠，这使得他们很难获得教研组的支持。

对新教师而言，其他教师的冷漠和师傅的不断灌输使得他们自身的教学观念产生了冲突。

G 老师："我经常冒出这个想法，当年李白写《静夜思》的时候没有任何想法，只是喝多了，记下来了。他醒了发现写了《静夜思》。"(FT-G-160707)

　　在 A 老师看来，G 老师作为新教师，其想法不无道理，却无法实际应用于教学当中。在教研活动中，以 G 老师为代表的新教师群体几乎从未对老教师的观点发表过不同意见。因此，在这种背景下，师徒关系外其他老教师对新教师的关注也逐渐失去耐心，对新教师带来的与传统教学思想不相符合的新思维及教学行为用"奇葩"概括，忽视新教师的利益。

　　新教师为了改变老教师将他们新教师视作"奇葩"的看法，对老教师提出的建议在一次次备课中全盘接受并付诸实践，这导致新教师的自我利益逐渐丧失。

　　G 老师说："在教研活动中，老教师如同金子一样。新教师也有自己的想法，有时很'奇葩'。例如，我们组常有人说我奇葩，说难怪我们班学生也'奇葩'。"（FT-G-160707）

　　通过以上组内三种关系，教研组内生成了相对固定的"中心—边缘"权力结构，使得教研氛围带有浓厚的科层色彩，缺乏共同体所必需的平等共享的教研氛围。

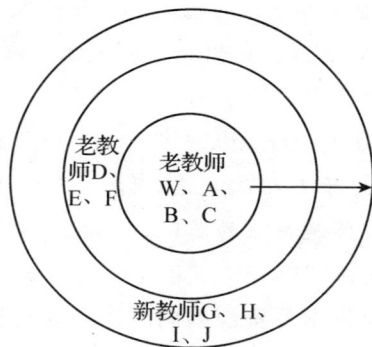

图 10-2　教研组内"中心—边缘"权力关系图

　　在这种组织氛围中，教师通过不同的权力关系形成了一系列组织文化背景下的非正式领导关系[①]，这种领导关系在被固化的同时，也意味着教师利益的丧失。新教师和处于权力结构边缘的老教师将利益让渡给权力中心的教师，带来了组内平等协商与讨论氛围的缺失，使得教研成为权力中心人员负

----

① Spillane，J. P. & Zuberi，A.，"Designing and piloting a leadership daily practice log：Using logs to study the practice of leadership," *Educational Administration Quarterly*，2009．45(3)，pp. 375-423.

责决策的"独角戏"。这种教研氛围与校长的管理策略相配合，使得教研组极易形成学校科层制管理模式的延续。同时，教师利益的代表也是校长意志的"代理人"。在这种相对固化的教研组政治属性背景下，政策权力能够通过层层传达深入教研组内部并形成指令。

五、讨论

(一)赋权增能——教师专业自主的途径

在现有政策的干预下，教研组内教师存在专业自主丧失的情况。因此，赋予教师更多专业自主权，关键在于改变教研组内的权力关系，这就涉及教师赋权增能概念。教师赋权增能包含教师的决策参与、评价的影响力、专业自主性、专业地位、专业发展机会和自我效能感等。对教育变革的研究证实，赋权与增能是相辅相成的。一方面，教师赋权是教师参与学校决策、提高专业能力和效能感的途径。因此，创设共同决策的环境，有助于提高教师的专业水平及能力，从而使教师获得社会认同[1]，使学校决策更加科学民主。另一方面，教师增能是实现赋权的前提条件。[2] 教师专业能力的提高，本质上也伴随着教师在学校组织权力关系中"议价"能力的增强，因此，不存在脱离赋权的增能和脱离增能的赋权。在新课改背景下，对教师赋权增能是实现教师专业自主的有效途径。[3] 只有对教师赋权增能，使教师成为教育改革的参与者和主导者，才能提高教育教学水平。

从课改角度看，富兰将变革的动力归结为四个方面：个人愿景、探索、控制与协作。变革需要将利益相关群体变为变革的推动力和参与者，而非单纯的被动执行者。学习型组织的构建和专业主义提倡的共同体构建，都是以主动参与来推动变革顺利进行的。[4]

在变革中，教师不单是政策的执行者，还应该是政治的行动者。现有的

---

① Wan, E., "Teacher empowerment: Concepts, strategies, and implications for schools in Hong Kong," *Teachers College Record*, 2005, 107(4), pp. 842-861.

② 宋萑：《教师专业共同体研究》，297 页，北京，北京师范大学出版社，2015。

③ 操太圣、卢乃桂：《教师赋权增能：内涵、意义与策略》，载《课程·教材·教法》，2006(10)。

④ ［加拿大］迈克尔·富兰：《变革的力量——透视教育改革》，169～171 页，北京，教育科学出版社，2004。

政策干预模式带来的专业与政治的二元划分，不但未给教师参与决策提供必要的渠道，反而使得教师的专业权力逐步丧失，难以完成新课改目标的改变。因此，发挥教研组转型后的职能，关键在于改变现有的权力关系。

(二)打造平等共享的专业平台

教研组作为开展教学研究的教师专业组织，需要以教师不断提高的专业能力为依托，而学校组织内部教研组权力的缺失和外部专业支持的缺乏，是阻碍教研组转型的一个重要原因。在现有条件下，平等共享的资源支持是确保政策被顺利执行的根本。上述资源供给模式没有全方位考虑到教师作为主体的需求和教师本身的利益。因此，为了改变这种资源供给模式，在为教研组提供充足资源的基础上，有关部门应该将更多资源分配在校本教研、专家指导和教师学校管理水平等层面，为教师的赋权增能提供保障。

1. 教研场域的监督变指导

我国规定教育督导制度是我国现行的教育基本制度之一，它在落实教育政策及相关法律法规的监督上发挥了重要作用。与此同时，督导室与教研室相互配合对教师课程的监督，也成为督导环节的重要组成部分。①

在行政体系中，教研员往往履行监督的职能。此类工作将行政权力以专业形式渗透进教研组内。因此，在教师眼中，督学和教研员同属于教研组话语的主导者，他们脱离行政领域履行职能，将职能渗透进专业领域。因此，在专业领域，督学和教研员作为教师眼中"有经验的老教师"应该变督导为指导，充分发挥自身的专业能力和水平，深入课堂了解教师专业发展的困境，为教师提供更多帮助，而非单纯重复基于绩效考核指标的打分听课活动。

2. 指导教师参与决策

对教师而言，这种现有的专业权力从属于管理权力的结构，实则为教师权力的丧失。因此，提高教师参与决策的能力，是教师赋权增能的必要环节。对教师参与决策的指导，一方面应该是教育行政部门、高校教育资源和社会机构共同的责任，而在现有的政府、高校与中小学的合作模式下，指导的侧重点倾向于提升学校教学质量②，且通过政府部门拓宽教师意见的反映渠道、

---

① 杨润勇：《关于构建我国教育督导政策体系的思考》，载《教育研究》，2007(8)。

② 卢乃桂、张佳伟：《院校协作下学校改进原因与功能探析》，载《中国教育学刊》，2009(1)。

高校—中小学合作模式下培养教师参政意识的专业发展活动及其他社会团体的相关活动明显不足。对教师参与决策的指导，另一方面也需要在学校内部建立起相对宽松友善的文化环境，发挥微观学校组织的自主性。学校领导可以在教研组内通过分享权力，尊重教师原有的文化状态，鼓励教师追寻共同愿景，进而实现教师与校长权力关系的改变。①

同理，在教研组内部，教研组长不应占据组内的权力中心地位和扮演校长代言人的角色，而要将权力分散，单纯以活动组织者的身份组织教研活动，赋予每位教师分享的权力，让教师能够分享、愿意分享并充分参与到教研过程当中。

3. 构建以教师为本的合作模式

教师合作可以加深教师间的理解，缓解权力冲突，也有助于解决诸如学段衔接等问题。然而，在现有的示范性教学模式的基础上，教研组运行处于政策要求的预设框架之内，缩小了教研对话的潜在空间，并形成了教师特定的等级化角色定位②，使得校本教研并非基于教师教学和专业发展的实际。这种国家、地方政策干预的校本教研模式带来千篇一律的结果作用于新课改，使得新课改对校本教研的投入事倍功半。因此，为了促进教师多元理念的形成和组内相对开放平等的教研氛围的形成，教研活动应关注教师教学本身，让教师成为决策者的一部分，将教研组构建为专业开放的探讨平台。相关部门在给予教研组空间的同时，对教研组的资源投入也应是多元和民主的，在充分考虑教师意见的基础上，给予必要的支持和配套指导，使得教师能够参与意见的反馈并根据自身专业发展需要选择合适的教学资源。

(三)研究反思

在 2017 年春季学期里，研究者有机会再一次进入 X 小学补充研究的相关数据。研究者在此次调研中发现，原有的教研活动的权力关系有重构的趋势。与以往不同，根据校长要求，本学期校本教研的形式有三大变化。一是教研活动打破了原有既定的教研主题约束下的教研模式，即学校给出教研大方向，由教师自己在标准要求下选择研究题目和对象，打破了以往校长完全垄断教研权力

---

① 宋萑：《教师专业共同体研究》，294 页，北京，北京师范大学出版社，2015。
② 乔雪峰、卢乃桂、黎万红：《从教师合作看我国校本教研及其对学习共同体发展的启示》，载《教师教育研究》，2013(6)。

的局面。二是学校打破了学科、学段的界限开展教研，不同学科和年级的教师可以在同一个主题下自愿结组。在 B 老师和 D 老师看来，这种方法有助于打破学段间的隔阂，也有助于对开设综合课程起到更加明显的作用。三是学校规定了自愿结组教师的教龄结构。根据学校要求，入职 10 年以下的教师自愿结组。入职 10 年以上的教师单独结组。在 B 老师看来，这样的结组方式更有助于互相学习。"他（校长）现在可能觉得老教师想法比较陈旧，会影响新教师，不如让新教师自己发挥创造力，让他们也去尝试找到自己闪光的地方。老教师也可以互相学习。"（FT-B-170317）

对此，B 老师也强调了当下这种模式还处于实验阶段，其最终效果还有待验验。"我觉得现在的这种模式还处于一种理论阶段，可能都没理论，就是一个假设、设想。学校把想法告诉老师，还不算老师的实践，就是组织老师开动脑筋去想，然后看看怎么去实践，最后汇总。"（FT-B-170317）

在研究者看来，学校做出这种调整的初衷在于打破原有模式对教研领域的束缚，也进一步印证了教研组转型的必要性。同时我们也应该看到，这种微观领域的调整并未打破自上而下的权力关系结构，只是改变了组内现有的教龄、学科、学段之间旧的权力关系，但这种措施能否改变"中心—边缘"的权力结构，是否能实现教师真正意义上对变革的参与，恐怕还需要至少两个学期的跟踪调查才能得出结论。

六、研究结论

教研组转型的外部政策影响因素主要由三点组成：政策文件的要求、行政机构的直接干预及教研系统的干预。三者通过课程标准、教学模式、教学评价及教学资源四个方面对教研组转型产生影响。从政策合法性角度可以看出，课程改革作为一种权力和文化利益的再分配活动①，在体现国家意志的同时，需兼顾多元变革主体的利益诉求。因此，教师作为变革的主体，在新课改对涉及教师主体地位及利益诉求的四个方面进行变革的同时，应以加强教师在决策中的地位及作用为出发点，不断提高教师专业水平。然而，随着宏观政策及不同政策间的张力从课程标准、教学模式、教学评价及教学资源四个方面对教育体系进行约束限定的同时，教研系统的职能也受到政策的约束和限定，成为政策

---

① Hargreaves，A.，*Contrived Collegiality*：*The Micropolitics of Teacher Collaboration*，London，Open University，1992，pp. 80-94.

执行的保障系统，对学校及学校教研组产生的行政约束远大于专业支持。

从学校组织的微观层面来看，虽然新课改通过三级课程管理等途径给予了学校一定的自主权，但在现有的学校管理模式下，这种自主权难以落实到教研组及教师群体这一层面。一方面，作为行政科层制管理的一环和专业带头人的校长，通过运用行政权威和专业知识对课程标准、教学模式、教学评价等进行管理和限制，将教师决策限制在自己的框架内，赋予教学资源以"话语权力"，即通过限定资源的使用方式对自己的政策构想提供资源支持。这种资源支持源自学校规划而非教师提升专业水平的需要，这使得教师对决策的参与成为一种形式上的"伪参与"，将政策从宏观到微观的传播过程变为层层限制的控制形式。在学校组织运行过程中，教研组受不同年级及学科的权力冲突的影响，使得课程标准和政策的示范性教学模式成为教师维护自身利益的有力武器，从而加深了教师对课程标准的权威性和工具性的认同。教师在教研活动中常将"翻阅课程标准"和"政策要求"等话语挂嘴边，在以教研组长为决策者且少数人参与其中的教研氛围中，这种认同不利于教师在实践基础上开展自主探究。另一方面，虽然新课改要求教研组转型为教师合作开展教学研究的平台，很大程度上类似于一种教师专业共同体，但组内传统的权力关系仍旧未被打破。教研组长决策制、专家意见的权威性、传统的一对一师徒制将集体参与的教研活动分割为不同利益群体博弈和妥协的场域，这种组织性质仍旧为"中心—边缘"的权力关系模式，是科层制管理的延伸，不利于形成教师基于共同愿景共同参与的共同体模式。

因此，在教研组转型过程中，教师在政策控制之下，其利益诉求严重受政策干预。对此，唯有通过赋权增能的手段，将教研组打造成为教师提供充分的专业自主空间和促进教师专业能力提升的平台，才是政策落实的根本保障。

后　记

　　本书的完成历经了数年时间。课题组首先对国际学术界的教师专业发展研究成果进行扫描，从教师专业发展的内涵、教师专业发展的过程、教师专业发展的途径、教师专业发展的影响因素四个方面着手进行文献综述。我们努力梳理国际学术界关于教师专业发展的研究现状，以期为我们下一步的研究奠定理论基础。之后，我们把目光转向本土，着手研究我国小学教师专业发展的内容。

　　本书的文章都是经过实证研究完成的。每个研究小组严格按照质性研究的规范进行。尤其是在数据收集的过程中，研究小组花了大量的时间和精力，深入北京、山东、河北、贵州等地的学校进行调研。许多调研工作是历时性的，其数据收集的时间长达三年，目的是保证各项研究结果的可靠性。

　　整个研究过程体现出了研究小组扎实的知识基础、严谨的研究方法、踏实的专业精神。但是，由于种种限制，我们的研究还存在许多局限性，也存在许多瑕疵。我们感谢各位读者的宽容，并欢迎大家提出宝贵意见。

　　作为教育部普通高校人文社会科学重点研究基地重大项目的一项研究成果，本书是在朱小蔓教授、朱旭东教授的悉心指导与支持下，由北京师范大学教师教育研究中心的各位同人和课题组成员共同努力完成的。有关研究和写作的具体分工如下：第一章由周钧撰写，第二章由封丽娜、周钧撰写，第三章由罗剑平、周钧撰写，第四章由王姣莉、周钧撰写，第五章由刘颖撰写，第六章由韩海英、周钧撰写，第七章由李琳撰写，第八章由王敬英、宋崔撰写，第九章由周钧、刘思倩撰写，第十章由杨泽宇撰写，最后由周钧统稿完成。

由于以上各位同人的努力和贡献，本书才有可能完成和出版，在此向大家表示诚挚的谢意。特别感谢朱旭东教授、李琼教授为此书所做的学术指导和推荐出版。

本书系北京师范大学朱小蔓教授、周钧教授主持的教育部普通高校人文社会科学重点研究基地重大项目"小学教师专业发展的理论与实践研究"的成果（项目批准号：11JJD880038）。

图书在版编目（CIP）数据

小学教师专业发展中国案例研究 / 周钧等著. —北京：北京师范大学出版社，2019.11
（京师教师教育论丛）
ISBN 978-7-303-24708-0

Ⅰ. ①小… Ⅱ. ①周… Ⅲ. ①小学教师－师资培养－研究 Ⅳ. ①G625.1

中国版本图书馆 CIP 数据核字（2019）第 090798 号

营 销 中 心 电 话　010-57654738　57654736
北师大出版社高等教育与学术著作分社　http://xueda.bnup.com

XIAOXUE JIAOSHI ZHUANYE FAZHAN ZHONGGUO ANLI YANJIU

出版发行：北京师范大学出版社　www.bnup.com
　　　　　北京市西城区新街口外大街 12-3 号
　　　　　邮政编码：100875
印　　刷：三河市兴达印务有限公司
经　　销：全国新华书店
开　　本：730 mm×980 mm　1/16
印　　张：22
字　　数：355 千字
版　　次：2019 年 11 月第 1 版
印　　次：2019 年 11 月第 1 次印刷
定　　价：96.00 元

策划编辑：陈红艳　鲍红玉　　　　责任编辑：康　悦
美术编辑：李向昕　　　　　　　　装帧设计：王齐云
责任校对：段立超　　　　　　　　责任印制：马　洁